角筆口訣의 解讀과 飜譯 4

집필진

이승재 (서울대학교 교수)
윤행순 (한밭대학교 교수)
권인한 (성균관대학교 교수)
장경준 (고려대학교 교수)
박준석 (말라야대학교 교수)
정진원 (고려대학교 강사)
황선엽 (성신여자대학교 교수)
이병기 (한림대학교 교수)
이영경 (서울대학교 강사)
유경민 (한국기술교육대학교 강의교수)
김천학 (서울시립대학교 강의교수)
고성익 (서울대학교 박사과정)
김선영 (서울대학교 박사과정)
박진희 (서강대학교 박사과정)
조재형 (중앙대학교 박사과정)
김미희 (한양대학교 석사과정)

남풍현 (구결학회 고문)
김영욱 (서울시립대학교 교수)
박진호 (한양대학교 교수)
김성주 (한국기술교육대학교 연구교수)
서민욱 (가톨릭대학교 박사)
조은주 (단국대학교 강사)
이 용 (류블랴나대학교 교수)
이승희 (상명대학교 교수)
신중진 (울산대학교 교수)
조호 사토시 (토야마대학 교수)
김명운 (서울대학교 강사)
고성연 (코넬대학교 박사과정)
김지오 (동국대학교 박사과정)
윤옥석 (연세대학교 박사과정)
송신지 (서울시립대학교 박사과정)

角筆口訣의 解讀과 飜譯 4

초판 제1쇄 인쇄 2009년 7월 20일 초판 제1쇄 발행 2009년 7월 31일
지은이 이승재 외
펴낸이 지현구 **펴낸곳** 태학사 **등록** 제406-2006-00008호
주소 경기도 파주시 교하읍 문발리 파주출판도시 498-8
전화 마케팅부 (031) 955-7580~2 편집부 (031) 955-7585~90 **전송** (031) 955-0910
홈페이지 www.thaehaksa.com **전자우편** thaehak4@chol.com

ⓒ 이승재 외, 2009
값 27,000원

ISBN 978-89-5966-316-3 94710
ISBN 978-89-5966-001-8 (세트)

☞ 잘못된 책은 구입한 곳이나 본사에서 바꾸어 드립니다.
☞ 이 연구는 한국학술진흥재단의 기초학문육성사업 인문사회분야지원 토대연구(과제번호 KRF-2005-078-AM0026)의 연구비를 받아 수행되었다.

角筆口訣의 解讀과 翻譯 4

― 晉本『華嚴經』卷第二十・周本『華嚴經』卷第二十二 ―

이승재　남풍현　윤행순　김영욱
권인한　박진호　장경준　김성주
박준석　서민욱　정진원　조은주
황선엽　이 용　이병기　이승희
이영경　신중진　유경민　조호 사토시
김천학　김명운　고성익　고성연
김선영　김지오　박진희　윤옥석
조재형　송신지　김미희

태학사

머리말

    2000년 7월 초순에 뜻하지 않게 우리는 寶物을 찾게 되었다. 角筆 硏究의 세계적 권위자인 일본의 小林芳規 교수가 來韓하여 口訣學會의 南豊鉉 會長을 비롯한 여러 임원과 공동으로 각필 자료를 조사하던 중에 새로운 양식의 구결 자료를 발견한 것이다. 誠庵古書博物館(館長 趙炳舜) 소장의 『瑜伽師地論』 卷第八에 기입된 角筆口訣 資料가 바로 그것이다. 그 뒤를 이어 『瑜伽師地論』 卷第五, 周本 『華嚴經』 卷第二十二 등 10여 점의 자료에서도 각필 구결이 발견되었다. 千年의 神秘를 간직한 채 묻혀 있던 이 보물을 찾아냄으로써 우리는 千年 前의 國語 資料를 대량으로 확보하는 기쁨을 맛보았다.

    그러나 기쁨도 한 순간이었다. 이 자료를 연구하여 그 비밀을 풀어내는 일이 결코 쉽지 않았던 것이다. 우선 角筆로 종이를 눌러 기록한 點이나 線이 선명하지 않아 이를 정확하게 判讀하는 일이 의외로 어려웠다. 각도에 따라 잘 보이다가도 어떤 때에는 신기루처럼 사라져 버리기도 하였다. 一 個人의 판독만으로는 객관적인 판독에 이르기 어려웠으므로 여러 연구자가 點과 線을 共同으로 判讀하는 작업이 필수적이었다. 이 객관성 확보를 위하여 사진을 정밀하게 찍어 배포하고 공동 연구팀을 조직하게 되었다.

    判讀이 끝나면 이를 文字言語로 풀어내는 과정이 뒤따른다. 그런데 角筆로 기록된 點이나 線은 우리가 처음으로 접해 보는 기록 방식이기 때문에 이를 어떻게 解讀할지 앞이 막막하였다. 우리가 참고할 수 있는 것은 기존의 釋讀口訣 자료와 일본의 경험밖에 없었다. 일본에서는 이른바 訓點 資料라 하여 수천 점의 자료를 이미 조사한 상태였고 解讀 經驗을 百年이나 축적하였다. 이 경험을 최대한 활용하였지만 解讀의 실마리는 좀처럼 잡히지 않았다. 일본의 훈점 해독 방법이 우리의 角筆口訣을 解讀하는 데에 오히려 방해가 되는 적도 있었다. 길은 釋讀口訣에 있었다. 석독구결을 바탕으로 하여 해독의 실마리를 찾을 수 있었고 해독의 결과도 석독구결로 귀결되었다.

    南豊鉉 會長이 句節 末에 점이나 선을 몰아서 찍는다는 사실을 발견하였는데, 해독에 瑞光이 비치기 시작한 것은 바로 이때부터였다. 이를 이어 逆讀線·境界線·指示線 등의 각종 符

號가 가지는 기능이 밝혀지면서 조금씩 點吐에 대응하는 口訣吐가 무엇인지 알 수 있게 되었다. 각필 구결의 記入 位置에 대한 비밀이 풀리면서 한걸음 더 전진할 수 있었다. 그 사이에 십여 편의 논문이 쏟아져 나온 것은 두말할 필요도 없다.

이윽고 角筆口訣 資料의 중요성을 간파한 젊은 연구자들이 따로 모여 각필구결을 연구하는 모임을 만들었다. 天佑神助인지 마침 이때에 한국학술진흥재단의 기초학문육성지원사업이 발족되었고 그 하위에 인문사회분야지원 토대연구가 있었다. 이 연구비의 지원을 받은 젊은 연구자들은 한층 힘을 내었다. 매주 한 번씩 한 자리에 모여 한두 장씩 읽어 가면서 서로의 판독안과 해독안을 비교·검토하고 수정하였다. 이 작업을 2회 반복함으로써 오류를 최소화하려고 노력하였다. 연구 결과를 출판할 때에는 시리즈 방식으로 간행하되 이용자의 편의를 위하여 解讀集과 寫眞資料集을 분책하기로 하였다. 그 결실로 다음과 같은 解讀集을 낼 수 있었다.

角筆口訣의 解讀과 飜譯 1 - 初雕大藏經의 『瑜伽師地論』 卷第五·卷第八(2005년 8월, 태학사)
角筆口訣의 解讀과 飜譯 2 - 周本 『華嚴經』 卷第三十六(2006년 3월, 태학사)
角筆口訣의 解讀과 飜譯 3 - 周本 『華嚴經』 卷第六·卷第五十七(2006년 11월, 태학사)

이번에 간행하는 解讀集은 그 네 번째 결실로서 誠庵古書博物館 所藏의 周本 『華嚴經』 卷第二十二와 晉本 『華嚴經』 卷第二十을 대상으로 삼았다. 周本 『華嚴經』 卷第二十二는 寺刊本 계통의 木版卷子本이고, 國寶 203호로 지정된 周本 『華嚴經』 卷第六과 계통이 같다. 11세기 말엽 또는 12세기 초엽에 간행된 것으로 추정되므로 여기에 점이나 선으로 기입된 각필구결은 900여 년 전의 우리말을 반영한다. 晉本 『華嚴經』 卷第二十은 이보다 훨씬 古本에 속한다. 이 자료는 국내에 현전하는 晉本 『華嚴經』 중에서 가장 오래된 것이고 60권본으로 편찬된 것 중에서는 시기가 가장 이른 자료이다. 또한 卷首題를 적는 방식이 10세기까지의 敦煌本에서 흔히 볼 수 있는 古式이다. 紙質은 도침이 잘 되어 있는 황갈색이고 광택이 나며 周本 계통과는 현격한 차이를 보일 만큼 오래된 楮紙이다. 書體는 唐 寫經體에 가깝고 5-6세기에 유행한 古字도 다수 눈에 띈다. 卷首題 맨 밑에는 函次 '寸'이 板刻되어 있고 그 아래 欄下에 '雲龍'이 墨書로 기입되어 있다. 函次는 一切經이나 大藏經처럼 불경을 대대적으로 제작할 때에 붙이는 것이므로 初雕大藏經이 제작되기 이전에 이미 대장경 조판이 있었음을 암시한다. '雲龍'은 이 책을 소장하였던 승려의 법명인 듯하나 누구인지 구체적으로 확인된 바가 없다. 이러한 것들을 두루 종합하여 이 자료의 간행 시기를 10세기로 추정하고 있다. 여기에 기입된 각필구결이 불경 제작 당시에 기입된 것이라면 이것은 1000여 년 전의 우리말을 반영한다. 이들 자료로 말미암아 국어사의 공백기로 남아 있는 10-12세기를 새로이 기술할 수 있게 되었으니 이 얼마나 貴重한 國語資料인가!

 이 책은 여기에 기입된 점이나 선을 判讀하고 이를 口訣字로 解讀한 다음 다시 현대어로 飜譯한 것이다. 10-12세기의 국어 문장 자료가 많지 않은 상태임을 감안하면 이 책의 가치는 결코 가볍지 않다. 千餘年 전에 점과 선으로 기록된 우리말 자료를 文字言語로 풀어낸 것이므로 향가 수십 편을 새로 발굴하여 해독해 낸 것과 다를 바가 없다. 그토록 염원하던 三代目의 출현에는 미치지 못하지만 그에 버금가는 자료를 찾아내었고 또한 해독해 낸 것이다. 해독의 결과를 이용하면 音韻史·文法史·語彙史 등의 국어사 전반에 걸쳐 전혀 새로운 논의를 전개할 수 있을 것이다. 한 마디로 이 책은 국어사 연구의 새로운 디딤돌이라 하여도 지나친 말이 아니다.

 이 책이 나오기까지 많은 분들로부터 은혜를 입었다. 자료를 발견하는 데에 결정적 계기를 마련해 주신 일본의 小林芳規·西村浩子 교수를 비롯하여 조사 팀을 그지없이 성원해 주신 誠庵古書博物館의 趙炳舜 館長님께는 무어라 감사의 말씀을 올려야 할지 모르겠다. 어느 글에서 관장님을 高麗初期의 學僧으로 比喩한 적이 있지만 이것만으로는 모자란다는 것을 다시 느낀다. 한 여름 휴가를 반납하고 정성스레 점과 선을 옮겨 적었던 南豊鉉·尹幸舜·金永旭 교수와 공동연구원으로 참여하였던 權仁瀚 교수께도 머리 숙여 감사드린다. 가장 먼저 각필구결의 해독에 뛰어든 장경준·이병기 교수와 서민욱 연구원, 판독에서 해독에 이르기까지 정성을 다해 준 박진호·김성주·박준석 교수와 정진원·조은주 연구원, 공동연구회에 자발적으로 참여해 준 젊은 국어학도야말로 이 책의 진정한 著者이다. 끝으로 짧은 기간에 예쁜 책으로 마무리 지어 주신 태학사의 지현구 사장님과 여러 직원께 고마움을 전한다.

2009년 7월 20일
여러 젊은 국어학자의 뒤켠에서   이 승 재 씀

차례

머리말   5

第一部   硏究 論文

誠庵古書博物館 所藏 點吐口訣 資料 晉本『華嚴經』卷第20에 대하여 ………… 朴鎭浩 / 13
성암고서박물관 소장 점토석독구결 자료 주본『화엄경』권제22에 대하여 …… 서민욱 / 41

第二部   判讀과 解讀 및 飜譯

일러두기 ……………………………………………………………………………… / 60
晉本『華嚴經』卷第二十 ……………………………………………………………… / 61
周本『華嚴經』卷第二十二 …………………………………………………………… / 205

第一部　研究 論文

誠庵古書博物館 所藏 點吐口訣 資料
晉本『華嚴經』卷第20에 대하여[*]

朴鎭浩(한양대)

1. 書誌事項

本考는 角筆 點吐口訣 資料로 잘 알려져 있는 誠庵古書博物館 所藏 晉本『華嚴經』卷第20 (以下에서『晉華』라 略稱) 및 여기에 記入된 點吐를 簡略히 紹介하는 것을 目標로 한다. 點吐 의 解讀을 爲해서는 旣往에 이루어진 周本『華嚴經』(以下에서『周華』라 略稱)의 點吐에 對한 解讀 結果 및 字吐 釋讀口訣 資料를 參考하였다.

우선 이 文獻의 基本的인 書誌事項은 다음과 같다.[1] 형태는 卷子本이며 版種은 木版本으로 서, 全體 18張이다. 紙質은 楮紙로서 黃蘗 물을 들였고 搗鍊이 되어 있다. 軸棒은 부스러기만 조금 남아 있을 따름이다. 版式은 上下單邊이며, 張當 26行, 行當 17字가 기본이나, 張1, 7, 8은 25行이며, 한 行이 16字 또는 18字인 곳도 있다. 한 張의 크기는 세로 28.0cm, 가로 48.9cm인데, 한 張이 25行인 경우에는 가로가 46.6cm 내지 47.3cm이다. 匡高는 20.1cm이다.

張1의 卷首題 아래에 '寸'이라 板刻되어 있는데, 이것은 位置로 볼 때 函次일 可能性이 높다. 그 아래 欄下에는 '雲龍'이라고 墨書로 쓰여 있다.[2] 欄上에 '別本云', '有本云'이라는 式으로 이 冊과 다른 異本 사이의 差異를 墨書로 써 놓은 곳이 세 군데 있다. 이 중 張6의 것에는 角筆 點吐가, 張13의 것에는 墨書 字吐가 함께 記入되어 있다.

刊記, 刻手名 등은 보이지 않으나, 다음의 事實들을 考慮할 때 刊行 時期는 初雕大藏經보다 앞설 것으로 推定된다.

① 卷首題가 '大方廣佛華嚴經金剛幢菩薩十迴向品之七'로 되어 있는데 이것은 湖巖美術館

---

* 이 글은 朴鎭浩(2006)을 약간 補完한 것이다.
1) 이 資料의 書誌的 事項은 鄭在永 外(2003: 15-40)을 주로 參考하였다.
2) 정재영(2003: 17)에서는 雲龍이 누구인지 알 수 없으나 所藏者일 可能性이 높다고 하였다.

所藏 新羅 白紙墨書 華嚴經 등 이른 時期의 寫經과 비슷한 樣式이며, 經名·譯者·品名을 세 行에 나누어 적는 初雕 및 再雕大藏經과는 差異가 있다.

② 書體가 唐 및 新羅의 寫經體에 가까우며, 異體字 使用 樣相도 再雕大藏經과는 사뭇 다르고 新羅 白紙墨書 華嚴經과 비슷한 面이 있다.

③ 點吐口訣의 樣相이 周本 華嚴經과 共通點도 있고 差異點도 있는데, 이 資料가 더 古形을 反映한 것일 可能性이 있다.

2. 點吐의 槪要 및 周本『華嚴經』과의 比較

이 資料에 나타나는 點吐의 槪要를 點圖로 나타내 보이면 다음과 같다.

單點

· ミ	· 丁		· 尸	入丁
· 氵?	· 肀		· 攴	· 七
· 乙	· 七?	· 丁	口(八)	· 矢
· 乙	· 氵	· 氵	· 尸	· m
· 亽	· 亽	· 十		· ㅣ

線

/ xミ	ㅣㅎ丁		/ x尸	
\	ー x丁			
/	ー 古	\ 古古	\ ミ七
\ 尸丁?	ㅣ氵古		ー x七
	\ 人?	\ 古x	/ ㅣ
			\ 去?
/ 丁入乙	ー 口	\ 古?	
\ 尸入乙	ㅣ 去	ㅣ 古?	
ー ㅎ丁入乙			
	\ ヽ ミ	\ ミ 朩	/ xㅣ
	/ ノ 亽 今	\	/	\ xㅣ

誠庵古書博物館 所藏 點吐口訣 資料 晉本『華嚴經』卷第20에 대하여   15

雙點, 三點

			: ソ尸
∴	: ソ 7	‥ x ム	・ ヒ尸
			∴ (ソ)ロ尸
			‥ ヒ七
	・ さ		・ x 七
			: x 七
‥ ノ禾	: ハ?	‥ x 7	∴ 口/刀
・ 3 仒			
∴ x 乙			‥ 入 m
: ノ 仒 乙	・ 亶		∴
∴ x 乙			
入 乙			
∴ x 分	∴	: 3 十	
x 分	・ 白?	∴ ラ 十	・ ナ l
∴ x 分	‥	∴ l 十	

눈썹

	・l 去 7?	・l x ム ∻ ノ 仒	・l 火 ハ 尸?	\
		・\ x 仒		
		\ x 仒		
				∻ ソ ヒ 七 /・ x 七
・\				・ x 七 \・ x 七
				÷ x 七 ・l x 七
				・l x 七
				/・ x 仒
				\・ x 仒
/・ x 7 入 乙				÷ x 入 m
・\ x 入 乙	・ ラ			・ 尸 入 m
・ x 入 乙	l・			l・
・\ x 分	・ ラ	\・	\・	
	l・		l・	

느낌標

	＼．x丁	！x 今	
／			
！ ・－xチ			＼(소)ㅣ ／ ・白 ・－
！ ㅣ尸入乙 ・－ㅎ丁入乙 ・－ x入乙 i x入乙 ＼．x丁乙			
	・－ ｝ ハ i ／	・－ ノ 今 十 i x十 ／ x十 ＼ x十	・－ ㅁ i ・－ ㅁ	！子

　『晉華』의 點吐들 中 單點은 『周華』와 大部分(20箇 中 18箇) 一致한다. 두 資料에서 一致하지 않는 가장 重要한 單點은 42(·)이다. 『周華』에서는 42(·)이 使動의 '(소)ㅣ'를 나타내는데 『晉華』에서는 'ᄒ'를 나타낸다.[3]

　差異 나는 또 하나의 單點은 21(·)이다. 『周華』에서는 21(·)이 '丁'를 나타내는데 『晉華』에서는 'ᄒ'를 나타내는 듯하다.

(1) a. 心[53(:)]无所依[14(·),21(·),22(·)] // 心ᄒ十 依(ノ)尸 所ᄒ 无ㅎ <04:17-18>[4]
　　b. 一切衆生[53(·)]悉[42(·)]无所着[14(·),21(·),=52(·-)#42~52(·-)] // 一切 衆生ᅙ十 悉ᄒ 着(ノ)尸 所ᄒ 无ᄒハ <09:19-20>

---

3) 42(·)을 'ᄒ'로 보는 근거는 後述함.
4) 例文에서 文獻名을 밝히지 않고 張次와 行次만 표시한 것은 『晉華』에서 가져온 것이다.

<그림 1> 예문 (1a)   <그림 2> 예문 (1b)

 (1)과 비슷한 構文이 字吐 資料『華嚴經』과『華嚴經疏』에 모두 18回 나오는데, 15箇는 '…ノ尸 所 3 無…'으로, 1箇는 '…ᄀ尸 所 3 無…'으로, 2箇는 '…ノ尸 所 無…'으로 되어 있다. (1)에서 字吐와의 對應 關係가 좀 더 確實한 點吐들을 各各 字吐에 對應시키면 남는 것은 '所'字 뒤의 ' 3 '와 'ノ尸/ᄀ尸'의 'ᄀ/ノ'이다. 둘 中 前者의 可能性이 더 높다고 생각한다.

 單點 以外의 點吐는『晉華』와『周華』가 一致하는 것이 많지 않다. 두 資料에서 一致하는 點吐들만 따로 모아 보면 다음과 같다.

·氵	·ㄱ :ノㄱ ｜ㆆㄱ	··xム	·尸 :ノ尸	·入ㄱ
	·ᄒ	· 攴	· 七 ·· ヒ七
···ノ夫	·ㄱ	·口	· 矢
·乙 :ノ수乙 ··入乙	·氵	·尸	·· m ·· 入 m
·ㅅ ·x ㅅ	·ㅅ	·十	·｜ ·ナ｜ /x｜

 '乙'을 나타내는 單點의 境遇, 41 位置에도 나타나지만 그보다 좀 더 높게 31 位置에도 나타난다. 매우 頻度가 높은 點吐이기 때문에 다른 單點과 混同되지 않도록 상당히 넓은 領域을 配當한 것인지도 모르겠다. 'ㅅ'를 나타내는 單點의 位置가 51에서 52까지 넓게 걸쳐 있는 것도 마찬가지로 解釋할 수 있다.

3. 'ㅓ'와 關聯된 點吐들

15世紀 以後와 마찬가지로 高麗時代에도 節과 節을 從屬的으로 連結하는 가장 無標的인 語尾는 '-아/어'였다. 字吐 釋讀口訣에서는 이 '-아/어'와 關聯된 吐로 'ㅓ', 'ㅓ ホ', 'ㅓ ハ' 等이 나타난다. 點吐 資料에서 두 節이 連結語尾 '-아/어'와 비슷한 裝置에 依해 接續될 때 使用된 點吐가 둘 以上인 境遇, 어느 것이 'ㅓ'이고 어느 것이 'ㅓ ホ'이고 어느 것이 'ㅓ ハ'인지 區別해 내기가 어렵다. 이 셋의 意味 差異가 分明하지 않을 뿐더러, 이 셋을 區別하게 해 주는 文脈의 指標도 찾기 어렵기 때문이다.

『晉華』에는 이러한 點吐로 42(·), 54(\), 52(\), 52(·–) 等이 나타난다.[5] 이들이 字吐 'ㅓ', 'ㅓ ホ', 'ㅓ ハ' 等과 어떻게 對應되는지를 알아내기 爲해서는, 두 節을 從屬的으로 接續한다는 基本 用法 以外의 特異한 用法에 눈을 돌릴 必要가 있다.

(2) a. 於十力[52(¯)]智[53(:)]悉得[54(\)]安住[22(·)?] // {於}十力ラ 智ㅓ十 悉 得ㅓホ 安住(ヽ)ㅎ <02:02>

b. 悉得[54(\)]見聞无量[33(·)]佛法[41(·),13(··)?] // 悉 得ㅓホ 量 无ㄱ 佛法乙 見聞xㅅ <03:18>

<그림 3> 예문 (2a)   <그림 4> 예문 (2b)

(2)에서 보듯이 54(\)은 節 接續의 機能 以外에 副詞로 쓰인 '得'字에 붙는다. 副詞 '得'은 字吐 資料에서 '得ㅓホ'으로 나타나므로, 54(\)은 'ㅓ ホ'에 對應됨을 알 수 있다.

---

5) 『周華』에는 이러한 點吐로 34(|), 23(|), 43(|) 等이 나타난다.

(3) a. 一切功德[41(·)]皆悉[42(·)]滿足[22(·)] // 一切 功德乙 皆 悉ㇱ 滿足(ㇴ)ㆎ <03:11>
   b. 佛子[42(·)]是[41(·)]名[14(·)]#13(·)]菩薩摩訶薩[44(·)]第八如相迴向[11(·),31(··),55(·)] // 佛子
      ㇱ 是乙 名尸 菩薩摩訶薩尸 第八如相迴向ㇱノ㐀ナㅣ <10:17-18>

<그림 5> 예문 (3a)   <그림 6> 예문 (3b)

(3a)에서 보듯이 42(·)은 부사 '悉'에 붙었는데, 이것은 字吐 資料에서 '悉ㇱ'로 나타나므로 42(·)이 'ㇱ'임을 알 수 있다. 또한 (3b)에서는 42(·)이 명사 '佛子'에 붙었는데 이것은 호격조사 'ㇱ'를 나타낸다.

(4) a. 如不可壞[52(\), 24(\), 12(:), 25(··)] 如 善根亦尒 迴向一切衆生[52(ˉ·)] 不可沮壞[52(\),24(\)?, 12(:),35(·),53(·)] // 壞ㇴㇱ口ㆆ{可}(七)ㄴ七 不(矢)ㅌ七 如(乙ㇴ尸) 如(支) 善根 亦(ㄱ) 尒 一 切 衆生ㇱ 沮壞ㇴㇱ口ㆆ{可}(七)ㄴㄱ 不矢ㅜ十 迴向(ㇴ分) <07:03-04>
   b. 菩薩[44(·)?] 无㝵[42(·)]不可制持[52(\),24(\),12(:),=35(·),25(··)]自在神力[11(·)] // 菩薩尸 㝵 无ㇱ 制持ㇴㇱ口ㆆ{可}(七)ㄴㄱ 不矢ㅌ七 自在 神力ㇱ <16:07>

<그림 7> 예문 (4a) 1   <그림 8> 예문 (4a) 2   <그림 9> 예문 (4b)

(4)에서 보듯이 52(\)은 '不可' 構文에 나타난다. 字吐 資料에서 이 構文은 '…(ㇴ)ㇱ口ㆆ 可七ㄴㄱ 不矢…'와 같이 나타나는데, 字吐와의 對應 關係가 좀 더 確實한 點吐들을 各各 字吐에

對應시키고 나면, 52(\)은 'ㆌ'나 'ᆢㆌ'에 對應됨을 알 수 있다. 'ㆌ'에 對應되는 點吐는 42(·)이 따로 있으므로 52(\)은 'ᆢㆌ'에 對應된다고 推測할 수 있다.[6]

이렇게, 42(·)='ㆌ', 54(\)='ㆌㆉ', 52(\)='ᆢㆌ'의 對應 關係를 얻고 나면 52(·-)에 對應될 것은 'ㆌㅅ'만 남는다. 이러한 對應 關係를 뒷받침하는 傍證으로 '以'字 構文을 들 수 있다. 字吐 資料에서 "-로써"의 의미를 나타내는 '以'字에는 'ㆌ', 'ㆌㆉ', 'ㆌㅅ'은 붙지만 'ᆢㆌ'는 붙지 않는다. 『晉華』에서도 '以'字에 붙는 點吐로 42(·)이 壓倒的으로 많고 54(\)과 52(·-)는 少數 있지만 52(\)은 없다.

4. 冠形節과 關聯된 25 位置의 點吐들

『周華』와 마찬가지로 『晉華』에서도 25(·)은 'ㄴ'을 나타내며 이것은 大蓋 屬格 助詞이다. 또한 25 位置의 其他 點吐들이 'ㄴ'으로 끝나는 複合吐를 나타내며 이들이 冠形節에 쓰인다는 것도 두 資料가 마찬가지이다. 그러나 『晉華』는 『周華』에 비해 25 位置에 훨씬 多樣한 點吐들이 나타난다. '·', '\', '-', '···', '∴', '∵', '⁼', '⁻', '÷', '/·', '\·', '|·', '·|' 모두 13 가지이다. 눈썹 유형이 7개로 절반이 넘는다.

한편 字吐 資料에서는 冠形節에 쓰이는 'ㄴ'으로 끝나는 吐가 다음과 같이 나타난다.

	'ㅌㄴ' 系列	'小ㄴ' 系列
'ㅁ/ノ'를 包含하지 않은 것	(\)ㅌㄴ (\)ㄱㅌㄴ ᆢᆖㅌㄴ ᆖㄱㅌㄴ ㅿㅌㄴ ㅿナㅌㄴ ᆢㅿハᆖㄱㅌㄴ	(\)小ㄴ (\)ㆅ小ㄴ/ᆖ小ㄴ ㅿ小ㄴ ナ小ㄴ
'ㅁ/ノ'를 包含한 것	ㅁㅌㄴ/ノㅌㄴ ノㄱㅌㄴ (\)ㆅㅁㄱㅌㄴ	ㅁ小ㄴ/ノ小ㄴ ᆢ白ㅁ小ㄴ

---

6) 『晉華』에서 '不可(窮)盡'의 경우에는 52(\) 대신 42(\)이 쓰이며, 字吐에서는 '盡ㅿㆅ 可ㅌᆢㄴㅌ 不矢…'<화소19:14, 15, 22>와 같이 나타나므로, 42(\)이 'ㅿ'에 對應됨을 알 수 있다.

가짓수가 많아서 複雜해 보이지만 몇 가지 規則을 알면 좀 더 單純하게 理解할 수 있다. 'ᗄ'는 앞의 動詞를 音讀하면 붙고 訓讀하면 안 붙는 것이므로 중요하지 않다. 本來 'ㄱㅌㄴ'에서 同音省略에 의해 /ㄴ/이 하나 脫落한 것이 'ㅌㄴ'이므로, 'ㅌ' 앞에 'ㄱ'이 있느냐 없느냐는 중요하지 않다. 先語末語尾 '-ㅁ/ノ-'의 介入 與否는 15世紀와 同一한 規則을 따른다. 卽 被修飾 名詞가 關係節의 目的語일 때는 必須的으로 들어가고, 冠形節이 補文일 때는 隨意的으로 들어간다. 冠形節의 必須 要素는 '(ㄱ)ㅌㄴ'이나 '수ㄴ'이고 이 앞에 'ㅁ/ノ'는 위의 規則에 따라 들어갈 수 있다. 敬語法 先語末語尾 'ㅎ/ㄷ'나 '白'은 그 앞에 必要에 따라 들어갈 수 있다. 時制·相·敍法과 關聯된 先語末語尾 '去'나 'ナ'도 必要에 따라 들어갈 수 있다. 形容詞나 繫辭에는 'ㅌㄴ'이 붙는 경향이 있다. 動詞에 'ㅌㄴ'이 붙을 때는 過去 時制나 完了相을 나타내는 일이 많다. 가장 頻度가 높은 것은 'ノ수ㄴ'과 '(ᗄ)ㅌㄴ'이다.

『晉華』의 25 位置의 10餘箇의 點吐와 字吐 資料의 이 10餘箇의 吐가 서로서로 어떻게 對應되는지 完全히 把握하는 것은 현재 어렵다. 但只 한두 가지 可能性만 指摘할 수 있을 따름이다. 25(··)과 25(ㅗ)은 形容詞에 붙는 강한 傾向이 있으며 頻度도 相當히 높다. 따라서 이 둘이 'ㅌㄴ'이나 'ᗄㅌㄴ'에 對應될 可能性이 높다. 25(··)은 主로 '不可' 構文의 '不矣'나 '非' 構文의 '非矣' 뒤에 붙거나 形容詞 '無'에 붙거나 體言 뒤에 붙는데, 이것은 字吐 'ㅌㄴ'의 分布와 거의 一致한다. 따라서 25(··)을 'ㅌㄴ'으로 본다. 한편 25(ㅗ)에 該當하는 字吐에 敬語法이나 時制·相·敍法 關聯 先語末語尾가 들어 있는 것으로는 보이지 않는다. 그래서 25(ㅗ)은 아무 先語末語尾가 들어 있지 않은 'ᗄㅌㄴ'으로 본다. 25(·.), 25(-)도 形容詞에 붙는 傾向이 있으나 用例가 많지 않아 正確히 어떤 것에 對應되는지 말하기 어렵다.

한편 25(\)은 用例가 둘밖에 없어서 分明치는 않으나 'ゞㄴ'을 나타내는 것 같다.

(5) a. 爲人中[25(\)]雄[41(!),22(·)] // 人 中ゞㄴ 雄ㅣ尸{爲}入乙(ᗄ)ㅎ <10:19>

b. 菩薩[33(·)?] 悉救護[13(·)] 三界[25(\),55(!)#54~55(!),41(·)] 无有餘[12(:),35(/),51(·)] // 菩薩ㄱ 悉(ゞ) 救護×ㅅ 三界ゞㄴ구乙 餘ᗄㄱ 无有ㅣ×ゟ <12:10>

<그림 10> 예문 (5a)

<그림 11> 예문 (5b)

(5a)에서 冠形語 '人中'이 '雄'을 修飾하고 있는데, 字吐 資料에서 이렇게 '中'에 붙는 吐로서 'ㅌ'으로 끝나는 것은 12箇가 나타나는데 모두 '氵ㅌ'이다. 따라서 매우 적은 用例를 가지고도 25(\)이 '氵ㅌ'임을 比較的 强하게 推定할 수 있다. 이를 土臺로 해서 (5b)를 보면, 55(!)는 '氵ㅌ'과 '乙' 사이에 오는 것으로 볼 수밖에 없다. 이렇게 屬格 'ㅌ'과 助詞 사이에 오는 것은 (6)에서 보듯이 字吐 資料에 '子'밖에 없다. 또한 字吐 資料의 '子'은 有情物을 가리키는데, (5b)의 55(!)도 '救護'의 目的語이므로 有情物로 볼 수 있다. 따라서 55(!)는 '子'으로 본다.

(6) a. 時+ 無色界ㅌ子ㄱ 量 無ㅌㄱ 變ノㄱㅌㅌ 大香花乙 雨ろㄱム <舊仁02:14-15>

b. 六方氵ㅌ子ㄲ 亦ソㄱ 復ろ {是}リ {如}丨ソㅌハニか <舊仁03:11-13>

c. 卽ろ {於}座ㅌ 中氵+ 十恒沙ㅌ 天王: 十恒沙ㅌ 梵王: 十恒沙ㅌ 鬼神王: 乃氵 至リ 三趣ㅌ子:ノ令 有ㅌナㄱ: 無生法忍乙 得ナか <舊仁11:15-16>

d. 或 復 樂ㅎ 二ㅎ 第ㅌ子乙 與ㅌ 共住ソ考 <瑜伽26:13-14>

5. 'ㅎ/ノ'와 關聯된 點吐들

『晉華』에는 'ㅎ/ノ'와 關聯된 點吐가 여럿 나타난다. 우선 35(·.)부터 보자.

(7) a. 常[35(/)]樂[35(·.)]守護諸菩薩[44(·)?]行[41(·),22(·)]樂[35(·.)]以愛眼[41(·),42(·)]觀善知識[41(·),22(·)] // 常リ 樂ㅎ 諸 菩薩尸 行乙 守護(ソ)考 樂ㅎ 愛眼乙 以氵 善知識乙 觀考 <03:19-20>

b. 復次 菩薩摩訶薩[33(·)] 若[25(·)] 見可樂[35(·.),23(-),12(:)] 國土[11(·)] 林樹[11(·)] 華菓[11(·),41(:),51(·.)] // 復 次 菩薩摩訶薩ㄱ 若ㅌ 樂ㅎㅎ{可}(ㅌ)ソㄱ 國土: 林樹: 華菓:ノ令乙

見x分 <03:04-05>

c. 迴向過去[11(·)] 未來[11(·), 13(⊥)] 皆悉清淨[52(·)] 現在[53(:), 35(·.)] 念念[53(:),55(·)] 現成
正覺[41(·),41(-),35(·.),53(/),51(·)] // 過去㇒ 未來㇒ノᅀ 皆 悉(ᄀ) 清淨(ᄂ)分 現在ᄀ十刀 念
念ᄀ十(ケ)ㅣ 正覺乙 成x入乙 現立x十 迴向(ᄂ)分 <10:05-06>

<그림 12> 예문 (7a)　　　　<그림 13> 예문 (7b)

<그림 14> 예문 (7c) 1　　　<그림 15> 예문 (7c) 2

(8) a. 如一處[53(:),12(·\),24(·)]一切處[53(:)]亦復[35(·.)]如是[22(·)] // 一處ᄀ十xᄂ 如ᄒ 一切 處ᄀ十
亦 復刀 是 如(ᄂ)分 <18:09>

b. 如如[41(·),14(:)] 善根 亦[35(·.)] 尒[53(\)#53(|)] // 如乙ᄂ尸 如(ᄒ) 善根 亦刀 尒X <05:11>

c. 未曾[35(·.)]忘失修習正業[41(·),41(\),44(·),52(\)] // 曾刀 正業乙 修習x入乙 忘失尸 未(川)ᄂᄀ
<04.23>

d. 如過去[35(·.)]非同[35(·),51(·)]未來[35(·.)]非故[35(·),51(·)]現在[35(·.)]非異[25(··)]如 // 過去刀
同 非矢分 未來刀 故 非矢分 現在刀 異 非(矢)ヒヒ 如 如(ᄒ) <10:02-03>

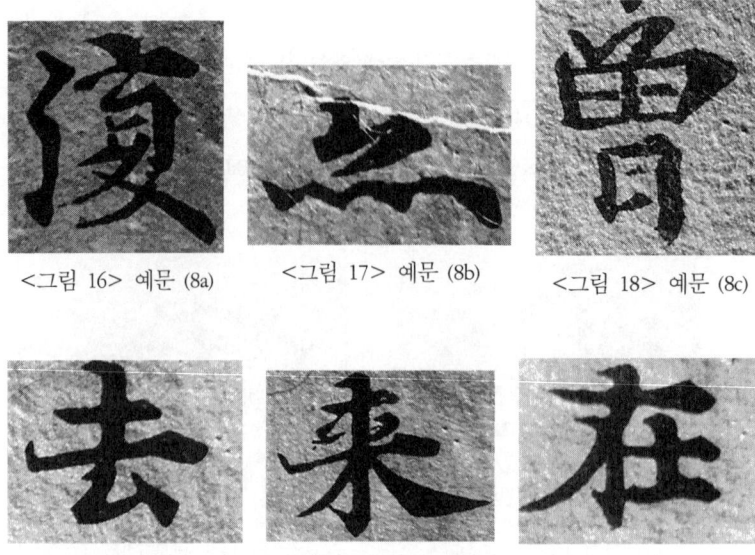

<그림 16> 예문 (8a)   <그림 17> 예문 (8b)   <그림 18> 예문 (8c)

<그림 19> 예문 (8d) 1   <그림 20> 예문 (8d) 2   <그림 21> 예문 (8d) 3

(7), (8)에서 보듯이 35(·.)은 副詞인 '樂', '復', '亦', '曾' 等에 붙는데, 字吐 資料『華嚴經』과 『華嚴經疏』에서 '樂ᅩ', '復ㄉ', '曾ハᇂㄉ'로 나타나므로, 35(·.)은 'ᅩ'와 'ㄉ' 둘 모두에 對應시킬 수밖에 없다. 副詞 '亦'은 字吐 資料에서 大部分 '亦ᄂㄱ'으로 나오나 '亦ㄉ'로 나오는 例도 少數이지만 있으므로 역시 35(·.)='ㄉ'의 對應을 支持한다. (7c), (8d)에서 보듯이 35(·.)이 補助詞 'ㄉ'를 나타내기도 한다. 한편 (7c)에서 보듯이 35(·.)이 他動詞 '現'의 末音添記인 'ᅩ'를 나타내기도 한다.

(7b)는 '可'字 構文과 관련하여 많은 것을 일려 준다. 字吐 資料에서 이 構文은 大蓋 '…(ᄂ ᄒ)ᅩᇂ 可ㄷᄂㄱ …'과 같이 나타나므로, (7b)와 같은 例는 35(·.)='ᅩ', 23(-)='ᇂ', 12(:)='ᄂㄱ'의 對應 關係를 보여 준다.

그런데 '不可' 構文에는 35(·.) 대신 24(\)이 나타난다.

(9) a. 得最勝[54(\)] 不可壞[24(\),12(:),35(·.),25(··)] 心[41(·.),52(·–)] // 最勝(ᄂ) 3 ホ 壞ᅩᇂ 可(ㄷ)ᄂ ㄱ 不矢ᄃᄃ 心乙 得 3 ハ <01:23-24>
  b. 如不可壞[42(·.),24(\),12(:),25(··)] 如 // 壞 3 ᅩᇂ 可(ㄷ)ᄂㄱ 不xᄃ 如(乙ᄂᄅ) 如(支) <09:13>

<그림 22> 예문 (9a)   <그림 23> 예문 (9b)

위의 (4)와 (9)에서 보듯이 24(\)은 '不可' 또는 '非可' 構文에만 나타난다. 肯定의 '可'字 構文에 35(·.)이 쓰인 것과 對照된다. 또한 24(\)이 나타나면 23(-)은 나타나지 않는다. 肯定의 '可'字 構文에서 35(·.)과 23(-)이 함께 쓰인 것과 對照된다. 이런 點을 考慮하면 24(\)을 'ㅁㅎ'에 對應시킬 수 있을 듯하다.

이제 '隨'字 構文을 살펴보자.

(10) a. 令一切衆生[41(·)] 悉得諸佛[42(-)] 隨意[41(·),53(·.)] 愛樂[52(\)] 供給[25(⁻·)] 侍者[41(·),35(/)] // 一切 衆生乙 悉 諸佛ㅅ 意乙 隨ㅁ 愛樂ㅆㆍ 供給xㅌ 侍者乙 得ㄌ 令(ㄌx夕) <03:16-17>

b. 知一切時[41(·),54(\)] 隨時[41(·),53(·.)] 脩習[55(/)] // 一切 時乙 知ㆍㆢ 時乙 隨ㅁ 脩習xㅣ <10:14-15>

c. 隨應衆生[53(·.),25(⁻·)] 業[41(·),53(·.)] 菩薩[33(·)] 分別[22(·.)] 行[22(·)] // 衆生ㅋㅏ 應ㅆㆍㅌ 業乙 隨ㅁ 菩薩ㄱ 分別ㆍ 行(ㆍ)ㆢ <11:13>

d. 隨其所應[33(·),41(·),53(·.)]皆悉[42(·)] 得[54(\)] 聞[35(/),51(·.)] // 其 應(ㆍ)ㄱ 所乙 隨ㅁ 皆 悉ㆢ 得ㆢㆍ 聞ㄌxㆢ <13:25-14:01>

<그림 24> 예문 (10a)

<그림 25> 예문 (10b)

<그림 26> 예문 (10c)

<그림 27> 예문 (10d)

"-을 따라"의 意味를 갖는 '隨'자는 字吐 資料에서 例外 없이 '隨ᢖ'로 나타난다. 따라서 (10)에 보이는 53(\)을 'ᢖ' 以外의 다른 것으로 보기가 어렵다.

'具'字의 懸吐 樣相은 다음과 같다.

(11) a. 具慈心[25(·)?] 樂[41(·)?,53(\),54(\)] // 慈心ㄴ 樂乙 具ᢖ 3 ㅉ <02:17-18>

　　b. 具眞實智[25(·)?] 離垢[22(·)] 正直[22(·),25(㆓)] 菩提心[41(·),53(\),52(㆓)] // 眞實 智ㄴ 離垢(ゝ)ㅌ 正直(ゝ)ㅌゝヒㄴ 菩提心乙 具ᢖ 3 ハ <02:19-20>

　　c. 具普賢[25(·)] 願[41(·),53(\),51(·)] // 普賢ㄴ 願乙 具ᢖ分 <14:18>

<그림 28> 예문 (11a)   <그림 29> 예문 (11b)   <그림 30> 예문 (11c)

(12) a. 迴向一切具平等行[31(·),54(·-),13(!),53(·)] // 一切 平等 行乙 具ㅅx수ㅋ+ 迴向(ㅅ分) <06:22>
　　 b. 具菩薩[44(·)] 行[41(·),54(·-),54(\)] // 菩薩尸 行乙 具ㅅ 3 ㅉ <08:22>
　　 c. 具正直心[41(·),54(·-),54(\)] // 正直心乙 具ㅅ 3 ㅉ <12:21>

<그림 31> 예문 (12a)   <그림 32> 예문 (12b)   <그림 33> 예문 (12c)

　　字吐 資料에서 他動詞 '具'는 大部分 '具ㅅ-'로 나타나므로, 他動詞 '具'에 붙고 語尾 앞에 오는 것으로 解釋되는 點吐는 末音添記 'ㅅ' 以外의 것으로 보기 어렵다. 그런데 이 點吐가 (11)에서는 53(·)로, (12)에서는 54(·-)로 나타난다. (10)에서 53(·)='ㅅ' 對應 關係를 이미 얻었으므로 (11)은 이를 더 確固하게 해 준다. 그런데 (12)에서도 54(·-)을 '具ㅅ-'의 'ㅅ' 아닌 다른 것으로 보기 어렵다. 둘 以上의 點吐가 하나의 字吐에 對應되는 예를 또 보게 된다.

6. 'ㅎ'과 關聯된 點吐들

　　23(-)='ㅎ', 24(\)='ㅅㅎ'의 對應 關係는 이미 살펴보았다. 그런데 『晉華』에는 이 外에도 'ㅎ'과 關聯된 點吐들이 더 있는 듯하다.

(13) a. 如爲己[52(⎺·)] 身[41(·),54(\·),21(·\)#21(·)] 爲衆生[23(|)] 迴向亦復[35(··)]如是[52(·⎯)] // 己ㅋ 身乙 爲X 如X 衆生 {爲}ㅓ立 迴向 亦 復刀 是 如(ㅅ)ㅣㅅ <02:14>

b. 樂[35(··)] 爲衆生[23(|)] 分別廣說[22(·),35(·.)] // 樂ㅋ 衆生 {爲}ㅓ立 分別 廣說(ㅅ)ㅋ 令ㅣㅣ(x ㅋ) <03:23>

c. 能[=24(·)] 以一切衆生[52(⎺·)] 諸念[41(·),52(·⎯)] 以[54(\)] 爲一念[23(|),22(·),13(··)] // 能ㅎ 一切 衆生ㅋ 諸 念乙 以ㅓㅅ 以ㅓㅎ 一念 {爲}ㅓ立ㅎxㅅ <16:26-17:01>

d. 此諸方便[33(·)] 皆由普賢菩薩[44(·)] 深心究竟[41(/),23(|),42(·), 52(·)] // 此 諸 方便ㄱ 皆 普賢菩薩尸 深心 究竟(ㅅ)ㄱㄴ乙 由ㅓ立ㅓ(ㅅ)ㅎ <17:01-02>

<그림 34> 예문 (13a)

<그림 35> 예문 (13b)

<그림 36> 예문 (13c)

<그림 37> 예문 (13d)

(13a, b)는 "-을 爲하여"의 意味를 갖는 '爲'字의 例이다. 이런 例는 字吐 資料에서 '…ㅋ 爲ㅓ'으로 나오며 이 때 'ㅓ'는 '삼'으로 읽는다. 따라서 23(|)도 '삼'에 對應됨을 알 수 있다. 이 '삼'을 43(·)='ㅓ'(사)와 구분하기 위해 'ㅓ立'으로 表記하기로 하자. (13c)는 동사 '爲'의 例이고 (13d)는 "말미암다"라는 意味의 '由'의 例이다. 모두 23(|)='ㅓ立'의 對應 關係를 支持한다.

다음으로 '心'字의 懸吐 樣相을 보자.

(14) a. 菩薩心[43(\)] 安住[55(/)] // 菩薩 心호 安住xㅣ <11:10>
  b. 其心[43(\)] 无嫌恨[22(·)] 正直[22(·)] 常淸淨[22(·)] 諸業[52(⎺)] 莊飾世[41(·),41(/)] 悉能[35(·)] 善[24(·)] 分別[22(·),45(⎺)] // 其 心호 嫌恨 无ㅎ 正直(ヽ)ㅎ 常 淸淨(ヽ)ㅎ 諸 業ラ 世乙 莊飾(ヽ/)ㄱ 入乙 悉(ぅ) 能矢 善攴 分別(ヽ)ㅎ(ヽ)尸入灬 <11:11>
  c. 其心[43(|)] 淸淨[52(\)] // 其 心호 淸淨ヽぅ <15:16>
  d. 心[43(|)] 不一[35(·), 33(··), 45(··), 경계선] 故[24(·)] // 心호 一 不矢xㄱ 入灬 故攴 <18:06>

<그림 38> 예문 (14a)

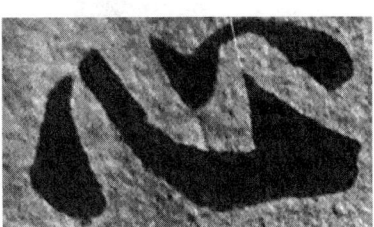
<그림 39> 예문 (14b)

<그림 40> 예문 (14c)

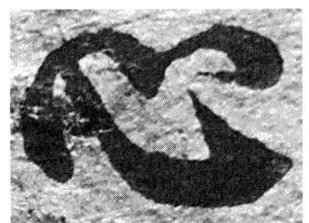
<그림 41> 예문 (14d)

字吐 資料에서 '心'字가 主語로 쓰일 때에는 大蓋 助詞가 붙지 않고 末音添記의 'ㅎ'만 붙는다. (14)에서 보듯이 '心'字에 붙은 點吐 43(\)과 43(|)은 이 'ㅎ'에 對應되는 것으로 볼 수 있다. '身'字의 境遇는 더 特異하다.

(15) a. 廻向三世[25(·)] 一切諸佛[42(-)] 自在神力[11(·)] 及[25(·)] 一切刹[11(·), 41(:)] 在身[33(\)]#33~ 43(\)] 內[53(:), 42(·)#32(·), 52(.·)] 現[13(·\),53(·.)] // 三世ㄴ 一切 諸佛󠄁뜨 自在 神力; 一切 刹ミノ令乙 身호x 內ぅ十 在X 現x令ラ十 廻向(ヽ分) <07:22-23>

b. 於一身[33(\)] 內[=53(:)] 悉能[=24(·)] 容受无量[33(·)] 諸身[41(·),52(·)] // {於}一 身ㆆx 內 3
十 悉 能ㅊ 量 无 1 諸 身乙 容受(ㆍㄴ) 分 <17:02-03>

<그림 42> 예문 (15a)　　　<그림 43> 예문 (15b)

字吐 資料에서 '身'字에 末音添記가 된 것은 主格의 '身ㆆㄴ' 2箇뿐이다. (15)의 예들은 屬格이므로 末音添記가 되더라도 그 뒤에 'ㄴ' 代身 다른 것이 붙어야 할 것이다. 그것이 무엇인지, 例가 적어서 確實히 알기 어려우므로 일단 33(\)이 'ㆆx'에 對應되는 것으로 해 둔다.

7. 命名 構文

(16) a. 佛子 是[41(·)] 爲[14(·)] 菩薩摩訶薩[35(/)] 以一切善根[41(·),42(·)] 隨順如相迴向[53(:),25(·), 21(\),31(··),55(·)] // 佛子(3) 是乙 爲ㆍㅁ尸 菩薩摩訶薩ㅣ 一切 善根乙 以 3 如相 迴向 3 十 隨順ㅌx丁ノチナㅣ <11:07-08>

b. {是}ㅣ乙 爲ㆍㅁ尸 菩薩摩訶薩尸 十尸 第七 辯藏 氵ノチナㅣ <화소26:03>

誠庵古書博物館 所藏 點吐口訣 資料 晉本『華嚴經』卷第20에 대하여 31

<그림 44> 예문 (16a)

字吐 資料의 命名 構文에서, 붙여지는 이름에 該當하는 名詞句 앞에 '爲'字가 올 때, 그 '爲'字를 그 名詞句보다 나중에 새기기도 하고(卽 '爲'字에 左側吐가 붙음) 名詞句보다 먼저 새기기도 한다(卽 '爲'字에 右側吐가 붙음). (16b)는 後者의 境遇의 懸吐 樣相을 잘 보여 준다. (16a)에서도 14(·)이 '爲'字에 직접 붙어 있으므로 後者의 境遇에 該當한다. 따라서 (16a)가 14(·)의 唯一例이기는 하나 이것이 '(ヽ)ロア'에 對應될 것으로 推測할 수 있다. (16a)를 통해 31(··)='ノヲ', 55(.·)='ナㅣ'의 對應 關係도 알 수 있는데, 이는 『周華』와 完全히 同一하다.

(17) a. 除滅諸煩惱[41(·),22(·),41(..)] 是[41(·)] 名[42(·)] 功德主[21(\),31(·-)] //諸 煩惱乙 除滅(ヽ)ᄒxᄂ 是乙 名ᄒ 功德主xT xᄒ(ᄉ) <12:03>

b. 盡法[52(¯·)] 无盡性[41(¯·),42(·),43(·)] 无盡方便[25(·)] 滅[11(·),31(·-),51(·)] // 法ᄒ 盡性 无 xㅅ乙 盡ᄒᄒ 无盡方便七 滅ᄒxᄒᄉ <12:04>

c. 法[52(¯·)] 空[22(·)] 无自性[22(·)] 諸法[52(¯·)] 无自在[12(:),22(·),41(/)] 寂勝覺[52(¯·)] 无我[11(·),31(·-),51(·)] // 法ᄒ 空(ヽ)ᄒ 自性 无ᄒ 諸法ᄒ 自在ヽㄴ 无ᄒx乙 寂勝覺ᄒ 无我ᄒxᄒᄉ <12:06>

<그림 45> 예문 (17a) <그림 46> 예문 (17b) <그림 47> 예문 (17c)

(16)에 31(··)이 쓰인 것과 달리 (17)에서는 31(·-)가 쓰였다. 이에 對한 解讀의 端緒를 現在로서는 더 얻기 어려우므로, 31(··)='ノヲ'와의 關聯性을 考慮하여 'xᄒ' 程度로 보아 둔다.

32 第一部 硏究 論文

8. 'ᄉ'와 關聯된 點吐들

『晉華』에는 'ᄉ'와 關聯된 點吐도 여럿 나타난다.

(18) a. 无我[11(·)] 我所[11(·),13(⺈),42(·)] // 我ᄉ 我所ᄉ ノᄉ 无ᄒ <08:17>
    b. 廻向於一切境界[11(·)] 世界[11(·),53(⼀·)] 无所染着[14(·),13(·\), 53(·.), 52(·)] // {於}一切 境界ᄉ 世界ᄉ ノᄉ十 染着(ノ)尸 所 无xᄉx十 廻向(ᄽ)ㆌ <05:07>

<그림 48> 예문 (18a)

<그림 49> 예문 (18b)

(18a)의 13(⺈)은 11(·)='ᄉ'에 의해 名詞句들을 羅列한 뒤에 맨 끝에 붙는 '뒤 아우름 表現'인데 字吐 資料를 通해 이것은 'ノᄉ'임을 알 수 있다. (18b)의 53(⼀·)는 그러한 名詞句 羅列 뒤의 아우름 表現에 處格 助詞 '十'가 덧붙은 吐이므로 'ノᄉ十'로 볼 수 있다.

(19) a. 了知衆[33(·)?] 想[11(·)] 行[11(·),52(/)] 皆悉 是[33(·)] 虛妄[41(i),31(!)] // 衆ㄱ 想ᄉ 行ᄉ ノᄉㆌ 皆 悉 是ㄱ 虛妄x入乙 了知X <12:11>
    b. 於法界[53(:)] 等[25(i)] 一切如來[11(·)] 菩薩[52(/)] 所行[41(·)] 悉能[24(·)] 修習[13(··)] // {於}法界ᄒ十 等xᄐ 一切 如來ᄉ 菩薩(ᄉ)ノᄉㆌ 所行乙 悉(ᄒ) 能支 修習ノ尸ム <14:14-15>

<그림 50> 예문 (19a)   <그림 51> 예문 (19b)

(19)의 52(/)도 亦是 名詞句 羅列 뒤의 아우름 表現인데, (19b)에서 보듯이 그 뒤의 名詞句 '所行'을 修飾하는 冠形語이므로 屬格 助詞 'ㄱ'를 덧붙여서 'ノ소ㄱ'로 읽는 것이 좋지 않을까 한다. (19a)에서는 '衆想行'이 主語이기는 하나 그에 呼應하는 敍述語가 名詞化되어 있으므로 主語的 屬格으로 볼 수 있다. 같은 位置의 52(⁻)이 'ㄱ'라는 事實이 間接的인 뒷받침이 된다.

(20) a. 音辭微妙[52(\)] 言[45(·)] 无能[35(·)] 及[31(·),22(·)] // 音辭 微妙\3 言… 能矢 及3소 无ㅎ <15:13>
　　b. 當願衆生 一切 天人ㅣ 能矢 頂乙 見3소 無ㅌ효 <화엄08:09>

<그림 52> 예문 (20a)

(20)은 "能히 …할 수 있는 이가 없다"는 意味의 構文인데, (20b)에서 보듯이 이런 경우 動詞에 '3소'라는 吐가 달린다. 이를 土臺로 하여 (20a)의 31(·)이 '3소'임을 짐작할 수 있다.
　그 밖에 35(/·)과 35(\·)도 '소'를 包含한 것으로 推測되나 用例가 적어서 正確히는 알기 어렵다.

9. 節 接續과 關聯된 點吐들

(21) a. 入一切世界[53(:),13(··)] 入幡覆世界[53(:),22(·)] 入伏世界[53(:), 22(·), 11(/)] 於一念[25(·)] 中[=53(:)] 悉能[=24(·)?] 遍[55(·)] 入十方[25(·)] 世界[25(·)] 一切佛刹[=53(:),52(··)] // 一切 世界 氵十 入xㅅ 幡覆 世界 氵十 入(ᄂ)ᇂ 伏 世界 氵十 入(ᄂ)x氵 {於}一念ㄴ 中 氵十 悉 能 ㅊ 遍ㅣ 十方ㄴ 世界ㄴ 一切 佛刹 氵十 入(ᄂ)氵ハ <17:10-11>

b. 无量[33(·)?] 種種[25(·)] 世界[53(:)] 无量[33(·)] 方便[45(·)] 入深[33(·)?] 法界[35(/)] 皆如虛空[24(·), 12(:), 53(·,), 11(/)] 而[33(·)] 亦[33(·)] 不壞世界[25(·)]之 性[41(·),22(·)] // 量 无ㄱ 種種 ㄴ 世界 氵十 量ㄱ 无 方便灬 深ㄱ 法界ㅣㅣ 皆 虛空 如ㅊ(ᄂ)ㄱ 氵十 入x氵 而ㄱ 亦ㄱ 世界ㄴ {之} 性ᄋ 壞 不(ᄂ)ᇂ <17:13-14>

<그림 53> 예문 (21a)   <그림 54> 예문 (21b)

11(/)은 大蓋 節과 節을 接續할 때 쓰이는데, 11(/)의 모든 用例가 그런 것은 아니지만 逆接의 意味를 나타낼 때가 있다. (21)이 그러한 例인데, (21b)의 境遇 '而ㄱ'이 있어서 接續된 두 節이 逆接 關係임을 더 明確히 알 수 있다.

(22) a. 永[35(\)] 離諸恚导[41(·),34(·)] 知法[41(·),22(·)] 亦[33(·)] 知義[41(·),22(·),31(!)] 安住調御[25(·)] 地[53(:),=54(\)] 饒益一切衆[41(·),51(·,)] // 永ㅊ 諸 恚导ᄋ 離口 法ᄋ 知ᇂ 亦(ᄂ)ㄱ 義ᄋ 知ᇂX 調御ㄴ 地 氵十 安住(ᄂ)氵ホ 一切 衆ᄋ 饒益x彡 <11:14>

b. 覺悟諸善法[52(ㅡ)] 无量[51(·)] 不可數[12(:),41(··),31(!)] 悉能[=24(·)] 分別[22(·,)] 知[54(\)] 迴向益衆生[41(·),35(/),13(\),53(··),55(/)] // 諸 善法ᄋ 量 无 分 數(ᄁᄂ) 可(ㄴ)ᄂㄱ 不(矢ㄱ)

誠庵古書博物館 所藏 點吐口訣 資料 晉本『華嚴經』卷第20에 대하여 35

入乙 覺悟ㄨ 悉 能支 分別ぅ 知ㅣホ 衆生乙 益ㅣㄨ令ㄣ十 迴向ㄨㅣ <11:15>

<그림 55> 예문 (22a)

<그림 56> 예문 (22b)

(22)에서 보듯이 31(!) 亦是 節과 節을 接續하는 機能을 한다. 그러나 두 節 사이의 意味 關係를 明確히 把握하기도 어렵고 그 音相을 推測할 端緒도 別로 없다.

(23) a. 於現在[11(·)] 佛[42(-)] 所[=53(:)] 得可愛樂巧妙方便[41(·), <u>14(·),54(i)</u>] 得可愛樂深妙方便 [41(·), 54(\)] 无所鄣导[14(·), <u>14(·),54(i)</u>] 永[42(·)] 離愚癡[41(·),34(·)] 具足可樂平等離欲 [41(·),22(·)] 一切諸法[53(:)] 斷諸鄣导[41(·),22(·)] 決定[22(·)] 深[35(/)] 解不二法界[41(·),22(·), <u>14(·),54(i)</u>] 具足可樂離欲際等[12(:),31(·),52(\)] 一切諸法[53(:),54(\)] 入眞實際[53(:), <u>14(·),54(i)</u>, 41(·), 51(·)] // {於}現在ㄨ 佛ɜ 所ɜ十 愛樂(ノㅎ) 可(ㄴxㄴ) 巧妙 方便乙 得xㄗㄨ 愛樂(ノㅎ) 可(ㄴxㄴ) 深妙 方便乙 得ɜホ 鄣导ㄗ 所 无xㄗㄨ 永ɜ 愚癡乙 離口 樂(ノㅎ) 可(ㄴxㄴ) 平等 離欲乙 具足(ㄴ)ㅎ 一切 諸(ㄱ)法ɜ十 諸(ㄱ) 鄣导乙 斷(ㄴ)ㅎ 決定ぅ 深ㅣ 不二 法界乙 解(ㄴ)ㅎ(ㄴ)ㄗㄨ 樂(ノㅎ) 可(ㄴxㄴ) 離欲際 等ㄴㄹ乙 具足ɜ 一切 諸(ㄱ)法ɜ十 (ㄴ)ɜホ 眞實際ɜ十 入ㄗㄨ乙(ㄴ)分 <04:03-07>

b. 不壞佛相[41(·), 44(·), 22(·)] 等[42(·)] 觀三世[41(·), 22(·), <u>14(·),54(i)</u>] 了衆生[52(ㄧ)] 空[41(i), 22(·)] 无所依住[14(·), 22(·), <u>14(·), 54(i)</u>, 41(·), 52(·), 33(·), 41(·)] // 佛相乙 壞ㄗ 不(ㄴ)ㅎ 等 ɜ 三世乙 觀(ㄴ)ㅎ(ㄴ)ㄗㄨ 衆生ぅ 空xス乙 了(ㄴ)ㅎ 依住(ノ)ㄗ 所 无ㅎ(ㄴ)ㄗㄨ入乙(ㄴ)分 (ㄴ)ㄱ乙 <04:20-21>

<그림 57> 예문 (23a) 1   <그림 58> 예문 (23a) 2   <그림 59> 예문 (23a) 3

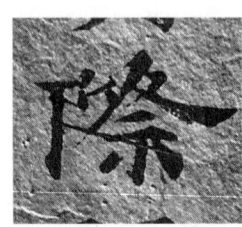  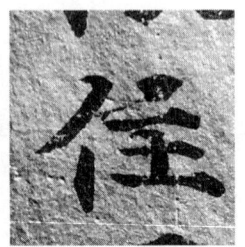

<그림 60> 예문 (23a) 4   <그림 61> 예문 (23b) 1   <그림 62> 예문 (23b) 2

(23a)에서는 14(·) 또는 14(·)과 54(i)가 함께 쓰여서 4箇의 節을 連結한 뒤 '乙(丶)ㅅ'로 아우름을 하고 있고, (23b)에서는 14(·)과 54(i)가 함께 쓰여서 2箇의 節을 連結한 뒤 'ㅅ乙(丶)ㅅ'를 붙여서 아우름을 하고 있다. 14(·)='尸'의 對應 關係는 確實한 證據를 많이 찾을 수 있으므로, 14(·)도 '尸'를 包含할 것으로 짐작된다.[7] 54(i)의 音相이나 意味는 現在로서 알 수 없다. 다만 그 뒤에 '乙'이나 'ㅅ乙'이 올 수 있다는 것이 稀微한 端緖가 될 수 있다. 뒤에 '乙'이나 'ㅅ乙'이 올 수 있으려면 'ㄱ'으로 끝나야 하지 않을까 한다.

10. 其他 點吐

副詞 '永'의 懸吐 樣相을 보자.

---

7) 14(·)은 條件節에서 15(·)='ㅅㄱ'과 함께 쓰인 예가 있어(12:5) 'ㅌ尸'로 推定할 수 있다(안대현 2008a: 270).

(24) a. 永[42(·)] 離愚癡[41(·),34(·)] // 永ㇹ 愚癡乙 離口 <04:05>
    b. 永[35(\)] 離諸恚㝵[41(·),34(·)] // 永去 諸 恚㝵乙 離口 <11:14>

<그림 63> 예문 (24a)   <그림 64> 예문 (24b)

文章의 構造는 完全히 똑같은데 副詞 '永'에 달린 點吐가 다르다. (24a) 같은 例가 4箇 있고 (24b) 같은 例는 이것 하나뿐이다. 字吐 資料의 경우 『華嚴經』과 『華嚴經疏』는 모두 '永去'로 나타나고 『瑜伽師地論』은 '永ㇹ'로 나타난다. 42(·)이 'ㇹ'임을 위에서 보았으므로, (24a)는 字吐 資料 『瑜伽師地論』과 一致하는 것이다. (24b)의 35(\)은 唯一例라 뭐라 말하기 힘들지만 一旦 '去'로 보아 둔다.

(25) a. 如如[53(:),42(·.)] 善[41(·)] 迴向[51(·.)] // 如ㇹ+ {如}亘 善乙 迴向xㅅ <11:16>
    b. 如如[25(·)] 性[52(⁻)] 如是[41(·.),42(·.)] 諸法[52(⁻)] 无所有[41(/·),52(·)] 如如[52(⁻)] 離自性[41(/·),42(·.)] 智者[33(·)] 業[41(·)] 迴向[51(·.)] // 如ㄴ 性ㇹ 是 如xㄴ乙 {如}亘 諸 法ㇹ 有(ㄱ) 所 无xㆁ乙(\\)ㅅ 如ㇹ 自性 離xㄱ乙 {如}亘 智者ㄱ 業乙 迴向xㅅ <11:22>

'如'字의 補語에 助詞가 달리지 않을 때에는 '如'자에 24(·)='ᄒ'가 달리며, '如'字의 補語에 助詞 41(·)='乙'이나 53(:)='ㇹ+'가 붙으면 '如'字에는 42(·.)이 懸吐된다. 字吐 資料 『華嚴經』이나 『舊譯仁王經』에서 後者의 境遇 '如'字에 '亘'이 懸吐되므로, 42(·.)은 '亘'으로 볼 수 있다.

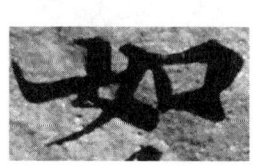

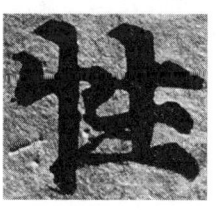

<그림 65> 예문 (25a)   <그림 66> 예문 (25b) 1   <그림 67> 예문 (25b) 2

(26) a. 正念三世[25(·)] 一切諸佛[41(·),35(˙\),52(·‥)] // 三世㇉ 一切 諸佛乙 正念(ﾉﾉ)白ゝハ <01:25>
　　 b. 不輕礼他方[25(·)] 佛[41(·),52(·.),41(·\)] 心 // 他方㇉ 佛乙 礼(ﾉﾉ)白xﾍ乙 輕(ゝ尸) 不(xヒ) 心
　　　 (ゝ) <12:17>
　　 c. 以无縛无着鮮脱心[41(·), 42(·)] 具足普賢[42(¯·)] 得[54(\)] 見一切佛[41(·), 52(·.), 25(/·)] 諸陁
　　　 羅尼[41(·),52(·)] // 无縛无着鮮脱心乙 以ゝ 普賢ヲ 得ゝホ 一切 佛乙 見白xヒ 諸 陁羅尼乙
　　　 具足(ﾉﾉ)ケ <13:01-02>

<그림 68> 예문 (26a)　　<그림 69> 예문 (26b)　　<그림 70> 예문 (26c)

(26a)에서 보듯이『晉華』에서 先語末語尾 '白'은 大蓋 35(˙\)으로 나타난다. 그런데 (26b, c)에서 보듯이 52(·.)이 '白'을 나타내는 境遇도 있는 듯하다. (26b, c)에서 52(·.)을 '白' 아닌 다른 것으로 解釋하기는 어려워 보인다.

(27) a. 菩薩摩訶薩[33(·)] 安住此迴向[53(:),12(|·),53(··),33(·)] 得无量[51(·)] 无邊[33(·)] 淸淨法門[41(·),
　　　 =54(\)] 爲人中[25(\)]雄[41(!),22(·)] // 菩薩摩訶薩ヿ 此 迴向ゝ十 安住(ﾉﾉ)去ヿ丨十ヿ 量 无
　　　 ケ 邊 无ヿ 淸淨 法門乙 得ゝホ 人 中ゝ㇉ 雄ﾘ尸{爲}入乙(ﾉﾉ)ﾗ <10:18-19>
　　 b. 離癡[25(⁼)] 法王[41(!),52(·)] // 離癡ﾉﾉヒ㇉ 法王ﾘ尸入乙(ﾉﾉ)ケ <15:01>

<그림 71> 예문 (27a) 1　　<그림 72> 예문 (27a) 2　　<그림 73> 예문 (27b)

(27)에서 보듯이 41(!)는 名詞句에 붙는다. 41(·)이 '乙'이고 41 位置의 여러 點吐들이 'ㅅ乙'로

끝남을 함께 考慮할 때 41(!)는 'ㅣㆆㅅ乙'에 對應될 可能性이 매우 높아 보인다. (27a)의 12(|·), 53(··), 33(·)은 條件節 '-ㅊㄱㅣ十ㄱ'을 나타내는 것으로 보인다. 12(|·)와 53(··)의 用例가 이것 하나뿐이기는 하지만, 53(··)이『周華』에서도 'ㅣ十'에 對應된다는 點, 12 位置가 'ㄱ'과 關係가 깊다는 點 等을 考慮할 때, 이 對應 關係는 어느 程度 信賴할 만하다고 생각된다.

11. 結論

『周華』에 比해『晉華』는 資料의 量이 적기 때문에 解讀이 더 어렵다. 그러나『周華』에 對한 解讀 結果 및 字吐 資料들과의 對應 關係를 積極的으로 活用하여 大體的인 輪廓은 그릴 수 있을 듯하다.

『晉華』에 對한 이러한 解讀의 暫定的인 結果를 볼 때 놀라운 점은, 둘 以上의 點吐가 하나의 字吐에 對應되는 일이 매우 많다는 것이다. 33(·)과 12(·)이 'ㄱ'에 對應되고 44(·)과 14(·)이 'ㆆ'에 對應되는 것은『周華』에서도 이미 보았던 것이지만, 그 外에도 '☐/ノ', 'ㅜ', 'ㅗ', '白'에 對應되는 點吐들이 둘 以上씩 있음을 보았다. 이러한 點吐 對 字吐의 多對一 對應은 點吐 資料에 比해 字吐 資料가 거칢을 말해 주는 것일 수도 있고, 現在의 우리의 解讀이 매우 거칢을 말해 주는 것일 수도 있다.

거칠게나마 얻어진 點圖를 들여다볼 때, 특히 눈썹과 느낌標가 特定 位置에 몰려 있는 傾向이 있음을 알게 된다. 느낌標는 53, 41 位置에 몰려 있고, 눈썹은 25, 13 位置에 몰려 있다. 이렇게 形態와 位置를 共有하면서 主軸의 方向에 依해서만 差異가 나는 點吐들이 果然 어떤 言語의 差異를 內包하고 있는 것인지 알아내는 것이 앞으로의 課題라 하겠다.

참고문헌

南豊鉉(2000),「高麗時代의 點吐口訣에 對하여」,『書誌學報』24, 韓國書誌學會, 5-45.
南豊鉉(2002),「高麗時代 角筆點吐 釋讀口訣의 種類와 그 解讀: 晉本華嚴經 卷20의 點吐釋讀口訣을 中心으로」,『朝鮮學報』183, 朝鮮學會, 1-22.
南豊鉉·李丞宰·尹幸舜(2001),「韓國의 點吐口訣에 對하여」,『訓点語と訓点資料』107, 東京: 訓点語

學會, 69-102.

朴鎭浩(2003), 「周本『華嚴經』卷第36 點吐口訣의 解讀: 字吐口訣과의 對應을 中心으로」, 『口訣研究』 11, 口訣學會, 211-247.

朴鎭浩(2004), 「周本『華嚴經』卷第六의 點吐 重複 表記와 符號」, 『口訣研究』 13, 口訣學會, 129-148.

朴鎭浩(2006), 「晉本『華嚴經』卷第20의 點吐 解讀」, 『口訣研究』 16, 口訣學會, 173-208.

안대현(2008a), 「주본『화엄경』점토석독구결의 해독(1): 12와 14 위치의 동형성 및 51과 55 위치의 대칭성에 대하여」, 『口訣研究』 20, 口訣學會, 259-286.

안대현(2008b), 「주본『화엄경』점토석독구결의 해독(2): 12와 14 위치 및 51과 55 위치 이외의 점토들에 대하여」, 『國語學』 51, 國語學會, 195-227.

李丞宰(2001), 「周本 華嚴經 卷第22의 角筆 符號口訣에 對하여」, 『口訣研究』 7, 口訣學會, 1-32.

李丞宰(2002), 「옛 文獻의 각종 符號를 찾아서」, 『새國語生活』 12-4, 21-43.

李丞宰(2003), 「周本『華嚴經』卷第57의 書誌와 角筆 符點口訣에 대하여」, 『한글』 262, 한글學會, 215-246.

李丞宰 外(2005), 『角筆口訣의 解讀과 飜譯: 初雕大藏經의『瑜伽師地論』卷第五와 卷第八을 중심으로』, 太學社.

張景俊(2003), 「『瑜伽師地論』點吐釋讀口訣의 '指示線'에 對하여」, 『口訣研究』 11, 口訣學會, 189-209.

張景俊(2005), 「點吐口訣 資料의 判讀 및 解讀 結果 記錄 方案: 『瑜伽師地論』 卷5, 8을 對象으로」, 李丞宰 外(2005) 收錄, 113-126.

鄭在永(2001), 「誠庵古書博物館 所藏 晉本 華嚴經 卷二十에 對하여」, 『口訣研究』 7, 口訣學會, 33-56.

鄭在永 外(2003), 『韓國 角筆 符號口訣 資料와 日本 訓點 資料 硏究: 華嚴經 資料를 中心으로』, 太學社.

황국정(2000), 「釋讀口訣의 두 冠形詞節에 對해: '-ㅎㄴ/-ㅅㄴ'과 '-ㄱ/-ㄹ'이 實現된 構文의 統辭的 差異를 中心으로」, 『口訣研究』 6, 口訣學會, 281-342.

성암고서박물관 소장 점토석독구결 자료 주본 『화엄경』 권제22에 대하여[*]

서민욱(가톨릭대)

1. 서지 사항과 내용

주본 『화엄경』 권제22는 『화엄경』 점토석독구결 자료 중에서는 가장 먼저 발견된 자료로서 성암고서박물관 소장본이다. 이 『화엄경』은 再雕大藏經의 『화엄경』과 字體, 行字數, 卷次, 張次의 표시 방법 등이 일치하여 그 底本으로 사용된 것으로 알려져 있으며, 1974년 중국 山西省 應縣 佛宮寺 석가탑(1056)에서 나온 거란본과 字體, 行數 등이 일치하는 점을 들어 그 판본의 영향을 받은 것으로 보고 있다. 거란본이 고려 문종 17년(1063)과 숙종 3년(1098) 사이에 들어왔으므로, 이 자료도 이 시기(11세기 후반)에 판각되어 印出된 것으로 추정할 수 있고 점토석독구결의 연대도 이 시대까지를 고려해서 추정해야 한다고 보고 있다.

주본 『화엄경』 권제22는 목판 권자본으로, 각장의 앞에는 권차, 장차, 각수 등이 실려 있는데, 3幅을 예로 들면 '周經第二十二 三幅 戒初'와 같다. 張의 크기는 縱 30.8cm, 橫 48.3cm, 邊 23.5cm이며, 上下單邊, 每張 24行 17字이다. 總 22張 中 第1張 全張과 第2張의 앞 15行이 缺落되어 있다.(남풍현 2000)

周本 『화엄경』(80권본)은 부처가 설법한 장소가 7곳이고, 會數는 9회이며, 39品으로 되어 있다. 권제22는 會數로는 제5회에 해당되고, 說處는 兜率陀天이며, 부처님께서 위신력으로 보리수 아래와 夜摩天宮을 떠나지 않고서 兜率天으로 향하시고, 도솔천왕은 부처님을 위해 설법처를 장엄하는 내용이다. 아래에서 주본 『화엄경』 권제22의 科判과 그에 해당하는 장차와 행수를 표시하였다.[1)]

---

[*] 점토석독구결강독회에서는 2004년 10월~2005년 1월, 2007년 6월~11월 두 차례에 걸쳐 주본 『화엄경』 권제22를 강독하였다. 이 글은 2차에 걸쳐 강독한 주본 『화엄경』 권제22를 전체적으로 교정하면서 나온 사실을 귀납적으로 정리한 것이다.

(1) 주본『화엄경』권제22의 내용

第五會 說法 (三品)

二十三. 昇兜率天宮品

一. 法會가 十方에 齊現함 　　　　　　　(01:04-06)

二. 世尊이 兜率陀天에 往詣함 　　　　　(01:07-09)

三. 處所의 莊嚴

  1) 獅子座莊嚴의 德 　　　　　　　　(01:09-16)

  2) 獅子座의 莊嚴 　　　　　　　　　(01:16-21)

  3) 樓閣의 莊嚴 　　　　　　　　　　(01:21-02:02)

  4) 揮帳의 莊嚴 　　　　　　　　　　(02:02-07)

  5) 獅子座身의 莊嚴 　　　　　　　　(02:07-13)

  6) 四周의 莊嚴 　　　　　　　　　　(02:13-03:01)

  7) 瓔珞의 莊嚴 　　　　　　　　　　(03:01-08)

  8) 香의 莊嚴 　　　　　　　　　　　(03:08-18)

  9) 雨雲의 莊嚴 　　　　　　　　　　(03:18-04:04)

  10) 獅子座 外의 雜莊嚴 　　　　　　(04:04-15)

  11) 光明의 莊嚴 　　　　　　　　　 (04:15-20)

  12) 寶衣莊嚴 　　　　　　　　　　　(04:20-24)

  13) 寶幢의 莊嚴 　　　　　　　　　 (04:24-05:07)

  14) 音樂聲의 莊嚴 　　　　　　　　 (05:07-14)

  15) 讚歎聲의 莊嚴 　　　　　　　　 (05:14-22)

  16) 說法度生의 莊嚴 　　　　　　　 (05:22-06:07)

  17) 菩薩의 就位利益莊嚴 　　　　　 (06:07-16)

  18) 菩薩의 餘他利益莊嚴 　　　　　 (06:16-23)

  19) 菩薩의 波羅密行利益莊嚴 　　　 (06:23-07:08)

  20) 菩薩의 大用利益莊嚴 　　　　　 (07:08-14)

  21) 八部와 人天의 三業禮敬莊嚴 　　(07:14-08:01)

  22) 諸天의 三業禮敬莊嚴 　　　　　 (08:01-11)(08:11-19)

---

1) 이는 無比 스님의『화엄경』(1994, 민족사)에서 나눈 과판을 요약한 것이다.

23) 菩薩衆의 承事供養莊嚴　　　　　(08:19-09:04)
24) 諸天의 身供養莊嚴　　　　　　　(09:04-07)
25) 菩薩衆의 法供養莊嚴　　　　　　(09:07-12)
26) 善根因緣의 甚深　　　　　　　　(09:12-17)
27) 結通十方　　　　　　　　　　　(09:17-22)

四. 迎接興供
　1) 天子衆의 迎接興供　　　　　　(09:23-10:08)
　2) 菩薩衆의 興供　　　　　　　　(10:08-11)
　3) 見佛　　　　　　　　　　　　(10:11-13)
　4) 奉迎如來　　　　　　　　　　(10:13-16)
　5) 衣盛供養　　　　　　　　　　(10:16-20)
　6) 起心供養雨　　　　　　　　　(10:20-11:12)
　7) 天子衆의 種種供養　　　　　　(11:12-12:02)
　8) 菩薩衆의 多種因果供養　　　　(12:02-08)
　9) 菩薩衆의 一因一果供養　　　　(12:08-15)
　10) 菩薩衆의 一因多果供養　　　　(12:15-20)
　11) 菩薩身의 出正報供養　　　　　(12:20-13:03)

五. 佛殊勝의 德을 親見함
　1) 大衆見佛　　　　　　　　　　(13:04-05)
　2) 如來의 無障礙德　　　　　　　(13:05-11)
　3) 有無不二德　　　　　　　　　(13:12-14)
　4) 無功用佛事德　　　　　　　　(13:14-19)
　5) 法身中無差別德　　　　　　　(13:19-14:03)
　6) 一切障礙對治德　　　　　　　(14:03-05)
　7) 一切外道降伏德　　　　　　　(14:05-06)
　8) 世間無礙德　　　　　　　　　(14:06-09)
　9) 建立正法德　　　　　　　　　(14:09-15)
　10) 授記의 德　　　　　　　　　 (14:15-17)
　11) 一切世界示現德　　　　　　　(14:17-20)

12) 一切法의 無疑滯德   (14:20-23)
  13) 隨機現身德   (14:23-15:04)
  14) 一切行成就德   (15:04-07)
  15) 智慧明了德   (15:07-09)
  16) 現身不可分別德   (15:09-12)
  17) 無量陀羅尼德   (15:13-15)
  18) 波羅密圓滿德   (15:15-18)
  19) 佛國土示現德   (15:18-16:05)
  20) 佛의 三身無限德   (16:06-12)
  21) 饒益衆生德   (16:12-18)
  22) 如來無限德   (16:18-17:03)
  23) 觀察과 理解를 結成함   (17:03-08)
  24) 見如來毛孔光明   (17:08-13)
  25) 佛身放光   (17:13-18:04)
  26) 光明의 意味   (18:04-09)
  27) 勝德顯示
      ① 下益衆生   (18:09-23)
      ② 上弘佛道   (18:24-19:11)
六. 請佛宮殿   (19:12-15)
七. 佛受請
  1) 佛入宮殿   (19:16-20:01)
  2) 宮殿自然莊嚴   (20:02-09)
八. 天王得益   (20:09-13)
九. 天王의 偈頌讚歎   (20:13-21:11)(21:12-14)
十. 如來就座
  1) 結跏趺坐   (21:15-16)
  2) 顯德   (21:16-21)
  3) 大衆雲集   (21:21-23)
  4) 宮殿의 莊嚴   (21:23-22:04)

2. 점토와 점도

주본『화엄경』권제22에 기입된 점토들은 다른 주본『화엄경』에 기입된 점토들과 크게 다르지 않다. 점토를 형태에 따라 분류하면 단점, 쌍점, 삼점, 선, 눈썹, 느낌표가 있다. 특징이라면 다른 권차에서는 발견되지 않던 삼점 형태의 점토가 권제22에서는 발견된다는 것이다.[2] 점도는 지금까지 밝혀진 주본『화엄경』점토석독구결 자료들의 점도와 대체로 일치한다. 단, 미세한 차이는 있다. 권제36에서는 사동이 '24(|)'으로 표시된 데 비해 권제22에서는 42(·)으로 나타난다든지 권제6과 권제36에서는 14(i)로 표시된 'ㅣㄕ'이 권제22에서는 14(!)로 나타난다든지 하는 등이다. 주본『화엄경』권제22에 기입된 점토와 부호, 점도는 다음과 같다.

(2) 주본『화엄경』권제22에 기입된 점토와 부호

단점

11(·)	ㆍ	33(·)	ㄱ
12(·)	ㄱ	33~43(·)	*
13(·)	ㅿ	33~44(·)	*
14(·)	ㄕ	34(·)	ㅁ
15(·)	入ㄱ	35(·)	ㄷ/矢
21(·)	丁	35~45(·)	*
22(·)	ㅎ	41(·)	乙
23(·)	X[3]	42(·)	(ㅅ)ㅣ
24(·)	攴/冬	43(·)	ㆍ
25(·)	七	44(·)	ㄕ
31(·)	乙	45(·)	ᵐ
31~32(·)	*[4]	51(·)	亽
32(·)	X	52(·)	亽

---

[2] 이 삼점 형태의 점토는 각필로 세 점이 정확히 기입되어 있는지 원본 확인이 필요하고, '단점+쌍점'이 아닌지 재고해 볼 필요가 있을 듯하다.
[3] 아직 해독하지 못한 점토
[4] 아직 해독하지 못한 점토이면서 본문에서 { }로 처리한 점토

53(·)	十		42(-)	X
54(·)	*		42(|)	ㅎ
55(·)	ㅣ		43(-)	ㅎ下
			43(|)	㆔尒
수직선, 수평선			44(-)	*
12(-)	x丁		44(|)	X
12(|)	㆔丁		45(-)	X
13(-)	xム		52(|)	x勺
13(|)	xム		53(-)	x乃
14(-)	x尸		53(|)	㆔十
14(|)	㆔尸			
21(-)	*		**사선, 역사선**	
21(|)	𠂆尸丁		11(\\)	x氵
22(-)	*		12(\\)	x丁
22(|)	X		13(/)	㆔今
23(-)	㆔		14(\\)	x尸
23(|)	㇌𠂆		22(/)	X
24(-)	亶		22(\\)	X
24(|)	刂		23(/)	口八
25(|)	今七		23(\\)	㆗
32(-)	人		24(/)	去
33(-)	X		24(\\)	㆗
33(|)	X		25(/)	x七
34(-)	白		32(/)	X
34(|)	氵		33(/)	屮
35(-)	*		33(\\)	彳
35(|)	*		33~43(\\)	*
41(-)	x入乙		34(/)	*
41(|)	x入乙		34(\\)	X

42(/)	ㅣㄱ	사선 쌍점, 역사선 쌍점	
42(\)	刀	11(·ˋ)	xㄷ
43(/)	X	11(ˊ·)	xㄷ
43(\)	ケ	12(·ˋ)	xㄱ
51(/)	x㣺	12(ˊ·)	xㄱ
52(\)	x㣺	13(·ˋ)	xㅿ
52~53(\)	*	14(·ˋ)	xア
53(\)	X	25(·ˋ)	x七
55(\)	xㅣ	25(ˊ·)	ㇴ七
		34~44(ˊ·)	*
수직 쌍점, 수평 쌍점		41(·ˋ)	x乙
12(:)	✓ㄱ	42(ˊ·)	*
12(··)	ㄱㄱ	51(·ˋ)	x㣺
13(:)	xㅿ	51(ˊ·)	x㣺
13(··)	xㅿ	52(·ˋ)	x㣺
14(··)	ㄱア	52(ˊ·)	x㣺
23(··)	X	53(·ˋ)	x十
25(:)	x七	53(ˊ·)	下
25(··)	ヒ七	54(ˊ·)	xㅣ
31(··)	⌒禾	55(·ˋ)	ナㅣ
32(··)	X	55(ˊ·)	xㅣ
41(:)	⌒㣺乙		
41(··)	入乙	눈썹	
45(··)	入ᄄ	12(⊥)	X
51(··)	X	12(⊤)	xㄱ
52(:)	x㣺	13(·|)	x㣺
53(··)	ㅣ十	13(⊥)	xㅿ
54(:)	X	15(·/)	x入ㄱ
		21(|·)	X

21(·|)	X		14(!)	ㅣ尸
21(·|·)	X		15(/˙)	X
31(|·)	X		25(!)	x七
31(·|)	X		35(·−)	*
33(ㅗ)	㇌尸丁ノ尸		41(i)	x入乙
41(|·)	㇌丁入乙		45(!)	ㅎ丁入灬
41(·|)	㇌尸入乙		53(i)	X
41(ㅗ)	x入乙			
45(|·)	x入灬		삼점	
51(/·)	ㅣ亇		51(:.)	x亇
51(·/)	x亇			
52(·/)	x亇		부호	
52(丁)	X		경계선	
53(|·)	ㅎ효		구분선	
55(\·)	㇌ㅣ		보충선	
			술목선	
느낌표			역독선	
12(!)	x丁		중복선	
13(!)	x亇			

(3) 주본『화엄경』권제22의 점도

좌표

11	12	13	14	15
21	22	23	24	25
31	32	33	34	35
41	42	43	44	45
51	52	53	54	55

단점

;	丁	厶	尸	入丁
丁	ㅎ	X	攴/冬	七
乙	*5) X	丁	口	ㄴ/矢
乙	(人)ㅣ	*6) 尸	*7) ㅎ	*8) 灬
亇	亇	十	*	ㅣ

수직선, 수평선

	|ㅎㄱ —ㄱ	|xム —xム	|ㅎ尸 —x尸	
|ナ尸丁 —*	|X —*	|∨ラ —ㅎ	|丨 —直	|今七
	—人	|X —X	|ラ —白	|* —*
|x入乙 —x入乙	|古 —X	|ラ㐌 —ㅎ下	|X —*	—X
	|xㅎ	|ㅎ十 —x乃		

사선, 역사선

	\x冫	\xㄱ	/ㅎ今	\x尸	
	/X \X	/口八 \ㅎ	/去 \口		/x七
		/X	/屮 \彳	/* \X	
		/丨ㄱ \刀		*9) \ケ	
		/xㅎ	\xㅎ	*10) \X		\x丨

수직 쌍점, 수평 쌍점

	:∨ㄱ ∵ㅎㄱ	:xム ∵xム	∵ㅎ尸	
		∵X		:x七 ∵ヒ七
∵口千	∵X			
:ㅎ今乙 ∵入乙			∵入ᄡ	
∵X	:xㅎ	∵丨十	:X	

사선 쌍점, 역사선 쌍점

	∵x冫 ∵x冫	∵xㄱ ∵xㄱ	∵xム	∵x尸	
					∵x七 ∵ㅎ七
∵xㄹ	∵*		∵*11)	
	∵xㅎ ∵xㅎ	∵xㅎ ∵xㅎ	∵x十 ∵下	∵ナ丨 ∵x丨	

---

5) 31~32(·)
6) 33~43(·)
7) 33~44(·)
8) 35~45(·)
9) 33~43(\)
10) 52~53(\)
11) 34~44(∵)

눈썹

	ㅗX Tx기	·|x슈 ㅗxム	·/x入 기
|·X ·|X ·|·X			
|X ·|X		ㅗ ソアTノア	
|ㆆ入乙 ·|尸入乙 ㅗx入乙			|·x入 m
·/x分 ·/||分	TX ·/x分	|·ㆆ효	\·51

느낌표

	!x기	!x슈	!||尸	/X
				!x七
				·一*
ix入乙				!ㆆ기入m
		iX		

삼점

:·x分		

3. 생각해 볼 문제들

33(ㄴ)과 관련하여, 1·2차 강독에서 다음과 같이 판독·해독한 예가 있다.

(4) <주본화엄22, 16:11-12>

A: 一切諸[33(·)]佛[35(·)]莊嚴淸淨[12(\|)]#12(!),15(·)]<u>莫不皆[25(·)]以一切智業[41(·),34(\|)]</u>之所成 [12(:),35(·)?]¹²⁾就[33(ㅗ),51(·/)]

---

12) '成'의 53 위치에서부터 '就'의 54 위치에 걸쳐서 긴 선이 있는데, '成'에 달린 12(:)과 =44(·)을 '就'에서 해석하라는 표시인 듯하다.

B: 一切諸[ㄱ]佛[ㄴ]莊嚴淸淨[xㄱ,ㅅㄱ]莫不皆[ㄴ]以一切智業[乙,ㅋ]之所成就[ㄴㄱ,矢,X,xㅺ]

C: 一切 諸ㄱ 佛ㄴ 莊嚴 淸淨xㄱ ㅅㄱ 皆ㄴ 一切 智業乙 以ㅋ {之} 成就ㄴㄱ 所 不矢X 莫xㅺ

D: 일체 모든 부처의 莊嚴이 淸淨하신 것은 모두 일체 智業으로서 성취한 바 아닌 것이 없으며

E: 모든 부처님의 장엄이 청정함은 모두 온갖 지혜의 업으로 성취하지 않음이 없었다.

하지만 (4)와 같이 판독 및 해독을 했을 때에는 ㉠자토석독구결에서 이중부정구문이 위와 같이 나타난 예가 없을 뿐더러, ㉡나머지 '33(ㅗ)'이 주본『화엄경』권제22에서는 모두 'ㅅㄕㅜㄲㄕ'로 해독되고 있고, ㉢35(·)을 어떻게 처리해야 할지 등 문제가 생긴다. 이는 자토석독구결의 이중부정구문과 동일 문헌 내에서 33(ㅗ)이 'ㅅㄕㅜㄲㄕ'로 해독되고 있는 점을 적극 참조하고 활용하는 쪽이 나을 듯하다. 즉, 33(ㅗ)은 다른 예들처럼 'ㅅㄕㅜㄲㄕ'로 해독하고, ㉠35(·)이 정확히 판독된다면 이 단점을 A에서는 { }로 처리하고 해독에는 반영하지 않도록 처리하거나[13] ㉡35(·)을 =44(·)으로 판독할 수도 있을 듯하다.

(5) ㉠의 처리

<주본화엄22, 16:11-12>

A: 一切諸[33(·)]佛[35(·)]莊嚴淸淨[12(|)#12(!),15(·)]莫不皆[25(·)]以一切智業[41(·),34(|)]之所成[12(:)]{35(·)?}就[33(ㅗ),51(·/)]

B: 一切諸[ㄱ]佛[ㄴ]莊嚴淸淨[ㅎㄱ,ㅅㄱ]莫不皆[ㄴ]以一切智業[乙,ㅋ]之所成[ㄴㄱ]就[ㅅㄕㅜㄲㄕ,xㅺ]

C: 一切 諸ㄱ 佛ㄴ 莊嚴 淸淨(ㅅ)ㅎㄱ ㅅㄱ 皆ㄴ 一切 智業乙 以ㅋ {之} 成就ㄴㄱ 所 不ㅅㄕㅜㄲㄕ 莫xㅺ

D: 一切 모든 부처의 莊嚴이 淸淨하신 것은 모두 一切 智業으로서 成就한 바 아닌 것이 없으며,

E: 모든 부처님의 장엄이 청정함은 모두 온갖 지혜의 업으로 성취하지 않음이 없었다.

---

13) { }로 처리하는 것은 판독은 되나 해독에는 반영하기 어려운 것을 말한다.

㉡의 처리

<주본화엄22, 16:11-12>

A: 一切諸[33(·)]佛[35(·)]莊嚴淸淨[12(|)#12(!),15(·)]莫不皆[25(·)]以一切智業[41(·),34(|)]之所成[12(:),=44(·)?]就[33(ㅗ),51(·/)]

B: 一切諸[ㄱ]佛[ㄸ]莊嚴淸淨[ㅎㄱ,入ㄱ]莫不皆[七]以一切智業[乙,ㄋ]之所成就[ソㄱ,尸,ソ尸丁ノ尸,xケ]

C: 一切 諸ㄱ 佛ㄸ 莊嚴 淸淨(ソ)ㅎㄱ 入ㄱ 皆七 一切 智業乙 以ㄋ {之} 成就ソㄱ 所(リ)尸 不ソ尸丁ノ尸 莫xケ

D: 일체 모든 부처의 莊嚴이 淸淨하신 것은 모두 일체 智業으로써 성취한 바 아닌 것이 없으며

E: 모든 부처님의 장엄이 청정함은 모두 온갖 지혜의 업으로 성취하지 않음이 없었다.

주본『화엄경』권제22를 전체 교정보면서는 임의로 ㉠과 같이 처리하였다.
33(|)이 나타나는 다음 구문은 각주 57을 참조하여 교정을 보았다.[14)]

(6) 1·2차 강독 시

<주본화엄22 21:23-22:01>

A: 坐此座[53(·),44(·)]已[43(·),12(··),53(··)]於其殿[25(·)]中[53(·)]自然[=23(\)]而[45(·)]有無量無數[25(··)]殊特妙好[23(|)]出過諸[33(·)]天[41(·),12(:),33(|)#34(|),25(·.)#25(:)]供養[25(·)]之具

14) 주본『화엄경』권제22의 각주 57 내용.
"이러한 환경에서 사용된 다음과 같은 자토석독구결의 용례를 통해 '33(|)'를 '子'로 해독할 가능성도 제기할 수 있다. 그러나 '子'는 유정물을 가리킬 때 사용되지만 이곳의 '33(|)'은 무정물을 가리키고 있어서 단정하기 어렵다.
時十 無色界七子ㄱ 量 無七ㄱ 變ノㄱㅌ七 大香花乙 雨ろㄱム <구인上, 02:14-15>
六方ㄋ七子刀 亦ソㄱ 復ろ {是}リ {如}|ソㅌハニケ <구인上, 03:11-13>
梵王ㆍ 十恒沙七 鬼神王ㆍ 乃ㄋ 至リ 三趣七子ㆍノ今 有七ナㄱㆍ 無生法忍乙 得ナケ <구인上, 11:15-16>
增上力灬{故ノ}ソ ㅎ 或 復 樂ㅎ 二ㅎ 第七子乙 與七 共住ソㅎソケノ尸 諸ㅎ 是 如支 等ソ <유가20, 26:09-14>
한편 1차 강독 때 <주본화엄22, 21:23-22:01>의 동일한 구문과 점토를 여기와 달리 "天乙 出過ソㄱXㄋ七"로 해독하였으나, "天ㄋ七X乙 出過ソㄱ"으로 해독하는 것이 타당할 것이다."

[25(·),54(·.)]

B: 坐此座[十,尸]已[氵,㢱ㄱ,丨十]於其殿[七]中[十]自然[亐]而[灬]有無量無數[ㅌ七]殊特妙好[ソ3]出過諸[ㄱ]天[乙,ソㄱ,X,3七]供養[七]之具[七,x丨]

C: 此 座十 坐尸 已氵(ソ)㢱ㄱ 丨十 {於}其 殿七 中十 自然亐 而灬 無量無數(ソ)ㅌ七 殊特妙好ソ3 諸ㄱ 天乙 出過ソㄱX3七 供養七{之} 具 有七x丨

D: 이 자리에 앉으시고 나니, 그 宮殿 안에 자연히 한량없고 수없는, 殊特妙好하여 모든 하늘을 뛰어넘는 供養의 道具가 있었다.

E: 이 자리에 앉으시매. 그 궁전에 자연으로 특별히 훌륭하고 기묘하여 하늘의 공양보다 뛰어나는 무량 무수한 공양거리가 있었으니,

(7) 교정 후

<주본화엄22, 21:23-22:01>

A: 坐此座[53(·),44(·)]已[43(·),12(··),53(··)]於其殿[25(·)]中[53(·)]自然[=23(\)]而[45(·)]有無量無數[25(··)]殊特妙好[23(|)]出過諸[33(·)]天[25(·.)#25(:),33(|)#34(|),41(·),12(:)]供養[25(·)]之具[25(·),54(·.)]

B: 坐此座[十,尸]已[氵,㢱ㄱ,丨十]於其殿[七]中[十]自然[亐]而[灬]有無量無數[ㅌ七]殊特妙好[ソ3]出過諸[ㄱ]天[3七,X,乙,ソㄱ]供養[七]之具[七,x丨]

C: 此 座十 坐尸 已氵(ソ)㢱ㄱ 丨十 {於}其 殿七 中十 自然亐 而灬 無量無數(ソ)ㅌ七 殊特妙好ソ3 諸ㄱ 天3七X乙 出過ソㄱ 供養七{之} 具 有七x丨

D: 이 자리에 이미 앉으시고 난 때에, 그 宮殿 안에 自然히 한량없고 수없는, 殊特妙好하여 모든 하늘에 있는 것을 뛰어넘은 供養의 道具가 있었다.

E: 이 자리에 앉으시매. 그 궁전에 자연으로 특별히 훌륭하고 기묘히여 하늘의 공양보나 뛰어나는 무량 무수한 공양거리가 있었으니,

각주 57에 의하면, 33(|)은 자토석독구결의 '子'에 대응하는 것으로 보이나, 자토석독구결에 나타나는 '子'는 유정물을 가리킬 때 사용되는 반면, 여기서는 무정물을 가리키고 있어 단정하기 어렵다고 보고 있다.

또한 이와 동일한 구문으로 보이는 각주 18의 구문도 교정을 보았다.

(8) 오른쪽 下段에 각필이 있고 欄上에도 같은 점토가 있다. 欄上의 점토 위에는 紺色의 마름모꼴 不審紙가 붙어 있다. 점토는 [41(·),25(·),33(|)]으로 판독된다. 이 부분에 대한 다른 해석을 보이는 것으로 볼 수 있는데 이 경우 해독은 '百萬億 香爐乙 然 彡 七X'이 된다. -> 오른쪽 下段에 각필이 있고 欄上에도 같은 점토가 있다. 欄上의 점토 위에는 紺色의 마름모꼴 不審紙가 붙어 있다. 점토는 [25(·),33(|),41(·)]으로 판독된다. 이 부분에 대한 다른 해석을 보이는 것으로 추정할 수 있는데 이 경우 해독은 '百萬億 香爐 彡 七X乙 然(ヽ分)'(百萬億 향로에 있는 것을 태우며)이 된다.

주본 『화엄경』 권제22에 나타나는 53(|)은 한 예를 제외하고 'ㅋ+'로 해독하고 있다. 제외된 한 예에서는 53(|)을 'ㅣ+'로 해독하고 있는데 예는 다음과 같다.

(9) <주본화엄22, 15:02-04>

A: 欲令衆生[41(·)]離諸[33(·)]相[25(·)]著[41(·)?,42(·),32(-)]示現一切世間[25(·)]性相[41(·),23(|)]而[45(·)]行於世[53(|)],43(|)]爲其[23(-),43(·)]開示無上菩提[41(·),22(·),31(·|),51(·/)]

B: 欲令衆生[乙]離諸[ᄀ]相[七]著[乙,(ㅅ)ㅣ,ㅅ]示現一切世間[七]性相[乙,ヽ彡]而[灬]行於世[ㅣ+, 彡 ホ]爲其[ヲ,彡]開示無上菩提[乙,ㅎ,X,x分]

C: 衆生乙 諸ᄀ 相七 著乙 離 令ㅣ{欲}ㅅ 一切 世間七 性相乙 示現ヽ彡 而灬 {於}世ㅣ+ 行(ヽ)彡 ホ 其ヲ {爲}彡 無上菩提乙 開示(ヽ)ㅎXx分

다른 53(|)은 'ㅋ+'로 해독하고 이 예만 'ㅣ+'로 해독하는 것은 문제가 있다. 이 예에서 '世'자에 현토된 53(|)을 'ㅣ+'로 해독한 것에는 이유가 있는 듯하다. 자토석독구결에서 'ㅣ+'는 다음과 같은 환경에서 나타난다.[15]

(10)

	彼	時	世	後
ㅣ+	주본화엄14	주본화엄14, 소35	주본화엄14	화소35

---

15) 자토석독구결에서 'ㅣ+'는 화엄경 계통의 자료에만 나타난다. 이때 'ㅣ+'의 'ㅣ'를 말음 첨기로 보는 경향도 있으나 단정짓기 어려운 점이 있다.

彼ㅣ十ㄱ <주본화엄14, 14:15>

彼ㅣ十ㄱ <주본화엄14, 14:16>

時ㅣ十ㄱ <주본화엄14, 17:20-23>

世ㅣ十 <주본화엄14, 19:04-06>

彼ㅣ十 <주본화엄14, 20:01>

世ㅣ十 <주본화엄14, 20:04-05>

後ㅣ十 <화소35, 07:03-05>

後ㅣ十 <화소35, 07:03-05>

後ㅣ十 <화소35, 07:20-08:03>

後ㅣ十 <화소35, 07:20-08:03>

後ㅣ十 <화소35, 07:20-08:03>

後ㅣ十 <화소35, 07:20-08:03>

後ㅣ十氵 <화소35, 09:10-12>

後ㅣ十乃 <화소35, 11:02-04>

時ㅣ十 <화소35, 11:02-04>

時ㅣ十尸入ㄱ <화소35, 11:11-14>

아마도 예문 (9)에서 53(|)을 'ㅣ十'로 해독한 데에는 자토석독구결 주본『화엄경』권제14에서 '世' 뒤에 'ㅣ十'가 나타나고 있는 것을 고려해서일 것이다.

자토 '㆗十'와 'ㅣ十'는 점토석독구결에서 대체로 53(|)과 53(:)에 대응하는 것으로 보고 있다.

(11)

	주본화엄권제06	주본화엄권제36	주본화엄권제57	진본화엄권제20
53(|)	㆗十[16]	㆗十[17]	㆗十[18]	*
53(:)	㆗十, x十[19]	ㅣ十[20]	ㅣ十[21]	ㆌ十[22]

---

16) 이는 점토석독구결강독회의 강독본을 기초로 하였다. 박진호(2004, 2006ㄷ)에서는 'ㅣ十'로 해독했음.

17) 이는 점토석독구결강독회의 강독본을 기초로 하였다. 박진호(2003)에서는 '㆗十'로 해독했음. 박진호(2006ㄴ)에서는 '㆗十, ㅣ十'로 해독했음.

18) 이는 점토석독구결강독회의 강독본을 기초로 하였다. 이승재(2003, 2006)에서는 'ㅣ十'로 해독했음.

(9)의 53(|)는 '世'자에 현토되기는 하나 동일 문헌 내에서 53(|)이 모두 'ᄒ+'로 해독되는 점, 다른 주본『화엄경』에서도 53(|)은 'ᄒ+'로 해독되는 점 등을 고려해서 'ᄒ+'로 해독하는 편이 좋을 듯하다. 다만, 점토석독구결 중에서 선과 쌍점은 사진상으로 구분이 잘 가지 않으므로 반드시 원본 확인이 필요할 듯하다.

『화엄경소』권제35에서 부사 '最'에는 'ᄉ'이 현토되어 '最ᄉ'과 같이 나타난다. 주본『화엄경』권제22에서 부사 '最'에는 24(·)이 현토되어 있다. 1·2차 강독에서는 이 24(·)을 'ᄉ'으로 해독했으나[23] 주본『화엄경』권제22에서 여타의 24(·)은 'ᄒ'로 해독하고 있으므로 이 24(·)도 'ᄒ'로 해독해야 될 것이다.

(12) <주본화엄22, 20:16-17>

    A: 昔[44(·)]{25(·)}有如來[54(:)#54(·.)#54(\),55(··)]無礙月[11(·)-중복선(\),32(··),31(|·)]諸[33(·)]吉祥[25(·)]中[53(·)]最[24(·)]殊勝[12(!),11(·),54(·)]彼[24(|)]曾[24(·)]入此莊嚴殿[53(·),45(!)]是[24(|)]故[45(·)]此處[24(|)]最[24(·)]吉祥[24(|),45(·),52(|)]

    B: 昔[尸]有如來[X,ナ|]無礙月[ᄉ,ノチ,X]諸[ㄱ]吉祥[ㄴ]中[十]最[ᄉ]殊勝[ᄒㄱ,ᄉ,X]彼[ㅣ]曾[ᄎ]入此莊嚴殿[十,ᄒㄱ入ᄆ]是[ㅣ]故[ᄆ]此處[ㅣ]最[ᄉ]吉祥[ㅣ,ᄆ,xᄉ]

    C: 昔尸 如來 有Xナ| 無礙月ᄉノチᄉX 諸ㄱ 吉祥ㄴ 中十 最ᄉ 殊勝(ᄉ)ᄒㄱᄉX 彼ㅣ 曾ᄎ 此 莊嚴殿十 入ᄒㄱ入ᄆ {是}ㅣ 故ᄆ 此 處ㅣ 最ᄉ 吉祥ㅣᄆxᄉ

동일한 권제22에서 最[24(·)]을 '最ᄒ'로 해독하고 있는 예도 있다.

(13) <주본화엄22, 19:06>

    A: 又[33(·)]現其身最[24(·)?]殊妙[41(-),24(\),33(\),14(··)#14(·),45(··)]故

    B: 又[ㄱ]現其身最[ᄒ]殊妙[x入乙,ᄃ,礻,ᄒ尸,入ᄆ]故

---

19) 이는 점토석독구결강독회의 강독본을 기초로 하였다. 박진호(2004, 2006ㄷ)에서는 'ᄒ+'로 해독했음.
20) 이는 점토석독구결강독회의 강독본을 기초로 하였다. 박진호(2003)에서는 점도에 없음. 박진호(2006ㄴ)에서는 'ᄒ+'로 해독했음.
21) 이는 점토석독구결강독회의 강독본을 기초로 하였다. 이승재(2003, 2006ㄴ)에서는 'ᄒ+'로 해독했음.
22) 이는 점토석독구결강독회의 강독본을 기초로 하였다. 박진호(2006ㄱ)에서도 'ᄒ+'로 해독했음.
23) 참고로 자토 'ᄉ'은 점토 23(:)에 대응한다.

C: 又(丶)ㄱ 其 身 最支 殊妙x入乙 現𠃌(七)彳(丶)㐃尸入灬{故}(丨分)

주본『화엄경』권제57에서는 부사 '最'에 23(:)이 현토되어 있다.

비슷한 예로, 자토석독구결에서 부사 '當'과 '唯'는 'ハ'이 현토되어 '當ハ', '唯ハ'으로 나타나는 데 비해 점토석독구결 주본『화엄경』권제6에서는 24(·)이 현토되어 '當[24(·)]'(當支),[24] '唯[24(·)]'(唯支)과[25] 같이 나타난다. 주본『화엄경』권제6에 나타나는 '當[24(·)]'(當支)과 '唯[24(·)]'(唯支)은 점토석독구결 주본『화엄경』권제36과 권제57에서는 '當[23(:)]'(當ハ), '唯[23(:)]'(唯ハ)과 같이 현토되어 있다.[26]

참고문헌

남풍현(2000), 「高麗時代의 點吐口訣에 대하여」, 『書誌學報』 제24호, 韓國書誌學會.
박진호(2003), 「周本『華嚴經』卷第36의 點吐口訣의 解讀 -字吐口訣과의 對應을 中心으로-」, 『口訣研究』 13, 구결학회.
박진호(2004), 「周本『華嚴經』卷第六의 點吐 重複 表記와 符號」, 『口訣研究』 13, 구결학회.
박진호(2006ㄱ), 「晉本『華嚴經』卷第20의 點吐 解讀」, 『口訣研究』 16, 구결학회.
이승재(2001), 「周本『華嚴經』卷第22의 角筆 符號口訣에 대하여」, 『口訣研究』 7, 구결학회.
이승재 외(2006ㄱ), 『角筆口訣의 解讀과 飜譯2 -周本『華嚴經』卷第三十六-』, 태학사(角筆口訣 寫眞 資料2 별책 포함).(박진호(2006ㄴ))
이승재 외(2006ㄴ), 『角筆口訣의 解讀과 飜譯3 -周本『華嚴經』卷第六·卷第五十七-』, 태학사(角筆口訣 寫眞資料3 별책 포함).(박진호(2006ㄷ))

---

24) <주본화엄06, 02:11>, <주본화엄06, 18:24>
25) <주본화엄06, 18:16>
26) 이것만 보면 화엄경 점토석독구결 중에서 주본『화엄경』권제6과 권제22가 같은 계열로 보이고, 주본『화엄경』권제36과 권제57이 같은 계열로 보인다.

第二部 判讀과 解讀 및 飜譯

▶ 일러두기

1. 다음의 판독, 해독 및 번역안은 성암고서박물관 소장 진본 『화엄경』 권제20과 주본 『화엄경』 권제 22에 각필로 기입된 각종 점토와 부호를 판독하고 해독한 다음 현대국어로 번역한 것이다.

2. 판독, 해독 및 번역안은 다음의 다섯 단계로 제시하였다.
   A: 한문 원문에 기입된 점토와 부호를 판독한 결과
   B: 판독안에 기록된 점토를 그에 대응하는 자토로 옮긴 결과
   C: 자토석독구결문의 형식으로 재구한 해독 결과
   D: 해독안을 현대국어로 축자 번역한 결과
   E: 해당 부분에 대한 동국대 역경원의 번역

3. 각각의 단계에서는 다음과 같은 기호를 사용하였다.
   (1) 'A'의 단계에서 사용한 기호
       가. '[ ]' ············ 그 안에 판독한 점토와 부호를 기록함
       나. '( )' ············ 그 안에 점토나 부호의 구체적인 형태를 표시함
       다. '~' ············· 점토의 위치가 두 위치의 사이에 있거나 두 위치에 걸쳐 있음
       라. '=' ············· 점토의 위치가 위치 변이를 고려하지 않을 경우 다른 위치로 혼동될 염려가 있음
       마. '+' ············· 한자의 바깥쪽에 있는 점토가 한자의 자획에서 멀리 떨어져 있음
       바. '#' ············· 점토의 위치나 형태가 둘 이상의 해석 가능성이 있음
       사. '?' ············· 영인본의 관찰로는 점토인지의 여부가 분명치 않음
       아. '{ }' ············ 관찰된 점토가 해독에 반영하기 어려운 것으로 판단됨
   (2) 'B'의 단계에서 사용한 기호
       가. '?' ············· 아직 판단 근거가 충분치 않음
       나. 'X' ············· 어떤 자토에 대응되는지 전혀 파악하지 못했음
       다. 'x' ············· 대응 자토의 일부가 분명치 않음
       라. '#' ············· 둘 이상의 해석 가능성이 있음(좀더 가능성이 높은 것으로 판단된 것을 앞세움)
   (3) 'C'의 단계에서 사용한 기호
       가. '{ }' ············ 부독자(전훈독 표기의 대상이 된 한자 포함)의 표시
       나. '( )' ············ 해독 과정에서 보충해 넣은 자토임

4. 이상에 소개한 기호에 대한 자세한 해설이나 판독한 점토의 위치를 기록한 원칙에 대해서는 『각필구결의 해독과 번역 1』에 실린 '점토구결 자료의 판독 및 해독 결과 기록 방안'을 참고하기 바란다.

晉本『華嚴經』卷第二十

<진본화엄20, 01:01>
大方廣佛華嚴経金剛幢菩薩十迴向品之七 9 寸[1],[2]

<진본화엄20, 01:02>

A: 佛子[42(·)?]{34(|)?}何等[41(·)?]爲菩薩摩訶薩第八如相迴向[11(·)?,31(··)?,14(·)?#14(:)?,15(·)]{35(·)}

B: 佛子[氵]何等[乙]爲菩薩摩訶薩第八如相迴向[氵,ノ㐞,尸,入丁]

C: 佛子氵 何(ㄅ) 等(ㄴ)乙 菩薩摩訶薩(尸) 八 第(七)[3] 如相迴向氵(ノ亽口){爲}ノ㐞尸入丁[4]

D: 佛子야 어떠한 것들을 菩薩摩訶薩[5]의 여덟째 如相迴向[6]이라고 하는가 하면,

E: "불자들이여, 어떤 것이 보살마하살의 여덟째 진여 모양의 회향[如相迴向]인가.

---

1) 정재영(2003:17)은 함차 표시로 보았다.
2) 난하에 '雲龍'이란 글자가 쓰여 있다. 정재영(2003:17)은 '雲龍'이 이 책의 소장자일 가능성이 높다고 보았다.
3) 다음 예문을 참조할 수 있다.
   {是}ㅣ乙 名下 菩薩摩訶薩尸 八 第七 念藏ㅗノ禾ナㅣ <화소23:17-18>
4) 다음 예문을 참조할 수 있다.
   佛子氵 何ㅁ{等}ㅣㄴ乙 菩薩摩訶薩尸 聞藏ㅗノ亽口{爲}ノナ禾尸入丁 <화소01:03>
5) 菩薩摩訶薩: 자세히는 菩提薩埵摩訶薩埵라 음역한다. 菩提薩埵는 道衆生이라 번역하는데 道果를 구하는 이를 도중생이라 한다. 그런데 도과를 구하는 이는 성문, 연각에 통하므로 이들과 구별하기 위하여 다시 대중생이라 한다. 또 보살에는 많은 階位가 있으므로 그 중에 10地 이상의 보살을 표시하기 위하여 다시 마하살이라 한다.
6) 여상회향(如相迴向)은 眞如相迴向이라고 하며 眞如相을 따르고 장차 善根迴向을 이루는 것을 말하며 십회향 중에서 여덟 번째이다. 십회향은 보살이 수행하는 階位인 52위 중에서, 제31에서 40위까지로 10行位를 마치고 다시 지금까지 닦은 自利・利他의 여러 가지 행을 일체 중생을 위하여 돌려주는 동시에, 이 공덕으로 불과를 향해 나아가 깨닫는 경지에 도달하려는 지위. 10회향은 ①救護一切衆生離衆生相迴向, ②不壞迴向, ③等一切諸佛迴向(等一切佛迴向), ④至一切處迴向, ⑤無盡功德藏迴向, ⑥入一切平等善根迴向(隨順平等善根迴向), ⑦等隨順一切衆生迴向(隨順等觀一切衆生迴向), ⑧眞如相迴向(如相迴向), ⑨無縛無著解脫迴向, ⑩入法界無量迴向(法界無量迴向)이다.

<진본화엄20, 01:03>

A: 佛子{14(·)}此菩薩摩訶薩[33(·)]成就⁷⁾念智[31(·),42(·)?]安住[54(\)]不動[44(·),55(/)]
B: 佛子此菩薩摩訶薩[ㄱ]成就念智[乙,ㅎ]安住[ㅎ ㅉ]不動[尸,xㅣ]
C: 佛子(ㅎ) 此 菩薩摩訶薩ㄱ 念智乙 成就(ㅅ)ㅎ 安住(ㅅ)ㅎ ㅉ 動尸 不xㅣ
D: 佛子야 이 菩薩摩訶薩은 念智를 成就하여 安住하여서 흔들리지 않는다.
E: 불자들이여, 그 보살마하살은 생각하는 지혜[念智]를 성취하고 편히 머물러 흔들리지 않으며,

<진본화엄20, 01:03-04>

A: 離癡[41(·)?,24(·)?,22(·)?]正念⁸⁾[41(·),22(·)?]{12(·)}直心[31(·)?,22(·)]{11(·),24(|)}不動[44(·),22(·),52(·)?]
B: 離癡[乙,支,ㅎ]正念[乙,ㅎ]直心[乙,ㅎ]不動[尸,ㅎ,ㅅ]
C: 癡乙 離支ㅎ 念乙 正(ㅅ)ㅎ 心乙 直(ㅅ)ㅎ 動尸 不(ㅅ)ㅎ(ㅅ)ㅅ
D: 癡를 여의고 念을 바르게 하고 心을 곧게 하고 흔들리지 않고 하며
E: 우치를 떠나 바로 생각하여 정직한 마음이 흔들지 않으며,

<진본화엄20, 01:04>

A: 成就⁹⁾堅固[54(\)]{44(\),35(·)}不可壞[42(·)#42(\),24(\),12(:)#12(·),35(·),25(··)]業[41(·),22(·)]{42(·)}
B: 成就堅固[ㅎ ㅉ]不可壞[ㅎ,ㅁㅎ,ㅅㄱ,矢,ㅌㄴ]業[乙,ㅎ]
C: 堅固(ㅅ)ㅎ ㅉ 壞ㅎ ㅁㅎ {可}(ㄴ)ㅅㄱ 不矢ㅌㄴ 業乙 成就(ㅅ)ㅎ
D: 堅固하여서 무너뜨릴 수 없는 業을 成就하고
E: 견고하여 무너지지 않는 업을 성취하고

<진본화엄20, 01:04-05>

A: 一切智境界[53(:)]得[54(\)#54(·.)]不退轉[=44(·),35(·)¹⁰⁾]{45(··)}¹¹⁾

---

7) '就'자의 '京'이 '京'으로 된 이체자이다.
8) '正念' 두 글자가 떨어져 나가 잘 보이지 않는다. '正'자는 이체자이다.
9) '成就'의 '就'자는 이체자이다.
10) 35(·)이 '불퇴전'에 반복해서 나타나서 점토로 반영하였으나 대응하는 자토는 미정이다.

B: 一切智境界[ㆍ+]得[ㆍ氵]不退轉[尸,X]
C: 一切智 境界 ㆍ+ 得 ㆍ氵 退轉尸 不X(ㆁ ㇉ 分)
D: 一切智[12)]의 境界에서 능히 退轉하지 않고 하며
E: 일체지의 경계에서 물러나지 않으며,

<진본화엄20, 01:05>
A: 得大{53(·)}乘[13)]{24(·),53(·)#43(··)#43(·),44(··)#44(·)}勇猛[54(\)?]{32(·)}无畏[14(\)?,25(|·)]{35(/)}之心[41(·),51(·)]
B: 得大乘勇猛[ㆍ氵]无畏[x尸,xヒ]之心[乙,分]
C: 大乘 勇猛(ﾉﾉ)ㆍ氵 畏x尸 無xヒ{之} 心乙 得分
D: 大乘의 勇猛하여서 无畏한 마음을 얻으며
E: 대승에서 용맹하여 두려움이 없는 마음을 얻고

<진본화엄20, 01:05-06>
A: 脩習无[14)]盡善根[41(·),22(·)?]積集勝妙善{11(·)}根[31(·),22(·),52(·)]
B: 脩習无盡善根[乙,ㆅ]積集勝妙善根[乙,ㆅ,分]
C: 无盡 善根乙 脩習(ﾉﾉ)ㆅ 勝妙 善根乙 積集(ﾉﾉ)ㆅ(ﾉﾉ)分
D: 無盡한 善根을 脩習하고 勝妙한 善根을 積集하고 하며
E: 끝없는 선근을 닦아 익히고 훌륭하고 묘한 선근을 모아 쌓으며,

<진본화엄20, 01:06-07>
A: 脩白淨法[41(·),42(·)]增長大悲[41(·)][15)]得正{11(·)#11(··)}直[25(·)?]寶[41(·),54(\){12(·)?}
B: 脩白淨法[乙,ㆆ]增長大悲[乙]得正直[ヒ]寶[乙,ㆍ氵]

―――――――――――――

11) 다음 예문을 참조할 수 있다.
若ヒ 常ﾘ 淸淨僧し 信奉ﾉﾋ尸入ㄱ 則灾 得ㆍ氵 信心ﾘ <u>退轉尸 不ﾉヒ㐖分</u> <화엄14, 10:18>
12) 一切智: 梵語 sarvajña. 일체 제법의 總相을 개괄적으로 아는 지혜.
13) 25에 점토가 있을 가능성이 있다.
14) '无'자의 위쪽 부분이 떨어져 나갔다.
15) '悲'자의 우측 부분이 떨어져 나가서 점토를 확인하기가 어렵다.

C: 白淨法乙 脩 ﾗ 大悲乙 增長 正直ㄴ 寶乙 得 ﾗ ホ
D: 白淨法을 닦아 大悲를 增長하여 正直의 寶를 얻어서
E: 희고 깨끗한 법을 닦고 대비(大悲)를 증장시켜 정직의 보배를 얻으며,

<진본화엄20, 01:07>
A: 常能正[16]念一切{25(/)}諸[33(·)]佛[42(-)]白淨法[41(·),52(·)]
B: 常能正念一切諸[ㄱ]佛[ㄴ]白淨法[乙,ﾀ]
C: 常 能(攴) 一切 諸ㄱ 佛ㄴ 白淨法乙 正念(ｿ)ﾀ
D: 항상 能히 一切 모든 佛의 白淨法을 正念하며[17]
E: 언제나 부처님들의 희고 깨끗한 법을 바로 생각하고

<진본화엄20, 01:07-08>
A: 迴{54~55(·)}向[18]心[41(·)?,54(\)]{22(·),12(:)}不退轉[44(·),35(·),52(·)]
B: 迴向心[乙,ﾗホ]不退轉[尸,X,ﾀ]
C: 心乙 迴向(ｿ)ﾗホ 退轉尸 不Xﾀ
D: 마음을 迴向하여서 退轉하지 않으며
E: 회향하는 마음이 물러나지 않으며,

<진본화엄20, 01:08>
A: 樂[35(·.)]{44(·)}求{43~44(·)}菩薩道[13(··)]巧妙[25(ㅗ)?]方便[45(·),=51(·)]
B: 樂[ﾞ]求菩薩道[xﾑ]巧妙[ﾉヒヒ]方便[ｍ,ﾀ]
C: 樂ﾞ 菩薩道(乙) 求xﾑ 巧妙ﾉヒヒ 方便ｍ(ｿ)ﾀ
D: 즐겨 菩薩道를 求하되 巧妙한 方便으로 하며
E: 보살도와 묘한 방편을 즐겨 구하여

---

16) '正'자는 이체자이다.
17) '正'이 부사일 가능성도 있다.
18) '向'자의 우측 일부분이 떨어져 나갔다.

晉本『華嚴經』卷第二十　65

<진본화엄20, 01:08-09>

A: 出生[19]淸淨[22(·)?]堅固[22(·),25(ㅗ)]善根[41(·)?,52(·)]{43(·)}

B: 出生淸淨[ㅎ]堅固[ㅎ,ㅅㅣㄴ]善根[乙,分]

C: 淸淨(ㅅ)ㅎ 堅固(ㅅ)ㅎㅅㅣㄴ 善根乙 出生(ㅅ)分

D: 淸淨하고 堅固하고 한 善根을 내며

E: 청정하고 견고한 선근을 내고,

<진본화엄20, 01:09-10>

A: 正念[45(·)?]脩{25(·),45(·)}習{33(·)}智慧功{22(·)#32(·)}德[52(\)?]{21(·)}爲調御師具足[42(·)?]{33~34(·),51~52(·)}出{45(·)}生一切善根[41(·)?,52(·)]{23(·)#23(.·),43(·)}

B: 正念[ㅆ]脩習智慧功德[ㅅ氵]爲調御師具足[氵]出生一切善根[乙,分]

C: 正念ㅆ 智慧 功德(乙) 脩習ㅅ氵 調御師(ㅣ尸){爲}(入乙ㅅ氵) 具足(ㅅ)氵 一切 善根乙 出生 (ㅅ)分

D: 正念으로 智慧 功德을 脩習하여 調御師가 되어 具足하게 一切의 善根을 내며

E: 바른 생각으로 지혜와 공덕을 닦아 익히며, 조어사(調御師)가 되어 일체 선근을 완전히 내고

<진본화엄20, 01:10>

A: 智慧方便[45(·)]迴{45(·)}向衆生[53(.·)?,55(\)?][20]

B: 智慧方便[ㅆ]迴向衆生[ㅋ十,xㅣ]

C: 智慧 方便ㅆ 衆生ㅋ十 迴向xㅣ

D: 智慧 方便으로 衆生에게 廻向한다.

E: 지혜와 방편으로 중생들에게 회향합니다.

<진본화엄20, 01:10-11>

A: 慧眼淸淨[52(\)]{25(·)#25(·.)}悉[=42(·)]{43(·)}能[24(·)?]觀察一切善根[31(·),52(·)]

B: 慧眼淸淨[ㅅ氵]悉[氵]能[支]觀察一切善根[乙,分]

---

19) '出生'의 '生'자가 '主'자처럼 생긴 이체자이다.
20) '衆生'의 좌측 부분이 떨어져 나가서 점토를 확인하기가 어렵다.

C: 慧眼 淸淨ᄂ 3 悉 3 能攴 一切 善根乙 觀察(ᄂ)ㅏ

D: 慧眼이 淸淨하여 다 能히 一切 善根을 觀察하며

E: 청정한 지혜 눈으로 일체 선근을 관찰하고,

<진본화엄20, 01:11-14>

A: 長養无量[33(·)]種種{54(·)}善根[41(·),13(··)]分別{52(··)}{44(·)}境界[25(·)]善{42(-)}根[11(·)]#11(:)]具足善根[11(·)]淸淨善根[11(·)]一向善根[11(·)]脩習善根[11(·)]行善根[11(·)]思惟善根[11(·)]平等廣說善根[11(·),=55(/)]²¹⁾

B: 長養无量[ㄱ]種種善根[乙,xᅀ]分別境界[七]善根[ㆌ]具足善根[ㆌ]淸淨善根[ㆌ]一向善根[ㆌ]脩習善根[ㆌ]行善根[ㆌ]思惟善根[ㆌ]平等廣說善根[ㆌ,xㅣ]

C: 量 无ㄱ 種種 善根乙 長養xᅀ 分別 境界七 善根ㆌ 具足 善根ㆌ 淸淨 善根ㆌ 一向 善根ㆌ 脩習 善根ㆌ 行 善根ㆌ 思惟 善根ㆌ 平等 廣說 善根ㆌ(ノ亽乙)xㅣ

D: 한량없는 種種의 善根을 長養하되 分別 境界의 善根이니 具足 善根이니 淸淨 善根이니 一向 善根이니 脩習 善根이니 行 善根이니 思惟 善根이니 平等 廣說 善根이니 하는 것을 한다.

E: 한량없는 갖가지 선근과 경계를 분별하는 선근・원만한 선근・청정한 선근・한결같은 선근・닦아 익히는 선근・행하는 선근・생각하는 선근・평등하게 자세히 설명하는 선근 등을 기릅니다.

<진본화엄20, 01:14-16>

A: 菩薩摩訶薩[33(·)?]如是[12(:)]善根[53(:)]有種種[25(·)]門[11(·)?]種種[25(·)]境界[11(·)]種種[25(·)]相[11(·)]種種[25(·)]事[11(·)]種種[25(·)?]分[11(·)]²²⁾无量[33(·)]行[32(·)#32(-)]无量[33(·)?]語言[25(·)]道[11(·).52(·)?]

B: 菩薩摩訶薩[ㄱ]如是[ᄂㄱ]善根[3+]有種種[七]門[ㆌ]種種[七]境界[ㆌ]種種[七]相[ㆌ]種種[七]事[ㆌ]種種[七]分[ㆌ]无量[ㄱ]行[X]无量[ㄱ]語言[七]道[ㆌ,ㅏ]

C: 菩薩摩訶薩ㄱ 是 如ᄂㄱ 善根 3+ 種種七 門ㆌ 種種七 境界ㆌ 種種七 相ㆌ 種種七 事ㆌ

---

21) '說善根'이 부분 부분 떨어져 나가서 점토를 확인하기가 어렵다.
22) '分'字의 오른쪽 아래에 권점이 있고, 난상에 묵서로 '有本種 〃 分別'이 쓰여 있다. 재조대장경과 신수대장경에는 '種種分別'로 되어 있다.

種種ㄴ 分; 量 无ㄱ 行X[23] 量 无ㄱ 語言ㄴ 道;(ノ仒) 有ㄣ

D: 菩薩摩訶薩은 이 같은 善根에 種種의 門이니 種種의 境界니 種種의 相이니 種種의 事니 種種의 分이니 한량없는 行과 한량없는 語言의 길이니 하는 것이 있으며

E: 보살마하살의 이런 선근에는 갖가지 문과 갖가지 경계, 갖가지 모양, 갖가지 일, 갖가지 분별, 한량없는 행, 한량없는 말의 길이 있습니다.

<진본화엄20, 01:16>

A: 出生无量分別[31(·),52(·)?]

B: 出生无量分別[乙,ㄣ]

C: 量 无(ㄱ) 分別乙 出生(ㅅ)ㄣ

D: 한량없는 分別을 내며

E: 그리하여 한량없는 분별을 내고

<진본화엄20, 01:16>

A: 脩行種種[25(·)?]莊[24]嚴善根{45(·)}

B: 脩行種種[ㄴ]莊嚴善根

C: 種種ㄴ 莊嚴 善根(乙) 脩行(ㅅㄣ)

D: 가지가지 莊嚴 善根을 脩行하며

E: 갖가지 장엄한 선근을 수행하며,

<진본화엄20, 01:17>

A: 悉能[24(·)?]正[25]持十力[52(丁)]諸乘[31(·)#31(:)#31(··),21(·),51(·.)]

B: 悉能[攴]正持十力[彐]諸乘[乙,X,xㄣ]

C: 悉 能攴 正 十力彐 諸 乘乙 持Xxㄣ

D: 다 能히 바로 十力의 모든 乘을 지니며

E: 십력의 보는 법을 다 바로 가집니다.

---

23) 32(·)을 'ㅅ'로 볼 가능성이 있으나 확정하기 위해서는 용례가 더 필요하다.
24) '莊'자는 이체자이다.
25) '正'자는 이체자이다.

68 第二部 判讀과 解讀 및 飜譯

<진본화엄20, 01:17-18>

A: 菩薩摩訶薩[33(·)?]脩習如是[12(.·)#12(:)]種種善根[41(·),13(··)]一[=33(·)]觀[54(\)]无二[44(·)#34(·),52(·-)]{45(·)}一切{51(·)?}智[52(·),45(/)]境界[41(·)?,52(·)][26]

B: 菩薩摩訶薩[ㄱ]脩習如是[xㄱ]種種善根[乙,xム]一[ㄱ]觀[氵ホ]无二[尸, 氵八]一切智境界[分]

C: 菩薩摩訶薩ㄱ 是 如xㄱ 種種 善根乙 脩習xム 一ㄱ 觀(ㅆ) 氵ホ 二尸 无 氵八 一切智 境界乙 (ㅆ)分

D: 菩薩摩訶薩은 이 같은 가지가지 善根을 脩習하되 하나로 觀하여서 둘 없어 一切智의 境界를 하며[27]

E: 보살마하살은 이런 갖가지 선근을 수행하고, 둘이 없는 살바야의 경계를 하나로 관찰합니다.

<진본화엄20, 01:18-19>

A: 菩薩摩訶薩[33(·)?]以如是等[12(:)]善根[31(·),42(·)]{25(·)}迴向[52(·-)]

B: 菩薩摩訶薩[ㄱ]以如是等[ㆍㄱ]善根[乙, 氵]迴向[氵八]

C: 菩薩摩訶薩ㄱ 是 如 等ㆍㄱ[28] 善根乙 以 氵 迴向(ㅆ) 氵八

D: 菩薩摩訶薩은 이 같은 등의 善根으로써 廻向하여

E: 보살마하살은 이런 선근으로 회향합니다.

<진본화엄20, 01:19-20>

A: 欲令具滿无閡[25(·)]身[41(·),54(\)]脩菩薩[44(·)]行[31(·),35(/),35(\.),32(·),54(/·),51(·.)]

B: 欲令具滿无閡[ㄴ]身[乙, 氵ホ]脩菩薩[尸]行[乙,ㅣ,(ㅅ)ㅣ,人,X,x分]

C: 无閡ㄴ 身乙 具滿(ㅆ) 氵ホ 菩薩尸 行乙 脩ㅣ 令ㅣ{欲}人 Xx分

D: 无閡의 몸을 具滿하여서 菩薩의 行을 닦게 하고자 하며

E: '걸림없는 몸을 완전히 갖추어 보살행을 닦게 하기 위해서요,

---

26) 재조대장경과 신수대장경에는 '境'으로만 되어 있다.
27) 대동사 '하며'가 '수습하다' 혹은 '관하다'로 해석될 가능성이 있다.
28) 다음 예문을 참조할 수 있다.
   是 {如}ㅊ 等ㆍㄱ 類 諸ㄱ 外道ㅏ十 其 意解ㄴ 觀ㆍㅁ <화엄14, 20:04-05>
   菩薩ㄱ {是}ㅣ 如ㅊㆍ尸 {等}ㅣㆍㄱ 量ㅣ 無ㄴㄱ 慧藏乙 成就ㆍㄴ 氵 少ㄴ <화소19:09-11>

晉本『華嚴經』卷第二十   69

<진본화엄20, 01:20-21>

A: 欲令口業[41(·)]清淨无閡[29)[44(·),=35(\.)#35(\),51(·)?]脩菩薩[44(·)]行[41(·),35(/),35(\.),54(/·),=52(··)]

B: 欲令口業[乙]清淨无閡[尸,(ㅅ)ㅣ,分]脩菩薩[尸]行[乙,ㅣ,(ㅅ)ㅣ,X,x分]

C: 口業乙 清淨(ㅅ分) 閡尸 无ㅣ分[30) 菩薩尸 行乙 脩ㅣㅣ 令ㅣㅣ{欲}(人)Xx分[31)

D: 口業을 清淨하며 막힘이 없게 하며 菩薩의 行을 닦게 하고자 하며

E: 입의 업이 청정하고 걸림없이 보살행을 닦게 하기 위해서이며,

<진본화엄20, 01:21-22>

A: 欲令具足无[32)閡心業[41(·),13(··)]安住大乘[=53(:),52(·)?33)]具无閡[25(·)?]心[53(\.)]

B: 欲令具足无閡心業[乙,xㅿ]安住大乘[ろ+,分]具无閡[七]心[亇]

C: 无閡 心業乙 具足xㅿ 大乘 ろ+ 安住(ㅅ)分 无閡七 心乙 具亇{令}(ㅣ){欲}(ㅅㄴ分)

D: 막힘 없는 心業을 具足하되 大乘에 安住하며 无閡의 마음을 갖추게 하고자 하며,

E: 걸림없는 마음의 업을 완전히 갖추어 대승에 편히 머물게 하기 위해서이다.

<진본화엄20, 01:22-24>

A: 令菩薩[44(·)]行[41(·)]{33(·)}皆悉[42(·)]{52(·)}清淨[22(·)]得无量大施心[41(·),54(\)]充滿一切衆生[53(··),22(··),22(·)]{25(·)}得法[53(:)]自{41(··)#41(·)}在[22(··)#22(ㅗ),25(ㅣ·)]{55(ㅗ)}心[41(·),52(··)]照{24(\)}一切法[41(·)#41(··),54(\)]普[35(/)]示世間[53(:)#53(·),35(/),22(·)]得最勝[54(\)]{42(·)}不可壞[42(·)?,24(\)?,12(:),35(·),25(··)]心[41(·),52(··)]得清淨[25(ㅗ)]一切種智[41(·),22(·)]發菩薩心[41(·),52(··)]普照一切[41(·),22(·),35(\.),51(··)?]

---

29) '閡'자의 자형은 '門' 안에 '於' 혹은 '亥'가 있는 것으로 보인다.
30) '无[(ㅣㄴ)ㅣ分'로 표기할 가능성도 있다. '口業을 清淨하며 막힘이 없게 하며'의 해석에 대해서는 재고가 필요하다.
31) 다음에서 나타나는 '令ㅣㅣ{欲}ㅅ'의 예를 참조한다면 '32(·)'이 'ㅅ'일 가능성이 있다.
   我ㄱ {於}長夜 ろ+ㄴろ 其 身乙 愛著ㅅろㅊ 充飽 令ㅣ{欲}ㅅ 而… 飮食乙 受刀ろロㅣㅣ四 <화소 09:18-19>
   衆生乙 其 實性乙 知ㅣㅣ 令ㅣ{欲}ㅅ 廣ㅣ {爲}三亇 說宣ㅅナㅎㅌㅣ <화소18:19>
32) '足'자의 우측과 '无'자의 좌측이 떨어져 나갔다.
33) '52(·)' 대신 '54(\)'이 있는 것으로 볼 가능성이 있다.

B: 令菩薩[尸]行[乙]皆悉[氵]清淨[氵]得无量大施心[乙, 氵朩]充滿一切衆生[氵十, 亐, 亐]得法[氵十]自在[亐,x七]心[乙, 氵八]照一切法[乙, 氵朩]普[刂]示世間[氵十,刂, 亐]得最勝[氵朩]不可壞[(亼)刂,亏,ンㄱ,矢,ㅌ七]心[乙, 氵八]得淸淨[ンㅌ七]一切種智[乙,亐]發菩薩心[乙, 氵八]普照一切[乙,亐,(亼)刂,x㕚]

C: 菩薩尸 行乙 皆 悉氵 淸淨(ン)亐 无量 大施心乙 得氵朩 一切 衆生氵十 充滿亐(ン)亐 法氵十 自在亐x七 心乙 得氵八 一切法乙 照氵朩 普刂 世間氵十 示刂亐 最勝(ン)氵朩 壞亼刂亏 (古){可}(七)ン┐ 不矢ㅌ七 心乙 得氵八 淸淨ンㅌ七 一切種智乙 得亐 菩薩心乙 發(ン)氵八 普(刂) 一切乙 照亐 令刂x㕚

D: 菩薩의 行으로 하여금 ①모두 다 淸淨하고 ②無量한 大施心을 얻어서 一切 衆生에게 充滿히 하고 ③法에 自在히 하는 마음을 얻어 一切法을 비추어서 널리 世間에 보이고 ④最勝하여서 무너뜨릴 수 없는 마음을 얻어 淸淨한 一切種智를 얻고 ⑤菩薩心을 發하여 널리 一切를 비추고 하게 하며,

E: 보살행을 다 청정하게 하게 하고, 한량없는 크게 보시하려는 마음을 얻어 일체 중생들에게 충만하게 하며, 법에 자재한 마음을 얻고 일체 법을 비추어 세간에 두루 보이게 하고, 가장 훌륭한 깨뜨릴 수 없는 마음을 얻게 하며, 청정한 일체종지를 얻고 보살심을 내어 일체를 비추게 하리라.

<진본화엄20, 01:25>

A: 正念[34)]三世[25(·)]一切諸佛[41(·)#41(·.),35(ˋ),52(·-)]念佛三昧[41(·){52(·.)}悉[42(·)]得[54(\)]具足[51(·)?]{14(\)}

B: 正念三世[七]一切諸佛[乙,白, 氵八]念佛三昧[乙]悉[氵]得[氵朩]具足[㕚]

C: 三世七 一切 諸佛乙 正念(ン)白氵八 念佛三昧乙 悉氵 得氵朩 具足(ン)㕚

D: 三世의 一切 諸佛을 正念하여서 念佛三昧를 다 능히 具足하며,

E: 삼세 부처님을 바로 기억하여 염불삼매를 다 완전히 얻게 하고

<진본화엄20, 01:25-02:01>

A: 滿足離害正直[25(ㅗ)35)]之{34(\)#34(|)}心[41(·)#31(·),52(·-)]遠離怨敵[41(·)#41(·.),35(\.),52(·.)?]

---

34) '正'자와 '念'자의 좌측 부분이 떨어져 나갔다.

晉本『華嚴經』卷第二十   71

{54(:),22(·)}
B: 滿足離害正直[ゝヒセ]之心[乙,ㅅハ]遠離怨敵[乙,(ㅅ)刂,xか]
C: 離害 正直ゝヒセ{之} 心乙 滿足(ヽ)ㅅハ 怨敵乙 遠離ㅅ刂xか
D: 害를 여읜 정직한 마음을 滿足하여서 怨敵을 遠離하게 하며,
E: 해치려는 생각을 떠난 정직한 마음을 완전히 갖추어 원적을 멀리 떠나게 하며,

<진본화엄20, 02:01-02>
A: 任持衆生[41(·),52(-·)?#52(-·)?]充滿一切[44(·),53(·),22(··),13(··)]而[45(·)]无休息[35(/),52(·)]
B: 任持衆生[乙,ㅅハ]充滿一切[尸,十,ぅ,xム]而[灬]无休息[刂,か]
C: 衆生乙 任持(ヽ)ㅅハ 一切尸十 充滿ぅxム 而灬 休息(尸) 无刂(ヽ)か
D: 중생을 任持하여서 일체에 充滿히 하되 쉼 없이 하며,
E: 중생들을 포섭해 일체에 가득 채우되 쉼이 없게 하고

<진본화엄20, 02:02-03>
A: 於十力[52(丅)]智[53(:)]悉得[54(\)]安住[22(·)?]得深三昧[41(·),22(·)#22(/),51(·)?]
B: 於十力[ᅩ]智[ぅ十]悉得[ぅ㐌]安住得深三昧[乙,ᄒ,か]
C: {於}十力ᅩ 智ぅ十 悉(ぅ) 得ぅ㐌 安住(ヽ)ᄒ 深 三昧乙 得ᄒ(ヽ)か
D: 十力의 智慧에 모두 능히 안주하고 깊은 삼매를 얻고 하며,
E: 십력의 지혜에 편히 머물게 하며, 깊은 삼매를 얻어

<진본화엄20, 02:03-04>
A: 悉能[24(·)]遍[55(·)]遊一切世界[53(:),13(··)]无所染着[14(·),22(·)]悉[42(·)]住 切刹[53(:),13(··)]而[45(·)]无猒足[44(·),22(·),52(·)]
B: 悉能[攴]遍[丨]遊一切世界[ぅ十,xム]无所染着[尸,ᄒ]悉[ぅ]住一切刹[ぅ十,xム]而[灬]无猒足[尸,ᄒ,か]
C: 悉(ぅ) 能攴 遍丨 一切 世界ぅ十 遊xム 染着(ノ)尸 所 无ᄒ 悉ぅ 一切 刹ぅ十 住xム 而灬 猒足尸 无ᄒ(ヽ)か

---
35) 사진 이미지가 어두워서 확인이 되지 않지만 이점본에 있다.

D: 모두 능히 두루 일체 세계에 遊하되 染着하는 바가 없고 모두 일체 刹에 머무르되 厭足함이 없고 하며,

E: 일체 세계에 두루 노닐면서도 집착이 없게 하고 모든 세계에 다 머물면서도 싫증이 나지 않게 하며,

<진본화엄20, 02:04>

A: 化度衆生[41(·),13(··)?#13(·)?]未曾[35(·.)?#35(·)?]休息[52(·)]

B: 化度衆生[乙,xム]未曾[刀]休息[分]

C: 衆生乙 化度xム 曾刀 休息(尸) 未(リ³⁶⁾ソ)分

D: 중생을 化度하되 조금도 쉬지 않으며,

E: 중생을 교화해 제도하기를 쉬지 않게 하고

<진본화엄20, 02:04-05>

A: 出生無量巧便思慧[41(·),52(·)?,52(\)]具足[42(·)#42(..)]成就一切菩薩[44(·)?]不思議[44(·),53(\·),25(|·)]慧[41(·),51(··)]

B: 出生無量巧便思慧[乙,分,ソ3]具足[3]成就一切菩薩[尸]不思議[尸,X,xヒ]慧[乙,x分]

C: 無量 巧便 思慧乙 出生(ソ)分ソ3 具足(ソ)3 一切 菩薩尸 思議尸 不xヒ 慧乙 成就Xx分³⁷⁾³⁸⁾

D: 한량없는 巧便과 思慧를 내며 하여서, 具足하게 일체 菩薩의 不思議한 智慧를 성취하며,

E: 한량없는 묘한 방편과 생각하는 지혜를 내어 모든 보살의 불가사의한 지혜를 완전히 성취하게 하리라.

<진본화엄20, 02:05-06>

A: 得離癡智[41(·),22(·)]悉能[24(·)]分別一切[44(·)?]世界[22(·),52(·)]

---

36) 다음 예문을 참조할 수 있다.
  我フ 曾ハㅎ刀 得尸 未リソヒロ乙ㅁㅣ <화소11:19>
  常ㅣ 勤ヒ 修行ノ尸ム 曾ハㅎ刀 廢捨尸 未冬ソナ令ミ <화소13:17>
37) 다음 예문을 참조할 수 있다.
  智慧 自在ソ3 思議尸 不(ノ?)ノ尸分 說法ヒ 言辭 礙尸 無分 <화엄15:04-06>
38) 12:02의 예를 참조하여 '議'에 현토된 '53(\·)'으로 보았으나 '慧'에 현토된 점토일 가능성도 있다.

B: 得離癡智[乙,ᄒ]悉能[ᄎ]分別一切[尸]世界[ᄒ,ᄂ]
C: 離癡智乙 得ᄒ 悉(3) 能ᄎ 一切尸 世界(乙) 分別(ᄉ)ᄒ(ᄉ)ᄂ
D: 離癡智를 얻고 모두 능히 일체 세계를 분별하고 하며,
E: 우치를 떠난 지혜를 얻어 일체 세계를 모두 분별하게 하며,

<진본화엄20, 02:06-08>
A: 於一念[25(·)]中[=53(:)]悉能[=24(·)]嚴淨一切佛刹[31(·),22(·)]於諸通[11(·)]慧[11(·)?,53(-·)?#53(·.)?#53(:)?#53(·)]而[45(·)]得自在[41(·),22(·)]入一切法眞實[25(ㅗ)]之相[53(:),22(·)]示現嚴淨[25(ㅗ)]一切世間[41(·),22(·),52(·)]
B: 於一念[七]中[3十]悉能[ᄎ]嚴淨一切佛刹[乙,ᄒ]於諸通[ᄉ]慧[ᄉ,ノ슈十]而[ᄊ]得自在[乙,ᄒ,ᄂ]入一切法眞實[ᄉㅌᄂ]之相[3十,ᄒ]示現嚴淨[ᄉㅌᄂ]一切世間[乙,ᄒ,ᄂ]
C: {於}一念ᄂ 中3十 悉(3) 能ᄎ 一切 佛刹乙 嚴淨(ᄉ)ᄒ {於}諸 通ᄉ 慧ᄉノ슈十 而ᄊ 自在乙 得ᄒ 一切法 眞實ᄉㅌᄂ{之} 相3十 入ᄒ 嚴淨ᄉㅌᄂ 一切 世間乙 示現(ᄉ)ᄒ(ᄉ)ᄂ
D: 一念 중에 모두 능히 일체 佛刹을 嚴淨히 하고, 모든 神通이니 智慧이니 하는 것에 自在를 얻고, 일체법의 진실한 相에 들고, 嚴淨한 일체 세간을 나타내 보이고 하며,
E: 잠깐 사이에 일체 세계를 모두 엄정하게 하며, 모든 신통과 지혜에서 자재를 얻게 하고 모든 법의 진실한 모습에 들어가 장엄한 일체 세계를 나타내 보이게 하며,

<진본화엄20, 02:08-09>
A: 於一刹[25(·)]中[=53(:),52(\)][39] 見一切刹[41(·),22(·)?]究竟不壞智能[=24(·)]持一切刹[41(·),22(·),52(·)]
B: 於一刹[七]中[3十]見一切刹[乙,ᄒ]究竟不壞智能[ᄎ]持一切刹[乙,ᄒ,ᄂ]
C: {於}一刹ᄂ 中3十ᄉ3 一切 刹乙 見ᄒ 究竟不壞智 能ᄎ 一切 刹乙 持ᄒ(ᄉ)ᄂ
D: 一刹의 가운데에서 일체 刹을 보고 究竟不壞智로 능히 일체 刹을 지니고 하며,
E: 한 세계 가운데에 모든 세계를 다 보게 하고 구경의 깨뜨릴 수 없는 지혜를 얻어 일체 세 세를 살 지니게 하며,

---

39) '11' 위치에 묵서로 된 사선과 사선에서 아래로 가는 선이 그어져 있다.

74 第二部 判讀과 解讀 및 翻譯

<진본화엄20, 02:09-10>

A: 以菩薩[44(·)]莊嚴具[41(·),42(·)]而[=45(·)]莊嚴之[41(·),22(·)?]應現一切[44(·),53(·),52(\)?#52(·\)?]悉能[=24(·)]調伏[23(/),24(\)]无量衆生[41(·),22(·),52(·)]

B: 以菩薩[尸]莊嚴具[乙,氵]而[灬]莊嚴之[乙,㇂]應現一切[尸,十,ㆍㄱ氵]悉能[攴]調伏无量衆生[乙,㇂,分]

C: 菩薩尸 莊嚴具乙 以氵 而灬 之乙 莊嚴(ㆍㄱ)㇂ 一切尸十 應現ㆍㄱ氵 悉(氵) 能攴 无量 衆生乙 調伏(ㆍㄱ)㇂(ㆍㄱ)分

D: 菩薩의 莊嚴具를 써서 그것을 장엄하고 일체에 應現하여 모두 능히 한량없는 중생을 調伏하고 하며,

E: 보살의 장엄거리로 장엄하고 일체에 나타나 한량없는 중생을 다 다스리게 하며,

<진본화엄20, 02:11>

A: 一佛[42(-)]世界[35(/)]{53(/)#53(·/)}廣大[=12(:)#22(·)#22(·.)[40)]如法界[24(·),52(·)?]一切世界[35(/)]亦[41)]復[35(·.)]如是[52(·)]{41(/)}

B: 一佛[㐥]世界[刂]廣大[ㆍㄱ]如法界[攴,分]一切世界[刂]亦復[刀]如是[分]

C: 一 佛㐥 世界刂 廣大ㆍㄱ(矢) 法界 如攴(ㆍㄱ)分 一切 世界刂 亦 復刀 是 如(攴ㆍㄱ)分

D: 한 부처의 세계가 광대함이 법계와 같고 일체 세계가 또한 이와 같으며,

E: 한 부처 세계의 광대하기는 법계와 같고 일체 세계도 다 그와 같게 하며,

<진본화엄20, 02:12>

A: 得究竟智[31(·)#31~41(·),54(\)]詣一切刹[53(:),52(·-)?#52(-)]一切[41(·)]普持[55(/)]{22(·)}[42)]

B: 得究竟智[乙,氵㫆]詣一切刹[氵十,氵八]一切[乙]普持[xㅣ]

C: 究竟 智乙 得氵㫆 一切 刹氵十 詣(ㆍㄱ)氵八 一切乙 普 持xㅣ

D: 究竟한 지혜를 얻어서 일체의 刹에 나아가서 일체를 널리 지닌다.

E: 구경의 지혜를 얻고 모든 세계에 나아가 일체를 두루 지니게 하리라.'

---

40) '22(·.)'로 판독할 가능성도 있는데, 이 경우에는 '22(·)'가 중복 표기된 것일 가능성도 생각해 볼 수 있다.
41) '亦'자는 이체자이다.
42) '22(·)'은 '㫆'에 대응되는데 일반적인 통사 질서에 위배되어서 해독에 반영하지 않았으나 사진상으로 명확히 보인다.

晉本『華嚴經』卷第二十 75

<진본화엄20, 02:12-13>

A: 菩薩摩訶薩[33(·)]以此善根[42(·)?]迴向佛刹[=53(:)]令衆生[41(·)?]{34(|)}充滿[35(\.)?,13(·\),53(··),52(-)?#52(·)?]

B: 菩薩摩訶薩[ㄱ]以此善根[ㆎ]迴向佛刹[ㆎ十]令衆生[乙]充滿[ᄉ丨,x亽,ㅋ十,x分]

C: 菩薩摩訶薩ㄱ 此 善根(乙) 以ㆎ 佛 刹ㆎ十 衆生乙 充滿 令丨x亽ㅋ十 迴向x分

D: 보살마하살은 이 선근으로써, 부처의 刹에 중생을 充滿하게 하는 데에 廻向하며,

E: 보살마하살은 이런 선근을 부처 세계에 회향하나니 중생들을 가득히 채우게 하기 위해서요,

<진본화엄20, 02:13-14>

A: 迴向分別受持智慧[41(·),53(-·)?,51(··)]

B: 迴向分別受持智慧[乙,ノ亽十,x分]

C: 智慧乙 分別 受持ノ亽十 迴向x分

D: 지혜를 分別 受持함에 廻向하며,

E: 내 몸을 위하는 것처럼 중생을 위하는 회향도 또한 그와 같습니다.

<진본화엄20, 02:14>

A: 如爲己[52(丅)]身[41(·),54(\·),21(·\)#21(·)?]爲衆生[23(|)?]迴向亦復[35(··)]如是[52(·-)]

B: 如爲己[ㅋ]身[乙,X,X]爲衆生[ㆎ古]迴向亦復[刀]如是[ㆎ八]

C: 己ㅋ 身乙 爲X 如X 衆生(ㅋ) {爲}ㆎ古 迴向 亦 復刀 是 如(支ン)ㆎ八

D: 자기의 몸을 위하는 것과 마찬가지로, 중생을 위하여 廻向하는 것도 또한 이와 같아서,

E: 분별해 받들어 지니는 지혜에 회향하되

<진본화엄20, 02:15>

A: 令一切衆生[41(·)]永[42(·)]離地獄[11(·)]餓鬼[11(·)]畜生[11(·)]閻羅王處[11(·),41(·),24(·),35(\.),51(··)][43)#51(:)]

B: 令 切衆生[乙]永[ㆎ]離地獄ㆎ餓鬼[ㆎ]畜生[ㆎ]閻羅王處[ㆎ,乙,支,(亽)丨,x分]

C: 一切 衆生乙 永ㆎ 地獄ㆎ 餓鬼ㆎ 畜生ㆎ 閻羅王處ㆎ(ノ亽)乙 離支{令}丨x分

---

43) 역삼각형을 이루는 위의 두 점 가운데 오른쪽 점이 조금 더 높다.

76 第二部 判讀과 解讀 및 翻譯

   D: 일체 중생으로 하여금 영원히 지옥이니 아귀니 축생이니 염라왕의 처소니 하는 것을 벗어나게 하며,
   E: '일체 중생들로 하여금 지옥・아귀・축생 세계와 염라왕이 있는 곳을 아주 떠나게 하리라.

<진본화엄20, 02:16>
A: 令一切衆生[41(·)]悉能[24(·)]除滅諸鄣閡業[=41(·),35(\.),=51(·)]
B: 令一切衆生[乙]悉能[攴]除滅諸鄣閡業[乙,(ㅅ)ㅣ,x分]
C: 一切 衆生乙 悉(ㅊ) 能攴 諸 鄣閡業乙 除滅 令ㅣx分
D: 일체 중생으로 하여금 다 능히 모든 障碍業을 없애게 하며,
E: 또 일체 중생들로 하여금 모든 장애되는 업을 멸하게 하리라.

<진본화엄20, 02:16-17>
A: 令一切衆生[41(·)?]悉[=42(·)]得等心[11(·)]平等智慧[11(·),41(:),52(-)]
B: 令一切衆生[乙]悉[ㅈ]得等心[ㅈ]平等智慧[ㅈ,ノ ㅅ乙,x分]
C: 一切 衆生乙 悉ㅈ 等心ㅈ 平等智慧ㅈノㅅ乙 得(ㅣ) 令(ㅣ)x分
D: 일체 중생으로 하여금 다 平等心이니 平等智慧니 하는 것을 얻게 하며,
E: 또 일체 중생들로 하여금 모두 평등한 마음과 평등한 지혜를 얻게 하리라.

<진본화엄20, 02:17-18>
A: 令諸怨敵[41(·)]具慈心[25(·)?]樂[53(\.),54(\)]淸淨智慧[41(·),35(\.),52(·)?]
B: 令諸怨敵[乙]具慈心[七]樂[ㄷ,ㅈ 亦]淸淨智慧[乙,(ㅅ)ㅣ,分]
C: 諸 怨敵乙 慈心七 樂(乙) 具ㄷㅈ亦 智慧乙 淸淨 令ㅣ分
D: 모든 怨敵으로 하여금 자비로운 마음의 즐거움을 갖추어서 지혜를 청정하게 하며,
E: 또 모든 원적들로 하여금 인자한 마음을 갖고 청정한 지혜를 즐기게 하리라.

<진본화엄20, 02:18-19>
A: 令一切衆生[31(·)?]智慧現前[13(··)]圓滿[22(·)]具足[22(·),52(·-)]普照一切[41(·)]
B: 令一切衆生[乙]智慧現前[xム]圓滿[ㅎ]具足[ㅎ,ㅈ ㅅ]普照一切[乙]
C: 一切 衆生乙 智慧 現前xム 圓滿(ㅅ)ㅎ 具足(ㅅ)ㅎㅈㅅ 普 一切乙 照 令(ㅣ)分

晉本『華嚴經』卷第二十   77

D: 일체 중생으로 하여금 지혜가 現前하되 원만하고 구족하고 하여서 일체를 널리 비추게 하며,

E: 또 일체 중생들로 하여금 지혜가 원만하고 완전하게 앞에 나타나 일체를 두루 비추게 하리라.

<진본화엄20, 02:19-20>

A: 令一切衆生具眞實智[25(·)?]離垢[22(·)]正直[22(·),25(⊥)]菩提心[41(·),53(\),52(·-)]#52(-)]无量[33(·)]智慧[41(·)]滿足[52(·)?]

B: 令一切衆生具眞實智[ヒ]離垢[ㅎ]正直[ㅎ,ヽヒヒ]菩提心[乙,冖,ㅋ八]无量[ㄱ]智慧[乙]滿足[分]

C: 一切 衆生(乙) 眞實 智ヒ 離垢(ヽ)ㅎ 正直(ヽ)ㅎヽヒヒ 菩提心乙 具亇ㅋ八 量 无ㄱ 智慧乙 滿足 令(ㅣ)分

D: 일체 중생으로 하여금 진실한 지혜의 離垢하고 正直하고 한 보리심을 갖추어서 한량없는 지혜를 滿足하게 하며,

E: 또 일체 중생들로 하여금 진실한 지혜를 갖추어, 번뇌[垢]를 여의니 바르고 곧은 보리심과 무량한 지혜를 완전히 얻게 하리라.

<진본화엄20, 02:20-21>

A: 令一切衆生示現平等[22(·)?]安隱[22(·)?,25(\·)?#25(⊥)]善趣[31(·),35(\),51(·)]

B: 令一切衆生示現平等[ㅎ]安隱[ㅎ,xヒ]善趣[乙,(ㅅ)ㅣ,分]

C: 一切 衆生(乙) 平等(ヽ)ㅎ 安隱(ヽ)ㅎxヒ 善趣乙 示現 令ㅣx分

D: 일체 중생으로 하여금 평등하고 안은하고 한 善趣를 示現하게 하며

E: 또 일체 중생들로 하여금 평등하고 안온한 좋은 곳을 나타내 보이게 하리라.'

<진본화엄20, 02:21-22>

A: 菩薩摩訶薩[33(·)?]如是[24(·)]迴向脩習善根[11(·)]及[25(·)?]一切願[11(·),41(:),13(··)]如大雲雨[24(·),11(/)]

B: 菩薩摩訶薩[ㄱ]如是[ㅎ]迴向脩習善根[冖]及[ヒ]一切願[冖,ノ亽乙,xム]如大雲雨[ㅎ,xミ]

C: 菩薩摩訶薩ㄱ 是 如ㅎ 善根冖 及ヒ 一切 願冖ノ亽乙 脩習(x亽ㅋㅏ) 迴向xム 大雲雨 如ㅎxミ[44]

D: 보살마하살은 이와 같이 善根이니 일체 願이니 하는 것을 脩習하는 데에 廻向하되 大雲

雨같이 한다.

E: 보살마하살은 이렇게 회향하고 그 선근과 모든 서원을 닦아 익혀 마치 큰 구름이 비를 내리는 것 같이 합니다.

<진본화엄20, 02:22-23>

A: 令一切衆生[41(·)]皆悉[42(·)]淸淨[35(\.),51(··)[45]]

B: 令一切衆生[乙]皆悉[ㄅ]淸淨[(ᄉ)ㅣㅣ,xᅀ]

C: 一切 衆生乙 皆 悉ㅂ 淸淨 令ㅣㅣxᅀ

D: 일체 중생으로 하여금 모두 다 청정하게 하며,

E: 즉, "일체 중생들로 하여금 다 청결하게 하리라.

<진본화엄20, 02:23>

A: 令一切衆生爲功德福田[41(!)]

B: 令一切衆生爲功德福田[ㅣㅁㅅ乙]

C: 一切 衆生(乙) 功德 福田ㅣㅁ{爲}ㅅ乙 令(ㅣxᅀ)

D: 일체 중생으로 하여금 功德 福田이 되게 하며,

E: 또 일체 중생들로 하여금 공덕의 복밭이 되게 하리라.

<진본화엄20, 02:23-24>

A: 令一切衆生守護受持菩提內藏[41(·),22(·),22(·)[46]]

B: 令一切衆生守護受持菩提內藏[乙,ㅎ,ㅎ]

C: 一切 衆生(乙) 菩提 內藏乙 守護(ᄉ)ㅎ 受持(ᄉ)ㅎ 令(ㅣxᅀ)

---

44) 아래의 현토 양상이 반복된다는 점을 참조하여 해석하였다.
   A: 菩薩摩訶薩[33(·)]以此善根[42(·)?]迴向佛刹[=53(:)]令衆生[41(·)?]{34(ㅣ)}充滿[35(\.)?,13(·\),53(··),52(-)?#52(·)?]<진본화엄20, 02:12-13>
   C: 菩薩摩訶薩ㄱ 此 善根(乙) 以ㅂ 佛 刹ㅣ+ 衆生乙 充滿 令ㅣxᅀㅋ+ 迴向xᅀ
   그러나 '菩薩摩訶薩ㄱ 是 如ᄉ 迴向(ᄂㅂ) 善根ㅅ 及ㄴ 一切 願ㅅㄱᄉ乙 修習xᅀ 大雲雨 如ᄉㅅ'로 해석할 가능성도 있다.
45) 역삼각형을 이루는 위의 두 점 가운데 왼쪽 점이 조금 더 높다.
46) 2개의 단점으로 보지 않고 하나의 쌍점 22(··)으로 볼 가능성도 있다.

晉本『華嚴經』卷第二十 79

D: 일체 중생으로 하여금 菩提 內藏을 守護하고 受持하고 하게 하며,
E: 또 일체 중생들로 하여금 보리의 안 창고를 수호하여 받들어 지니게 하리라.

<진본화엄20, 02:24-25>
A: 令一切衆生離諸郛㝬[31(·),52(i)#51(i)]安住无㝬[44(·),25(··)?]清淨法界[53(:)]
B: 令一切衆生離諸郛㝬[乙,X]安住无㝬[尸,ヒ七]清淨法界[氵十]
C: 一切 衆生(乙) 諸 郛㝬乙 離X 㝬尸 无ヒ七 清淨 法界 氵十 安住 令(ㅣx氵)
D: 일체 중생으로 하여금 모든 장애를 여의어서 막힘 없는 清淨 法界에 안주하게 하며,
E: 또 일체 중생들로 하여금 모든 장애를 떠나 걸림 없고 청정한 법계에 편히 머물게 하리라.

<진본화엄20, 02:25-26>
A: 令一切衆生[41(·)]滿足无㝬[=44(·),25(··)]諸通[11(·)]智慧[11(·)]
B: 令一切衆生[乙]滿足无㝬[尸,ヒ七]諸通[氵]智慧[氵]
C: 一切 衆生乙 㝬尸 无ヒ七 諸 通氵 智慧氵(ノ仒乙) 滿足 令(ㅣx氵)
D: 일체 중생으로 하여금 막힘 없는 모든 神通이니 智慧니 하는 것을 만족하게 하며,
E: 또 일체 중생들로 하여금 걸림 없는 모든 신통과 지혜를 모두 성취하게 하리라.

<진본화엄20, 02:26-03:01>
A: 令一切衆生得自在身[41(·),54(\)]遊行十方[53(:),52(·-)]如應[53(·.)]示現
B: 令一切衆生得自在身[乙,氵尔]遊行十方[氵十,氵八]如應[ㅋ+]示現
C: 一切 衆生(乙) 自在 身乙 得 氵尔 十方 氵十 遊行(ソ)氵八 應(ヒノ1)ㅋ+[47] {如}(눌) 示現 令
  (ㅣx氵)
D: 일체 중생으로 하여금 自在 身을 얻어서 十方에 다니면서 적당한 대로 示現하게 하며,
E: 일체중생들로 하여금 자재한 몸을 얻어 시방을 노닐면서 알맞게 나타나게 하리라.

---

47) 다음 예문을 참조할 수 있다.
   應ヒノ1 隨ᄒ <화엄18:04-05>, <화엄19:17>

<진본화엄20, 03:01-02>
A: 令一切衆生得无癡善根[25(·)]一切種智[41(·)?,35(\.)?]
B: 令一切衆生得无癡善根[セ]一切種智[乙,(亽)刂]
C: 一切 衆生(乙) 无癡善根セ 一切種智乙 得(刂) 令刂(x禾)
D: 일체 중생으로 하여금 无癡善根의 一切種智를 얻게 하며,
E: 또 일체 중생들로 하여금 우치가 없는 선근과 일체 종지를 얻게 하리라.

<진본화엄20, 03:02>
A: 令一切衆生攝取一切[31(·)?,52(·-)?#52(-)?]悉令淸淨[35(\.),41(·\),35(\.)]
B: 令一切衆生攝取一切[乙,氵ハ]悉令淸淨[(亽)刂,x入乙,(亽)刂]
C: 一切 衆生(乙) 一切乙 攝取(ソ)氵ハ 悉(氵) 淸淨 令刂x入乙 令刂(x禾)
D: 일체 중생으로 하여금 일체를 攝取하여 다 청정하게 하는 것을 하게 하며
E: 또 일체 중생들로 하여금 일체를 포섭하여 다 청정하도록 하게 하리라.

<진본화엄20, 03:02-04>
A: 令一切衆生遠離䩸䭾[12(-)]瞋恚[25(|·)]之心[41(·),52(i)究竟[22(.·)]成就一切種智[41(·),35(\.),55(/)]
B: 令一切衆生遠離䩸䭾[xㄱ]瞋恚[xセ]之心[乙,X]究竟[氵]⁴⁸⁾成就一切種智[乙,(亽)刂,x丨]
C: 一切 衆生(乙) 䩸䭾xㄱ 瞋恚xセ{之} 心乙 遠離X 究竟氵 一切種智乙 成就 令刂x丨
D: 일체 중생으로 하여금 장애되는 성내는 마음을 遠離하여 究竟히 一切種智를 성취하게 한다.
E: 또 일체 중생들로 하여금 장애되는 성내는 마음을 멀리 떠나 끝내는 일체 종지를 성취하게 하리라." 합니다.

---

48) 주본화엄경 권제57의 다음 예문을 참조할 수 있다.
　　A: 所謂深信手[55(·)]於佛[35(·)]所說[12(|),53(·)]一向忍可[23(|)]究{25(-)}竟[23(\\)]受持故
　　C: 謂(ノㄱ) 所(ㄱ) 深信手(刂)ナ丨 {於}佛矢 說ㅎㄱ 所十 一向 忍可ソ氵 究竟氵 受持(ソ尸入ㅅ)故}(氵)
　　<주본화엄57, 10:05-06>
　　A: 究竟[23(\\)]成熟不定[25(·)]衆生[41(·)]是{43(·)}菩薩藏令因[41(·)]相續[43(|)]無有間斷[24(|)]故
　　C: 不定セ 衆生乙 究竟氵 成熟(亽尸矢) {是}(刂) 菩薩藏(刂ナ丨) 因乙 相續(ソ)氵ホ 間斷(ソ尸) 無有刂 {令}(亽刂尸入ㅅ)故}(氵) <주본화엄57, 11:05-06>

晋本『華嚴經』卷第二十　81

<진본화엄20, 03:04-05>

A: 復次菩薩摩訶薩[33(·)]若[25(·)]見可樂[35(·.),23(-),12(:)]國土[49][11(·)]林樹[11(·)]華菓[11(·),41(:), 51(·.)]

B: 復次菩薩摩訶薩[ㄱ]若[七]見可樂[ㅅ,ㅎ,ㆍㄱ]國土[ᄉ]林樹[ᄉ]華菓[ᄉ,ノ企乙,x分]

C: 復 次 菩薩摩訶薩ㄱ 若七 樂ㅅㅎ{可}(七)ㆍㄱ 國土ᄉ 林樹ᄉ 華菓ᄉノ企乙 見x分

D: 또 다음으로 菩薩摩訶薩은 혹 즐길 만한 國土니 林樹니 華菓니 하는 것을 보며

E: 또 보살마하살은 혹 즐길 만한 국토나 수림이나 꽃이나 열매를 보거나

<진본화엄20, 03:05>

A: 或[33(·)]見可樂[35(·.),23(-),12(:)]名香[11(·)]上服[11(·)]珍寶[11(·)]財物[11(·)]諸莊嚴具[11(·),41(:)]

B: 或[ㄱ]見可樂[ㅅ,ㅎ,ㆍㄱ]名香[ᄉ]上服[ᄉ]珍寶[ᄉ]財物[ᄉ]諸莊嚴具[ᄉ,ノ企乙]

C: 或(ㆍ)ㄱ 樂ㅅㅎ{可}(七)ㆍㄱ 名香ᄉ 上服ᄉ 珍寶ᄉ 財物ᄉ 諸 莊嚴具ᄉノ企乙 見(x分)

D: 혹은 즐길 만한 名香이니 上服이니 珍寶니 財物이니 여러 莊嚴具니 하는 것을 보며

E: 또 혹은 즐길 만한 훌륭한 향이나 좋은 옷이나 보배나 재물이나 모든 장엄거리를 보거나

<진본화엄20, 03:06>

A: 或[33(·)]見可樂[35(·.),23(-),12(:)]園觀[11(·)]村邑[11(·)]聚落[11(·)]王都[11(·),41(:)]

B: 或[ㄱ]見可樂[ㅅ,ㅎ,ㆍㄱ]園觀[ᄉ]村邑[ᄉ]聚落[ᄉ]王都[ᄉ,ノ企乙]

C: 或(ㆍ)ㄱ 樂ㅅㅎ{可}(七)ㆍㄱ 園觀ᄉ 村邑ᄉ 聚落ᄉ 王都ᄉノ企乙 見(x分)

D: 혹은 즐길 만한 園觀이니 村邑이니 聚落이니 王都니 하는 것을 보며

E: 또 혹은 즐길 만한 동산이나 마을이나 고을이나 부락이나 서울을 보거나

<진본화엄20, 03:06-07>

A: 或見可樂自在[25(ㅗ)]帝王[41(·)]

B: 或見可樂自在[ㆍㅌ七]帝王[乙]

C: 或(ㆍㄱ) 樂ㅅㅎ{可}(七ㆍㄱ) 自在ㆍㅌ七 帝王乙 見(x分)

D: 혹은 즐길 만한 自在한 帝王을 보며

---

49) 원본은 '土'자가 '主'자처럼 생긴 이체자로 되어 있다.

E: 혹은 즐길 만한 한적한 자재한 왕위를 보거나

<진본화엄20, 03:07>
A: 或見可樂[35(‧),23(-),12(:)]阿練若處[41(‧),55(/)]{13(\)}
B: 或見可樂[﹍,ㅎ,丶ㄱ]阿練若處[乙,xㅣ]
C: 或(丶ㄱ) 樂﹍ㅎ{可}(ㄴ)丶ㄱ 阿練若處乙 見xㅣ
D: 또한 즐길 만한 阿練若處[50]를 본다.
E: 혹은 즐길 만한 한적한 곳을 보면,

<진본화엄20, 03:07-09>
A: 菩薩摩訶薩[33(‧)?]見如是[12(:),41(‧)]已[11~12(˙\)#12(˙\)#11(˙\)]脩巧方便[41(‧),54(\)]出生无量[33(‧)]淨妙功德[41(‧),52(‧-)#52(˙\)]樂求實義[41(‧),11(/)#21(/)]
B: 菩薩摩訶薩ㄱ 見如是[丶ㄱ,乙]已[X]脩巧方便[乙,ㅕㅏ]出生无量[ㄱ]淨妙功德[乙,ㅕ八]樂求實義[乙,x҆]
C: 菩薩摩訶薩ㄱ 是 如(攴)丶ㄱ乙 見(尸) 已X 巧方便乙 脩 ㅕㅏ 量 无ㄱ 淨妙 功德乙 出生(丶) ㅕ八 樂(﹍) 實義乙 求x҆
D: 菩薩摩訶薩은 이와 같은 것을 보고는 巧方便을 닦아서 한량없는 淨妙 功德을 내어서 즐겨 實義를 구하니
E: 그는 그것을 보고는 묘한 방편을 닦아 한량없이 깨끗하고 묘한 공덕을 내고 진실한 이치를 즐겨 구합니다.

<진본화엄20, 03:09-10>
A: 爲衆生[41(‧),54(\),45(:)]故[24(‧)]而[45(‧)]不放逸[44(‧),52(\)]善能[22(‧‧)#22(‧)]脩習一切善根[41(‧),13(‧‧)]
B: 爲衆生[乙,X,x灬]故[攴]而[灬]不放逸[尸,丶ㅏ]善能[ㆍ]脩習一切善根[乙,xム]
C: 衆生乙 爲Xx灬 故攴 而灬 放逸尸 不丶ㅏ 善能ㆍ 一切 善根乙 脩習xム

---

50) 阿練若: 사원의 總名이며 비구의 住處가 된다. '阿蘭若, 阿蘭那' 등으로 부르기도 하며 의역해서 '空閒處, 遠離處' 등으로 불린다.

晉本『華嚴經』卷第二十   83

D: 중생을 위하기 때문에 放逸하지 않아 善能히 일체 선근을 修習하되
E: 그리하여 중생들을 위하기 때문에 방일하지 않고 모든 선근을 잘 닦아 익히는데

<진본화엄20, 03:10>

A: 猶[=15(·)]如大海[35(/)]難[43(·)]可測量[12(:),24(·)][51)]具足善根[41(·),13(··)]不可窮盡[42(\),35(./)]
#35(/)]
B: 猶[入ㄱ]如大海[ㅣㅣ]難[氵]可測量[ッㄱ,攴]具足善根[乙,xム]不可窮盡[去,X]
C: 猶入ㄱ 大海ㅣㅣ 難氵 測量(ノㅎ){可}(セ)ㄴㅣ 如攴 善根乙 具足xム 窮盡去(ㅎ){可}(セッㄱ)
不X
D: 비유하면 大海가 어렵게야 측량할 수 있는 것같이 선근을 具足하되 다할 수 없고
E: 마치 바다처럼 측량하기 어려우며 다할 수 없는 선근을 모두 갖추고

<진본화엄20, 03:11-12>

A: 一切功德[41(·)]皆悉[42(·)]滿足[22(·)]亦[33(·)?]不分別種種[25(·)]善根[51(·.)]#51(·)]
B: 一切功德[乙]皆悉[氵]滿足[ㅎ]亦[ㄱ]不分別種種[七]善根[x]
C: 一切 功德乙 皆 悉氵 滿足(ㅆ)ㅎ 亦(ㅆ)ㄱ 種種七 善根(乙) 分別(尸) 不(ㅆ)ㅎx
D: 일체 공덕을 모두 다 만족하고 또한 갖가지 선근을 분별하지 않고 하며,
E: 일체의 공덕을 다 원만하게 하면서도 갖가지 선근을 분별하지 않고

<진본화엄20, 03:12-13>

A: 巧妙[25(ㅗ)]方便[45(·)]清淨[22(.·)]迴向[22(·)]示現无量[33(·)?]諸行[25(·)]善根[41(·),22(·)]常
[35(/)]念一切[41(·),13(··)]未曾[35(··)]忘失衆生[52(ㅜ)]境界[41(·),31(!),22(·),52(·)]
B: 巧妙[ㆍㅂㄴ]方便[ㅡ]清淨[亽]迴向[ㅎ]示現无量[ㄱ]諸行[七]善根[乙,ㅎ]常[ㅣ]念一切[乙,xム]
未曾[刀]忘失衆生[ラ]境界[乙,X,ㅎ,]
C: 巧妙ㆍㅂㄴ 方便ㅡ 清淨ㅎ 迴向(ㅆ)ㅎ 量 无ㄱ 諸行七 善根乙 示現(ㅆ)ㅎ 常ㅣ 一切乙 念x
ム 曾刀[52)] 衆生ラ 境界乙 忘失X 未(ㅆ)ㅎ(ㅆ)

---

51) 이는 '23(·),12(:)'으로 판독하고, '測量(ノ)ㅎ{可}(セ)ㄴㅣ 如(攴)'로 해독할 가능성도 있다.
52) 다음 예문을 참조할 수 있다.
曾氵ㅅ효刀 得氵ㅎ 毫末許ㆍ 如攴ㅆㅂ刀 衆生乙 饒益ㆍ氵 而ㅡ 獲ㆆㅆㅂ七 善利乙 {有}ㅕ尸 未ㅣㅣノㄱㅣ氵七

84 第二部 判讀과 解讀 및 飜譯

D: 교묘한 방편으로 청정하게 廻向하고 한량없는 諸行의 善根을 示現하고 항상 일체를 생각하되 조금도 중생의 경계를 忘失하지 않고 하며,

E: 교묘한 방편을 청정하게 회향하여 한량없는 모든 행의 선근을 나타내 보이고 항상 일체를 생각하여 중생들 경계와

<진본화엄20, 03:13>

A: 如善根[11(·),3자합부]平等善根[11(·),41(:),55(/)]
B: 如善根[ㆍ]平等善根[ㆍ,ノ亽乙,xㅣ]
C: 如善根ㆍ 平等善根ㆍノ亽乙xㅣ
D: 眞如善根이니 平等善根이니 하는 것을 한다.
E: 진여의 선근과 평등한 선근을 잃지 않습니다.

<진본화엄20, 03:14>

A: 菩薩摩訶薩善根[41(·)]如是[24(·)]迴向[55(/)]
B: 菩薩摩訶薩善根[乙]如是[支]迴向[xㅣ]
C: 菩薩摩訶薩(ㄱ) 善根乙 是 如支 迴向xㅣ
D: 菩薩摩訶薩은 善根을 이와 같이 迴向한다.
E: 보살마하살은 그 선근을 이렇게 회향합니다.

<진본화엄20, 03:14-16>

A: 令一切衆生[41(·)]志[=53(:)]常[35(/)?]樂[35(·.)]見无量[12(··)]諸佛[41(·),35(\),13(·|)]如法[53(:),42(·.),22(·.),22(·)]⁵³⁾不{35(·)}取法性[41(·),44(·),22(·)]无數[33(·)]衆生[52(丅)]平等淸淨[41(/)]亦復[35(··)]如是[22(·),35(\),51(··)]

B: 令一切衆生[乙]志[ㆍ+]常[ㅣ]樂[·]見无量[xㄱ]諸佛[乙,白,xㅅ]如法[ㆍ+,叀,X,彐]不取法性

ㅣ <화소10:09-10>

我ㄱ 曾ハㅎ刀 得尸 未ㅣㅅㄴㅁㄷㄱㅣ <화소11:19>

常ㅣ 勤ㄴ 修行ノアム 曾ハㅎ刀 廢捨尸 未多ソナ亽ㆍ <화소13:17>

{於}一切 世界ㄴ 中ㆍㅏㆍ 衆生乙 與ㄴ 同住ㆍ(乃) 曾ハㅎ刀 過咎 無分 <화소23:14-15>

53) '22(··)'과 '22(·)'을 하나의 점토(삼점)로 볼 수도 있다.

晉本『華嚴經』卷第二十   85

[乙,尸,ᅙ]无數[ᄀ]衆生[ᅗ]平等淸淨[ᄀ入乙]亦復[ᄁ]如是[ᅙ,(ᄉ)リ,xᄉ]

C: 一切 衆生乙 志ᄒ十 常リ 樂ᅗ 量 无xᄀ 諸佛乙 見白xᆷ 法ᄒ十 {如}ᄒX(ᄂ)ᅙ⁵⁴⁾ 法性乙 取尸 不(ᄂ)ᅙ 數 无ᄀ 衆生ᅗ 平等 淸淨(ᄂ)ᄀ入乙 亦(ᄂ)ᄀ 復ᄁ 是 如(攴ᄂ)ᅙ 令リxᄉ

D: 일체 중생으로 하여금 뜻에 항상 즐겨 한량없는 모든 부처님을 보되 법대로 하고, 법성을 取하지 않고, 수없는 중생이 平等 淸淨한 것을 또한 또 이와 같이 하고 하게 하며,

E: 즉, 일체 중생들로 하여금 언제나 즐겨 한량 없는 부처님을 뵈옵되 법다이 법의 성품을 취하지 않고 무수한 중생의 평등하고 청정한 것도 그와 같게 하리라.

<진본화엄20, 03:16-17>

A: 令一切衆生[41(·)]悉得諸佛[42(-)]隨意[41(·),53(ᆞ)#52(ᆞ)]愛樂[52(\)]供給[25(丁)]侍者[41(·)#41(-),35(/)]

B: 令一切衆生[乙]悉得諸佛[ᄂ]隨意[乙,ᅗ]愛樂[ᄂ 3]供給[xᄐ]侍者[乙,リ]

C: 一切 衆生乙 悉 諸佛ᄂ 意乙 隨ᅗ 愛樂ᄂ 3 供給xᄐ 侍者乙 得リ 令(リxᄉ)

D: 일체 중생으로 하여금 다 모든 부처의, 뜻을 따라 애락하여 공급하는 侍者를 얻게 하며,

E: 또 일체 중생들로 하여금 모두 부처님을 마음대로 즐겨하여 그 侍奉이 되게 하리라.

<진본화엄20, 03:17-18>

A: 令一切佛國[41(·)]除滅煩惱⁵⁵⁾[41(·)?,34(·)]淸淨[54(\)]可樂[35(ᆞ),23(-),35(/),45(·)#=55(·)]

B: 令一切佛國[乙]除滅煩惱[乙,口]淸淨[3ᄭ]可樂[ᅗ,ᅙ,X,X]

C: 一切 佛國乙 煩惱乙 除滅(ᄂ)ᅙ口 淸淨(ᄂ)3ᄭ 樂ᅗᅙ{可}(ᄐ)XX 令(リxᄉ)

D: 일체 佛國으로 하여금 번뇌를 제멸하고 청정하여서 즐길 만하게 하며,

E: 또 일체 부처국토로 하여금 번뇌를 멸하고 청정하여 즐길 만하게 하리라.

<진본화엄20, 03:18-20>

A: 令一切衆生[41(·)]悉得[54(\)]見聞⁵⁶⁾无量[33(·)?]佛法[41(·),13(··)?]心[53(ᆞ)]常[35(/)]愛樂[22(·)]常

---

54) 다음 예문을 참조할 수 있다.
    若 能 法ᄒ十 {如}ᄒ 佛乙 供養ᄂ白ᄐ尸入ᄀ 則 能攴 佛乙 念ᄂ白ᅗᆷ 心ᅙ 動尸 不ᄂᄐ禾ᄉ <주본화엄14, 11:12>
55) '惱'자는 '惚'자처럼 생긴 이체자이다.

[35(/)]樂[35(‥)]守護諸菩薩[44(·)?]行[41(·),22(·)]樂[35(‥)]以愛眼[41(·),42(·)]觀善知識[57)][41(·),22(·)]

B: 令一切衆生[乙]悉得[3 小]見聞无量[ㄱ]佛法[乙,xㅿ]心[3 十]常[ㅣ]愛樂[丷]ㅎ 常[ㅣ]樂[ㅁ]守護諸菩薩[尸]行[乙,ㅎ]樂[ㅁ]以愛眼[乙, 3]觀善知[乙,ㅎ]

C: 一切 衆生乙 悉得 3 小 量 无ㄱ 佛法乙 見聞xㅿ 心 3 十 常ㅣ 愛樂(丷)ㅎ 常ㅣ 樂ㅁ 諸菩薩尸 行乙 守護(丷)ㅎ 樂ㅁ 愛眼乙 以 3 善知識乙 觀(丷)ㅎ 令(ㅣx分)

D: 일체 중생으로 하여금 다 능히 한량없는 佛法을 見聞하되 마음에 항상 愛樂하고, 항상 즐겨 모든 보살의 행을 수호하고, 즐겨 愛眼으로써 선지식을 보고 하게 하며,

E: 또 일체 중생들로 하여금 모두 부처님의 한량 없는 법을 보고 또 듣고는 항상 마음으로 즐거워하고 항상 즐겨 모든 보살행을 수호하며 사랑하는 눈으로 선지식을 즐겨 보게 하리라.

<진본화엄20, 03:20>

A: 令一切衆生[41(·)?]見可樂[35(‥),25(ㅗ)]法[41(·),35(/)]

B: 令一切衆生[乙]見可樂[ㅁ,丷ㅌㄴ]法[乙,ㅣ]

C: 一切 衆生(乙) 樂ㅁ(ㅊ){可}(ㄴ)丷ㅌㄴ 法乙 見ㅣ 令(ㅣx分)

D: 일체 중생으로 하여금 즐길 만한 법을 보게 하며,

E:[58)]

<진본화엄20, 03:20-21>

A: 令一切衆生[41(·)]樂[35(‥)]持正法[41(·)]

B: 令一切衆生[乙]樂[ㅁ]持正法[乙]

C: 一切 衆生乙 樂ㅁ 正法乙 持 令(ㅣx分)

D: 일체 중생으로 하여금 즐겨 正法을 지니게 하며,

E: 또 일체 중생들로 하여금 바른 법을 즐겨 지니게 하리라.

---

56) '見聞'에 2자합부-역독선처럼 보이는 것이 있다.
57) '識'의 35 위치에 단점이 보이는 듯도 하다.
58) 이 부분이 한글 대장경(책과 전자불전연구소 번역본 모두)에 빠져 있다.

晉本『華嚴經』卷第二十

<진본화엄20, 03:21>
A: 令一切衆生於佛法[25(·)]中[=53(:)]得可樂[35(·.),23(-)?,25(ㅗ)]明[59][41(·),35(/)?#35(-)?][60]
B: 令一切衆生於佛法[七]中[氵十]得可樂[ㄷ,ㅎ,ㅅㅌ七]明[乙,ㅣ]
C: 一切 衆生(乙) {於}佛法七 中 氵十 樂ㄷㅎ{可}(七)ㅅㅌ七 明乙 得ㅣㅣ 令(ㅣㅣx分)
D: 일체 중생으로 하여금 佛法 가운데에서 즐길 만한 광명을 얻게 하며,
E: 또 일체 중생들로 하여금 한량 없는 부처님 법 가운데서 즐길 만한 광명을 얻게 하리라.

<진본화엄20, 03:22-23>
A: 令一切菩薩[41(·)]悉得可樂[35(·.),23(-),25(ㅗ)]大施[61][25(·)]之心[41(·)]於諸法[25(·)]中[=53(:)]得无所畏[14(·),41(·),54(\)]樂[35(·.)]爲衆生[23(|)]分別廣說[22(·),35(\.)]
B: 令一切菩薩[乙]悉得可樂[ㄷ,ㅎ,ㅅㅌ七]大施[七]之心[乙]於諸法[七]中[氵十]得无所畏[尸,乙,氵ホ]樂[ㄷ]爲衆生[氵ㅎ]分別廣說[ㅎ,(ㅅ)ㅣ]
C: 一切 菩薩乙 悉 樂ㄷㅎ{可}(七)ㅅㅌ七 大施七{之} 心乙 得ㅎ {於}諸 法七 中 氵十 畏(ㄱ) 尸 所 无(ㄱ)乙 得 氵ホ 樂ㄷ 衆生(ㅎ) {爲} 氵ㅎ 分別 廣說(ㅅ)ㅎ 令ㅣㅣ(x分)
D: 일체 보살로 하여금 다 즐길 만한 大施의 마음을 얻고, 모든 법 중에서 두려워하는 바 없음을 얻어서 즐겨 중생을 위하여 分別 廣說하고 하게 하며,
E: 또 일체 보살들로 하여금 모두 즐길 만한 크게 보시하려는 마음을 얻게 하고, 모든 법에서 두려움 없는 즐거움을 얻게 하며 중생을 위해 분별하여 자세히 설명하게 하고

<진본화엄20, 03:23-24>
A: 得[62]菩薩可樂[35(·.),23(-),25(ㅗ)]三昧[11(·)]諸陁羅尼[11(·),41(:),52(·)]
B: 得菩薩可樂[ㄷ,ㅎ,ㅅㅌ七]三昧[氵]諸陁羅尼[氵,ノ仒乙,分]
C: 菩薩 樂ㄷㅎ{可}(七)ㅅㅌ七 三昧氵 諸 陁羅尼氵ノ仒乙 得分
D: 보살의 즐길 만한 삼매니 모든 다라니니 하는 것을 얻으며,
E: 즐길 만한 보살의 삼매와 모든 다라니를 얻게 하며

---

59) '明'자의 '日'이 '目'으로 된 이체자이다.
60) '明'자의 아랫부분에서 곡선으로 뻗어나간 선이 있다.
61) '施'자의 '方'자가 '才'처럼 보이는 이체자이다.
62) '21(-)#21(/)'이 기입되어 있고, 그 주위에 동그라미가 쳐져 있다.

<진본화엄20, 03:24>

A: 得一切菩薩[44(·)]受記智慧[41(·),51(·)]
B: 得一切菩薩[尸]受記智慧[乙,分]
C: 一切 菩薩尸 受記 智慧乙 得分
D: 일체 보살의 受記 智慧를 얻으며,
E: 일체 보살의 수기하는 지혜를 얻게 하리라.

<진본화엄20, 03:24-25>

A: 得一切菩薩[44(·)?]甚可愛樂[23(-),25(⊥)]自在示現[41(\)#41(·),51(·\)#51(·)]
B: 得一切菩薩[尸]甚可愛樂[ㅎ,ゝヒヒ]自在示現[尸入乙,x分]
C: 一切 菩薩尸 甚 愛樂(ノ)ㅎ{可}(ヒ)ゝヒヒ 自在 示現(ゝ)尸入乙 得x分
D: 일체 보살의 심히 愛樂할 만한 自在 示現하는 것을 얻으며,
E: 또 일체 보살의 즐길 만한 자재한 신통을 얻고

<진본화엄20, 03:25-26>

A: 具足諸佛[42(-)]圓滿說法[41(·),35(\·),51(·)]
B: 具足諸佛[﹅]圓滿說法[乙,(ᄉ)ㅣ,分]
C: 諸佛﹅ 圓滿 說法乙 具足ᄉㅣ分
D: 모든 부처의 원만한 설법을 具足하게 하며,
E: 모든 부처님의 원만한 설법을 갖추게 하며

<진본화엄20, 03:26>

A: 得可樂[23(-),25(⊥)]方便[41(·),54(\)?]分別[22(·),]說法[35(\·),51(·)]
B: 得可樂[ㅎ,ゝヒヒ]方便[乙,ぅ 示]分別[ぉ]說法[(ᄉ)ㅣ,分]
C: 樂(ㄱ)ㅎ{可}(ヒ)ゝヒヒ 方便乙 得ぅ 示 分別ぉ 說法ᄉㅣ分
D: 즐길 만한 방편을 얻어서 분별히 설법하게 하며,
E: 즐길 만한 방편을 얻어 분별해 설법하게 하고

晉本『華嚴經』卷第二十   89

<진본화엄20, 03:26-04:01>
A: 得可樂大悲[41(·),54(\)]發菩薩心[41(·),52(·-)]諸根[41(·)]{53(·)}悅豫[35(\.),51(·)?]
B: 得可樂大悲[乙, ӡ ホ]發菩薩心[乙, ӡ ハ]諸根[乙]悅豫[(ᄉ)リ,ㅅ]
C: 樂(ᄀᄀ){可}(セヽヒ七) 大悲乙 得ӡ ホ 菩薩心乙 發(\)ӡ ハ 諸根乙 悅豫ᄉ리ㅅ
D: 즐길 만한 大悲를 얻어서 菩薩心을 發하여서 諸根으로 하여금 悅豫[63]하게 하며,
E: 즐길 만한 대비심을 얻고 보살심을 내어 모든 감관을 즐겁게 하며

<진본화엄20, 04:01-02>
A: 得可愛樂諸如來[44(·)]家[41(·)?,54(\)]教化衆生[41(·),13(··)]心[53(:)]不休息[44(·),35(\.),51(·)]
B: 得可愛樂諸如來[尸]家[乙, ӡ ホ]教化衆生[乙,xᄉ]心[ӡ +]不休息[尸,(ᄉ)リ,ㅅ]
C: 愛樂(ノ ᄒ){可}(セxセ) 諸(ᄀ) 如來尸 家乙 得ӡ ホ 衆生乙 教化xᄉ 心ӡ + 休息尸 不ᄉ리ㅅ
D: 愛樂할 만한 모든 여래의 집을 얻어서 중생을 教化하되 마음에 休息하지 않게 하며,
E: 즐길 만한 부처님 집을 얻어 중생 교화하기를 쉬지 않게 하고

<진본화엄20, 04:02-03>
A: 得菩薩[44(·)]可樂无盡法藏[31(·),=54(\)]於无量[33(·)?]劫[53(:)]一一世界[53(:),55(·)]化度衆生[41(·),35(\.),51(·)]
B: 得菩薩[尸]可樂无盡法藏[乙, ӡ ホ]於无量[ᄀ]劫[ӡ +]一一世界[ӡ +, ㅣ]化度衆生[乙,(ᄉ)리,ㅅ]
C: 菩薩尸 樂(ノ ᄒ){可}(セxセ) 无盡 法藏乙 得ӡ ホ {於}量 無ᄀ 劫ӡ + 一一 世界ӡ +(ア)ㅣ 衆生乙 化度ᄉ리ㅅ
D: 보살의 즐길 만한 다함이 없는 法藏을 얻어서 한량없는 劫에 하나하나의 世界에서마다 중생을 教化 濟度하게 하며,
E: 보살의 즐길 만한 다함 없는 법의 창고를 얻어, 한량없는 겁 동안에 낱낱 세계에서 중생들을 교화해 제도하게 하리라.

<진본화엄20, 04:03-04>
A: 於現在[11(··)]佛[42(-)]{22(·)}所[=53(:)]得可愛樂巧妙方便[41(·),14(..),54(i)]

---

63) '悅樂'과 비슷한 말이다.

90 第二部 判讀과 解讀 및 翻譯

B: 於現在[X]佛[ㅅ]所[氵 十]得可愛樂巧妙方便[乙,xア,X]
C: {於}現在X 佛ㅅ 所 氵 十 愛樂(ノㅎ){可}(セxヒ) 巧妙 方便乙 得xアX
D: 현재 부처 계신 곳에서 愛樂할 만한 巧妙한 方便을 얻게 하고
E: 현재 부처님 계신 곳에서 즐길 만한 교묘한 방편을 얻게 하고

<진본화엄20, 04:04-05>
A: 得可愛樂深妙方便[41(·),54(\)]无所[64)]郭导[14(·),14(..),54(i)]永[42(·)]離愚癡[41(·),34(·)]
B: 得可愛樂深妙方便[乙, 氵 尒]无所郭导[ア,xア,X]永[氵]離愚癡[乙,口]
C: 愛樂(ノㅎ){可}(セxヒ) 深妙 方便乙 得 氵 尒 郭导ア 所 无xアX 永 氵 愚癡乙 離口
D: 愛樂할 만한 深妙한 方便을 얻어서 郭导될 바 없이 영원히 愚癡를 여의고
E: 또 즐길 만한 깊고 묘한 방편을 얻어 장애가 없이 우치를 아주 떠나게 하며,

<진본화엄20, 04:05-06>
A: 具足可樂平等離欲[41(·),22(·)]一切諸法[53(:)]斷諸郭导[41(·),22(·)]決定[22(..)]深[35(/)]解不二法界[41(·),22(·),14(·),54(i)]
B: 具足可樂平等離欲[乙, 亏]一切諸法[氵 十]斷諸郭导[乙, 亏]決定[亐]深∥解不二法界[乙, 亏,ア,X]
C: 樂(ノㅎ){可}(セxヒ) 平等 離欲乙 具足(ㅅ) 亏 一切 諸(ㄱ) 法 氵 十 諸(ㄱ) 郭导乙 斷(ㅅ) 亏 決定亐 深∥ 不二法界乙 解(ㅅ) 亏(ㅅ)アX
D: 즐길 만한 平等한 離欲을 具足하고 일체 모든 법에서 모든 장애를 끊고 결정코 깊이 둘이 아닌 법계를 了解하고 하며,
E: 즐길 만한 평등하고 욕심을 떠난 모든 법을 갖추어 온갖 장애를 끊고 결정코 둘이 아닌 법계를 깊이 알게 하며

<진본화엄20, 04:06-07>
A: 具足可樂離欲際等[12(:),31(·),52(\)]一切諸法[53(:),54(\)]入眞實際[53(:),14(·),54(i),41(·),51(·)]
B: 具足可樂離欲際等[∨ㄱ,乙,∨ 氵]一切諸法[氵 十, 氵 尒]入眞實際[氵 十,ア,X,乙, 分]
C: 樂(ノㅎ){可}(セxヒ) 離欲際 等∨ㄱ乙 具足∨ 氵 一切 諸(ㄱ) 法 氵 十(ㅅ) 氵 尒 眞實際 氵 十 入

---

64) '所'자 왼쪽에서 위쪽으로 길게 선이 그어져 있다.

ㄕXこ(ヽヽ)刃
D: 즐길 만한 離欲際 等을 具足하여 일체 모든 법에서 眞實際에 들어가게 하며,
E: 즐길 만한 평등하고 욕심을 떠난 경계를 갖추고 모든 법에서 진실한 경계[眞實際]에 들어가게 하며

<진본화엄20, 04:07-08>
A: 得菩薩[44(·)]可樂无諍[44(·),42(·),경계선⁶⁵⁾]滿足[35(\),25(/)]之法[41(·)?,51(\)]
B: 得菩薩[ㄕ]可樂无諍[ㄕ,ㆍ]滿足[(ㅅ)ㅣ,xㄴ]之法[こ,x刃]
C: 菩薩ㄕ 樂(ノㆆ){可}(ㄴxㄴ) 諍ㄕ 無ㆍ 滿足ㅅㅣxㄴ{之} 法こ 得x刃
D: 보살의, 즐길 만한, 다툼이 없어 만족하게 하는 법을 얻으며,
E: 보살의 즐길 만하고 다툼이 없는 만족한 법을 얻고.

<진본화엄20, 04:08-09>
A: 具足可樂金剛藏心[25(·)]一切種智[41(·)?,54(\)]勇猛精進[52(·)]
B: 具足可樂金剛藏心[ㄴ]一切種智[こ,ㆍ爪]勇猛精進[刃]
C: 樂(ノㆆ){可}(ㄴxㄴ) 金剛藏心ㄴ 一切種智こ 具足(ヽヽ)ㆍ爪 勇猛 精進(ヽヽ)刃
D: 즐길 만한 金剛藏心의 一切種智를 具足하여서 勇猛 精進하며,
E: 즐길 만한 금강 창고의 마음을 두루 갖추게 하리라. 일체종지와 용맹정진과

<진본화엄20, 04:09-10>
A: 淸淨成滿[22(·)]具足可樂淸淨善根[31(·),52(\)⁶⁶⁾]摧伏怨敵[41(·),34(·)]滅郭道[41(·),25(丁)#25(÷)#25(ㅗ)法[41(·),42(·),22(·),35(\),51(·)]
B: 淸淨成滿[ㆆ]具足可樂淸淨善根[こ,ヽㆍ]摧伏怨敵[こ,ㅁ]滅郭道[こ,xㄴ]法[こ,ㆍ,ㆆ,(ㅅ)ㅣ,刃]
C: 淸淨 成滿(ヽヽ)ㆆ 樂(ノㆆ){可}(ㄴxㄴ) 淸淨 善根こ 具足ヽㆍ 怨敵こ 摧伏(ヽヽ)ㅁ 道こ 郭xㄴ 法こ 滅ㆍㆆㅅㅣ刃⁶⁷⁾

---
65) '44(·)'이 사각형 내부에 있음을 나타내기 위한 것인 듯하다.
66) 이점본에는 '根'에 '54(·)'이 있는 것으로 되어 있으나 잘 보이지 않는다.
67) 다음과 같은 통사구조로 파악할 수 있다.
    [[淸淨 成滿(ヽヽ)ㆆ] [樂(ノㆆ){可}(ㄴxㄴ) 淸淨 善根こ 具足ヽㆍ 怨敵こ 摧伏(ヽヽ)ㅁ [道こ 郭xㄴ 法こ 滅

D: 淸淨 成滿하고 즐길 만한 淸淨 善根을 具足하여 怨敵을 摧伏하고 道를 장애하는 법을 滅하고 하게 하며,

E: 청정한 계율을 원만히 이루고, 즐길 만한 청정한 선근을 모두 갖추어 원적을 무찔러 항복받고, 도를 장애하는 법을 멸하며,

<진본화엄20, 04:10-11>

A: 具足可樂无上菩提[41(·),52(\)]一切種智[41(·)]常[35(/)]現在前[54(\)]充滿衆生[53(··),35(\.),41(·\),55(/)]

B: 具足可樂无上菩提[乙,ゝㄷ]一切種智[乙]常[ㄹ]現在前[ㄷ亦]充滿衆生[ㅋナ,(ㅅ)ㄹ,xス乙,xㅣ]

C: 樂(ノㅎ){可}(ヒxヒ) 无上 菩提乙 具足ゝㄷ 一切種智乙 常ㄹ 現在前(ゝ)ㄷ亦 衆生ㅋナ 充滿ㅅㄹxスㄴxㅣ

D: 즐길 만한 無上 菩提를 具足하여, 一切種智로 하여금 항상 現在前하여서 중생에게 充滿하게 하는 것을 한다.

E: 즐길 만한 위없는 보리를 두루 갖추고 일체종지가 언제나 앞에 나타나 있어 중생들에게 충만하게 하리라.

<진본화엄20, 04:11-13>

A: 如是[25(ㅗ)]菩薩摩訶薩[33(·)]長養善根[41(·),45(ㅗ)]得淨慧明[41(·),51(·)]常[35(/)]爲善知識[52(ㅜ)]之所攝護[41(·),51(·)][68]

B: 如是[ゝヒㄴ]菩薩摩訶薩[ㄱ]長養善根[乙,xス灬]得淨慧明[乙,分]常[ㄹ]爲善知識[ㅋ]之所攝護[乙,分]

C: 是 如ゝヒㄴ 菩薩摩訶薩ㄱ 善根乙 長養xス灬 淨慧明乙 得分 常ㄹ 善知識ㅋ{之} 攝護(ノ尸) 所(ㄹ尸){爲}(入)乙(ゝ)分

D: 이와 같은 보살마하살은 善根을 長養한 까닭으로 淨慧明을 얻으며 항상 善知識의 攝護하는 바가 되며,

E: 이와 같이 보살마하살은 선근을 기르고 깨끗한 지혜의 광명을 얻어 언제나 선지식의 보

ㅋㄹ]灬ㄹ分]
68) 이점본에는 '32(:)'이 있는 것으로 되어 있으나 잘 보이지 않는다.

호를 받고,

<진본화엄20, 04:13-14>

A: 如來[44(·)]慧日[45(·)]明照其心[41(·),52(·)]滅除癡闇[41(·),52(·)]淨[35(/)]脩正法[41(·),54(\\)]入諸智[25(·)]業[53(:),52(·)]

B: 如來[尸]慧日[灬]明照其心[乙,刀]滅除癡闇[乙,刀]淨ㅣㅣ脩正法[乙,ㆍ斤]入諸智[七]業[ㆍ十,刀]

C: 如來尸 慧日灬 其 心乙 明照(ㅅ)刀 癡闇乙 滅除(ㅅ)刀 淨ㅣㅣ 正法乙 脩ㆍ斤 諸(ㄱ) 智七 業 ㆍ十 入刀

D: 如來의 慧日로 그 마음을 밝게 비추며, 癡闇을 滅除하며, 깨끗이 正法을 닦아서 모든 지혜의 業에 들며,

E: 부처님 지혜의 햇빛이 그 마음을 비추어 우치의 어둠을 없애며, 바른 법을 깨끗이 닦아 모든 지혜의 업에 들어가고

<진본화엄20, 04:14-15>

A: 善[24(·)]學智地[41(·),54(\\)]分別法界[41(·),52(·)]一切善根善能[22(..)]迴向[52(·)]

B: 善[支]學智地[乙,ㆍ斤]分別法界[乙,刀]一切善根善能[ㅎ]迴向[刀]

C: 善攴 智地乙 學(ㅅ)ㆍ斤 法界乙 分別(ㅅ)刀 一切 善根(乙) 善能ㅎ 迴向(ㅅ)刀

D: 잘 智地를 배워서 法界를 分別하며, 일체 善根을 잘 능히 廻向하며,

E: 지혜의 자리[智地]를 잘 배워 법계를 분별하며, 모든 선근을 잘 회향하고

<진본화엄20, 04:15-16>

A: 一切菩薩[44(·)]諸善根海[53(:),52(\\)]盡其原底[41(·),42(·),51(·)?]成就智慧[41(·),54(\\)]深[35(/)]入堅固[12(:),53(·.),52(·)]明解善根[=41(·),52(·-)]了達諸度[41(·),55(/)]

B: 一切菩薩[尸]諸善根海[ㆍ十,ㆍㆍㆍ]盡其原底[乙,ㆍ,刀]成就智慧[乙,ㆍ斤]深[ㅣㅣ]入堅固[ㆍㆍㄱ,ㆍ十,刀]明解善根[乙,ㆍ八]了達諸度[乙,xㅣ]

C: 一切 菩薩尸 諸(ㄱ) 善根海ㆍ十ㆍㆍㆍ 其 原底乙 盡ㆍ刀 智慧乙 成就(ㅅ)ㆍ斤 深ㅣㅣ 堅固ㆍㆍㄱ ㆍ十 入刀 善根乙 明解(ㅅ)ㆍ八 諸(ㄱ) 度乙 了達xㅣ

D: 일체 보살의 모든 善根海에서 그 原底를 다하며, 智慧를 成就하여서 깊이 堅固한 데에 들며, 善根을 明解하여서 모든 度(바라밀)를 了達한다.

E: 일체 보살의 선근 바다의 근원까지 다하며, 지혜를 성취하여 견고한 데에 깊이 들어가고 선근을 환히 알며 모든 바라밀을 밝게 깨닫습니다.

<진본화엄20, 04:16-17>

A: 菩薩摩訶薩[33(·)?]善根[41(·)]如是[24(·)]迴向[34(·)]
B: 菩薩摩訶薩[ㄱ]善根[乙]如是[攴]迴向[口]
C: 菩薩摩訶薩ㄱ 善根乙 是 如攴 迴向(ᆢ)口
D: 보살마하살은 善根을 이와 같이 迴向하고
E: 보살마하살은 그 선근을 이렇게 회향합니다.

<진본화엄20, 04:17-18>

A: 不着世界[53(:),44(·),22(·)]不着衆生界[53(:),44(·),22(·),11(/)]心[53(:)]无所依[14(·),21(·),22(·)]寂然不亂[52(\)]正[25(·)]念諸法[41(·),51(··)]#51(:)]
B: 不着世界[ㅣ十,尸,ᇹ]不着衆生界[ㅣ十,尸,ᇹ,xᅙ]心[ㅣ十]无所依[尸,ᅩ,ᇹ]寂然不亂[ᆢᅩ]正[七]念諸法[乙,x分]
C: 世界ㅣ十 着尸 不(ᆢ)ᇹ 衆生界ㅣ十 着尸 不(ᆢ)ᇹxᅙ 心ㅣ十 依(ノ)尸 所ᅩ 无ᇹ 寂然 亂(尸) 不ᆢᅩ 正七 諸(ㄱ) 法乙 念x分
D: 世界에 집착하지 않고 衆生界에 집착하지 않고 하여 마음에 의지할 바 없고 寂然히 산란하지 않아서 바르게 모든 법을 생각하며,
E: 즉, 세계에도 집착하지 않고 중생계에도 집착하지 않으며, 마음은 의지하는 데가 없고 고요하여 산란하지 않으며 모든 법을 바로 생각하여

<진본화엄20, 04:18-20>

A: 具足諸佛[42(-)]无選擇[25(-)[69)]智[41(·),52(\)]不違三世[25(·)]一切諸佛[42(-)]正迴向門[=53(:),25(·),22(·)]不違一切平等正法[53(:),22(·),52(·)]
B: 具足諸佛[ᄂ]无選擇[x七]智[乙,ᆢᅩ]不違三世[七]一切諸佛[ᄂ]正迴向門[ㅣ十,七,ᇹ]不違一切平等正法[ㅣ十,ᇹ,分]

---

69) 점토가 종이의 구겨진 자국처럼 보이기도 한다.

晉本『華嚴經』卷第二十 95

C: 諸(ㄱ) 佛는 選擇 无x七 智乙 具足ヽ3 三世七 一切 諸(ㄱ) 佛는 正廻向門 3 十 違七[70] 不 (ヽ)ㅎ 一切 平等 正法 3 十 違(七) 不(ヽ)ㅎ(ヽ)ㅅ

D: 모든 부처의 選擇 없는 지혜를 具足하여, 三世의 일체 모든 부처의 바른 廻向門에 어긋나지 않고 일체 平等한 正法에 어긋나지 않고 하며,

E: 부처님의 차별 없는 지혜를 두루 갖추며 삼세 부처님들의 바른 회향문을 어기지 않고 일체의 평등한 바른 법을 어기지 않으며

<진본화엄20, 04:20-21>

A: 不壞佛相[41(·),44(·),22(·)]等[42(·)]觀三世[41(·),22(·),14(·),54(i)]了衆生[52(丅)]空[41(i),22(·)]无所依住[14(·),22(·),14(·),54(i),41(··),52(·),33(·),41(·)]

B: 不壞佛相[乙,尸,ㅎ]等[3]觀三世[乙,ㅎ,尸,X]了衆生[ɜ]空[x入乙,ㅎ]无所依住[尸,ㅎ,尸,X,入乙,ㅅ,ㄱ,乙]

C: 佛相乙 壞尸 不(ヽ)ㅎ 等 3 三世乙 觀(ヽ)ㅎ(ヽ)尸X 衆生ɜ 空x入乙 了(ヽ)ㅎ 依住(ノ)尸 所 无ㅎ(ヽ)尸X入乙(ヽ)ㅅ(ヽ)ㄱ乙

D: 佛相을 부수지 않고 평등하게 三世를 보고 하여 중생의 空함을 알고 依住할 바 없고 하는 것을 하며 하거늘

E: 부처님 모습을 부수지 않고 삼세를 평등하게 보며 중생의 공(空)함을 알아 의지하는 데가 없고

<진본화엄20, 04:21-22>

A: 順如來[44(·)]道[53(:),25(·),52(\)]普照諸法[31(·),13(·|)]解眞實義[41(·),52(\)]漸[25(·)]至諸地[=53(:),51(·)]

B: 順如來[尸]道[3十,七,ヽ3]普照諸法[乙,xㅿ]解眞實義[乙,ヽ3]漸[七]至諸地[3十,ㅅ]

C: 如來尸 道 3 十 順七ヽ3 普 諸(ㄱ) 法乙 照xㅿ 眞實義乙 解ヽ3 漸七 諸(ㄱ) 地 3 十 至ㅅ

D: 如來의 道에 따라 모든 법을 널리 비추되 眞實義를 알아 차츰 모든 地位에 이르며,

E: 부처님의 노를 따라 모든 법을 두루 비추며, 진실한 이치를 알고는 차츰 모든 지위에 이

---

70) 다음 예문을 참조할 수 있다.
　　一切 諸ㄱ 佛는 經典 3 十 違七 不ヽɴㅅ氵 <화소24:18-19>

르고

<진본화엄20, 04:22-23>
A: 如實[24(·)]分別一切諸法[41(·),13(··)]智慧周滿[52(\)]具足堅固[41(.·),52(·)]
B: 如實[攴]分別一切諸法[乙,xム]智慧周滿[ヽ 3]具足堅固[x乙,亇]
C: 實 如攴 一切 諸(ㄱ) 法乙 分別xム 智慧 周滿ヽ 3 堅固x乙 具足(ヽ)亇
D: 실상대로 일체 모든 법을 分別하되 智慧는 두루 원만하여 堅固함을 具足하며,
E: 모든 법을 분별하여 지혜는 원만하고 완전하고 견고하여

<진본화엄20, 04:23-24>
A: 未曾[35(/·)]忘失脩習正業[41(·),41(\),44(·),52(\)]常[35(/)]樂寂靜[41(·)#41(.·),35(.·),54(\)]正[25(·)]趣離生[53(:),13(··)]
B: 未曾[刀]忘失脩習正業[乙,尸入乙,尸,ヽ 3]常[ ]]樂寂靜[乙,ヽ, 3 㢱]正[七]趣離生[3 十,xム]
C: 曾刀 正業乙 脩習(ヽ)尸入乙 忘失尸 未( ])ヽ 3 常]] 寂靜乙 樂ヾ(ヽ) 3 㢱 正七 離生 3 十 趣xム
D: 잠깐도 正業을 脩習하는 것을 忘失하지 않아, 항상 寂靜을 즐겨 하여서, 바로 離生에 나아가되
E: 잠깐도 잃어버리는 일이 없습니다. 바른 업을 닦아 익히고 항상 고요함을 즐거워하며, 생멸을 떠난 곳으로 바로 나아가

<진본화엄20, 04:24-25>
A: 了一切法[=52(丁)]猶[=15(·)]如幻化[24(·),41(/),11(/)]解一切法[=52(丁)]无有自體[41(/·),22(·)]
B: 了一切法[㢱]猶[入ㄱ]如幻化[攴,ㄱ入乙,x ;]解一切法[㢱]无有自體[xㄱ入乙,ㅎ]
C: 一切法㢱 猶入ㄱ 幻化 如攴(ヽ)ㄱ入乙 了x ; 一切法㢱 自體 无有xㄱ入乙 解(ヽ)ㅎ
D: 일체법이 비유하면 幻化와 같은 것을 깨달아, 일체법이 自體가 없음을 알고
E: 모든 법이란 꼭두각시나 허깨비 같음을 깨닫고 모든 법은 자체가 없음을 알며

<진본화엄20, 04:25-26>
A: 觀一切義[11(·)]及[25(·)]種種[25(·)]行[11(·),41(:),22(·)]於語言[25(·)]道[53(:)]而[45(·)]无所着[14(·),

晉本『華嚴經』卷第二十 97

22(·)]所有[25(·)]諸法[33(·)]皆從緣[41(·),25(·)]起[12(:),35(/),22(·),51(··),55(\)]

B: 觀一切義[ﾐ]及[ᆺ]種種[ᆺ]行[ﾐ,ノ슷乙,ᄒ]於語言[ᆺ]道[ᄀ+]而[灬]无所着[尸,ᄒ]所有[ᆺ]諸[ㄱ]法[ㄱ]皆從緣[乙,ᆺ]起[ﾝㄱ,ﾘᄒ,xᄉ,xㅣ]

C: 一切 義ﾐ 及ᆺ 種種ᆺ 行ﾐノ슷乙 觀ﾝᄒ {於}語言ᆺ 道ᄀ+ 而灬 着(ﾉ)尸 所 无ᄒ 有 所ᆺ 諸(ㄱ) 法ㄱ 皆 緣乙 從ᆺ 起ﾝㄱﾘᄒxᄉxㅣ

D: 일체 義니 및 갖가지 行이니 하는 것을 보고 語言의 道에 집착할 바 없고 있는 바 모든 법은 다 緣을 좇아 일어난 것이고 하며 한다.

E: 일체의 이치와 갖가지 행은 다 말의 길임을 알고 거기에 집착하지 않고 모든 법은 다 인연을 좇아 일어나는 것임을 관찰하며

<진본화엄20, 04:26>

A: 觀甚深法[41(·),52(\)]生實智[41(·),35(/),54(\)]迴向[52(·)]

B: 觀甚深法[乙,ﾝᄃ]生實智[乙,ﾘ,ᄃᄎ]迴向[ᄉ]

C: 甚深法乙 觀ﾝᄃ 實智乙 生ﾘᄃᄎ 迴向(ﾝ)ᄉ

D: 甚深法을 觀하여 實智를 내어서 廻向하며,

E: 매우 깊은 법을 관찰하여 진실한 지혜를 내어 회향하고

<진본화엄20, 05:01-02>

A: 觀察寂[71)]滅[41(·),13(··)]一切諸法[33(·)]皆入一觀[53(:),12(:),11(·)]不違諸法[25(·)]種種[25(·)]異[12(:)]相[=53(:),52(\),55(\),32(·),33(·),35(/)]{54~55(·)}善[24(·)]解[52(\)]迴向[41(·)?,52(·)]

B: 觀察寂滅[乙,xム]一切諸法[ㄱ]皆入一觀[ᄀ+,ﾝㄱ,ﾐ]不違諸法[ᆺ]種種[ᆺ]異[ﾝㄱ]相[ᄀ+,ﾝᄃ,xㅣ,X,ㄱ,ﾘ]善[ᄒ]解[ﾝᄃ]迴向[乙,ᄉ]

C: 寂滅乙 觀察xム 一切 諸法ㄱ 皆 一觀ᄀ+ 入ﾝㄱﾐ 諸法ᆺ 種種ᆺ 異ﾝㄱ 相ᄀ+ﾝᄃ 違xㅣXㄱ 不(矢)ﾘ 善ᄒ 解ﾝᄃ 迴向乙(ﾝ)ᄉ[72)]

---

71) '寂'자는 '宀+豖(오른쪽 두 획은 없음)'를 결합한 이체자이다.
72) "선행절 부정, 후행절 긍정"에 나타나는 '不矢ﾘ'의 예는 다음과 같다.
 (1) 五欲ﾐ 及ᆺ 王位ﾐ 富饒ﾐ 自樂ﾐ 大名稱ﾐノ슷乙 求ﾝᄒﾝㅌ(ㄱ?) <u>不矢ﾘ</u> 但ㅅ 永ㅎ 衆生ﾗ 苦乙 滅ᄃᄉ 世間乙 利益ﾝᄉﾝ {爲}人 而灬 發心ﾝナﾘᄒ <주본화엄14, 09:12-13>
 (2) 之ﾗ {爲}ᄒ立 種種ᆺ 業乙 示現ノ尸ム 衆生乙 逼惱ノ슷ᆺ 物ᆺ乙 作ﾝナ슷ㄱ <u>不矢ﾘ</u> 但ㅅ 世間乙

D: 寂滅을 관찰하되 一切 모든 法은 다 하나의 觀에 들지만 모든 法의 갖가지 다른 相에 대해 어기지 아니하고 잘 이해하여 廻向을 하며,

E: 모든 법이 다 고요함을 관찰하여 모든 하나의 관찰에 들어가며, 모든 법의 갖가지 모습을 어기지 않고 회향할 줄을 잘 알며,

<진본화엄20, 05:02>

A: 脩菩薩道[41(·),54(\)]善根[41(·)]廻向[52(··)#52(·),42(·)]

B: 脩菩薩道[乙, ﾐ 尔]善根[乙]廻向[x ﾁ, ﾐ]

C: 菩薩道乙 脩 ﾐ 尔 善根乙 廻向xﾁ(ﾝ) ﾐ

D: 菩薩道를 닦아서 善根을 廻向하며 하여,

E: 보살도를 닦아 선근을 회향하고

<진본화엄20, 05:02-03>

A: 攝取衆生[41(·),52(·-)]長養三世[25(·)]菩薩[44(·)]一切廻向[41(·),55(/)]

B: 攝取衆生[乙, ﾐ ﾊ]長養三世[七]菩薩[尸]一切廻向[乙,x丨]

C: 衆生乙 攝取(ﾝ) ﾐ ﾊ 三世七 菩薩尸 一切 廻向乙 長養x丨

D: 衆生을 攝取하여서 三世의 菩薩의 一切 廻向을 長養한다.

E: 중생을 포섭하여 삼세 보살의 일체 회향을 기릅니다.

<진본화엄20, 05:03-04>

A: 如是[25(⊥)]菩薩摩訶薩[33(·)]以无恐怖心[25(·)]善根[41(·),42(·)?]廻向一切佛法[53(:),52(·)]

B: 如是[ﾝﾋ七]菩薩摩訶薩[ㄱ]以无恐怖心[七]善根[乙, ﾐ]廻向一切佛法[ﾐ +, ﾁ]

C: 是 如ﾝﾋ七 菩薩摩訶薩ㄱ 无恐怖心七 善根乙 以 ﾐ 一切 佛法 ﾐ + 廻向(ﾝ)ﾁ

D: 이와 같은 菩薩摩訶薩은 无恐怖心의 善根으로써 一切 佛法에 廻向하며,

E: 이와 같이 보살마하살은 두려움이 없는 마음의 선근으로 회향하고 모든 불법에 대해

利益ﾉﾊ七 事乙 說ﾝﾅ ﾐ 呪術ﾐ 藥草ﾐﾝ尸 {等}丨ﾝㄱ 衆ㄱ 論丨ㄱ 是 如ﾝㄱ 有ㄱ 所乙 皆七 能支 說ﾅﾁ <주본화엄14, 19:13-15>

강독회에서는 '不矢丨'를 '아니어야(만)' 정도로 해석하자는 의견도 제시되었다.

晉本『華嚴經』卷第二十 99

<진본화엄20, 05:04-05>
A: 以无量心[25(·)]善根[41(·),42(·)?]廻向一切衆生[41(·)]皆悉[42(·)]清淨[35(\.),35(/·),53(·),52(·)]
B: 以无量心[ヒ]善根[乙,ゞ]廻向一切衆生[乙]皆悉[ゞ]淸淨[(ᄉ)刂,x令,十,分]
C: 无量心ヒ 善根乙 以ゞ 一切 衆生乙 皆 悉ゞ 淸淨ᄉ刂x令十 廻向(ヽ)分
D: 无量心의 善根으로써 一切 衆生을 모두 다 청정하게 함에 廻向하며,
E: 한량없는 마음의 선근으로 회향하며, 일체 중생이 다 청정하여

<진본화엄20, 05:05-06>
A: 以无我[22(·)]⁷³⁾无我所[22(·),25(ㅗ)]心善根[41(·),42(·)]廻向於十方界[53(:)]无所染着[14(:)#14(·)⁷⁴⁾, 13(·\),53(·.),52(·)#51(·)]
B: 以无我[ᅙ]无我所[ᅙ,ヽヒヒ]心善根[乙,ゞ]廻向於十方界[ゞ十]无所染着[ヽ尸,x令,ゝ十,分]
C: 我 无ᅙ 我所 无ᅙヽヒヒ 心 善根乙 以ゞ {於}十方界ゞ十 染着ヽ尸 所無xᄉᅌ十 廻向(ヽ)分
D: 我 없고 我所 없고 한 心의 善根으로써 十方界에 染着하는 바 없음에 廻向하며,
E: 나가 없고 내 것이 없는 마음의 선근으로 회향하고, 시방세계에 집착하지 않아

<진본화엄20, 05:06-07>
A: 以无餘心[25(·)]善根[41(·),42(·)]廻向於一切境界[11(·)]世界[11(·),53(-·)]无所染着[14(·),13(·\), 53(·.),52(·)#51(·)]
B: 以无餘心[ヒ]善根[乙,ゞ]廻向於一切境界[ゞ]世界[ゞ,ノ令十]无所染着[尸,x令,ゝ十,分]
C: 无餘心ヒ 善根乙 以ゞ {於}一切 境界ゞ 世界ゞノᄉᅌ十 染着(ヽ)尸 所 無xᄉᅌ十 廻向(ヽ)分
D: 无餘心의 善根으로써 一切 境界이니 世界이니 하는 것에 染着하는⁷⁵⁾ 바 없음에 廻向하며,
E: 남음이 없는 마음의 선근으로 회향하며, 일체 경계와 세계에 집착하지 않고

<진본화엄20, 05:07-08>
A: 行離世間[25(·)]法[41(·),25(·|)]善根[45(·)]廻向得出世[25(·)]法[41(·),35(/·),53(·)#53(·.),52(·)]

---

73) 점토가 한자의 검은 획에 가까이 기입되어 있어 눈에 잘 띄지 않는다. 이점본에는 빠져 있다.
74) 다음 문장의 동일구문에서는 '无所染着[14(·),13(·\),53(·.),52(·)#51(·)]'처럼 단점으로 나타난다.
75) '染着할 바 없는 것에 廻向하며'로 해석하자는 의견도 있다.

B: 行離世間[七]法[乙,x七]善根[ᄊ]廻向得出世[七]法[乙,x亽,十,ㄅ]
C: 離世間七 法乙 行x七 善根ᄊ 出世七 法乙 得x亽十 廻向(ᄂ)ㄅ
D: 離世間의 法을 행하는 善根으로 出世間의 法을 얻음에 廻向하며,
E: 세간을 떠나는 법을 행하는 선근으로 회향하고, 세간을 떠난 법을 얻어

<진본화엄20, 05:08-09>

A: 不着衆生[53(·.)#53(·),44(·),25(·|)]善根[41(·)?]廻向[52(·)]
B: 不着衆生[ᅐ十,ㄹ,x七]善根[乙]廻向[ㄅ]
C: 衆生ᅐ十 着ㄹ 不x七 善根乙 廻向(ᄂ)ㄅ
D: 衆生에게 집착하지 않는 善根을 廻向하며,
E: 중생에 집착하지 않는 선근으로 회향하며,

<진본화엄20, 05:09>

A: 見諸勝道[41(·)#41(·.),42(·),25(·.)]善根[41(·)]廻向[52(·)]
B: 見諸勝道[乙,ㄅ,x七]善根[乙]廻向[ㅅ]
C: 諸 勝道乙 見ㄅx七[76] 善根乙 廻向(ᄂ)ㄅ
D: 모든 殊勝한 道를 보는 善根을 廻向하며,
E: 모든 훌륭한 도로 보는 선근으로 회향하고

<진본화엄20, 05:09-10>

A: 離虛妄[25(·)]{35(·)}法[41(·)]出生眞實[41(·),25(·|)]善根[41(·)]廻向[=51(·.)]
B: 離虛妄[七]法[乙]出生眞實[乙,x七]善根[乙]廻向[xㅅ]
C: 虛妄七 法乙 離(ㅎㅂ?) 眞實乙 出生x七 善根乙 廻向xㅅ
D: 虛妄의 法을 떠나 진실을 내는 善根을 廻向하며,
E: 허망한 법을 떠나고 진실을 내는 선근으로 회향하며,

---

76) 'ㅂ'는 해석에 반영되지 않았다.

晉本『華嚴經』卷第二十　101

<진본화엄20, 05:10-12>

A: 如[25(·)]^77)法門[35(/)?]至一切道[53(:),42(·)]无量[51(·)]无邊[25(·|)]{53(·.)}善根[41(·)]廻向[13(··)]如如[41(·)?,14(:)]善根亦[35(··)]尒[53(\)#53(|)]廻向衆生[52(ㄒ)]解了諸法[41(·),35(|·)]

B: 如[七]法門[ㆍ]]至一切道[ㅈ十,ㅈ]无量[ㅅ分]无邊[xㄴ]善根[乙]廻向[xム]如如[乙,ソア]善根亦[刀]尒[X]廻向衆生[ㆍ]解了諸法[乙,X]

C: 如ㄴ 法門ㆍ] 一切 道ㅈ十 至ㅈ 量 无ㅅ分 邊 无xㄴ 善根乙 廻向xム 如乙ソア 如(攴)^78) 善根 亦刀 尒X 衆生ㆍ 諸法乙 解了X 廻向(x分)^79)

D: 眞如의 法門이 一切 道에 이르러 한량없으며 가없는 善根을 廻向하되 진여와 같이 선근도 그러하여 중생이 諸法을 解了하는 것에 廻向하며,

E: 법문과 같이 모든 도에 이르러 무량 무변한 선근으로 회향합니다. 마치 진여(眞如)가 여여(如如)한 것처럼 선근도 그와 같아서 중생에 회향하여 모든 법을 잘 알고,

<진본화엄20, 05:12-13>

A: 如性[25(·)]如[41(·),14(:)]善根{31(·)}亦[35(··)]尒[53(\)?]廻向一切法[25(·)]自性[52(ㄒ)]无有自性[53(·.),52(·)]

B: 如性[ㄴ]如[乙,ソア]善根亦[刀]尒[X]廻向一切法[ㄴ]自性[ㆍ]无有自性[ㅈ十,分]

C: 性ㄴ 如乙ソア 如(攴) 善根 亦刀 尒X 一切法ㄴ 自性ㆍ 自性 无有xㄴ 廻向(ソ)分

D: 性의 眞如와 같이 善根도 그러하여 一切法의 自性이 自性 없는 것에 廻向하며,

E: 진여의 성품처럼 선근도 그와 같아서 모든 법의 자성(自性)이 자성 없는 데에 회향하며,

<진본화엄20, 05:13-14>

A: 如相[25(·)]如[41(·),14(:)]善根亦尒廻向一切法无相[15(\·)]眞實相[53(:)]

B: 如相[ㄴ]如[乙,ソア]善根亦尒廻向一切法无相[xㅅㄱ]眞實相[ㅈ十]

C: 相ㄴ 如乙ソア 如(攴) 善根 亦(刀) 尒(X) 一切法 相 无xㅅㄱ 眞實相ㅈ十 廻向(ソ分)

D: 相의 眞如와 같이 善根도 그러하여 一切法이 相 없는 것이 眞實相임에 廻向하며,

---

77) '25(·)' 왼편으로 반원 모양의 각필 흔적이 있다.
78) 다음 예문을 참조할 수 있다.
　　一ㄱ 塵ㄴ 中ㅈ十 示現ノㄱ 所乙ソア 如攴 一切 微塵ㅈ十刀 悉ㅈ 亦刀 然ㅅㅅソナㅏ <화엄15:14>
79) 이 부분을 "衆生ㆍ 諸 法 解了Xㄴ 廻向(x分)"와 같이 해독하자는 의견도 있다.

102 第二部 判讀과 解讀 및 翻譯

E: 진여의 모습처럼 선근도 그와 같아서 모든 법의 모습이 없는 것이 진실한 모습인 데에 회향하고

<진본화엄20, 05:14>
A: 如法[25(·)]如[41(·)]善根亦尒廻向佛法[53(:)]不退轉[44(·),53(´)]#53(-·)]
B: 如法[ㄴ]如[乙]善根亦尒廻向佛法[ㆌ+]不退轉[尸,x+]
C: 法ㄴ 如乙(ソ尸) 如(攴) 善根 亦(刀) 尒(X) 佛法ㆌ+ 退轉尸 不x+ 廻向(ソ彳)
D: 法의 眞如와 같이 善根도 그러하여 佛法에서 退轉하지 않는 것에 廻向하며,
E: 진여의 법처럼 선근도 그와 같아서 불법에서 물러나지 않는 데에 회향하며,

<진본화엄20, 05:14-15>
A: 如行[25(·)?]如[41(·)]善根亦尒廻向一切如來[44(·)]所行[53(:)]
B: 如行[ㄴ]如[乙]善根亦尒廻向一切如來[尸]所行[ㆌ+]
C: 行ㄴ 如乙(ソ尸) 如(攴) 善根 亦(刀) 尒(X) 一切 如來尸 所行 ㆌ+ 廻向(ソ彳)
D: 行의 眞如와 같이 善根도 그러하여 一切 如來의 所行에 廻向하며,
E: 진여의 행처럼 선근도 그와 같아서 모든 부처님의 행에 회향하고

<진본화엄20, 05:15-16>
A: 如境界[=25(·)]如[41(·)]善根亦尒廻向三世[25(·)]諸佛[42(-)]滿足境界[53(:)]
B: 如境界[ㄴ]如[乙]善根亦尒廻向三世[ㄴ]諸佛[ㆆ]滿足境界[ㆌ+]
C: 境界ㄴ 如乙(ソ尸) 如(攴) 善根 亦(刀) 尒(X) 三世ㄴ 諸佛ㆆ 滿足 境界 ㆌ+ 廻向(ソ彳)
D: 境界의 眞如와 같이 善根도 그러하여 三世의 모든 부처의 滿足 境界에 廻向하며,
E: 진여의 경계처럼 선근도 그와 같아서 삼세 부처님의 만족한 경계에 회향합니다.

<진본화엄20, 05:16-17>
A: 如安立[25(·)]如善根亦尒廻向安立一切衆生[41(·),35(\),13(·\)]
B: 如安立[ㄴ]如善根亦尒廻向安立一切衆生[乙,(ㅅ)丨,x令]
C: 安立ㄴ 如(乙ソ尸) 如(攴) 善根 亦(刀) 尒(X) 一切 衆生乙 安立ㅅ丨x令(十) 廻向(ソ彳)
D: 安立의 眞如와 같이 善根도 그러하여 一切 衆生을 安立하게 하는 것에 廻向하며,

E: 진여가 편히 서는 것처럼 선근도 그와 같아서 일체 중생을 편히 세우는 데에 회향하고,

<진본화엄20, 05:17-18>
A: 如隨順[25(·)?]如[41(·)]善根亦尒廻向盡未來劫[41(·),42(·)]隨順[25(·),52(\)?]不斷[44(·),53(′)]
B: 如隨順[ㄴ]如[乙]善根亦尒廻向盡未來劫[乙,ㆍ]隨順[ㄴ,ㆍ]不斷[尸,x十]
C: 隨順ㄴ 如乙(ㆍ尸) 如(ㅈ) 善根 亦(ㄲ) 尒(X) 未來劫乙 盡ㆍ 隨(ㄷ) 順ㄴㆍ 斷尸 不x十 廻向(ㆍ分)
D: 隨順의 眞如와 같이 善根도 그러하여 未來劫이 다하도록 隨順하여 끊이지 않는 것에 廻向하며,
E: 진여가 수순하는 것처럼 선근도 그와 같아서 미래 세상이 다하도록 끊이지 않고 수순하는 데에 회향하며,

<진본화엄20, 05:18-19>
A: 如量[=25(·)]如[41(·)]善根亦尒廻向衆生[52(丅)]心[35(/)]與虛空[25(·)]等[12(:),53(\)?]
B: 如量[ㄴ]如[乙]善根亦尒廻向衆生[ㆍ]心[ㅣㅣ]與虛空[ㄴ]等[ㆍㄱ,x十]
C: 量ㄴ 如乙(ㆍ尸) 如(ㅈ) 善根 亦(ㄲ) 尒(X) 衆生ㆍ 心ㅣㅣ 虛空 與ㄴ 等ㆍㄱx十 廻向(ㆍ分)
D: 量의 眞如와 같이 善根도 그러하여 衆生의 마음이 虛空과 더불어 동등한 것에 廻向하며,
E: 진여의 분량처럼 선근도 그와 같아서 중생들 마음이 허공과 같은 데에 회향하고,

<진본화엄20, 05:19-20>
A: 如充滿[25(ㅗ)]如[41(·)]善根亦尒廻向一念[53(:)]滿一切世界[53(:),53(′)]
B: 如充滿[ㆍㅌㄴ]如[乙]善根亦尒廻向一念[ㆍ十]滿一切世界[ㆍ十,x十]
C: 充滿ㆍㅌㄴ 如乙(ㆍ尸) 如(ㅈ) 善根 亦(ㄲ) 尒(X) 一念ㆍ十 一切 世界ㆍ十 滿x十 廻向(ㆍ分)
D: 充滿한 眞如와 같이 善根도 그러하여 한 생각 사이에 一切 世界에 充滿하는 데에 廻向하며,
E: 진여가 충만한 것처럼 선근도 그와 같아서 한 생각이 일체 세계에 충만하는 데에 회향합니다.

<진본화엄20, 05:20-21>
A: 如久住[25(ㅗ)]如[41(·)]善根亦尒廻向離一切世間[25(·)]住[41(·),52(i)]住究竟住[53(:),53(′)]

B: 如久住[ゝヒヒ]如[乙]善根亦尒廻向離一切世間[ヒ]住[乙,X]住究竟住[ㅏ,x十]

C: 久住ゝヒヒ 如乙(ゝ尸) 如(支) 善根 亦(刀) 尒(X) 一切 世間ヒ 住乙 離X 究竟 住ㅏ十 住x十 廻向(ゝ分)

D: 久住하는 眞如와 같이 善根도 그러하여 一切 世間의 住함을 떠나 究竟의 住함에 住하는 것에 廻向하며,

E: 진여가 오래 머무는 것처럼 선근도 그와 같아서 일체 세간의 머무름을 떠나 구경의 머무름에 머물러 회향하고,[80]

<진본화엄20, 05:22-23>

A: 如不生[25(丁)]如[41(·)]善根亦尒廻向不生[53(:),2자합부[81]]滿足一切佛法[41(·),53(ノ)]

B: 如不生[xヒ]如[乙]善根亦尒廻向不生[ㅏ十]滿足一切佛法[乙,x十]

C: 不生xヒ 如乙(ゝ尸) 如(支) 善根 亦(刀) 尒(X) 不生ㅏ十[82] 一切 佛法乙 滿足x十 廻向(ゝ分)

D: 不生하는 眞如와 같이 善根도 그러하여 不生에 一切 佛法을 만족시키는 것에 廻向하며,

E: 진여가 나지 않는 것처럼 선근도 그와 같아서 나지 않고 만족한 일체 불법에 회향하며,

<진본화엄20, 05:23>

A: 如堅固[25(ㅗ)]如[41(·)]善根亦尒廻向壞散一切煩惚[83][41(·),53(ノ)]

B: 如堅固[ゝヒヒ]如[乙]善根亦尒廻向壞散一切煩惚[乙,x十]

C: 堅固ゝヒヒ 如乙(ゝ尸) 如(支) 善根 亦(刀) 尒(X) 一切 煩惚乙 壞散x十 廻向(ゝ分)

D: 堅固한 眞如와 같이 善根도 그러하여 一切 煩惚를 壞散하는 것에 廻向하며,

E: 진여가 견고한 것처럼 선근도 그와 같아서 모든 번뇌를 깨뜨리는 데에 회향하고,

<진본화엄20, 05:24-25>

A: 如不壞[25(丁)]如善根亦尒廻向一切衆生[41(·)]不可破壞[52(\),24(\),12(:),35(./),35(\.),=13(·\)?[84]

---

80) 한글대장경에는 "진여가 오래 머무는 것처럼 선근도 그와 같아서 일체 세간의 머무름을 떠나 구경의 머무름의 머무름에 회향하고,"와 같이 번역되어 있다.
81) 이점본에 빠져 있다.
82) 여기서는 '不生'을 명사로 파악한 것으로 여겨진다.
83) '惱'자의 이체자이다.

53(·)]

B: 如不壞[xヒ]如善根亦尒廻向一切衆生[乙]不可破壞[ゝ氵,口亦,ゝヿ,X,(ㅅ)リ,x수,ㅋ十]

C: 不壞xヒ 如(乙ゝア) 如(支) 善根 亦(刀) 尒(X) 一切 衆生乙 破壞ゝ氵口亦{可}(ヒ)ヿ 不Xㅅリxㅅヲ十 廻向(ゝ分)

D: 不壞하는 眞如와 같이 善根도 그러하여 一切 衆生으로 하여금 破壞할 수 없게 하는 것에 廻向하며,

E: 그 진여가 깨뜨릴 수 없는 것처럼 선근도 그와 같아서 일체 중생을 깨뜨릴 수 없는 데에 회향하며,[85]

<진본화엄20, 05:25>

A: 如明[25(ㅗ)]如善根亦尒廻向普照一切[41(·),13(·\),53(·.)]

B: 如明[ゝㅌヒ]如善根亦尒廻向普照一切[乙,x수,ㅋ十]

C: 明ゝㅌヒ 如(乙ゝア) 如(支) 善根 亦(刀) 尒(X) 普 一切乙 照xㅅヲ十 廻向(ゝ分)

D: 밝은 眞如와 같이 善根도 그러하여 널리 一切를 비추는 것에 廻向하며,

E: 진여가 밝은 것처럼 선근도 그와 같아서 일체를 두루 비추는 데에 회향합니다.

<진본화엄20, 05:25-26>

A: 如一切處[=25(·)]如善根亦尒廻向至一切處道[53(:)]

B: 如一切處[ヒ]如善根亦尒廻向至一切處道[氵十]

C: 一切處ヒ 如(乙ゝア) 如(支) 善根 亦(刀) 尒(X) 至一切處道 氵十 廻向(ゝ分)

D: 一切處의 眞如와 같이 善根도 그러하여 一切處에 이르는 道에 廻向하며,

E: 진여가 모든 곳에 있는 것처럼 선근도 그와 같아서 모든 곳에 이르는 도에 회향하고,

<진본화엄20, 05:26-06:01>[86]

A: 如一切時[25(·)]如善根亦尒廻向隨順一切時[53(:),25(·),53(/)]

---

84) 난상에도 '13(·\)'을 썼다가 지운 흔적이 있다.
85) 전자불전연구소 번역본에 빠져 있다.
86) 난상에 "別本云一切淨"이 적혀 있고, '本'자 중앙에 사각형이 있고 '33(·)'이 있으며 '淨'자에는 '24(:)?'와 '25(ㅗ)'도 기입되어 있다.

B: 如一切時[七]如善根亦尒廻向隨順一切時[ㅜ十,七,x十]

C: 一切 時七 如(乙ンア) 如(支) 善根 亦(刀) 尒(X) 一切 時ㅜ十 隨(⼍) 順七x十 廻向(ンケ)

D: 一切 時의 眞如와 같이 善根도 그러하여 一切時에 따르는 것에 廻向하며,

E: 진여가 일체의 때에 있는 것처럼 선근도 그와 같아서 일체의 때를 따르는 데에 회향하며,

<진본화엄20, 06:01-02>

A: 如一切[44(·)][87]如善根亦尒廻向一切衆生[41(·)]隨順清淨[12(:),53(·.),25(·),35(\.),35(/·),53(·)][88]

B: 如一切[ア]如善根亦尒廻向一切衆生[乙]隨順清淨[ンヿ,ㅜ十,七,(ㅅ)ㅐ,x仒,十]

C: 一切ア 如(乙ンア) 如(支) 善根 亦(刀) 尒(X) 一切 衆生乙 清淨ンヿ ㅜ十 隨(⼍) 順七ㅅㅐx仒 十 廻向(ンケ)

D: 일체의[89] 眞如와 같이 善根도 그러하여, 일체 중생으로 하여금 청정한 것에 隨順하게 하는 것에 廻向하며,

E: 진여가 일체인 것처럼 선근도 그와 같아서 일체 중생이 수순하여 청정한 데에 회향하고,

<진본화엄20, 06:02-03>

A: 如一切[44(·),=53(·)]平等[25(ㅗ)]如善根亦尒廻向一切行平等[12(:),53(·.)]

B: 如一切[ア,十]平等[ンヒ七]如善根亦尒廻向一切行平等[ンヿ,ㅜ十]

C: 一切ア十 平等ンヒ七 如(乙ンア) 如(支) 善根 亦(刀) 尒(X) 一切 行 平等ンヿ ㅜ十 廻向(ンケ)

D: 일체에 평등한 眞如와 같이 善根도 그러하여 일체 행이 평등한 것에 廻向하며,

E: 진여가 일체에 평등한 것처럼 선근도 그와 같아서 일체 행이 평등한 데에 회향하며,

<진본화엄20, 06:03-04>

A: 如一切法眼[25(·)]如善根亦尒廻向一切衆生[41(·)]悉得法眼[41(·),35(/),13(·\),53(·.)]

B: 如一切法眼[七]如善根亦尒廻向一切衆生[乙]悉得法眼[乙,ㅐ,x仒,ㅜ十]

C: 一切法眼七 如(乙ンア) 如(支) 善根 亦(刀) 尒(X) 一切 衆生乙 悉 法眼乙 得ㅐx仒ㅜ十 廻向

---

87) '切'자의 오른쪽 아래에 각필로 기입된 원이 있는데, 난상의 '別本云一切淨[24(:)#24(|),25(ㅗ)]'을 참고하라는 표시로 보인다. 이를 반영하면 C를 '一切 淨Xㅌㄴ'으로 해독할 수 있다.

88) '清'에서 다음 행 '尒'까지 묵선이 있으나 의미 있는 것인지는 알 수 없다.

89) 난상의 주를 참고하면 '일체 清淨한 眞如'로 해석할 수 있다.

晉本『華嚴經』卷第二十   107

   (ゝ分)
D: 일체 法眼의 眞如와 같이 善根도 그러하여, 일체 중생으로 하여금 다 法眼을 얻게 하는
   것에 廻向하며,
E: 진여가 모든 법눈인 것처럼 선근도 그와 같아서 일체 중생이 다 법눈을 얻는 데 회향합니다.

<진본화엄20, 06:04-06>
A: 如不倦[25(丁)]如善根亦尒迴向一切[90)]行菩薩道[41(·),13(··)]而[45(·)]无疲倦[44(·),13(·\)#13(\)]
B: 如不倦[xヒ]如善根亦尒迴向一切行菩薩道[乙,xム]而[灬]无疲倦[尸,x仒]
C: 不倦xヒ 如(乙ゝ尸) 如(支) 善根 亦(刀) 尒(X) 一切 菩薩道乙 行xム 而灬 疲倦尸 无x仒(x十)
   迴向(ゝ分)
D: 不倦한 眞如와 같이 善根도 그러하여, 일체 보살도를 행하되 싫증냄 없는 것에 廻向하며,
E: 진여가 게으르지 않은 것처럼 선근도 그와 같아서 모든 보살도를 행하되 게으름이 없는
   데에 회향하고

<진본화엄20, 06:06-07>
A: 如甚深[25(⊥)]如善根亦尒迴向一切第一深法[53(:)]
B: 如甚深[ゝヒヒ]如善根亦尒迴向一切第一深法[3 十]
C: 甚深ゝヒヒ 如(乙ゝ尸) 如(支) 善根 亦(刀) 尒(X) 一切 第一 深法 3 十 迴向(ゝ分)
D: 甚深한 眞如와 같이 善根도 그러하여 일체 第一의 깊은 법에 廻向하며,
E: 진여가 매우 깊은 것처럼 선근도 그와 같아서 제일 깊은 모든 법에 회향하며,

<진본화엄20, 06:07-08>
A: 如无所有[33(·),25(··)]如善根亦尒迴向知一切无所有[33(·),=41(/·),13(·\),53(·.)]
B: 如无所有[フ,ヒヒ]如善根亦尒迴向知一切无所有[フ,x入乙,x仒,ラ十]
C: 有フ 所 无ヒヒ 如(乙ゝ尸) 如(支) 善根 亦(刀) 尒(X) 一切 有フ 所 无x入乙 知x仒ラ十 迴向
   (ゝ分)
D: 있는 바가 없는 眞如와 같이 善根도 그러하여 일체 있는 바 없음을 아는 것에 廻向하며,

---

90) 획에 거의 붙은 위치에 묵서로 '25(÷)'가 기입되어 있는 듯하다.

E: 진여는 소유가 없는 것처럼 선근도 그와 같아서 모든 소유할 것이 없음을 아는 데에 회향하고,

<진본화엄20, 06:08>
A: 如不出[25(丁)]如善根亦尒迴向一切无所顯現[14(·)?,33(·),53(·.)]
B: 如不出[xヒ]如善根亦尒迴向一切无所顯現[尸,冂,ヲ十]
C: 不出xヒ 如(乙ゝ尸) 如(攴) 善根 亦(刀) 尒(X) 一切 顯現(ゝ)尸 所 无冂 ヲ十 迴向(ゝ分)
D: 不出[91]하는 眞如와 같이 善根도 그러하여 일체 顯現할 바 없는 것에 廻向하며,
E: 진여가 나지 않는 것처럼 선근도 그와 같아서 모든 나타날 것이 없는 데에 회향합니다.

<진본화엄20, 06:09>
A: 如離瞖[25(ㅗ)]如善根亦尒迴向明眼[35(/)]離瞖淸淨[12(:),53(·.)]
B: 如離瞖[ゝヒヒ]如善根亦尒迴向明眼[ㅐ]離瞖淸淨[ゝ冂,ヲ十]
C: 離瞖ゝヒヒ 如(乙ゝ尸) 如(攴) 善根 亦(刀) 尒(X) 明眼ㅐ 離瞖 淸淨ゝ冂 ヲ十 迴向(ゝ分)
D: 離瞖한 眞如와 같이 善根도 그러하여 밝은 눈이 離瞖 淸淨한 것에 廻向하며,
E: 진여가 흐림을 떠난 것처럼 선근도 그와 같아서 흐림을 떠난 밝은 눈이 청정한 데에 회향하며,

<진본화엄20, 06:09-10>
A: 如无比[25(ㅗ)]如善根亦尒迴向菩薩无比[25(ㅗ)]之行[53(:)]
B: 如无比[ゝヒヒ]如善根亦尒迴向菩薩无比[xヒ]之行[ҙ十]
C: 无比ゝヒヒ 如(乙ゝ尸) 如(攴) 善根 亦(刀) 尒(X) 菩薩 无比xヒ{之} 行 ҙ十 迴向(ゝ分)
D: 无比[92]한(비할 데 없는) 眞如와 같이 善根도 그러하여 보살의 无比한 行에 廻向하며,
E: 진여가 견줄 데 없는 것처럼 선근도 그와 같아서 보살의 견줄 데 없는 행에 회향하며[93]

---

91) 不出: 나오는 작용을 여읜다는 의미이다.
92) 无比: 필적할 것이 없음. 최고의 것.
93) 전자불전연구소 번역본에 빠져 있으므로 한글대장경에서 보충하였다.

<진본화엄20, 06:10-11>

A: 如寂靜[25(ㅗ)]如善根亦尒迴向一切常樂寂⁹⁴⁾靜[53(:)]

B: 如寂靜[ㆍㅌㄴ]如善根亦尒迴向一切常樂寂靜[ㅛㅓ]

C: 寂靜ㆍㅌㄴ 如(乙ㆍㄹ) 如(支) 善根 亦(刀) 尒(X) 一切 常樂 寂靜 ㅛㅓ 迴向(ㆍ分)

D: 寂靜한 眞如와 같이 善根도 그러하여 일체 항상 즐겁고 寂靜함에 廻向하며,

E: 진여가 고요한 것처럼 선근도 그와 같아서 일체가 항상 즐겁고 고요함에 회향하고,

<진본화엄20, 06:11-12>

A: 如无根[25(ㅗ)]如善根亦尒迴向究竟无根[25(ㅗ)]之法[53(:)]

B: 如无根[ㆍㅌㄴ]如善根亦尒迴向究竟无根[ㆍㅌㄴ]之法[ㅛㅓ]

C: 无根ㆍㅌㄴ 如(乙ㆍㄹ) 如(支) 善根 亦(刀) 尒(X) 究竟 无根ㆍㅌㄴ{之} 法 ㅛㅓ 迴向(ㆍ分)

D: 根 없는 眞如와 같이 善根도 그러하여 끝까지 根 없는 법에 廻向하며,

E: 진여가 뿌리가 없는 것처럼 선근도 그와 같아서 끝까지 뿌리가 없는 법에 회향하며,

<진본화엄20, 06:12-14>

A: 如无量[51(·)]无邊[25(··)]如善根亦尒迴向一切无量[51(·)]无邊[33(·)]衆生[41(·)]皆悉清淨[35(\.),13(·\),53(·.)]

B: 如无量[分]无邊[ㅌㄴ]如善根亦尒迴向一切无量[分]无邊[ㄱ]衆生[乙]皆悉清淨[(ㅅ)ㅣㅣ,x令,ㅛㅓ]

C: 量 无分 邊 无ㅌㄴ 如(乙ㆍㄹ) 如(支) 善根 亦(刀) 尒(X) 一切 量 无分 邊 无ㄱ 衆生乙 皆 悉 清淨ㅅㅣㅣx令ㅛㅓ 迴向(ㆍ分)

D: 한량없으며 끝없는 眞如와 같이 善根도 그러하여, 일체 한량없으며 끝없는 중생을 모두 다 청정하게 하는 것에 廻向하며,

E: 진여가 무량 무변한 것처럼 선근도 그와 같아서 무량 무변한 모든 중생이 다 청정한 데에 회향합니다.

<진본화엄20, 06:14-15>

A: 如无着[44(·),25(··)]如善根亦尒迴向究竟无所着[25(·.)]際[53(:)]

---

94) '家'자에서 끝 두 획이 없는 형태의 이체자이다.

B: 如无着[尸,ㅌㄴ]如善根亦尒迴向究竟无所着[xㄴ]際[氵十]
C: 着尸 无ㅌㄴ 如(乙ヽ尸) 如(支) 善根 亦(刀) 尒(X) 究竟 着(ノ尸) 所 无xㄴ 際 氵十 迴向(ヽ分)
D: 집착이 없는 眞如와 같이 善根도 그러하여, 끝까지 집착하는 바 없는 경계에 廻向하며,
E: 진여가 집착이 없는 것처럼 선근도 그와 같아서 끝내 집착 없는 경계에 회향하고,

<진본화엄20, 06:15-16>
A: 如无㝵[25(·.)]如善根亦尒迴向滅除一切䩙㝵[31~41(·),53(ノ)]
B: 如无㝵[xㄴ]如善根亦尒迴向滅除一切䩙㝵[乙,x十]
C: 㝵(尸) 无xㄴ 如(乙ヽ尸) 如(支) 善根 亦(刀) 尒(X) 一切 䩙㝵乙 滅除x十 迴向(ヽ分)
D: 막힘 없는 眞如와 같이 善根도 그러하여, 일체 장애를 없애는 것에 廻向하며,
E: 진여가 걸림이 없는 것처럼 선근도 그와 같아서 일체 장애를 멸하는 데에 회향하며,

<진본화엄20, 06:16-17>
A: 如非世間[25(·)]行[35(·),25(··)]如善根亦尒迴向遠離一切世間[25(·)]行法[41(·),53(ノ)]
B: 如非世間[ㄴ]行[矢,ㅌㄴ]如善根亦尒迴向遠離一切世間[ㄴ]行法[乙,x十]
C: 世間ㄴ 行 非矢ㅌㄴ 如(乙ヽ尸) 如(支) 善根 亦(刀) 尒(X) 一切 世間ㄴ 行法乙 遠離x十 迴向
 (ヽ分)
D: 세간의 행이 아닌 眞如와 같이 善根도 그러하여, 일체 세간의 行法을 遠離하는 것에 廻向하며,
E: 진여가 세간의 행이 아닌 것처럼 선근도 그와 같아서 일체 세간의 행을 멀리 떠난 법에 회향하고,

<진본화엄20, 06:17-18>
A: 如不繫[25(丅)]如善根亦尒迴向不繫一切生死[=53(:),44(·),53(ノ)]
B: 如不繫[xㄴ]如善根亦尒迴向不繫一切生死[氵十,尸,x十]
C: 繫(尸) 不xㄴ 如(乙ヽ尸) 如(支) 善根 亦(刀) 尒(X) 一切 生死氵十 繫尸 不x十 迴向(ヽ分)
D: 매이지 않는 眞如와 같이 善根도 그러하여, 일체 생사에 매이지 않는 것에 廻向하며,
E: 진여가 매이지 않은 것처럼 선근도 그와 같아서 일체 생사에 매이지 않는 데에 회향하며,

<진본화엄20, 06:18-19>

A: 如无行[25(··)]如善根亦尒迴向遠離一切諸行[31(·)#31~41(·),53(✓)]

B: 如无行[ㅌㄴ]如善根亦尒迴向遠離一切諸行[乙,x十]

C: 行 无ㅌㄴ 如(乙ㄥア) 如(攴) 善根 亦(刀) 尒(X) 一切 諸行乙 遠離x十 迴向(ㄥ分)

D: 行이 없는 眞如와 같이 善根도 그러하여, 일체 諸行을 遠離하는 것에 廻向하며,

E: 진여가 행이 없는 것처럼 선근도 그와 같아서 일체의 행을 멀리 떠나는 데에 회향하고,

<진본화엄20, 06:19>

A: 如住[25(·)]如善根亦尒迴向一切[25(·)]住於如[25(·)]住[53(:),53(✓)]{22(·)}

B: 如住[ㄴ]如善根亦尒迴向一切[ㄴ]住於如[ㄴ]住[ㅜ十,x十]

C: 住ㄴ 如(乙ㄥア) 如(攴) 善根 亦(刀) 尒(X) 一切ㄴ^{95)96)} {於}如ㄴ 住ㅜ十 住x十 迴向(ㄥ分)

D: 머무름의(常住하는) 眞如와 같이 善根도 그러하여, 진여의 머무름(常住)에 일체 머무르는 것에 廻向하며,

E: 진여가 머무는 것처럼 일체가 진여의 머무름에 머무는 데에 회향합니다.

<진본화엄20, 06:20-21>

A: 如一切法成[25(ㅗ)]如善根亦尒迴向衆生[52(ㅜ)]所學[14(·)^{97)},41(·)]成就[35(\),13(\),53(·)]

B: 如一切法成[ㄥㅌㄴ]如善根亦尒迴向衆生[ᢒ]所學[ア,乙]成就[ㅅ丨,x亽,ᢒ十]

C: 一切法 成ㄥㅌㄴ 如(乙ㄥア) 如(攴) 善根 亦(刀) 尒(X) 衆生ᢒ 學(ᢒ)ア 所乙 成就ㅅ丨x亽 ᢒ十 迴向(ㄥ分)

D: 일체 법이 成就된 眞如와 같이 善根도 그러하여, 중생의 배울 바를 성취하게 하는 것에 廻向하며,

E: 진여가 일체 법을 성취시키는 것처럼 선근도 그와 같아서 중생들이 배움을 성취하는 데에 회향하고,

---

95) '一切'가 관형어로 쓰일 때는 토가 달리지 않는 반면 부사로 쓰일 때 진본화엄경에서는 '25(·)/ㄴ'이 현토 된다.
96) '一切ㄴ'을 주어적 속격으로 보아 주어로 해석할 가능성도 있다.
97) '14(·)' 오른쪽에 '+' 모양의 각필로 그은 듯한 흔적이 있는데 의미 있는 부호인지 확실하지 않다.

<진본화엄20, 06:21-22>

A: 如一切法[53(:)]平等[25(⊥)]如善根亦尒迴向一切[98]具平等行[31(·)#31~41(·),54(·-),13(!),53(·.)]

B: 如一切法[氵+]平等[ソㅌ匕]如善根亦尒迴向一切具平等行[乙,ㅎ,x수,ㅋ+]

C: 一切法氵+ 平等ソㅌ匕 如(乙ソ尸) 如(支) 善根 亦(刀) 尒(X) 一切 平等 行乙 具ㅎx수ㅋ+ 迴向(ソ)

D: 일체 법에 평등한 眞如와 같이 善根도 그러하여, 평등한 行을 일체 갖추는 것에 廻向하며,

E: 진여가 모든 법에 평등한 것처럼 선근도 그와 같아서 평등한 행을 모두 갖추는 데에 회향하며,

<진본화엄20, 06:22-23>

A: 如一切法[53(:)]不捨[44(·),25(丅)]如善根亦尒迴向不捨盡未來際[25(·)]一切衆生[41(·),44(·),53(')]

B: 如一切法[氵+]不捨[尸,x匕]如善根亦尒迴向不捨盡未來際[匕]一切衆生[乙,尸,x+]

C: 一切法氵+[99] 捨尸 不x匕 如(乙ソ尸) 如(支) 善根 亦(刀) 尒(X) 盡未來際匕 一切 衆生乙 捨尸 不x+ 迴向(ソ)

D: 일체법에 대하여 버리지 않는 眞如와 같이 善根도 그러하여, 미래의 세상 다할 때까지의 일체 중생을 버리지 않는 것에 廻向하며,

E: 진여가 모든 법을 버리지 않는 것처럼 선근도 그와 같아서 미래 세상이 다하도록 일체 중생을 버리지 않는 데에 회향하고,

<진본화엄20, 06:23-24>

A: 如一切法[53(:)]不盡[25(··)]如善根亦尒迴向一切无盡衆生[53(·.)]

B: 如一切法[氵+]不盡[ㅌ匕]如善根亦尒迴向一切无盡衆生[ㅋ+]

C: 一切法氵+ 不盡(ソ)ㅌ匕 如(乙ソ尸) 如(支) 善根 亦(刀) 尒(X) 一切 无盡 衆生ㅋ+ 迴向(ソ)

D: 일체법에 다하지 않는 眞如와 같이 善根도 그러하여, 일체 다함이 없는 중생에게 廻向하며,

E: 진여는 모든 법이 다하지 않는 것처럼 선근도 그와 같아서 모든 중생이 다하지 않는 데에

98) '25(·)'으로 볼 가능성이 있는 흔적이 보이나 점토인지 확실하지 않다.

99) '一切法'은 의미상 '捨'의 목적어일 가능성과 부사어일 가능성이 있다.

晉本『華嚴經』卷第二十   113

회향합니다.

<진본화엄20, 06:24-25>

A: 如不違一切法[53(:),32(·),35(·),25(··)]如善根亦尒迴向一切衆生[52(丅)]不違三世[25(·)]諸佛[53(·.),13(⊥),53(\)#53(˙\)#53(\.)]

B: 如不違一切法[ɜ十,X,矢,ヒ七]如善根亦尒迴向一切衆生[52(丅)]不違三世[七]諸佛[ㅋ十,x仒,x十]

C: 一切法 ɜ十 違X 不矢ヒ七 如(乙ゝア) 如(支) 善根 亦(刀) 尒(X) 一切 衆生ㅋ 三世七 諸佛ㅋ十 違(ア) 不x仒x十 迴向(ゝ分)

D: 일체법에 어긋나지 않는 眞如와 같이 善根도 그러하여, 일체 중생이 삼세의 모든 부처에게서/와 어긋나지 않는 것에 廻向하며,

E: 진여가 일체 법을 어기지 않는 것처럼 선근도 그와 같아서 일체 중생이 삼세 부처님을 어기지 않는 데에 회향하고,

<진본화엄20, 06:25-07:01>

A: 如攝一切法[41(·),25(⊥)]如善根亦尒迴向一切衆生[41(·)]悉攝善根[41(·),54(\)]令无有餘[12(:),35(/),35(\),13(·\),53(··)]

B: 如攝一切法[乙,ゝヒ七]如善根亦尒迴向一切衆生[乙]悉攝善根[乙,ɜ尒]令无有餘[ゝ丁,Ⅱ,(仒)Ⅱ,x仒,ㅋ十]

C: 一切法乙 攝ゝヒ七 如(乙ゝア) 如(支) 善根 亦(刀) 尒(X) 一切 衆生乙 悉 善根乙 攝(ゝ)ɜ尒 餘ゝ丁 无有Ⅱ 令Ⅱx仒ㅋ十 迴向(ゝ分)

D: 일체법을 包攝한 眞如와 같이 善根도 그러하여, 일체 중생으로 하여금 모두 신근을 包攝하여서 남음 없게 하는 것에 廻向하며,

E: 진여가 모든 법을 포섭하는 것처럼 선근도 그와 같아서 일체 중생이 선근을 다 섭취하여 남음이 없게 하는 데에 회향하며,

<진본화엄20, 07:01-02>

A: 如一切法[52(丅)]同[25(-)]如善根亦尒迴向悉[42(·)]同三世[25(·)]諸佛[53(·.),53(/̇)]

B: 如一切法[ㅋ]同[x七]如善根亦尒迴向悉[ɜ]同三世[七]諸佛[ㅋ十,x十]

C: 一切法ラ 同xヒ 如(乙ゝア) 如(支) 善根 亦(刀) 尒(X) 悉 ろ 三世ヒ 諸佛ラ十 同x十 迴向(ゝか)
D: 一切法의 동일한 眞如와 같이 善根도 그러하여, 三世의 모든 佛과 다 같은 데에 廻向하며,
E: 진여가 모든 법과 같은 것처럼 선근도 그와 같아서 삼세 부처님이 모두 같은 데에 회향합니다.

<진본화엄20, 07:02-03>

A: 如一切法[53(:)]不離[25(‥)]如善根亦尒迴向悉[42(·)?]攝世間[41(·),22(·)]及[25(·)?]離世間[31~41(·),53(´)]
B: 如一切法[ろ十]不離[ヒ七]如善根亦尒迴向悉[ろ]攝世間[乙,ラ]及[七]離世間[乙,x十]
C: 一切法 ろ十 不離(ゝ)ヒ七 如(乙ゝア) 如(支) 善根 亦(刀) 尒(X) 悉 ろ 世間乙 攝(ゝ)ラ 及七 世間乙 離(ラ)x十 迴向(ゝか)
D: 一切法에서 떠나지 않는 眞如와 같이 善根도 그러하여, 世間을 攝하고 世間을 떠나고 하는 데에 다 廻向하며,
E: 진여는 모든 법을 떠나지 않는 것처럼 선근도 그와 같아서 세간과 출세간을 다 포섭하는 데에 회향하고,

<진본화엄20, 07:03-04>

A: 如不可壞[52(\),24(\),12(:),35(·)?,25(‥)]如善根亦尒迴向一切衆生[52(丅)]不可沮壞[52(\),24(\)?,12(:),35(·),53(·.)]
B: 如不可壞[ゝろ,ロホ,ゝ丁,矢,ヒ七]如善根亦尒迴向一切衆生[ラ]不可沮壞[ゝろ,ロホ,ゝ丁,矢,ラ十]
C: 壞ゝろロホ{可}(七)ゝ丁 不矢ヒ七 如(乙ゝア) 如(支) 善根 亦(刀) 尒(X) 一切 衆生ラ 沮壞ゝろロホ{可}(七)ゝ丁 不矢(丁)ラ十 迴向(ゝか)
D: 무너뜨릴 수 없는 眞如와 같이 善根도 그러하여, 一切 衆生이 沮壞할 수 없는 데에 廻向하며,
E: 진여는 깨뜨릴 수 없는 것처럼 선근도 그와 같아서 모든 중생이 저해할 수 없는 데에 회향하며,

<진본화엄20, 07:04-06>
A: 如无恚[25(‥)]如善根亦尒迴向一切衆生[41(·)]一切魔[42~52(丁)]#42(丁)]業[45(·)]所不能動[35(·), 14(·),35(./),35(\.),13(·\),53(·.)]
B: 如无恚[ヒヒ]如善根亦尒迴向一切衆生[乙]一切魔[ヲ]業[灬]所不能動[矢,尸,X,ㅅㅣ,x亽,ㅎ十]
C: 无恚(ㇱ)ヒヒ 如(乙ㇱ尸) 如(攴) 善根 亦(刀) 尒(X) 一切 衆生乙 一切 魔ヲ 業灬 動(尸) 不能 (ㅣ)矢(ノ)尸 所X ㅅㅣx亽ㅎ十 迴向(ㇱ分)
D: 성냄이 없는 眞如와 같이 善根도 그러하여, 一切 衆生으로 하여금 一切 魔의 業으로 능히 움직일 수 없는 바이게 하는 데에 廻向하며,
E: 진여는 성냄이 없는 것처럼 선근도 그와 같아서 일체 중생도 일체 마군의 업도 흔들 수 없는 데에 회향하고,

<진본화엄20, 07:06-07>
A: 如不濁[25(ㅗ)]如善根亦尒迴向一切菩薩行[53(:)]无有垢濁[35(/),35(\.),13(·\),53(·.)]
B: 如不濁[ㇱヒヒ]如善根亦尒迴向一切菩薩行[彡十]无有垢濁[ㅣ,ㅅㅣ,x亽,ㅎ十]
C: 不濁ㇱヒヒ 如(乙ㇱ尸) 如(攴) 善根 亦(刀) 尒(X) 一切 菩薩行 彡十 垢濁 无有ㅣㅅㅣx亽ㅎ十 迴向(ㇱ分)
D: 흐리지 않은 眞如와 같이 善根도 그러하여, 一切 菩薩行에 垢濁 없게 하는 데에 廻向하며,
E: 진여는 흐리지 않는 것처럼 선근도 그와 같아서 일체 보살행에는 번뇌의 흐림이 없는 데에 회향하며,

<진본화엄20, 07:07-08>
A: 如不亂[44(·),25(丁)]如善根亦尒迴向一切衆生[41(·)]離諸塵亂[41(·),24( ),35(\.),13(·\),53(·.)]
B: 如不亂[尸,xヒ]如善根亦尒迴向一切衆生離諸塵亂[乙,攴,(ㅅ)ㅣ,x亽,ㅎ十]
C: 亂尸 不xヒ 如(乙ㇱ尸) 如(攴) 善根 亦(刀) 尒(X) 一切 衆生乙 諸 塵亂乙 離攴ㅣx亽ㅎ十 迴向(ㇱ分)
D: 어지럽혀지지 않는 眞如와 같이 善根도 그러하여, 一切 衆生으로 하여금 모든 塵亂을 떠나게 하는 데에 廻向하며,
E: 진여는 산란하지 않는 것처럼 선근도 그와 같아서 모든 중생들이 온 번뇌의 산란을 떠나는 데에 회향합니다.

<진본화엄20, 07:08-09>

A: 如不可盡[42(\),12(:),25(‥)]如善根亦尒迴向一切世間[25(·)]法[45(·)]所不能盡[35(·)#35(:),14(·),15(\·),33(·),53(·.)]

B: 如不可盡[去,ンㄱ,ㅌㄴ]如善根亦尒迴向一切世間[ㄴ]法[灬]所不能盡[矢,尸,X,ㄱ,ㅋ十]

C: 盡去(古){可}(七)ンㄱ 不(矢)ㅌㄴ 如(乙ンア) 如(支) 善根 亦(刀) 尒(X) 一切 世間ㄴ 法灬 盡(尸) 不能(刂)矢(ノ)尸 所Xㄱ ㅋ十 迴向(ン亽)

D: 다할 수 없는 眞如와 같이 善根도 그러하여, 一切 世間의 法으로 능히 다할 수 없는 바인 것에[100] 廻向하며,

E: 진여는 다할 수 없는 것처럼 선근도 그와 같아서 일체 세간법으로 다할 수 없는 데에 회향하며,

<진본화엄20, 07:09-10>

A: 如菩提[25(·)]如善根亦尒迴向覺悟一切諸法[41(·),53(/)]

B: 如菩提[ㄴ]如善根亦尒迴向覺悟一切諸法[乙,x十]

C: 菩提ㄴ 如(乙ンア) 如(支) 善根 亦(刀) 尒(X) 一切 諸 法乙 覺悟x十 迴向(ン亽)

D: 菩提의 眞如와 같이 善根도 그러하여, 一切 모든 법을 깨닫는 데에 廻向하며,

E: 진여가 보리인 것처럼 선근도 그와 같아서 모든 법을 깨닫는 데에 회향하며,

<진본화엄20, 07:10-11>

A: 如不失[44(·),25(丁)]如善根亦尒迴向一切衆生[41(·)]不失直心[41(·),44(·),35(\.),13(·\),53(·.)]

B: 如不失[尸,xㄴ]如善根亦尒迴向一切衆生[乙]不失直心[乙,尸,亽刂,x亽,ㅋ十]

C: 失尸 不xㄴ 如(乙ンア) 如(支) 善根 亦(刀) 尒(X) 一切 衆生乙 直心乙 失尸 不亽刂x亽ㅋ十 迴向(ン亽)

D: 잃어버리지 않는[101] 眞如와 같이 善根도 그러하여, 一切 衆生으로 하여금 直心을 잃지 않게 하는 데에 廻向하며,

E: 진여는 잃어버려지지 않는 것처럼 선근도 그와 같아서 일체 중생이 정직한 마음을 잃지

---

100) '15(\·)'의 해독이 불분명하여 그 의미도 분명하지 않다.
101) '失'이 자동사인지 타동사인지 분명하지 않다.

晋本『華嚴經』卷第二十　117

않는 데에 회향하고,

<진본화엄20, 07:11-12>
A: 如照[25(丁)]如善根亦尒迴向一切衆生[41(·)]悉以大智光明[41(·),42(·)]普照一切[41(·),35(\.),13(·\),53(·.)]
B: 如照[xヒ]如善根亦尒迴向一切衆生[乙]悉以大智光明[乙,氵]普照一切[乙,ㅅ刂,x亽,ㅋ十]
C: 照xヒ 如(乙ゝア) 如(支) 善根 亦(刀) 尒(X) 一切 衆生乙 悉(氵) 大智光明乙 以氵 普 一切乙 照ㅅ刂x亽ㅋ十 迴向(ゝ分)
D: 비추는 眞如와 같이 善根도 그러하여, 一切 衆生으로 하여금 다 大智光明으로써 두루 一切를 비추게 하는 데에 迴向하며,
E: 진여는 잘 비추는 것처럼 선근도 그와 같아서 일체 중생이 다 큰 지혜 광명으로 일체를 두루 비추는 데에 회향합니다.

<진본화엄20, 07:12-13>
A: 如不可說[25(·)]如[41(·)]善根亦尒迴向一切不可說[25(·)]智[53(:)]
B: 如不可說[ヒ]如[乙]善根亦尒迴向一切不可說[ヒ]智[氵十]
C: 不可說ヒ 如乙(ゝア) 如(支) 善根 亦(刀) 尒(X) 一切 不可說ヒ 智氵十 迴向(ゝ分)
D: 不可說의 眞如와 같이 善根도 그러하여, 모든 不可說의 지혜에 迴向하며,
E: 진여는 말할 수 없는 것처럼 선근도 그와 같아서 말할 수 없는 모든 지혜에 회향하고,

<진본화엄20, 07:13-14>
A: 如持一切衆生[41(·),25(エ)]如善根亦尒迴向一切[45(·)]持菩薩[44(·)?]行[31(·),35(\.),13(·\),53(·.)]
B: 如持一切衆生[乙,ゝヒヒ]如善根亦尒迴向一切[灬]持菩薩[尸]行[乙,(ㅅ)刂,x亽,ㅋ十]
C: 一切 衆生乙 持ゝヒヒ 如(乙ゝア) 如(支) 善根 亦(刀) 尒(X) 一切灬 菩薩尸 行乙 持ㅅ刂x亽ㅋ十 迴向(ゝ分)
D: 一切 衆生을 지닌 眞如와 같이 善根도 그러하여, 一切로 하여금 菩薩의 行을 지니게 하는 데에 迴向하며,
E: 진여는 일체 중생을 부지하는 것처럼 선근도 그와 같아서 모든 보살행을 부지하는 데에 회향하며,

<진본화엄20, 07:14-16>

A: 如隨順一切語言[53(:),25(·),25(ㅗ)]如善根亦尒迴向一切无言智慧[53(:)]

B: 如隨順一切語言[3 +,ヒ,ゝヒヒ]如善根亦尒迴向一切无言智慧[3 +]

C: 一切 語言 3 + 隨(ㅅ) 順ヒゝヒヒ 如(乙ゝ尸) 如(支) 善根 亦(刀) 尒(X) 一切 言 无(ㄱ) 智慧 3 + 迴向(ゝ㫆)

D: 모든 말에 따르는 眞如와 같이 善根도 그러하여, 모든 말 없는 지혜에 廻向하며,

E: 진여는 모든 말을 따르는 것처럼 선근도 그와 같아서 일체의 말 없는 지혜에 회향하고,

<진본화엄20, 07:16-18>

A: 如離一切種種[25(·)]法[31~41(·),24(·)?,25(ㅗ)]如善根亦尒迴向示現一切佛刹[31~41(·),22(·)]及[25(·)]諸如來[44(·)]成最正覺[54(\)]示現无量神力自在[41(·),22(·),12(|),53(·.)]

B: 如離一切種種[ヒ]法[乙,支,(ゝ)ヒヒ]如善根亦尒迴向示現一切佛刹[乙,㫆]及[ヒ]諸如來[尸]成最正覺[3 㐫]示現无量神力自在[乙,㫆,ㆆㄱ,ㅅ十]

C: 一切 種種ヒ 法乙 離支ヒヒ[102] 如(乙ゝ尸) 如(支) 善根 亦(刀) 尒(X) 一切 佛刹乙 示現(ゝ)㫆 及ヒ 諸 如來尸 最正覺 成 3 㐫 无量 神力 自在乙 示現(ゝ)㫆(ゝ)ㆆㄱㅅ十 迴向(ゝ㫆)

D: 모든 갖가지 법을 떠난 眞如와 같이 善根도 그러하여, 모든 佛刹을 示現하고 모든 여래가 최상의 정각이 이루어져서[103] 한량없는 神力 自在를 示現하고 하시는 데에 廻向하며,

E: 진여는 모든 갖가지 법을 떠난 것처럼 선근도 그와 같아서 일체의 부처 세계와 최상의 정각을 이루는 부처님을 나타내 보이고 한량없는 자재한 신력을 나타내 보이는 데에 회향합니다.

<진본화엄20, 07:18-19>

A: 如離虛妄[24(·),25(ㅗ)]如善根亦尒迴向世間[41(·)]悉[42(·)]離虛妄[41(·),35(\.),13(·\),53(·.)[104]]

B: 如離虛妄[支,(ゝ)ヒヒ]如善根亦尒迴向世間[乙]悉[3]離虛妄[乙,(ㅅ)ㅣ,x㐱,ㅅ十]

C: 虛妄(乙) 離支ヒヒ 如(乙ゝ尸) 如(支) 善根 亦(刀) 尒(X) 世間乙 悉 3 虛妄乙 離ㅅㅣx㐱ㅅ十

---

102) 이와 같은 예를 보면 '25(ㅗ)'이 'ゝヒヒ'에 대응될지 재검토해 볼 여지가 있다.

103) '最正覺 成 3 㐫'이 자동사 구문과 타동사 구문의 가능성이 있는데, 여기서는 대격의 乙과 타동사 成의 말음첨기 'ㅣ'가 없기 때문에 자동사 구문일 가능성이 높다.

104) '24(·)'이 있는 듯이 보이기도 한다.

晉本『華嚴經』卷第二十   119

　　迴向(ヽㄔ)
D: 허망함을 떠난 眞如와 같이 善根도 그러하여, 世間으로 하여금 다 허망을 떠나게 하는 데에 迴向하며,
E: 진여는 허망함을 떠난 것처럼 선근도 그와 같아서 세간이 모두 허망을 떠나는 데에 회향하고,

<진본화엄20, 07:19-20>
A: 如一切身[35(/)]遍至[25(⊥)]如善根亦尒迴向无量[33(·)?]身[35(/)]遍一切刹[53(:),55(·),53(′)]
B: 如一切身[Ⅱ]遍至[(ヽ)ヒヒ]如善根亦尒迴向无量[ㄱ]身[Ⅱ]遍一切刹[ㅎ十,ㅣ,x十]
C: 一切 身Ⅱ 遍 至ヒヒ 如(乙ヽア) 如(攴) 善根 亦(刀) 尒(X) 量 无ㄱ 身Ⅱ 一切 刹ㅎ十 遍ㅣx十 迴向(ヽㄔ)
D: 모든 몸이 두루 이르는 眞如와 같이 善根도 그러하여, 한량없는 몸이 모든 세계에 두루하는 데에 迴向하며,
E: 진여는 몸이 두루 있는 것처럼 선근도 그와 같아서 한량없는 몸이 모든 세계에 두루하는 데에 회향하며,

<진본화엄20, 07:20-21>
A: 如不受生[25(丁)]如善根亦尒迴向无生[14(·),25(··)]巧妙方便[45(·)]示現受生[41(·)^105),53(′)]
B: 如不受生[xヒ]如善根亦尒迴向无生[ア,ヒヒ]巧妙方便[ㅅㅅ]示現受生[乙,x十]
C: 受生(ア) 不xヒ 如(乙ヽア) 如(攴) 善根 亦(刀) 尒(X) 生ア 无ヒヒ 巧妙 方便ㅅㅅ 受生乙 示現x十 迴向(ヽㄔ)
D: 생을 받지 않는 眞如와 같이 善根도 그러하여, 남이 없는 巧妙 方便으로 受生을 보이는 데에 迴向하며,
E: 진여는 생(生)을 받지 않는 것처럼 선근도 그와 같아서 태어남이 없으나 교묘한 방편으로 태어남을 보이는 데에 회향하고,

---

105) '··'이 아니라 '\'이나 '··'으로 볼 가능성도 있다.

120 第二部 判讀과 解讀 및 飜譯

<진본화엄20, 07:21-23>

A: 如无不有如善根亦尒迴向三世[25(·)]一切諸佛[42(-)]自在神力[11(·)]及[25(·)]一切刹[11(·),41(:)]在身[33(\)][106]內[53(:),52(..),42(·)]現[13(·\),53(..)]

B: 如无不有如善根亦尒迴向三世[七]一切諸佛[灬]自在神力[ゝ]及[七]一切刹[ゝ,ノ亽乙]在身[亠x]內[ろ十,X,ろ]現[x亽,ぅ十]

C: 无不有(七) 如(乙ゝ尸) 如(攴) 善根 亦(刀) 尒(X) 三世七 一切 諸佛灬 自在 神力ゝ 一切 刹 ゝノ亽乙 身亠x 內ろ十 在Xろ[107] 現x亽ぅ十 迴向(ゝ分)

D: 있지 않은 데가 없는 眞如와 같이 善根도 그러하여, 三世의 一切 諸佛의 自在 神力이니 一切 刹이니 하는 것을 몸 안에 나타내는 데에 廻向하며,

E: 진여는 있지 않는 데가 없는 것처럼 선근도 그와 같아서 삼세 모든 부처님의 자재한 신력과 일체 세계에 있는 몸 안에 나타내는 데에 회향합니다.

<진본화엄20, 07:23-24>

A: 如夜[25(·)]如善根亦尒迴向一切夜[=53(:)]施作佛事[41(·),52(\)]得无上明[41(·),13(·\),53(..)]

B: 如夜[七]如善根亦尒迴向一切夜[ろ十]施作佛事[乙,ゝろ]得无上明[乙,x亽,ぅ十]

C: 夜七 如(乙ゝ尸) 如(攴) 善根 亦(刀) 尒(X) 一切 夜ろ十 佛事乙 施作ゝろ 无上明乙 得x亽ぅ十 迴向(ゝ分)

D: 밤의 眞如와 같이 善根도 그러하여, 모든 밤에 佛事를 施作하여 无上明을 얻는 데에 廻向하며,

E: 진여는 밤과 같은 것처럼 선근도 그와 같아서 일체의 밤에 불사를 지어 위없는 등불을 얻는 데에 회향하고,

<진본화엄20, 07:25-08:01>

A: 如晝[25(·)]如善根亦尒迴向一切在晝[53(:),12(:)]衆生[41(·)]悉[42(·)?]令善覺[35(\.),54(\)]見諸如來[44(·)]自在神力[45(·)]住不退法輪[53(:),54(\)]離癡淸淨[41(·-),35(/)?,35(..)[108],13(·\),53(..)]

---

106) '身'에 '52(..),42(·)'의 점토가 있는 듯이 보이나 이것은 '內'자에 달아야 할 점토를 잘못 달았다가 지운 흔적으로 보인다. 또, '33(\)'은 너무 깊고 길게 그어져 있어서 점토가 아닌 것처럼 보이기도 하나, 17장 2행의 비슷한 예를 참고하여 '33(\)'으로 보았다.
107) 'ろ'를 어느 위치에 넣어야 할지 확실하지 않다.

B: 如晝[ㄣ]如善根亦尒迴向一切在晝[ㅅㅓ,ㅅㄱ]衆生[乙]悉[ㅅ]令善覺[(ㅅ)ㅣ,ㅅㅓ]見諸如來[尸]
自在神力[ㅡ]住不退法輪[ㅅㅓ,ㅅㅓ]離癡淸淨[ㆆㄱ入乙,ㅣ,(ㅅ)ㅣ,xㅅ,ㅎㅓ]

C: 晝ㄣ 如(乙ㄴ尸) 如(支) 善根 亦(刀) 尒(X) 一切 晝ㅅㅓ 在ㄴㄱ 衆生乙 悉ㅅ 善覺 令ㅣㅅㅓ
諸 如來尸 自在 神力ㅡ 不退法輪ㅅㅓ 住(ㄴ)ㅅㅓ 離癡 淸淨(ㄴ)ㆆㄱ入乙 見ㅣㅅㅣxㅅㅎㅓ
迴向(ㄴ분)

D: 낮의 眞如와 같이 善根도 그러하여, 一切 낮에 있는 衆生으로 하여금 다 善覺하게 하여서
모든 여래가 自在 神力으로 不退法輪에 住하여서 癡를 떠나 청정하신 것을 보게 하는 데
에 廻向하며,

E: 진여는 낮과 같은 것처럼 선근도 그와 같아서 낮에 있는 모든 중생들로 하여금 모든 부처
님의 자재한 신력을 잘 보고 물러나지 않는 법륜에 머물러, 우치를 떠나 청정하는 데에
회향하며,

<진본화엄20, 08:01-03>

A: 如半月[11(·)]及[25(·)]月[11(·)],25(|·)]如善根亦尒迴向一切衆生[41(·)#41(··)]住一切時[53(:),25(|·)]
巧妙方便[45(·)]於一念[25(·)?]中[=53(:)]悉能[=24(·)]分別一切時節[41(·),35(\.),13(·\),53(·.)]

B: 如半月[ㅅ]及[ㄣ]月[ㅅ,xㄴ]如善根亦尒迴向一切衆生[乙]住一切時[ㅅㅓ,xㄴ]巧妙方便[ㅡ]於
一念[ㄣ]中[ㅅㅓ]悉能[支]分別一切時節[乙,(ㅅ)ㅣ,xㅅ,ㅎㅓ]

C: 半月ㅅ 及ㄣ 月ㅅxㄴ 如(乙ㄴ尸) 如(支) 善根 亦(刀) 尒(X) 一切 衆生乙 一切 時ㅅㅓ 住xㄴ
巧妙 方便ㅡ {於}一念ㄴ 中ㅅㅓ 悉 能支 一切 時節乙 分別ㅅㅣxㅅㅎㅓ 迴向(ㄴ분)

D: 반 달이니 및 한 달이니 하는 眞如와 같이 善根도 그러하여, 一切 衆生으로 하여금 一切
時에 住하는 巧妙 方便으로 一念 사이에 다 能히 一切 時節을 分別하게 하는 데에 廻向
하며,

E: 진여는 반 달이나 한 달과 같은 것처럼 선근도 그와 같아서 일체 중생이 일체의 때에 머
물면서 교묘한 방편으로 한 찰나 사이에 모든 시절을 다 잘 분별하는 데에 회향하고

---

108) '35(/)'과 '35(\.)'가 함께 현토될 때 '35(/)'이 안쪽에 달리는 것이 일반적이나, 여기서는 바깥쪽에 달려 있
다. '35(/)'이 바깥쪽에 달려 있음에도 불구하고 일반적인 현토양상을 고려하여 '35(/)'을 해독에 먼저 반영
하였다.

<진본화엄20, 08:04-05>

A: 如年歲[25(·)]#25(··)]如善根亦尒迴向受持種種[25(·)]諸劫[41(·),54(\)]嚴淨諸根[31~41(·),22(·)] 了達諸根[41(·),22(·),53(/)]

B: 如年歲[七]如善根亦尒迴向受持種種[七]諸劫[乙,ㅎ 尓]嚴淨諸根[乙,ㅎ]了達諸根[乙,ㅎ,x十]

C: 年歲七 如(乙ゝ尸) 如(支) 善根 亦(刀) 尒(X) 種種七 諸 劫乙 受持(ゝ) ㅎ 尓 諸根乙 嚴淨(ゝ) ㅎ 諸 根乙 了達(ゝ)ㅎx十 迴向(ゝ 分)

D: 한 해의 眞如와 같이 善根도 그러하여 갖가지 모든 劫을 受持하여서 모든 根을 嚴淨하고 모든 根을 了達하고 하는 데에 廻向하며,

E: 진여는 한 해와 같은 것처럼 선근도 그와 같아서 갖가지 모든 겁을 받아지니고 모든 감관을 장엄하며 또 환히 아는 데에 회향합니다.

<진본화엄20, 08:05-07>

A: 如一切劫[25(·)]成敗[25(·)]如善根亦尒迴向一切劫[52(丅)]淨住[54(\)]无染[53(·.)]一切衆生[35(/)]淸淨[52(\)]調伏衆生[41(·),53(/)]

B: 如一切劫[七]成敗[七]如善根亦尒迴向一切劫[ㅎ]淨住[ㅎ 尓]无染[ㅎ十]一切衆生[ㅣ]淸淨[ゝ ㅎ]調伏衆生[乙,x十]

C: 一切 劫七 成敗七 如(乙ゝ尸) 如(支) 善根 亦(刀) 尒(X) 一切 劫ㅎ 淨住(ゝ) ㅎ 尓 无染ㅎ十 一 切 衆生ㅣ 淸淨ゝ ㅎ 衆生乙 調伏x十 迴向(ゝ 分)

D: 一切 劫의 成敗의 眞如와 같이 善根도 그러하여 一切 劫이[109] 淨住하여서 无染에 대하여 一切 衆生이 淸淨하여 衆生을 調伏하는 데에 廻向하며,

E: 진여는 모든 겁이 이루어지고 무너지는 것처럼 선근도 그와 같아서 모든 겁에 깨끗이 머물고 물들지 않아 일체 중생을 청정하게 하고 또 교화하는 데에 회향하고

<진본화엄20, 08:07-09>

A: 如未來[25(·)]如善根亦尒迴向盡一切未來際[41(·),42(·)]修習菩薩[44(·)]淸淨妙行[41(·),52(·-)]悉能[=24(·)]滿足无量[33(·)]大願[41(·),53(/)]

B: 如未來[七]如善根亦尒迴向盡一切未來際[乙,ㅎ]修習菩薩[尸]淸淨妙行[乙,ㅎ 八]悉能[支]滿足

---

109) 'ㅎ'를 주어적 속격으로 보아 현대역에서 '-이'로 번역하였다.

无量[ㄱ]大願[乙,x十]

C: 未來ㄴ 如(乙ㆍㄹ) 如(攴) 善根 亦(刀) 尒(X) 一切 未來際乙 盡ㅜ 菩薩尸 淸淨 妙行乙 脩習(ㆍ)ㅜㅅ 悉 能攴 量 无ㄱ 大願乙 滿足x十 迴向(ㆍㅜ)

D: 未來의 眞如와 같이 善根도 그러하여 一切 未來際를 다하도록 菩薩의 淸淨 妙行을 脩習하여서 한량없는 大願을 다 能히 滿足하는[110] 데에 迴向하며,

E: 진여는 미래와 같은 것처럼 선근도 그와 같아서 모든 미래 세상이 다하도록 보살의 청정하고 묘한 행을 닦아 익히는 한량없는 큰 원을 완전히 이루는 데에 회향하며

<진본화엄20, 08:09-10>

A: 如世[25(·)]如善根亦尒迴向一切衆生[31~41(·)]於一念[25(·)]中[=53(:)]見一切佛[41(·),35('\),13(·|)]乃至[35(/)]未曾一念[52(/·),=35(·.)#25(·.)]遠離[44(·.),35(\.),13(·\),53(·.)]

B: 如世[ㄴ]如善根亦尒迴向一切衆生[乙]於一念[ㄴ]中ㅜ十 見一切佛[乙,白xㅿ]乃至[ㅣ]未曾一念[X,刀]遠離[尸,(ㅅ)ㅣ,x수,ㅜ十]

C: 世ㄴ 如(乙ㆍㄹ) 如(攴) 善根 亦(刀) 尒(X) 一切 衆生乙 {於}一念ㄴ 中ㅜ十 一切 佛乙 見白xㅿ 乃(ㆍㅜ) 至ㅣ[111] 曾(刀) 一念Xㄲ 遠離尸 未(ㅣ)ㅅㆍx수ㅜ十 迴向(ㆍㅜ)

D: 세상의 眞如와 같이 善根도 그러하여 一切 衆生으로 하여금 一念 사이에 一切 佛을 뵙되 乃至[112] 조금도 一念도 遠離하지 않게 하는 데에 迴向하며,

E: 진여는 세상과 같은 것처럼 선근도 그와 같아서 일체 중생이 한 찰나 사이에 모든 부처님을 보고 나아가서는 한 찰나 사이에도 멀리 떠나지 않는 데에 회향합니다.

<진본화엄20, 08:10-12>

A: 如至一切處道[25(·)]如善根亦尒迴向一切衆生[41(·)]得不壞道[31(·),54(\)]超出三界[41(·),35(\.),13(·\),53(·.)]

B: 如至一切處道[ㄴ]如善根亦尒迴向一切衆生[乙]得不壞道[乙,ㅜ尒]超出三界[乙,(ㅅ)ㅣ,x수,ㅜ十]

---

110) 표준국어대사전에서 '만족하다'는 동사로 기술되어 있으나, 대격조사를 취하는 것으로는 뜻풀이가 되어 있지 않다.

111) 다음 예문을 참조할 수 있다.

衆ㄱ 妙物ㆍㅜ수乙 以ㆍㅜㅜ 乃ㆍㅜㅜ 至ㅣ 王位乙 皆ㄴ 能捨ㆍㅜㅜㅜ <화엄17:24-18:01>

112) '乃至'는 '一念'과 '未曾一念'을 연결한다.

C: 至一切處道ㄷ 如(乙ソㄅ) 如(支) 善根 亦(刀) 亦(X) 一切 衆生乙 不壞道乙 得 ろ 亦 三界乙 超出ㅅ || x 令 ろ 十 迴向(ソ 分)

D: 一切 處에 이르는 길의 眞如와 같이 善根도 그러하여 一切 衆生으로 하여금 不壞道를 얻어서 三界를 超出하게 하는 데에 迴向하며,

E: 진여는 모든 도에 이르는 것처럼 선근도 그와 같아서 일체 중생이 무너지지 않는 도를 얻어 삼계를 뛰어나는 데에 회향하고

<진본화엄20, 08:12-13>

A: 如有[52(丁)]#52(/·)]无[25(··)]如善根亦尒迴向一切諸有[=35(/)#25(/)#25(/')]淸淨[41(·),52(\)]知无所有[33(·),41(··),13(·\),53(·.)]

B: 如有[ろ]无[ヒㄴ]如善根亦尒迴向一切諸有[ㅣ]淸淨[x乙,ソろ]知无所有[ㄱ,ㅅ乙,x令,ろ十]

C: 有 ろ 无ㅌㄴ 如(乙ソㄅ) 如(支) 善根 亦(刀) 亦(X) 一切 諸有 || 淸淨 x 乙 ソ ろ 有 ㄱ 所 无 入 乙 知 x 令 ろ 十 迴向(ソ 分)

D: 有가 無 없는 眞如와 같이 善根도 그러하여 一切 諸有가 淸淨하여서 있는 바 없음을 아는 데에 迴向하며,

E: 진여는 있기도 하고 없기도 한 것처럼 선근도 그와 같아서 모든 있음은 청정하여 없는 것과 같은 데에 회향하며

<진본화엄20, 08:13-14>

A: 如淨[25(ㅗ)]如善根亦尒迴向一切菩薩[44(·)]淨行[45(·)]出生无上菩提[25(·)]之具[41(·),53(/')]

B: 如淨[ソヒㄴ]如善根亦尒迴向一切菩薩[ㄹ]淨行[ㅺ]出生无上菩提[ㄴ]之具[乙,x十]

C: 淨ソㅌㄴ 如(乙ソㄅ) 如(支) 善根 亦(刀) 亦(X) 一切 菩薩ㄹ 淨行ㅺ 无上 菩提ㄴ{之} 具乙 出生 x 十 迴向(ソ 分)

D: 淨한 眞如와 같이 善根도 그러하여 一切 菩薩의 淨行으로 无上 菩提의 도구를 出生하는 데에 迴向하며,

E: 진여는 청정한 것처럼 선근도 그와 같아서 모든 보살의 깨끗한 행은 위 없는 보리의 도구를 내는 데에 회향하고

<진본화엄20, 08:14-15>

A: 如明淨[25(ㅗ)]如善根亦尒迴向得菩薩一切三昧[25(·)]明淨[25(ㅗ)]之心[41(·),13(\),53(·)]

B: 如明淨[ヽㅌㄴ]如善根亦尒迴向得菩薩一切三昧[ㄴ]明淨[ヽㅌㄴ]之心[乙,x亽,ㅕ十]

C: 明淨ヽㅌㄴ 如(乙ヽㄕ) 如(攴) 善根 亦(刀) 尒(X) 菩薩 一切 三昧ㄴ 明淨ヽㅌㄴ {之} 心乙 得 x亽ㅕ十 迴向(ヽ分)

D: 明淨한 眞如와 같이 善根도 그러하여 菩薩 一切 三昧의 明淨한 마음을 얻는 데에 廻向하며,

E: 진여는 밝고 깨끗한 것처럼 선근도 그와 같아서 보살의 모든 삼매의 밝고 깨끗한 마음에 회향합니다.

<진본화엄20, 08:15-16>

A: 如離垢[25(ㅗ)]如善根亦尒迴向離一切垢[41(·)]¹¹³⁾淨心滿足[53(/)]

B: 如離垢[ヽㅌㄴ]¹¹⁴⁾如善根亦尒迴向離一切垢[乙]淨心滿足[x十]

C: 離垢ヽㅌㄴ 如(乙ヽㄕ) 如(攴) 善根 亦(刀) 尒(X) 一切 垢乙 離 淨心 滿足x十 迴向(ヽ分)

D: 離垢한 眞如와 같이 善根도 그러하여 一切의 번뇌를 떠나 淨心이 滿足하는¹¹⁵⁾ 데에 廻向하며,

E: 진여는 더러운 때를 떠난 것처럼 선근도 그와 같아서 일체의 때를 떠나 깨끗한 마음을 완성하는 데에 회향하고

<진본화엄20, 08:16-18>

A: 如无我所[25(··)]如善根亦尒迴向攝取无我[11(·)]我所[11(·),13(ㅗ),42(·)]淸淨[25(ㅗ)]之心[41(·),54(\)]充滿十方[25(·)]一切佛利[53(:),53(/)]

B: 如无我所[ㅌㄴ]如善根亦尒迴向攝取无我[氵]我所[氵,ノ亽,氵]淸淨[ヽㅌㄴ]之心[乙,氵亦]充滿十方[ㄴ]一切佛利[氵十,x十]

C: 我所 无(ㄱ)ㅌㄴ¹¹⁶⁾ 如(乙ヽㄕ) 如(攴) 善根 亦(刀) 尒(X) 我氵 我所氵ノ亽 无氵 淸淨ヽㅌㄴ

---

113) 이점본에 +54(\)의 흔적이 있으나 점토로 파악한 것 같지 않다. 그러나 이 부분에는 연결어미에 해당하는 점토가 기대되기도 한다.
114) 25(ㄴ)을 'ヽㅌㄴ'으로 파악했으나, 'xㄴ'으로 볼 수도 있다.
115) 1차 강독 때에는 '滿足하다'가 석독구결에서 양용동사로 쓰이는 것을 참고하여 '淨心이 滿足해짐'으로 현대역하였다.

{之} 心乙 攝取(ㅅ)ㅣ氵ホ 十方ㅅ 一切 佛刹氵十 充滿x十 迴向(ㅅ彳)

D: 我所 없는 眞如와 같이 善根도 그러하여 我니 我所니 하는 것이 없어 淸淨한 마음을 攝取하여서 十方의 一切 佛刹에 充滿하는 데에 迴向하며,

E: 진여는 내 것이 없는 것처럼 선근도 그와 같아서 나와 내 것이 없는 청정한 마음을 거두어 시방의 모든 부처 세계에 충만하는 데에 회향하며

<진본화엄20, 08:18-20>

A: 如平等[25(ㅗ)]如善根亦尒迴向得无盡一切智[41(·),54(\)]{33(|)}永[42(·)]離癡愛[41(·),34(·)]普照一切[=41(·),53(/)]

B: 如平等[ㅅㅌㅅ]如善根亦尒迴向得无盡一切智[乙,氵ホ]永[氵]離癡愛[乙,口]普照一切[乙,x十]

C: 平等ㅅㅌㅅ 如(乙ㅅ尸) 如(支) 善根 亦(刀) 尒(X) 无盡 一切智乙 得氵ホ 永氵[117] 癡愛乙 離口 普(刂) 一切乙 照x十 迴向(ㅅ彳)

D: 平等한 眞如와 같이 善根도 그러하여 끝없는 一切智를 얻어서 영원히 癡愛를 떠나 널리 一切를 비추는 데에 迴向하며,

E: 진여는 평등한 것처럼 선근도 그와 같아서 끝없는 일체지를 얻고 우치와 욕망을 아주 떠나 일체를 두루 비추는 데에 회향하고

<진본화엄20, 08:20-21>

A: 如无數[25(·)?]如善根亦尒迴向一切智乘[25(·)]力[45(·)]住巧方便[53(:),54(\)]法雲[45(·)]普覆一切世界[41(·),53(/)]

B: 如无數[ㅌ]如善根亦尒迴向一切智乘[ㅌ]力[灬]住巧方便[氵十,氵ホ]法雲[灬]普覆一切世界[乙,x十]

C: 无數ㅌ 如(乙ㅅ尸) 如(支) 善根 亦(刀) 尒(X) 一切智 乘ㅌ 力灬 巧 方便 氵十 住(ㅅ)氵ホ 法雲

---

116) 다음 예문을 참조할 수 있다.
若 能 四攝法 成就ㅅㅌ尸入1 則 衆生氵十 限⼃ 無1ㅌㅅ 利⼃尸入1 與ㅅㅌ禾彳 <화엄12:08>
或 無常氵 衆苦氵ノ수ㅅ 門 以 或 我氵 壽者氵ノ수 無1ㅌㅅ 門 以 或 不淨離欲門 以 或 滅盡三昧門乙 以⼃尸刀ㅅナ氵 <화엄17:16>

117) 다음 예문을 참조할 수 있다.
{於}現法ㅅ 中氵十 已氵 永氵 斷絶ㅅㅎ <유가31:16-17>

··· 普(ㅣ) 一切 世界乙 覆x十 迴向(ソ分)

D: 无數의 眞如와 같이 善根도 그러하여 一切智의 乘의 힘으로 교묘한 方便에 住하여서 法雲으로 널리 一切 世界를 덮는 데에 迴向하며,

E: 진여는 수가 없는 것처럼 선근도 그와 같아서 일체지의 법의 힘으로 교묘한 방편에 머물면서 법의 구름으로 일체 세계를 두루 덮는 데에 회향합니다.

<진본화엄20, 08:21-22>

A: 如平等[22(‥)]住[25(ㅗ)]如善根亦尒迴向一切衆生[41(·)]具菩薩[44(·)]行[41(·),54(·-)#54(-),54(\)]^[118] 住一切智[53(:),35(\),13(·\),53(·)]

B: 如平等[ᅔ]住[ソㅌㄴ]如善根亦尒迴向一切衆生[乙]具菩薩[尸]行[乙,ㄱ,ᅀ,ホ]住一切智[ᄒ十,(ᄉ)ㅣ,xᄉ,ᅩ十]

C: 平等ᅔ 住ソㅌㄴ 如(乙ソ尸) 如(支) 善根 亦(刀) 尒(X) 一切 衆生乙 菩薩尸 行乙 具ㄱᄒ ホ 一切智ᄒ十 住ᄉㅣx令ᅩ十 迴向(ソ分)

D: 平等히 住하는 眞如와 같이 善根도 그러하여 一切 衆生으로 하여금 菩薩의 行을 갖추어서 一切智에 住하게 하는 데에 迴向하며,

E: 진여가 평등하게 머무르는 것처럼 선근도 그와 같아서 일체 중생이 보살행을 갖추어 일체지에 머무르는 데에 회향하고

<진본화엄20, 08:22-24>

A: 如分別一切衆生界[41(·),25(ㅜ)]如善根亦尒迴向一切善根現前[52(\)]滿无㝵智[41(·),53(/)]

B: 如分別一切衆生界[乙,xㅌ]如善根亦尒迴向一切善根現前[ソᅀ]滿无㝵智[乙,x十]

C: 一切 衆生界乙 分別xㅌ 如(乙ソ尸) 如(支) 善根 亦(刀) 尒(X) 一切 善根 現前ソᅀ 无㝵智乙 滿x十 迴向(ソ分)

D: 一切 衆生界를 分別하는 眞如와 같이 善根도 그러하여 一切 善根이 現前하여서 无㝵智를 채우는 데에 迴向하며,

E: 진여가 일체 중생계를 분별하는 것처럼 선근도 그와 같아서 일체 선근이 앞에 나타나 걸림 없는 지혜를 완성하는 데에 회향하며

---

118) 53 또는 43~53 위치에 'ᐯ' 또는 '!' 또는 'ㅣ'를 그었다가 지운 듯한 흔적도 있다.

<진본화엄20, 08:24-25>

A: 如一切衆生[52(丅)]語言[25(·)]如善根亦尒迴向解了一切諸語言[25(·)]法[41(·)?,53(/)]

B: 如一切衆生[ラ]語言[七]如善根亦尒迴向解了一切諸語言[七]法[乙,x十]

C: 一切 衆生ラ 語言七 如(乙ㆍ尸) 如(攴) 善根 亦(刀) 尒(X) 一切 諸 語言七 法乙 解了x十 迴向(ㆍ 分)

D: 一切 衆生의 語言의 眞如와 같이 善根도 그러하여 一切 모든 語言의 法을 解了하는 데에 迴向하며,

E: 진여는 일체 중생의 말인 것처럼 선근도 그와 같아서 모든 말의 법을 아는 데에 회향하고

<진본화엄20, 08:25-09:02>

A: 如不離一切衆生[41(·),24(·),25(⊥)]如善根亦尒迴向攝取一切衆生[41(·),54(\)]具足善根[41(·),52(·-)]遠離生死[41(·),35(\.),13(·\),53(·.)]

B: 如不離一切衆生[乙,攴,ㆍヒ七]如善根亦尒迴向攝取一切衆生[乙,氵ホ]具足善根[乙,氵八]遠離生死[乙,(ㅅ)刂,x令,ラ十]

C: 一切 衆生乙 離攴(尸) 不ㆍヒ七 如(乙ㆍ尸) 如(攴) 善根 亦(刀) 尒(X) 一切 衆生乙 攝取(ㆍ) 氵ホ 善根乙 具足(ㆍ) 氵八 生死乙 遠離ㅅ刂x令ラ十 迴向(ㆍ分)

D: 一切 衆生을 떠나지 않는 眞如와 같이 善根도 그러하여 一切 衆生을 攝取하여서 善根을 具足하여서 生死를 遠離하게 하는 데에 迴向하며,

E: 진여가 일체 중생을 떠나지 않는 것처럼 선근도 그와 같아서 일체 중생을 포섭하는 선근을 완전히 갖추어 생사를 멀리 떠나는 데에 회향합니다.

<진본화엄20, 09:02-03>

A: 如廣[25(⊥)]如善根亦尒迴向受持三世[25(·)]佛[42(-)]所說[12(|),25(·)]法[41(·),54(\)]修習菩薩[44(·)]離癡[25(·)]之行[41(·),53(-·)]

B: 如廣[ㆍヒ七]如善根亦尒迴向受持三世[七]佛[ㅅ]所說[勿丁,七]法[乙,氵ホ]修習菩薩[尸]離癡[七]之行[乙,ノ令十]

C: 廣ㆍヒ七 如(乙ㆍ尸) 如(攴) 善根 亦(刀) 尒(X) 三世七 佛ㅅ 說勿丁 所七 法乙 受持(ㆍ) 氵ホ 菩薩尸 離癡七{之} 行乙 修習ノ令十 迴向(ㆍ分)

D: 광대한 眞如와 같이 善根도 그러하여 三世의 부처님께서 說하신 바의 법을 受持하여서

菩薩의 離癡의 行을 修習하는 데에 廻向하며,

E: 진여가 광대한 것처럼 선근도 그와 같아서 삼세 부처님의 설법을 받들어 지니고 우치를 떠난 보살행을 닦는 데에 회향하고,

<진본화엄20, 09:03-05>

A: 如不休息[44(·),25(丁)]如善根亦尒廻向一切劫[53(:)]脩菩薩[44(·)]行[41(·),13(·|)]未曾[35(·.)]休息[44(·),52(·¬)]安處衆生[41(·)]於摩訶衍[53(:),35(\.),13(·\),53(·.)]

B: 如不休息[尸,x七]如善根亦尒廻向一切劫[3 十]脩菩薩[尸]行[乙,xム]未曾[刀]休息[尸, 3 八]安處衆生[乙]於摩訶衍[3 十,(ㅅ)ㅣ,x수,ラ十]

C: 休息尸 不x七 如(乙ン尸) 如(支) 善根 亦(刀) 尒(X) 一切 劫 3 十 菩薩尸 行乙 脩xム 曾刀 休息尸 末(ン) 3 八 衆生乙 {於}摩訶衍 3 十 安處ㅅㅣx수ラ十 廻向(ンか)

D: 쉬지 않는 眞如와 같이 善根도 그러하여 일체 劫에 보살의 행을 닦되 잠깐도 쉬지 않아 중생으로 하여금 마하연에 安處하게 하는 데에 廻向하며,

E: 진여가 쉬지 않는 것처럼 선근도 그와 같아서 모든 겁에서 쉬지 않고 보살행을 닦아 중생들을 마하연법에 편히 살게 하는 데에 회향하며,

<진본화엄20, 09:05-06>

A: 如一切法[53(:)]第一[25(··)][119], 경계선]如善根亦尒廻向開淨法門[41(·),54(\|)]无㝵淨念[45(·)]攝一切法[41(·),53(·′)]

B: 如一切法[3 十]第一[ㅌ七]如善根亦尒廻向開淨法門[乙, 3 㐌]无㝵淨念[ﾑ]攝一切法[乙,x十]

C: 一切法 3 十 第一(ㅣ)ㅌ七 如(乙ン尸) 如(支) 善根 亦(刀) 尒(X) 淨 法門乙 開(ン) 3 㐌 无㝵淨念… 一切法乙 攝x十 廻向(ンか)

D: 一切法에서 第一인 眞如와 같이 善根도 그러하여 淨法門을 開하여서 无㝵淨念으로 일체법을 攝하는 데에 廻向하며,

E: 진여가 모든 법에서 제일인 것처럼 선근도 그와 같아서 깨끗한 법문을 열고 걸림없는 깨끗한 생각으로 모든 법을 포섭하는 데에 회향하고,

---

119) 구분선이 있는 듯도 하다.

<진본화엄20, 09:06-08>

A: 如无量[33(·)]讚歎[25(|·)]如善根亦尒迴向得无量[33(·)]讚歎[25(|·)]智慧[11(·)]菩薩[44(·)]實行[11(·),41(:),13(·\),53(·.)]

B: 如无量[ㄱ]讚歎[xヒ]如善根亦尒迴向得无量[ㄱ]讚歎[xヒ]智慧氵菩薩尸實行[氵,ノ令乙,x令,ㅋ十]

C: 量 无ㄱ 讚歎xヒ 如(乙ソ尸) 如(攴) 善根 亦(刀) 尒(X) 量 无ㄱ 讚歎xヒ 智慧氵 菩薩尸 實行 氵ノ令乙 得x令ㅋ十 迴向(ソ分)

D: 한량없는 讚歎의 眞如와 같이 善根도 그러하여 한량없는 讚歎의 智慧이니 보살의 實行이니 하는 것을 얻는 데에 廻向하며,

E: 진여는 한량없이 찬탄할 만한 것인 것처럼 선근도 그와 같아서 한량없이 찬탄하는 지혜와 보살의 진실한 행을 얻는 데에 회향합니다.

<진본화엄20, 09:08-09>

A: 如離熾燃[25(ㅗ)]如善根亦尒迴向離熾燃[25(ㅗ)]法[45(·)]滅除衆生[52(ㅜ)]熾燃[41(·),52(\)]令得淸淨[41(..),35(/),35(\.),13(·\),53(·.)]

B: 如離熾燃[ソヒヒ]如善根亦尒迴向離熾燃[ソヒヒ]法[灬]滅除衆生[ㅋ]熾燃[乙,ソ3]令得淸淨[x乙,ㅣㅣ,(令)ㅣㅣ,x令,ㅋ十]

C: 熾燃 離ソヒヒ 如(乙ソ尸) 如(攴) 善根 亦(刀) 尒(X) 熾燃 離ソヒヒ 法灬 衆生ㅋ 熾燃乙 滅除ソ3 淸淨x乙 得ㅣㅣ 令ㅣㅣx令ㅋ十 迴向(ソ分)

D: 熾燃을 떠난 眞如와 같이 善根도 그러하여 熾燃을 떠난 법으로 중생의 熾然을 滅除하여 청정함을 얻게 하는 데에 廻向하며,

E: 진여가 번뇌[熾然]를 떠난 것처럼 선근도 그와 같아서 번뇌를 떠나 중생의 번뇌를 멸하여 청정하게 하는 데에 회향하고,

<진본화엄20, 09:09-11>

A: 如不動[25(ㅜ)]如善根亦尒迴向善根[35(/)]安住不動[54(\)]滿足普賢菩薩[44(·)]願行[41(·),53(´)]

B: 如不動[xヒ]如善根亦尒迴向善根[ㅣ]安住不動[3尒]滿足普賢菩薩[尸]願行[乙,x十]

C: 動(尸) 不xヒ 如(乙ソ尸) 如(攴) 善根 亦(刀) 尒(X) 善根ㅣ 安住 不動(ソ)3 尒 普賢菩薩尸 願行乙 滿足x十 迴向(ソ分)

D: 움직이지 않는 眞如와 같이 善根도 그러하여 善根이 安住 不動하여서 普賢菩薩의 願行을 만족하는 데에 廻向하며,

E: 진여는 흔들리지 않는 것처럼 선근도 그와 같아서 선근에 편히 머물러 흔들리지 않고 보현보살과 원과 행을 원만하게 하는 데에 회향하며,

<진본화엄20, 09:11-13>

A: 如諸佛[42(-)]境界[25(·)]如善根亦尒迴向一切衆生[52(丁)]智慧[25(·)]境界[41(·)]皆悉[42(·)]滿足[54(\)]除滅一切煩惱[25(·)]境界[41(·),53(/)]

B: 如諸佛[ㄴ]境界[ㄷ]如善根亦尒迴向一切衆生[⺈]智慧[ㄷ]境界[乙]皆悉[氵]滿足[氵ホ]除滅一切煩惱[ㄷ]境界[乙,x十]

C: 諸佛ㄴ 境界ㄷ 如(乙ㄚㄕ) 如(攴) 善根 亦(刀) 尒(X) 一切 衆生⺈ 智慧ㄷ 境界乙 皆 悉氵 滿足(ㄥ)氵ホ 一切 煩惱ㄷ 境界乙 除滅x十 迴向(ㄥ㫄)

D: 모든 부처 경계의 眞如와 같이 善根도 그러하여 일체 중생이 지혜의 경계를 모두 다 만족시켜서[120] 일체 번뇌의 경계를 除滅하는 데에 廻向하며,

E: 진여가 모든 부처님의 경계인 것처럼 선근도 그와 같아서 일체 중생이 지혜의 경계를 다 완성하고 모든 번뇌 경계를 멸하는 데에 회향하고,

<진본화엄20, 09:13-14>

A: 如不可壞[42(·),24(\),12(:),25(··)]如善根亦尒迴向善根[35(/)]一切魔[42(丁)]業[45(·)]所[121]不能壞[44(·)?,35(·),14(·),21(/)]悉能[=24(·)?]調伏衆耶[122][11(·)]外道[11(·),41(:),53(/)]

B: 如不可壞[氵,ㄱ훕?,ㄥㄱ,ㅌㄷ]如善根亦尒迴向善根[川]一切魔[⺈]業[灬]所不能壞[尸,矢,尸,X] 悉能[攴]調伏衆耶[氵]外道[氵,ㄥ㫄,x十]

C: 壞氵ㄱ훕{可}(ㄷ)ㄥ ㄴㅌ 不(矢)ㅌㄷ 如(乙ㄚㄕ) 如(攴) 善根 亦(刀) 尒(X) 善根川 一切 魔⺈ 業灬 壞尸 不能(川)矢(ㄥ)尸 所X 悉 能攴 衆耶氵 外道氵ㄥ㫄乙 調伏x十 迴向(ㄥ㫄)

D: 무너뜨릴 수 없는 眞如와 같이 善根도 그러하여 善根이 일체 魔의 業으로 무너뜨릴 수 없는 바이어서 다 능히 衆耶이니 外道니 하는 것을 調伏하는 데에 廻向하며,

---

120) 타동사 '滿足'을 '만족시키다'로 번역하였다.
121) '所'자는 이체자이다.
122) '邪'자는 이체자이다.

E: 진여는 깨뜨릴 수 없는 것인 것처럼 선근도 그와 같아서 어떤 마군의 업도 그것을 깨뜨릴 수 없고, 온갖 삿된 외도들을 다 항복 받는 데에 회향합니다.

<진본화엄20, 09:14-16>

A: 如非可脩[24(\),35(·),45(|·),51(·)]非不可脩[24(\),12(:),45(|·),25(··)]如善根亦尒迴向離一切脩[35(/)]非脩[25(·)]虛妄[=41(·),34(·)?]斷一切虛妄[41(·),53(/)]

B: 如非可脩[ᄀᄒ?,矢,X,分]非不可脩[ᄀᄒ?,ㅅㄱ,X,ㅌㄴ]如善根亦尒迴向離一切脩[ㅣ]非脩[ㄴ]虛妄[乙,ㅁ]斷一切虛妄[乙,x十]

C: 脩ᄀᄒ{可}(ㅌㄴㄱ) 非癸X分 脩ᄀᄒ{可}(十)ㄱ 不 非Xㅌㅏ 如(乙ㅅ尸) 如(支) 善根 亦 (刀) 尒(X) 一切 脩ㅣ 非ㄴ 虛妄乙 離ㅁ 一切 虛妄乙 斷x十 迴向(ㅅㅎ分)

D: 닦을 수 있는 것 아니며 닦을 수 없는 것 아닌 眞如와 같이 善根도 그러하여 일체 脩와 非脩의 허망을 떠나 일체 허망을 끊는 데에 廻向하며,

E: 진여가 닦을 것도 아니요 닦지 못할 것도 아닌 것처럼 선근도 그와 같아서 닦거나 닦지 않는다는 모든 허망을 떠나 일체의 허망을 끊는 데에 회향하고,

<진본화엄20, 09:16-18>

A: 如不退[25(丁)]如善根亦尒迴向常見一切諸佛[41(·),35(\),13(·|)]未曾[35(·.)]中[=53(:)]退[44(·),52(·-)]脩習莊嚴菩提[25(·)]之心[41(·),22(·)¹²³⁾,53(/)]

B: 如不退[xㄴ]如善根亦尒迴向常見一切諸佛[乙,白,xㅿ]未曾[刀]中[3十]退[尸,3八]脩習莊嚴菩提[ㄴ]之心[乙,ㅎ,x十]

C: 退(尸) 不xㄴ 如(乙ㅅ尸) 如(支) 善根 亦(刀) 尒(X) 常 一切 諸佛乙 見白xㅿ 曾刀 中 3十 退 尸 未 3 八 菩提ㄴ{之} 心乙 脩習(ㅅㅎ) 莊嚴(ㅅ)ㅎx十 迴向(ㅅㅎ分)

D: 물러나지 않는 眞如와 같이 善根도 그러하여 늘 일체 모든 부처님을 뵙되 잠깐도 가운데서 물러나지 않아 보리의 마음을 脩習하고 莊嚴하고 하는 데에 廻向하며,

E: 진여는 물러나지 않는 것처럼 선근도 그와 같아서 언제나 모든 부처님을 뵈오면서 물러나는 일이 없고 장엄한 보리심을 닦는 데에 회향하며,

---

123) 주본화엄경이라면 중복선이 올 위치이다.

晉本 『華嚴經』 卷第二十   133

<진본화엄20, 09:18-19>

A: 如一切語言[25(·)]如善根亦尒迴向分別一切語言[41(·)#41(.·),53(/)]
B: 如一切語言[ㄱ]如善根亦尒迴向分別一切語言[乙,x十]
C: 一切 語言ㄱ 如(乙ㆍ尸) 如(攴) 善根 亦(刀) 尒(X) 一切 語言乙 分別x十 迴向(ㆍ分)
D: 일체 語言의 眞如와 같이 善根도 그러하여 일체 語言을 분별하는 데에 廻向하며,
E: 진여는 일체의 말인 것처럼 선근도 그와 같아서 모든 말을 분별하는 데에 회향하고,

<진본화엄20, 09:19-20>

A: 如不着一切法[53(:),44(·),25(丁)]如善根亦尒迴向一切衆生[53(·.)]悉[42(·)]无所着[14(·),21(·),=52(·-)]#42~52(·-)]{41(·)}[124) 令一切衆生[41(·)]行普賢[25(·)]行[41(·),35(\.),13(·\),53(·.)]
B: 如不着一切法[ㆆ十,尸,xㄱ]如善根亦尒迴向一切衆生[ㆄ十]悉[ㆆ]无所着[尸,ㆆ,ㆆ八]令一切衆生[乙]行普賢[ㄱ]行[乙,(ㅅ)ㅣ,x亽,x十]
C: 一切法ㆆ十 着尸 不xㄱ 如(乙ㆍ尸) 如(攴) 善根 亦(刀) 尒(X) 一切 衆生ㆄ十 悉ㆆ 着(丿)尸 所ㆆ 无ㆆ八 一切 衆生乙 普賢ㄱ 行乙 行 令ㅣx亽x十 迴向(ㆍ分)
D: 一切法에 집착하지 않는 眞如와 같이 善根도 그러하여 일체 중생에게 다 집착하는 바 없어서[125) 일체 중생으로 하여금 普賢의 行을 행하게 하는 데에 廻向하며,
E: 진여는 모든 법에 집착하지 않는 것처럼 선근도 그와 같아서 일체 중생이 다 집착이 없고, 또 일체 중생들로 하여금 보현보살의 행을 행하게 하는 데에 회향합니다.

<진본화엄20, 09:20-22>

A: 如一切地[25(·)]如善根亦尒迴向一切衆生[41(·)]悉得隨順智慧[25(·)]之地[53(:).25(·),25(|·)]普賢[25(·)]莊嚴[41(·),35(/),13(·\),53(·.)]
B: 如一切地[ㄱ]如善根亦尒迴向一切衆生[乙]悉得隨順智慧[ㄱ]之地[ㆆ十,ㄱ,xㄱ]普賢[ㄱ]莊嚴[乙,ㅣx亽,ㆄ十]
C: 一切 地ㄱ 如(乙ㆍ尸) 如(攴) 善根 亦(刀) 尒(X) 一切 衆生乙 悉 智慧ㄱ{之} 地ㆆ十 隨(ㄱ) 順ㄱxㄱ 普賢ㄱ 莊嚴乙 得ㅣx亽ㆄ十 迴向(ㆍ分)

---

124) 이점본에는 있지만 형태상 단점보다 굵고 통사 구조상으로도 없는 것이 낫다.
125) 이 부분을 "없게 하여" 또는 "없이 하여"로 해석하자는 의견들도 있었다.

D: 일체 地의 眞如와 같이 善根도 그러하여 일체 중생으로 하여금 다 지혜의 地에 따르는 보현의 장엄을 얻게 하는 데에 廻向하며,
E: 진여가 일체의 지위인 것처럼 선근도 그와 같아서 일체 중생이 다 지혜의 지위를 따르고 보현보살의 장엄을 얻는 데에 회향하고,

<진본화엄20, 09:22-24>
A: 如不可斷[52(\),24(\),12(:),35(·),25(‥)]如善根亦尒廻向一切法[25(·)]中[=53(:)]得无畏[=44(·)#34(·),22(·)]无斷[44(·),22(·),25(|·)]一切語言[41(·)54(\)]周滿具足[22(·),52(·-)]能[24(·)]廣[35(/)]演說[53(/)]단소

B: 如不可斷[ㆍ氵,ᅐᅙ?,ᆢᄀ,矢,ㅌㄴ]如善根亦尒廻向一切法[ㄴ]中[氵ナ]得无畏[尸,ᅙ]无斷[尸,ᅙ,xㄴ]一切語言[乙,氵ホ]周滿具足[ᅙ,氵八]能[攴]廣[刂]演說[xナ]

C: 斷ㆍ氵ᅐᅙ{可}(ㄴ)ㆍᄀ 不矢ㅌㄴ 如(乙ㆍ尸) 如(攴) 善根 亦(刀) 尒(X) 一切法ㄴ 中氵ナ 畏尸 无ᅙ 斷尸 无ᅙxㄴ 一切 語言乙 得氵ホ 周滿(ㆍᅙ) 具足(ㆍ)ᅙ(ㆍ)氵八 能攴 廣刂 演說x ナ 廻向(ㆍ氵)

D: 끊을 수 없는 眞如와 같이 善根도 그러하여, 일체 법의 가운데에서 두려움 없고 끊임 없고 한 일체 언어를 얻어서, 周滿하고 具足하고 하여 능히 널리 연설하는 데에 廻向하며,
E: 진여는 끊을 수 없는 것처럼 선근도 그와 같아서 모든 법에 대해 두려움도 없고 끊는 일도 없이, 모든 말을 완전히 갖추어 널리 연설하는 데에 회향하며,

<진본화엄20, 09:24-26>
A: 如无漏[25(·)]如善根亦尒廻向一切衆生[31(·)]皆令具足无漏善根{41(·)}[126)]菩提[25(·)]之心[41(·),52(·-)]逮[127)]得法智[41(·),54(\)]解了分別[35(\.),13(·\),53(·.)][128)]

B: 如无漏[ㄴ]如善根亦尒廻向一切衆生[乙]皆令具足无漏善根菩提[ㄴ]之心[乙,氵八]逮得法智[乙,氵ホ]解了分別[(ㅅ)刂,x수,ㅋナ]

C: 无漏ㄴ 如(乙ㆍ尸) 如(攴) 善根 亦(刀) 尒(X) 一切 衆生乙 皆 无漏 善根 菩提ㄴ{之} 心乙 具足(ㆍ)氵八 法智乙 逮得(ㆍ)氵ホ 解了 分別 令刂x수ㅋナ 廻向(ㆍ氵)

---

126) 현토자가 애초에 '具足'의 목적어를 여기까지로 파악하여 '41(·)'을 기입한 것으로 보인다.
127) '逮'자는 '逯'과 비슷한 모양의 이체자이다.
128) '解了分別'에 4자합부가 보이는 듯도 하다.

D: 无漏의 眞如와 같이 善根도 그러하여 일체 중생으로 하여금 모두 无漏 善根과 보리의 마음을 구족하여 法智를 逮得해서 解了 分別하게 하는 데에 廻向하며,

E: 진여는 번뇌가 없는 것처럼 선근도 그와 같아서 일체 중생들로 하여금 다 번뇌 없는 선근과 보리의 마음을 갖추고, 법의 지혜를 얻어 깨닫고 분별하는 데에 회향합니다.

<진본화엄20, 09:26-10:02>

A: 如无有覺法[51(·)]无有滅法[25(··)]如善根亦尒迴向覺悟一切諸法[41(·),13(··)]於一念頃[53(:)]皆悉[42(·)]充滿无量[33(·)]法界[53(:),53(/)]

B: 如无有覺法[彡]无有滅法[ヒヒ]如善根亦尒迴向覺悟一切諸法[乙,xム]於一念頃[彡十]皆悉[彡]充滿无量[ㄱ]法界[彡十,x十]

C: 覺法 无有彡 滅法 无有ヒヒ 如 如(支) 善根 亦(X) 尒(X) 一切 諸法乙 覺悟xム {於}一念 頃 彡十 皆 悉彡 量 无ㄱ 法界 彡十 充滿x十 迴向(ㆍ彡)

D: 覺法 없으며 滅法 없는 眞如와 같이 善根도 그러하여, 일체 모든 법을 覺悟하되 一念 사이에 모두 다 한량없는 法界에 충만하는 데에 廻向하며,

E: 진여에는 깨닫는 법도 없고 멸하는 법도 없는 것처럼 선근도 그와 같아서 모든 법을 깨닫고 한 찰나 사이에 한량없는 법계를 다 채우는 데에 회향하고,

<진본화엄20, 10:02-04>

A: 如過去[35(··)]非同[35(·),51(·)]未來[35(··)]非故[35(·),51(·)]現在[=35(··)]非異[129][25(··)]如善根亦尒迴向發起新[51(·/)#51(·)]新[25(|·)]菩提心願[41(·),52(·-)]除滅生死[41(·)#41(:),22(·)]清淨衆生[41(·),22(·),53(/)]

B: 如過去[刀]非同[矢,彡]未來[刀]非故[矢,彡]現在[刀]非異[ヒ十]如善根亦尒迴向發起新[x彡]新[xヒ]菩提心願[乙, 彡八]除滅生死[乙,ㆆ]清淨衆生[乙,ㆆ,x十]

C: 過去刀 同 非矢彡 未來刀 故 非矢彡 現在刀 異 非(矢)ヒヒ 如(乙ㆍ尸) 如(支) 善根 亦(刀) 尒(X) 新x彡 新xヒ 菩提心願乙 發起(ㆍ)彡八 生死乙 除滅(ㆍ)ㆆ 衆生乙 清淨(ㆍ)x十 迴向(ㆍ彡)

D: 과거도 같은 것 아니며 미래도 옛것 아니며 현재도 다른 것 아닌 眞如와 같이 善根도 그

---

129) '異'자의 아래쪽에 한 획이 없다.

러하여, 새롭디 새로운 菩提心願을 일으켜서 生死를 멸하고 衆生을 청정하게 하고 하는 것에 廻向하며,

E: 진여는 과거에 있어서 같은 것도 아니었고 미래에 가서 옛것도 아닐 것이며, 현재에 달라질 것도 아닌 것처럼 선근도 그와 같아서 새록새록 보리심을 일으키고 생사를 멸하며 중생을 청정하게 하는 데에 회향하며,

<진본화엄20, 10:04-06>

A: 如三世[25(·)]中[=53(:)]不取虛妄[41(·),44(·),25(ㅜ)]如善根亦尒廻向過去[11(·)]未來[11(·),13(ㅗ)]皆悉淸淨[52(·)#42~52(·)]現在[53(:),35(·.)?]念念[53(:),55(·)]現成正覺[41(·),41(-),35(·.),53(/),51(·)]

B: 如三世[乙]中[ㅣ]不取虛妄[乙,尸,xㄴ]如善根亦尒廻向過去[ㄱ]未來[ㄱ,ノ亼]皆悉淸淨[分]現在[ㅣ,刀]念念[ㅣ,ㅣ]現成正覺[乙,ㅎㄱ入乙,ㅁ,x十,分]

C: 三世ㄴ 中ㅣ 虛妄乙 取尸 不xㄴ 如(乙ノ尸) 如(支) 善根 亦(刀) 尒(X) 過去ㄱ 未來ㄱノ亼 皆 悉(ㄱ) 淸淨(ㅅ)分 現在ㅣ刀 念念ㅣ(ヶ)ㅣ 正覺乙 成ㅎㄱ入乙 現ㅁx十 廻向(ㅅ)分

D: 三世 중에 虛妄을 취하지 않는 眞如와 같이 善根도 그러하여, 과거니 미래니 하는 것이 모두 다 청정하며, 현재에도 念念마다 正覺을 이룸을 나타내는 것에 廻向하며,

E: 진여는 삼세에 허망을 취하지 않는 것처럼 선근도 그와 같아서 과거와 미래에 다 청정하고 현재에는 찰나찰나에 정각을 이루는 데에 회향합니다.

<진본화엄20, 10:06-07>

A: 如一切諸佛[35(/)]菩薩具足[12(|)#12(i)]如善根亦尒廻向一切衆生[41(·)]具足佛智[11(·)]大願方便[11(·),41(:),35(\.),13(·\),53(·.)]

B: 如一切諸佛[ㅣ]菩薩具足[ㅎㄱ]如善根亦尒廻向一切衆生[乙]具足佛智[ㄱ]大願方便[ㄱ,ノ亼乙,(ㅅ)ㅣ,x亼,ㅎ十]

C: 一切 諸佛ㅣ 菩薩 具足(ㅅ)ㅎㄱ 如(乙ノ尸) 如(支) 善根 亦(刀) 尒(X) 一切 衆生乙 佛智ㄱ 大願方便ㄱノ亼乙 具足ㅅㅣx亼ㅎ十 廻向(ㅅ)分

D: 일체 여러 부처와 보살의 具足하신 眞如와 같이 善根도 그러하여, 일체 중생으로 하여금 부처의 지혜니 大願方便이니 하는 것을 具足하게 하는 것에 廻向하며,

E: 진여를 모든 부처님과 보살이 갖추고 있는 것처럼 선근도 그와 같아서 일체 중생이 부처

님의 지혜와 큰 서원과 방편을 갖추는 데에 회향하고,

<진본화엄20, 10:08-09>

A: 如常淨[54(\)]无染汙[25(‥)]如善根亦尒迴向一切衆生[41(·)]悉除煩惚[130][41(·),22(·)]一切種智[41(·)]淸淨滿足[35(\.),13(·\),53(·.),55(/)]

B: 如常淨[3 尒]无染汙[ㄱㅌヒ]如善根亦尒迴向一切衆生[乙]悉除煩惚[乙,ㆄ]一切種智[乙]淸淨滿足[(ㅅ)ㅣㅣ,xㅅ,ㅋ十,xㅣ]

C: 常(ㅣ) 淨(ﾉ) 氵 尒 染汙 无ㄱㅌヒ 如(乙ﾉア) 如(攴) 善根 亦(刀) 尒(X) 一切 衆生乙 悉(氵) 煩惚乙 除ㆄ 一切種智乙 淸淨 滿足(ﾉㆄ)ㅅㅣㅣxㅅㅋ十 迴向(ﾉ㆔)xㅣ

D: 항상 청정하여서 더러움 없는 眞如와 같이 善根도 그러하여 일체 중생으로 하여금 다 번뇌를 없애고 一切種智를 청정·만족하게 하고 하게 하는 것에 廻向하며 한다.

E: 진여는 항상 청정하여 더러움이 없는 것처럼 선근도 그와 같아서 일체 중생들이 번뇌를 없애고 일체종지를 청정하게 하는 데에 회향합니다.

<진본화엄20, 10:09-10>

A: 菩薩摩訶薩[33(·)]如是迴向[25(丅)]時[11(·),53(·)]等一切佛刹[53(:),42(·),55(/)]淨一切世界[41(·),45(丅)]故[11(·)]

B: 菩薩摩訶薩[ㄱ]如是迴向[xヒ]時[氵,十]等一切佛刹[氵十,氵,xㅣ]淨一切世界[乙,ｱ入ㅿ]故[氵]

C: 菩薩摩訶薩ㄱ 是 如(攴) 迴向xヒ 時氵十 一切 佛刹 氵十 等 氵xㅣ 一切 世界乙 淨(ﾉ)ｱ入ㅿ 故 氵

D: 보살마하살은 이와 같이 廻向할 때에 일체 佛刹에 똑같이 한다. 일체 세계를 청정하게 하기 때문이다.

E: 보살마하살이 이렇게 회향할 때는 모든 부처세계를 평등하게 하나니 일체세계를 청정하게 하였기 때문이요,

<진본화엄20, 10:10-11>

A: 等一切世間[53(:),42(·),55(/)]轉不可壞[25(·)]淸淨法輪[41(·),45(丅)]故[11(·)]

---

130) 자형은 '惚'로 되어 있지만, 실제로는 '惱'의 이체자로 사용되었다.

B: 等一切世間[3 +, 3 ,x丨]轉不可壞[ヒ]清淨法輪[乙,尸入灬]故[;]
C: 一切 世間 3 + 等 3 x丨 不可壞ヒ 淸淨 法輪乙 轉(ソ)尸入灬 故 ;
D: 일체 세간에 똑같이 한다. 무너뜨릴 수 없는 청정한 法輪을 굴리기 때문이다.
E: 일체 세간을 평등하게 하나니 깨뜨릴 수 없는 청정한 법륜을 굴렸기 때문이며,

<진본화엄20, 10:11-12>

A: 等一切菩薩[53(·),42(·),55(/)]出生一切智願[41(·),45(丁)]故
B: 等一切菩薩[+, 3 ,x丨]出生一切智願[乙,尸入灬]故
C: 一切 菩薩(尸)[131] + 等 3 x丨 一切智願乙 出生(ソ)尸入灬 故(;)
D: 일체 보살에게 똑같이 한다. 일체 智願을 내기 때문이다.
E: 일체 보살이 평등하게 되나니 일체의 지혜와 서원을 내었기 때문이요,

<진본화엄20, 10:12>

A: 等[42(·)]觀諸佛[41(·),55(/)]无有二[44(·),55(\),45(丁)]故
B: 等[3]觀諸佛[乙,x丨]无有二[尸,x丨,尸入灬]故
C: 等 3 諸佛乙 觀x丨 二尸 无有x丨(ソ)尸入灬 故(;)
D: 똑같이 모든 부처를 본다. 둘 없다 하기 때문이다.
E: 모든 부처님을 평등하게 보나니 둘이 없기 때문이며,

<진본화엄20, 10:12-13>

A: 等觀諸法不壞自性[41(·),44(·)?,45(丁)]故
B: 等觀諸法不壞自性[乙,尸,尸入灬]故
C: 等(3) 諸法(乙) 觀(x丨) 自性乙 壞尸 不(ソ)尸入灬 故(;)

---

131) 다음 예문을 참조할 수 있다.
　　其 所 3 + 至 3 菩薩尸+ 告ソ 3 言白ナ尸丁 <화소15:19-20>
　　獨覺ラ 涅槃乙 如實知 {於}菩薩尸+ 如實知 菩薩尸 法乙 如實知 菩薩集如實知 <화소17:19-18:03>
　　爾ー セソ 1 時+ 智首菩薩 1 文殊師利菩薩尸+ 問 3 言ゝ尸 <화엄01:04>
　　端正人乙 見 當願衆生 {於}佛刂 菩薩尸+ 常刂 淨信乙 生ソヒ立 <화엄06:08>
　　報恩人乙 見 當願衆生 {於}佛刂 菩薩尸+ 能支 恩德乙 知ヒ立 <화엄06:10>
　　菩提心ヒ 功德乙 顯示ソ{欲}ハソ 1 尸入灬 {故支} 偈乙 以 3 賢首菩薩尸+ 問 3 曰ニ尸 <화엄08:20-22>

D: 똑같이 모든 법을 본다. 自性을 무너뜨리지 않기 때문이다.
E: 모든 법을 평등하게 보나니 그 자성을 깨뜨리지 않기 때문이요,

<진본화엄20, 10:13-14>
A: 等觀三世巧方便智[45(·)]解[132)]語言[25(·)]道[41(·),45(丁)]故
B: 等觀三世巧方便智[灬]解語言[七]道[乙,尸入灬]故
C: 等(3) 三世(乙) 觀(x丨) 巧 方便智灬 語言七 道乙 解(ソ)尸入灬 故(ミ)
D: 똑같이 三世를 본다. 교묘한 방편 지혜로 언어의 道를 알기 때문이다.
E: 삼세를 평등하게 보나니 묘한 방편으로 말의 길을 잘 알기 때문입니다.

<진본화엄20, 10:14>
A: 一切菩薩[44(·)]行[53(:)]#53(·)]等[55(/)]所[133)]種[12(·),25(·)?]善根悉[134)]能[=24(·)]迴向[45(丁)]故
B: 一切菩薩[尸]行[3 十]等[x丨]所種[フ,七]善根悉能[攴]迴向[尸入灬]故
C: 一切 菩薩尸 行 3 十 等(3)x丨 種(罒)フ 所七 善根 悉(3) 能攴 迴向(ソ)尸入灬 故(ミ)
D: 일체 보살의 行에 똑같이 한다. 심은 바의 善根이 다 능히 廻向하기 때문이다.
E: 일체 보살의 행이 평등하게 되나니 심은 선근을 다 회향하였기 때문이요,

<진본화엄20, 10:14-15>
A: 知一切時[41(·),54(\)]隨時[41(·),53(\.)]脩習[55(/)]不捨佛事[41(·),44(·),45(丁)]故
B: 知一切時[乙, 3 ホ]隨時[乙,ヮ]脩習[x丨]不捨佛事[乙,尸,尸入灬]故
C: 一切 時乙 知 3 ホ 時乙 隨ヮ 脩習x丨 佛事乙 捨尸 不(ソ)尸入灬 故(ミ)
D: 일체 시기를 알아서 시기를 따라 脩習한다. 佛事를 버리지 않기 때문이다.
E: 일체의 시기를 알고 그 때를 따라 수행하나니 불사를 버리지 않기 때문이며,

<진본화엄20, 10:15-16>
A: 一切業報[52(丁)]平等[41(··)#41(.·),54(\)#53(\)]不着[135)]世間[53(:),44(·),55(/)]出生離世[25(·)]善根

---
132) '解'자는 '角+人+手'의 형태를 가진 이체자이다.
133) '所'자는 '厂+丩+ヶ'의 형태를 가진 이체자이다.
134) '悉'자는 '米+心'의 형태를 가진 이체자이다.

[41(·),45(丅)]故

B: 一切業報[⇒]平等[入乙,ᢒ ホ]不着世間[ᢒ 十,尸,xㅣ]出生離世[七]善根[乙,尸入灬]故

C: 一切 業報⇒ 平等(ᄼㄱ)入乙(ᄼ)ᢒ ホ[136] 世間ᢒ 十 着尸 不xㅣ 離世七 善根乙 出生(ᄼ)尸入灬 故(ᣳ)

D: 일체 業報의 평등함을 하여서 세간에 집착하지 않는다. 세간을 여읜 善根을 내기 때문이다.

E: 일체 업보가 평등하게 되나니 세간에 집착하지 않고 세간을 떠난 선근을 내기 때문이요,

<진본화엄20, 10:16-17>

A: 神力自在[52(\)]與諸佛[42(-),25(·)]等[=55(/)]隨順世間[53(:),25(·),52(\)]等[42(·)]現佛事[41(·),45(丅)]故[11(·)]

B: 神力自在[ᄼᢒ]與諸佛[ᅩ,七]等[xㅣ]隨順世間[ᢒ 十,七,ᄼᢒ]等[ᢒ]現佛事[乙,尸入灬]故[ᣳ]

C: 神力 自在ᄼᢒ 諸佛ᅩ(乙)[137] 與七 等xㅣ 世間ᢒ 十 隨(ᄀ) 順七ᄼᢒ 等ᢒ 佛事乙 現(ᄀ)尸入灬 故ᣳ

D: 神力이 自在하여 모든 부처와 더불어 똑같다. 세간에 순응하여 똑같이 佛事를 나타내기 때문이다.

E: 신력이 자재하여 부처님들과 평등하게 되나니 세간에 순응해 평등하게 불사를 나타내기 때문입니다.

<진본화엄20, 10:17-18>

A: 佛子[42(·)]是[41(·)]名[14(·)#13(·)]菩薩摩訶薩[44(·)]第八如相迴向[11(·),31(··),55(·)]

B: 佛子[ᢒ]是[乙]名[尸]菩薩摩訶薩[尸]第八如相迴向[ᣳ,ノ乎,ナㅣ]

C: 佛子ᢒ 是乙 名尸[138] 菩薩摩訶薩尸 第八 如相迴向ᣳ ノ乎ナㅣ

---

135) '着'자는 이체자이다. '著'자와 자형이 매우 유사하나, '艹' 대신에 'ソ' 혹은 '一' 형태로 되어 있다.
136) 한문 원문에 없는 동사를 현토자가 보충해서 현토했다. 보충된 동사 'ᄼ-'는 바로 앞 문장에 나타난 동사 '知'의 대동사일 가능성이 있다.
137) 다음 예문을 참조할 수 있다.
　　彼乙 與七 同事ᄼᢒ ホ 悉 能支 忍ᄼᢒ 其乙 利益ᄼᢒ ホ <화엄18:12-13>
　　衆生乙 與七 同住ᄼ(乃?) 曾ハㅁㄱ 過咎 無ᄼ <화소23:14-17>
138) 다음 예문을 참조할 수 있다.
　　爾ᄼㄱ 時十 賢首菩薩ㄱ 偈乙 以ᢒ 答ᄼᢒ 曰ᅙ尸 <화엄09:01>

D: 불자여, 이것을 일컬어 보살마하살의 第八 如相廻向이라 한다.
E: 불자들이여, 이것이 보살마하살의 여덟째 진여 모습의 회향입니다.

<진본화엄20, 10:18-19>
A: 菩薩摩訶薩[33(·)]安住此廻向[53(:),12(|·),53(··),33(·)]
B: 菩薩摩訶薩[ㄱ]安住此廻向[3 十, 厼ㄱ, | 十, ㄱ]
C: 菩薩摩訶薩ㄱ 此 廻向 3 十 安住(ソ)厼ㄱ | 十ㄱ
D: 보살마하살은 이 廻向에 안주하면
E: 보살마하살은 이 회향에 편히 머물러

<진본화엄20, 10:19>
A: 得无量[51(·)]无邊[139)][33(·)]淸淨法門[41(·),=54(\)]
B: 得无量[ㆆ]无邊[ㄱ]淸淨法門[乙, 3 ホ]
C: 量 无ㆆ 邊 无ㄱ 淸淨 法門 乙 得 3 ホ
D: 한량없으며 끝없는 청정한 법문을 얻어서
E: 무량무변한 청정한 법문을 얻고,

<진본화엄20, 10:19>
A: 爲[140)]人中[25(\)]雄[41(!),22(·)]
B: 爲人中[3 七]雄[丨尸入乙, 寻]
C: 人 中 3 七 雄 丨尸{爲}入乙(ソ)寻
D: 사람 중의 영웅이 되고,
E: 인간의 장부가 되어

<진본화엄20, 10:19-20>
A: 而[45(·)]无所[141)]畏[14(·),42(·)]大師子吼[22(·)]

波斯匿王ㅣㅣ 名火? 曰白尸 月光ㅣㅣ ソ白 3 수ㄱ <구인02:24-03:01>
139) '邊'자는 이체자이다. '邊'의 일반적인 자체에서 나타나는 '丶丶' 대신 '一'이 사용되었다.
140) 약자이다. 일본식 약자와 동일한 형태이다.

B: 而[灬]无所畏[尸]大師子吼[ᄒ]
C: 而灬 畏(丿)尸¹⁴²⁾ 所 无 ᅌ 大師子吼(丷)ᄒ
D: 두려워하는 바 없어 큰 사자후를 하고
E: 두려움 없이 크게 사자후하며,

<진본화엄20, 10:20>

A: 成就¹⁴³⁾无量[51(·)]无數[33(·)]菩薩[41(·),22(·)]
B: 成就无量[分]无數[ㄱ]菩薩[乙,ᄒ]
C: 量 无分 數 无ㄱ 菩薩乙 成就(丷)ᄒ
D: 한량없으며 수없는 보살을 성취하고,
E: 한량없는 보살을 성취하되

<진본화엄20, 10:20-21>

A: 於一切時[11(·)?,53(·)]未曾[35(··)]休息[44(·),51(·)]
B: 於一切時[十]未曾[35(··)]休息[尸,x分]
C: {於}一切 時ᄅ十 曾(八ᄒ)刀 休息尸 未(丷)ᄒx分
D: 모든 때에 조금도 휴식하지 않고 하며,
E: 잠시도 쉬지 않고,

<신본화엄20, 10:21-22>

A: 得佛[42(-)]无量[51(·)]无邊[33(·)]滿足身[41(·),54(\)]一身[41(·)]充滿一切世界[53(:),52(·)]
B: 得佛[ᄃ]无量[分]无邊[ㄱ]滿足身[乙,ᄅ尔]一身[乙]充滿一切世界[ᄅ十,分]
C: 佛ᄃ 量 无分 邊 无ㄱ 滿足 身乙 得ᄅ尔 一身乙 一切 世界ᄅ十 充滿(丷)分
D: 부처의 한량없으며 끝없는 원만한 몸을 얻어서, 一身을 일체 세계에 가득 채우며,
E: 부처님의 무량무변하고 원만한 몸을 얻어 한 몸이 모든 세계에 가득 차며,

---

141) '所'자는 '厂+ㅛ+ケ'의 형태를 가진 이체자이다.
142) 보충한 구결자는 'ᄒ'일 가능성도 있다.
143) '就'자는 이체자이다. '京'자 부분에서 아래쪽의 'ㅣ'가 '口' 내부까지 들어가면서 그 맨 윗부분이 왼쪽으로 꺾여 있다.

<진본화엄20, 10:22-23>

A: 得佛[42(-)]无量[51(·)]无邊滿足音聲[41(·),54(\)]發一音聲[41(·)?,52(·-)]一切衆生[53(·.)]无不聞[44(·),25(ㅗ)]者[51(·\)]

B: 得佛[ㄴ]无量[分]无邊滿足音聲[乙,3 㖈]發一音聲[乙,3 八]一切衆生[㋡+]无不聞[尸,ㅇㅌㄴ]者[x分]

C: 佛ㄴ 量 无分 邊 无(ㄱ) 滿足 音聲乙 得 3 㖈 一 音聲乙 發(ㅇ) 3 八 一切 衆生㋡+ 聞尸 不 ㅇㅌㄴ 者 无x分

D: 부처의 한량없으며 끝없는 원만한 음성을 얻어서, 한 음성을 내어서 일체 중생 중에 듣지 않는 자 없으며,

E: 부처님의 무량무변하고 원만한 음성을 얻어 한 소리만 내어도 일체 중생들이 모두 들으며,

<진본화엄20, 10:23-24>

A: 得佛[42(-)]无量[51(·)]无邊滿足力[41(·),54(\)]於一毛道[53(:)#53(·.)]安置一切世界[41(·),52(·)]

B: 得佛[ㄴ]无量[分]无邊[ㄱ]滿足力[乙,3 㖈]於一毛道[3+]安置一切世界[乙,分]

C: 佛ㄴ 量 无分 邊 无(ㄱ) 滿足 力乙 得 3 㖈 {於}一毛道 3+ 一切 世界乙 安置(ㅇ)分

D: 부처의 한량없으며 끝없는 원만한 힘을 얻어서, 한 털구멍에 일체 세계를 安置하며,

E: 부처님의 무량무변하고 원만한 힘을 얻어 한 털구멍에 일체 세계를 모두 수용합니다.

<진본화엄20, 10:24-25>

A: 得佛[42(-)]无量[51(·)]无邊[33(·)?]滿足自在神力[41(·),54(\)]置一切衆生[41(·)]於一微塵[53(:),52(·)]

B: 得佛[ㄴ]无量[分]无邊[ㄱ]滿足自在神力[乙,3 㖈]置一切衆生[乙]於一微塵[3+,分]

C: 佛ㄴ 量 无分 邊 无ㄱ 滿足 自在神力乙 得 3 㖈 一切 衆生乙 {於}一 微塵 3+ 置分

D: 부처의 한량없으며 끝없는 원만한 自在神力을 얻어서, 일체 중생을 한 티끌에 두며,

E: 부처님의 무량무변하고 원만하며 자재한 신력을 얻어 한 티끌 속에 일체 중생을 두고,

<진본화엄20, 10:26-11:01>

A: 得一切佛[42(-)]无量[51(·)]无邊[33(·)]滿足解[144]脫[41(·),54(\)]於一衆生[52(ㄒ)]身[25(·)]中[=53(:)]

---

144) '解'자는 '角+人+手'의 형태를 가진 이체자이다.

現一切佛刹[25(·)]一切如來[35(/)]成㝡正覺[41(·-),35(·.),51(·)]
B: 得一切佛[亠]无量[分]无邊[丁]滿足解脫[乙,ゝ於]於一衆生[⇒]身[七]中[ゝ十]現一切佛刹[七]一切如來[ㅣ]成㝡正覺[ㅎ丁入乙,ㄡ,分]
C: 一切 佛亠 量 无分 邊 无丁 滿足 解脫乙 得ゝ於 {於}一 衆生⇒ 身七 中ゝ十 一切 佛刹七 一切 如來ㅣ 㝡正覺 成ㅎ丁乙 現ㄡ分
D: 일체 부처의 한량없으며 끝없는 원만한 해탈을 얻어서, 한 중생의 몸 안에 일체 佛刹의 일체 如來가 㝡正覺을 이룸을 나타내며,
E: 모든 부처님의 무량무변하고 원만한 해탈을 얻어 한 중생 몸 안에 일체 부처 세계에서 모든 여래께서 정각을 이루심을 나타내며,

<진본화엄20, 11:01-02>

A: 得一切佛[42(-)]无量[51(·)]无數[33(·)]滿足三昧正受[41(·),54(\)]善方便[25(·)]力[45(·)]於一三昧[25(·)]中[=53(:)]悉能[=24(·)]出生一切三昧[41(·),52(·)]
B: 得一切佛[亠]无量[分]无數[丁]滿足三昧正受[乙,ゝ於]善方便[七]力[灬]於一三昧[七]中[ゝ十]悉能[攴]出生一切三昧[乙,分]
C: 一切 佛亠 量 无分 數 无丁 滿足 三昧正受乙 得ゝ於 善 方便七 力灬 {於}一 三昧七 中ゝ十 悉(ゝ) 能攴 一切 三昧乙 出生(ヽ)分
D: 일체 부처의 한량없으며 수없는 원만한 三昧正受를 얻어서, 좋은 방편의 힘으로 한 삼매의 가운데에서 능히 일체 삼매를 다 出生하며,
E: 일체 부처님의 무량 무수하고 원만한 삼매와 좋은 방편의 힘을 얻어 한 삼매에서 일체 삼매를 내고

<진본화엄20, 11:03-05>

A: 得一切佛[42(-)]无量[51(·)]无邊[33(·)]滿足辯[41(·),54(\)]說一句[25(·)]法[41(·),13(·ㅣ)]盡未來[25(·)]劫[41(·),42(·)]而[45(·)]不窮盡[32(·),35(./)[145)],52(·-)]悉[42(·)]除一切衆生[52(丅)]疑惑[41(·),51(·)]
B: 得一切佛[亠]无量[分]无邊[丁]滿足辯[乙,ゝ於]說一句[七]法[乙,xㅿ]盡未來[七]劫[乙,ゝ]而[灬]不窮盡[X,X,ゝ八]悉[ゝ]除一切衆生[⇒]疑惑[乙,分]

---

145) '35(·)'과 '35(/)'으로 나누어 볼 가능성도 있다.

C: 一切 佛㎼ 量 无分 邊 无ㄱ 滿足 辯乙 得 3 㢱 一句ㄴ 法乙 說xㅿ 未來ㄴ 劫乙 盡 3 而〜
   窮盡 不XX 3 ㅅ 悉 3 一切 衆生ㆆ 疑惑乙 除分

D: 일체 부처의 한량없으며 끝없는 원만한 辯을 얻어서 一句의 법을 설명하되 미래의 겁을 다하도록 窮盡하지 않아서 일체 중생의 疑惑을 다 덜며,

E: 모든 부처님의 무량 무변하고 원만한 변재를 얻어 한 글귀의 법을 설명하되 미래 세월이 다하도록 끝나지 않아 일체 중생들의 의혹을 풀어 주고

<진본화엄20, 11:05-07>

A: 得一切佛[42(-)]无量[51(·)]无邊[33(·)]滿足[52(\)]勝衆生[41(·),25(-)]法[41(·),54(\)]示現一切衆生[53(··)]薩婆若十力等覺[41(·),55(/)?]

B: 得一切佛[㎼]无量[分]无邊[ㄱ]滿足[ㅿ3]勝衆生[乙,xㄴ]法[乙,3㢱]示現一切衆生[ㆆ+]薩婆若十力等覺[乙,xㅣ]

C: 一切 佛㎼ 量 无分 邊 无ㄱ 滿足ㅿ3 衆生乙 勝xㄴ 法乙 得 3 㢱 一切 衆生ㆆ+ 薩婆若 十力 等覺乙 示現xㅣ

D: 일체 부처의 한량없으며 끝없는, 원만하여서 중생을 이기는 법을 얻어서, 일체 중생에게 薩婆若, 十力, 等覺을 示現한다

E: 모든 부처님의 무량 무변하고 원만하며 중생을 이기는 법을 얻어 일체 중생의 살바야와 십력과 등각을 나타내 보입니다.

<진본화엄20, 11:07-08>

A: 佛子是[41(·)]爲[14(··)]菩薩摩訶薩[35(/)]以一切善根[41(·),42(·)]隨順如相迴向[146)][=53(:),25(·),21(\),31(··),55(·)]

B: 佛子是[乙]爲[ㅿㅁㄕ]菩薩摩訶薩[ㅣㅣ]以一切善根[乙,3]隨順如相迴向[3+,ㄴ,ㄕㄒ,ㄱㅊ,ㅏㅣ]

C: 佛子(3) 是乙 爲ㅿㅁㄕ[147)] 菩薩摩訶薩ㅣㅣ 一切 善根乙 以 3 如相 迴向 3 + 隨(ㄱ) 順ㄴ(ㅿ) ㄕㄒㄱㅊㅏㅣ

D: 불자야, 이것을 이르기를 보살마하살이 일체 선근으로써 如相 廻向에 隨順하는 것이라고

---

146) '24, 34, 44' 자리에 먹이 번진 흔적이 있다.
147) 다음 예문을 참조할 수 있다.
   {是}ㅣ乙 {爲}ㅿㅁㄕ 菩薩摩訶薩ㄕ 六☆ 第ㄴ 施藏ㅣㄱㅊㅏㅣ <화소16:17-18>

146 第二部 判讀과 解讀 및 飜譯

한다.
E: 이것이 보살마하살이 일체의 선근으로 진여의 모습에 순응하는 회향입니다."

<진본화엄20, 11:08-09>

A: 尒時金剛[148]幢菩薩承佛神力普觀十方以偈頌曰
B: 尒時金剛幢菩薩承佛神力普觀十方以偈頌曰
C: 尒 時 金剛幢菩薩 佛神力 承 普 十方 觀 偈頌 以 曰
D: 이 때 金剛幢菩薩은 佛神力을 받들어 널리 시방을 관찰하고 게송으로써 말하기를,
E: 그 때 금강당보살은 부처님 신력을 받들어 시방을 두루 관찰하고 게송을 외웠다.

<진본화엄20, 11:10>

A: 菩薩心[43(\)?]安住[55(/)]離癡[24(·)]常正念[22(·)]忍辱[54(\)]離惚[149]害[41(·),22(·)]修集无量[33(·)]德[41(·),22(·)]
B: 菩薩心[亠]安住[x丨]離癡[攴]常正念[彡]忍辱[ㆍ氺]離惚害[乙,亐]修集无量[丁]德[乙,亐]
C: 菩薩 心亠 安住x丨 癡 離攴[150] 常 正念(ㆍ)亐 忍辱(ㆍ)ㆍ氺 惚害乙 離(攴)亐 量 无丁 德乙 修集(ㆍ)亐
D: 보살의 마음은 편히 머문다. 우치를 떠나 항상 正念하고, 忍辱하여서 惱害를 떠나고, 한량 없는 덕을 修集하고,
E: 보살의 마음은 편히 머물고 우치를 떠나 생각 바르며 욕을 참으며 해치지 않아 한량없는 공덕을 닦아 모으네.

<진본화엄20, 11:11>

A: 其心[43(\)]无慊[151]恨[22(·)]正直[22(·)]常淸淨[22(·)]諸業[52(丁)]莊飾[152]世[41(·),41(/)]悉能[35(·)]

---

148) 원본에는 '剛'의 좌하가 '正'이 아니라 '止'로 되어 있다.
149) '惱'자는 이체자이다.
150) '離攴' 뒤에 어떤 어미를 보충해야 할지 분명치 않다. 다음 예문을 참조할 수 있다.
　　髮乙 剃除ㆍ亠丁丨十丁 當願衆生 永亠 煩惱乙 離攴ロハ 究竟寂滅ㆍㅌ亐 <화엄03:12>
　　大柱乙 見ㆍ丁丨十丁 當願衆生 我諍ㅌ 心乙 離攴ロハ 有忿恨ノ尸 無ㅌ亐 <화엄05:07>
　　無憂林乙 見 當願衆生 永亠 貪愛乙 離攴ロハ 憂怖乙 生ㆍ尸 不ㆍㅌ亐 <화엄05:22>
151) '慊'자는 이체자이다.

#25(·)]善[24(·)]分別[22(·),45(丁)]
B: 其心[ㅎ]无慊恨[ㅎ]正直[ㅎ]常清淨[ㅎ]諸業ᅩ莊餝飾世[乙,ㄱ]入乙]悉能[矢]善[攴]分別[ㅎ,ㄕ入ㅆ]
C: 其 心ㅎ 慊恨 无ㅎ 正直(ㅅㅣ)ㅎ 常 清淨(ㅅㅣ)ㅎ 諸 業ᅩ 世乙 莊餝(ㅣ)ㄱ 入乙 悉(ㄢ) 能矢 善 攴 分別(ㅅㅣ)ㅎ(ㅅㅣ)ㄕ入ㅆ
D: 그 마음이 嫌恨 없고, 正直하고 항상 淸淨하고, 모든 업이 세상을 莊飾함을 다 능히 잘 분별하고 하므로,
E: 그 마음에 아무 원한이 없고 정직하며 언제나 청정하나니 모든 업으로 세상을 장엄하고 그것을 또 잘 분별해 아네.

<진본화엄20, 11:12>

A: 菩薩[33(·)]思惟業[52(丁)]種種[35(/)]无有量[41(/·),21(′)]若[25(·)]益衆生[41(·),25(/·)]業[14(ㅣ·),=15(·)#25(·)]脩習[22(·)]常履行[22(·),51(·.)#51(:)]
B: 菩薩[ㄱ]思惟業[ᅩ]種種[ㅣㅣ]无有量[xㄱ入乙,X]若[ㄷ]益衆生[乙,xᄃ]業[火ㄷㅅㄕ,入ㄱ]脩習[ㅎ]常履行[ㅎ,x分]
C: 菩薩ㄱ 業ᅩ 種種ㅣㅣ 量 无有xㄱ入乙 思惟X 若ㄷ 衆生乙 益xᄃ 業火ㄷㅅㄕ入ㄱ 脩習(ㅅㅣ)ㅎ 常 履行(ㅅㅣ)ㅎx分
D: 보살은 業이 가지가지로 한량없음을 思惟하여, 만약 중생을 이롭게 하는 業이라면 脩習하고 항상 履行하고 하며,
E: 보살이 생각하는 모든 그 업이 가지가지로 한량없을 때 그 중에서 중생을 이롭게 하는 업은 항상 닦아 잘 행하네.

<진본화엄20, 11:13>

A: 善能[22(··)]順世間[53(:),25(·),52(·-)]普[35(/)]令一切[41(·)]喜[35(\.),13(·ㅣ)]隨應衆生[53(··),25(ㅗ)]業[41(·),53(\.)]菩薩[33(·)]分別[22(··)]行[22(·)][152)]
B: 善能[ㅎ]順世間[ㅋ ㅏ,ㄷ,ㅋ ㅅ]普[ㅣㅣ]令一切[乙]喜[(ㅅㅣ)ㅣㅣ,xㅅ]隨應衆生[ᅩ十,ㅅㅣㄷ,ㄷ]業[乙,ㅁ]

---

152) '飾'자는 이체자이다.
153) 이점본에 '51(:)'이 있으나 잘 보이지 않는다.

148 第二部 判讀과 解讀 및 飜譯

　　菩薩[ㄱ]分別[ᅘ]行[ᄒ]

C: 善能ᄒ 世間ᅌᅡ 順ㄷ(ᄊ)ᅌᆞ 普ㅣ 一切乙 喜 令ㅣㅅㅁ 衆生ᅌᅡ 應쏘ᄂ 業乙 隨ᄃ 菩薩ㄱ 分別ᅘ 行(ᄊ)ᄒ

D: 세간에 잘 隨順하여서 널리 일체를 기쁘게 하되 중생에게 應하는 업을 따라 보살은 분별히 행하고

E: 모든 세간에 잘 순응해 그들을 모두 기쁘게 하고 중생들의 업에 순응하면서 그것을 다 분별해 모두 행하네.

<진본화엄20, 11:14>

A: 永[35(\)]離諸恚㝵[41(·),34(·)]知法[41(·),22(·)]亦[33(·)]知義[41(·),22(·),31(!)]安住調御[25(·)]地[53(:),=54(\)]饒益一切衆[41(·),51(·)]

B: 永[土]離諸恚㝵[乙,口]知法[乙,ᄒ]亦[ㄱ]知義[乙,ᄒ,X]安住調御[ㄴ]地[ᅌᅡ,ᅌᅡ]饒益一切衆[乙,xᄉ]

C: 永土 諸 恚㝵乙 離口 法乙 知ᄒ 亦(ᄊ)ㄱ 義乙 知ᄒX 調御ㄴ 地ᅌᅡ 安住(ᄊ)ᅌᅡ 一切 衆乙 饒益xᄉ

D: 영원히 모든 恚㝵를 떠나 法을 알고 또한 義를 알고 하여, 調御의 地에 安住하여서 일체 중생을 饒益하며,

E: 분노와 장애를 아주 떠나고 법도 알거니와 그 뜻도 알며 다스리는 자리에 편히 머물러 일체 중생들을 이롭게 하네.

<진본화엄20, 11:15>

A: 覺悟諸善法[52(丁)]无量[51(·)]不可數[12(:),41(··),31(!)]悉能[=24(·)]分別[22(.·)]知[54(\)]迴向益衆生[41(·),35(/),13(·\),53(·.),55(/)]

B: 覺悟諸善法[ᅌ]无量[ᅀ]不可數[ᄊㄱ,入乙,X]悉能[ㅎ]分別[ᅘ]知[ᅌᅡ]迴向益衆生[乙,ㅣxᄉ,ᅌᅡ,xㅣ]

C: 諸 善法ᅌ 量 无ᅀ 數(ᅌᅡᄀ){可}(ㄴ)ᄊ 不(ᄎㄱ)ᄊ 入乙 覺悟X 悉(ᅌ) 能ᄒ 分別ᅘ 知ᅌᅡ 衆生乙 益ㅣᄉᅌᅡ 迴向xㅣ

D: 모든 善法이 한량없으며 셀 수 없는 것을 覺悟하여, 다 능히 분별히 알아서, 중생을 이롭게 하는 데에 迴向한다.

晉本『華嚴經』卷第二十 149

E: 보살이 깨달은 모든 좋은 법 한량이 없어 셀 수 없지만 그것을 모두 분별해 알고 회향하여 중생을 이롭게 하네.

<진본화엄20, 11:16>

A: 以此深方便[41(·),42(·)]具足諸地[25(·)]智[41(·),54(\)]滅除衆煩惚[154)][=41(·),34(·)]如如[53(:),42(·)]善[41(·)]迴向[51(·.)]

B: 以此深方便[乙,氵]具足諸地[セ]智[乙,氵ホ]滅除衆煩惚[乙,口]如如[氵十,亘]善[乙]迴向[x分]

C: 此 深 方便乙 以 氵 諸 地セ 智乙 具足(ﾉ)氵ホ 衆 煩惚乙 滅除(ﾉ)口 如 氵十 {如}亘 善乙 迴向x分

D: 이 깊은 方便으로써 모든 지위의 지혜를 具足하여서, 중생의 번뇌를 滅除하고, 眞如와 같이 善을 迴向하며,

E: 보살은 그 깊은 방편으로써 모든 지위의 지혜 두루 갖추어 갖가지 번뇌를 모두 멸하고 진실한 그대로 잘 회향하네.

<진본화엄20, 11:17>

A: 普攝一切趣[41(·),52(\)]安住如實法[53(:),54(\)]如是[24(·)?]業[41(·)]迴向[13(··)]悉令无所著[14(·),35(/),35(\.),=55(/)]

B: 普攝一切趣[乙,ﾚ氵]安住如實法[氵十,氵ホ]如是[支]業[乙]迴向[xﾑ]悉令无所著[尸,ﾘ,ᄉﾘ,x l]

C: 普 一切 趣乙 攝ﾚ氵 如實法 氵十 安住(ﾚ)氵ホ 是 如支 業乙 迴向xﾑ 悉(氵)著(ﾉ)尸 所 无 ﾘ 令ﾘx l

D: 널리 一切 趣를 포섭하여 如實法에 安住하여서 이같이 業을 迴向하되 다 집착하는 바 없게 한다.

E: 모든 세계를 다 포섭하고 여실한 법에 굳건히 머무나니 그러한 업을 다 회향하되 거기 조금도 집착이 없게 하네.

<진본화엄20, 11:18>

A: 深[35(/)]樂至[155)]處道[41(·),35(·.),52(\)]脩習眞如[25(·)]法[41(·),13(··)]无性[51(·)]无所有[33(·),35(/),

---

154) '惚'자는 이체자이다.

150 第二部 判讀과 解讀 및 翻譯

  55(\),53(\)#52(\)]明德[35(/),25(·.)]者[33(·)]迴向[51(·.)]

B: 深[ㅣ]樂至處道[乙,ㅁ,ㅨ氵]脩習眞如[ㄷ]法[乙,xㅿ]无性[分]无所有[ㄱ,ㅐ,xㅏ,xㅓ]明德[ㅐ,xㄷ]
   者[ㄱ]迴向[x分]

C: 深ㅣ 至處道乙 樂ㅁㅨ氵 眞如ㄷ 法乙 脩習xㅿ 性 无分 有ㄱ 所 无ㅐxㅏx+¹⁵⁶⁾ 德ㅐ 明xㄷ
   者ㄱ 迴向x分

D: 깊이 至處道를 즐겨 하여 眞如의 法을 脩習하되 性 없으며 가진 바 없이 한다 하는 데에
   덕이 밝은 이는 迴向하며,

E: 태어나는 그 곳을 좋아하면서 성품도 없고 소유도 없는 진여의 법을 닦아 익히어 덕이 밝
   은 그이는 다 회향하네.

<진본화엄20, 11:19>

A: 日夜[11(·)]及半月[11(·)]一月[11(·)]年數[11(·)]劫[11(·),14(·)]一切[35(/)]皆悉[42(·)]如[24(·),15(\)]
   功德亦[35(·.)]如是[51(·.)?]

B: 日夜[氵]及半月[氵]一月[氵]年數[氵]劫[氵,尸]一切[ㅐ]皆悉[氵]如攴,xㅅㄱ]功德亦[刀]如是[x分]

C: 日夜氵 及 半月氵 一月氵 年數氵 劫氵(ノ)尸 一切ㅐ 皆 悉氵 如攴xㅅㄱ 功德 亦刀 是 如x分

D: 日夜이니 및 半月이니 一月이니 年數니 劫이니 하는 일체가 모두 다 같다면, 공덕 또한
   이와 같으며,

E: 낮이거나 밤이거나 반달이거나 한 달이거나 햇수거나 또 겁이거나 그 모두가 다 진여이
   듯이 모든 공덕도 또한 그러하여라.

<진본화엄20, 11:20>

A: 如世[11(·)]及諸刹[11(·)]衆生[11(·)]一切法[11(·)]趣[11(·)]非趣[11(·),13(⊥)]如實[41(·),42(·.)]#
   42(·.·)]迴向[13(·.·)]悉[42(·)]无餘[12(:),=35(/),51(·.)]

B: 如世[氵]及諸刹[氵]衆生[氵]一切法[氵]趣[氵]非趣[氵,ノ스]如實[乙,亘]迴向[xㅿ]悉[氵]无餘
   [ᆢㄱ,ㅐ,x分]

C: 世氵 及 諸刹氵 衆生氵 一切法氵 趣氵 非趣氵ノ스 如實¹⁵⁷⁾乙 {如}亘 迴向xㅿ 悉氵 餘ᆢㄱ

---

155) 신수대장경에는 '生'으로 되어 있다.
156) '53(\)'을 '52(\)'로 파악하면 '无ㅐxㅏᆢ氵'로 볼 수 있다.
157) '如實乙'의 '如實'을 명사로 볼 가능성도 있다.

晉本 『華嚴經』 卷第二十   151

无ㅣㅣx分

D: 세상이니 및 모든 刹이니 중생이니 일체 법이니 趣니 非趣니 하는 것이 如實함과 같이, 廻向하되 다 남김 없이 하며,

E: 모든 세상과 모든 세계와 모든 중생과 일체의 법과 갈래와 갈래 아닌 그 모든 곳에 여실히 회향하여 남기지 않네.

<진본화엄20, 11:21>

A: 如如[25(·)]性[52(丁)]如實[41(·),42(··)]思惟如是[25(ㅗ)]性[41(·),52(\)]諸功德廻向[13(··)]悉皆[25(·)]順眞如[53(:),25(·),51(·)]

B: 如如[ㄷ]性[氵]如實[乙,亘]思惟如是[ソヒㄷ]性[乙,ゝ氵]諸功德廻向[x厶]悉皆[ㄷ]順眞如[氵十,ㄷ,x分]

C: 如ㄷ 性氵 如實乙 {如}亘 是 如ソヒㄷ 性乙 思惟ソ氵 諸 功德(乙) 廻向x厶 悉(氵) 皆ㄷ 眞 如氵十 順ㄷx分

D: 진여의 성품이 如實함과 같이 이 같은 성품을 思惟하여 모든 공덕을 廻向하되 모두 다 진여에 따르며,

E: 진여 성품이 여실한 것처럼 그러한 성품을 생각하고는 갖가지 공덕을 회향할 때에 그것은 모두 다 진여 따르네.

<진본화엄20, 11:22>

A: 如如[25(·)]性[52(丁)]如是[41(··),42(··)]諸法[52(丁)]无所有[41(/·),52(·)]如如[52(丁)]離自性[41(/·),42(··)]智者[33(·)]業[41(·)]廻向[51(·)]

B: 如如[ㄷ]性[氵]如是[x乙,亘]諸法[氵]无所有[xㄱ入乙,分]如如[氵]離自性[xㄱ入乙,亘]智者[ㄱ]業[乙]廻向[x分]

C: 如ㄷ 性氵 是 如x乙 {如}亘 諸 法氵 有(ㄱ) 所 无xㄱ入乙(ソ)分 如氵 自性 離xㄱ入乙 {如}亘 智者ㄱ 業乙 廻向x分

D: 진여의 성품이 이와 같음과 같이 모든 법이 있는 바 없음을 하며, 진여가 自性을 떠남과 같이 智者는 業을 廻向하며,

E: 진여의 성품이 이러하듯이 법이란 원래 있는 것 아니요 그것은 진여처럼 자성을 떠났나니 지혜로운 사람은 그런 업 회향하네.

<진본화엄20, 11:23>

A: 如諸相[52(丁)]如實[41(·),42(··)#42(·)]諸生亦[=35(··)]如是[41(/)#41(/·),52(·)]如如[25(·)]自性[52(丁)]實[41(·),42(··)]諸業亦[35(··)]如是[51(··),12(:),55(\)#55(\)]

B: 如諸相[ㅎ]如實[乙,亘]諸生亦[刀]如是[ㄱㅅ乙,分]如如[七]自性[ㅎ]實[乙,亘]諸業亦[刀]如是[x分,ㄴㄱ,xㅣ]

C: 諸 相 ㅎ 如實乙 {如}亘 諸 生 亦刀 是 如(ㄴ)ㄱㅅ乙(ㄴ)分 如七 自性ㅎ 實乙 {如}亘 諸 業 亦刀 是 如x分ㄴㄱxㅣ

D: 모든 相이 如實함과 같이 모든 生 또한 이와 같음을 하며, 眞如의 自性이 如實함과 같이 모든 業 또한 이와 같으며 한 것이다.

E: 모든 모습이 여실한 것처럼 일체의 생(生)도 또한 그렇고 진여의 자성이 진실하듯이 일체의 업도 그러하니라.

<진본화엄20, 11:24>

A: 如如[52(丁)][158)]无有量[41(··),42(··)]一切業如是[41(/),31(!)]无縛[44(·),22(·)?]亦无解[44(·),22(·),52(\)]諸業悉淸淨[55(/)?]

B: 如如[ㅎ]无有量[入乙,亘]一切業如是[ㄱㅅ乙,X]无縛[尸,ㅎ]亦无解[尸,ㅎ,ㄴ3]諸業悉淸淨[xㅣ]

C: 如ㅎ 量 无有(ㄱ)入乙 {如}亘 一切 業 是 如(ㄴ)ㄱㅅ乙X 縛尸 无ㅎ 亦 解尸 无ㅎㄴ3 諸 業 悉(3) 淸淨xㅣ

D: 진여가 한량없음과 같이 일체 業도 이 같음을 하여, 묶임 없고 또한 풀림 없고 하여 모든 業이 다 칭징하다.

E: 진여가 분량이 없는 것처럼 일체의 업도 또한 그러해. 결박도 없고 풀 것도 없나니 일체의 업은 다 청정하네.

<진본화엄20, 11:25>

A: 如是[25(ㅗ)]眞佛子[33(·)]安住[54(\)]不可動[52(\),24(\),12(:),21(/)?]成就智慧[25(·)]力[41(·),12(\)]入佛[42(-)]方便藏[53(:),51(··)]

B: 如是[ㄴㅌ七]眞佛子[ㄱ]安住[3亦]不可動[ㄴ3,ㅁㅎ,ㄴㄱ,X]成就智慧[七]力[乙,xㄱ]入佛[ㄹ]

---

158) '52(丁)'의 수평선(-) 아래의 점(·)이 여타의 '52(丁)'과 달리 오른쪽으로 치우쳐 있다.

晉本『華嚴經』卷第二十　153

方便藏[ㅓ十,x分]
C: 是 如ㅅㅣヒㄴ 眞 佛子ㄱ 安住(ㅅ)ㅓㅊ 動ㅅㅋㄷㅎ{可}(ㄴ)ㅅㄱ 不(矢)X 智慧ㄴ 力乙 成就x
ㄱ 佛ㅡ 方便藏ㅓ十 入x分
D: 이와 같은 진정한 불자는 安住하여서 움직일 수 없고, 지혜의 힘을 성취하여 부처의 方便藏에 들며,
E: 이와 같이 진정한 불자는 편안히 머물러 흔들리지 않고 지혜의 힘을 다 성취하여 부처님 방편장(方便藏)에 잘 들어가네.

<진본화엄20, 11:26>

A: 覺悟法王[52(丁)]法[41(·),=13(··)]无縛[44(·),22(·)]亦[33(·)]无着[44(·)?,22(·),52(\)]无㝵[44(·)?, 22(·)]无轉[44(·),22(·),25(⊥)]心[41(·),52(·)]亦復[35(··)]无所轉[14(·),35(/),51(··),55(\)]
B: 覺悟法王[ㅋ]法[乙,xㅅ]无縛[尸,ㅎ]亦[ㄱ]无着[尸,ㅎ,ㅅㅏ]无㝵[尸,ㅎ]无轉[尸,ㅎ,ㅅㅣヒ]心[乙,分]亦復[刀]无所轉[尸,ㅣx分,xㅣ]
C: 法王ㅋ 法乙 覺悟xㅅ 縛尸 无ㅎ 亦(ㅅ)ㄱ 着尸 无ㅎㅅㅏ 㝵尸 无ㅎ 轉尸 无ㅎㅅㅣヒ 心乙 (ㅅ)分 亦 復刀 轉(ノ)尸 所 无ㅣx分xㅣ
D: 法王의 법을 覺悟하되 얽매임 없고 또한 집착함 없고 하여, 걸림 없고 변함 없고 한 마음을 하며, 또한 다시 轉할 바 없이 하며 한다.
E: 법왕의 법을 잘 깨달아 얽매임도 없고 집착도 없고 걸림도 없고 변하는 마음 없고 또한 남의 굴림을 받지도 않네.

<진본화엄20, 12:01>

A: 法身[45(·)]所攝[12(|),25(·)?]業[33(·)]隨順衆生相[53(:),25(·),12(··),35(/)]深[35(/)]入眞實相[53(:),11(/)]相[35(··)?#35(··)?]亦[33(·)]非是[33(·)]相[35(·),35(/),45(|·),55(\),51(·)]
B: 法身[灬]所攝[ㅎㄱ,ㄴ]業[ㄱ]隨順衆生相[ㅓ十,ㄴ,xㄱ,ㅣ]深[ㅣ]入眞實相[ㅓ十,xㅣ]相[刀]亦[ㄱ]非是[ㄱ]相[矢,ㅣ,X,xㅣ,x分]
C: 法身灬 攝(ㅅ)ㅎㄱ 所ㄴ 業ㄱ 衆生相ㅓ十 隨順ㄴxㄱㅣ 深ㅣ 眞實相ㅓ十 入xㅣ 相刀 亦(ㅅ)ㄱ 是ㄱ 相 非矢ㅣXxㅣx分
D: 法身으로 포섭하신 바의 業은 衆生相에 隨順하니 깊이 眞實相에 들지만 相 또한 이것은 相이 아니라고 하며,

154 第二部 判讀과 解讀 및 飜譯

E: 법신으로 포섭하는 모든 업은 중생들 모습에 다 순응하고 진실한 모습에 깊이 들지만 그 모습도 또한 모습 아니네.

<진본화엄20, 12:02>

A: 如是[24(·)]不思議[44(·),11(·.),31(··),53(\·)]思議[35(|·)]不可盡[42(\),12(:),35(·),12(\.)]深[35(/)]入不思議[53(·.),52(\)]思[11(·)]非思[11(·),13(ㅗ)]寂¹⁵⁹⁾滅[51(·.)]

B: 如是[ㅊ]不思議[尸,x ﹜,ノ禾,X]思議[X]不可盡[去,ヽﾌ,矢,xﾌ]深[川]入不思議[ョ十,ヽㅎ]思[﹜]非思[﹜,ノ令]寂滅[x彡]

C: 是 如(ㅊ) 思議尸 不x ﹜ ノ禾X 思議X 盡去(ㆆ){可}(七)ヽﾌ 不矢xﾌ 深川 不思議ョ十 入ヽㅎ 思 ﹜ 非思 ﹜ ノ令 寂滅x彡

D: 이와 같이 思議할 수 없는 것에 대해 思議하더라도 다할 수 없으니 깊이 不思議에 들어서 思이니 非思이니 하는 것이 寂滅하며,

E: 이와 같이 그것은 불가사의해 이루 다 생각하고 말할 수 없네. 그러나 불가사의에 깊이 들 때는 사의도 부사의도 다 적멸하네.

<진본화엄20, 12:03>

A: 如是思惟法[41(·),22(·)]分別一切業[41(·),22(·)]除滅諸煩惱[41(·),22(·),41(·.)]是[41(·)]名[42(·)]功德主¹⁶⁰⁾[21(\),31(·-)]¹⁶¹⁾

B: 如是思惟法[乙,ㅎ]分別一切業[乙,ㅎ]除滅諸煩惱[乙,ㅎ,xㄹ]是[乙]名[﹜]功德主[X,x禾]

C: 是 如(ㅊ) 法乙 思惟(ヽ)ㅎ 一切 業乙 分別(ヽ)ㅎ 諸 煩惱乙 除滅(ヽ)ㅎxㄹ 是乙 名 ﹜ 功德主Xx禾(彡)

D: 이와 같이 法을 思惟하고 일체 業을 分別하고 모든 煩惱를 除滅하고 하는 것을, 이것을 이름하여 功德主라고 하며,

E: 이와 같이 모든 법 잘 생각하고 일체의 업을 잘 분별하여 일체의 번뇌를 다 없애버리면 그를 일러 공덕의 왕이라 하네.

---

159) '寂'자는 이체자이다.
160) 재조대장경, 신수대장경에는 '王'으로 되어 있다.
161) 이점본에 '51(·)'이 있으나 사진에서 안 보인다.

<진본화엄20, 12:04>

A: 菩薩[44(·)]一切報[33(·)]无盡智[45(·)]所印[12(·),21(/)]盡法[52(丅)]无盡性[41(丅),42(·),43(·)]无盡方便[25(·)]滅[11(·),31(·-),51(·)]

B: 菩薩[尸]一切報[ㄱ]无盡智[灬]所印[ㄱ,X]盡法[ㄢ]无盡性[x入乙, 氵, 氵]无盡方便[七]滅[氵,x禾,分]

C: 菩薩尸 一切 報ㄱ 无盡智灬 印(ノ)ㄱ 所X 法ㄢ 盡性 无x入乙 盡氵氵 无盡方便七 滅氵x禾分

D: 菩薩의 一切 報는 无盡智로 印한 바이니 法이 盡性 없음을 다하여야 无盡方便의 滅이라고 하며,

E: 보살의 모든 업과 그 과보는 다함 없는 지혜로 아는 것이네. 다함 없는 벗[162)]의 성품 다해져서야 다함 없는 방편도 없어지리라.

<진본화엄20, 12:05>

A: 心[33(·)]不在內外[53(:),35(·),45(丨·),51(·)#51~52(·)]心[33(·)]亦[33(·)]无所有[33(·),11(·)]妄取[12(:),45(··)]故[24(·)]有法[52(\)#52(丨/)]不取[44(·),14(··),15(·)]則[24(·)]寂[163)]滅[55(/)]

B: 心[ㄱ]不在內外[氵十,矢,X,分]心[ㄱ]亦[ㄱ]无所有[ㄱ,氵]妄取[ㄴㄱ,入灬]故[支]有法[ㄴ氵]不取[尸,x尸,入ㄱ]則[支]寂滅[x丨]

C: 心ㄱ 內外氵十 在(ㄴㄱ) 不矢X分 心ㄱ 亦(ㄴ)ㄱ 有(ㄱ)ㄱ 所 无ㄱ氵 妄取ㄴㄱ入灬 故支 法 有ㄴ氵 取尸 不x尸入ㄱ 則支 寂滅x丨

D: 마음은 內外에 있는 것 아니며 마음은 또한 있는 바 없으나 망녕되이 취한 까닭으로 法이 있어서, 취하지 않으면 寂滅하게 된다.

E: 마음은 안에도 밖에도 있지 않고 마음은 또 아무 데도 없는 것인데 허망하게 취하기에 법이 있나니 취하지 아니하면 없는 것이네.

<진본화엄20, 12:06>

A: 佛子[33(·)]如是[24(·)]知法[52(丅)]空[22(·)]无自性[22(·)]諸法[52(丅)]无自在[12(:)[164)],22(·),41(/)]

---

162) '법'의 오자인 듯하다.
163) '寂'자는 이체자이다.
164) 12 위치의 점토는, '12(\)'과 그 위의 '12(\.)' 또는 '12(·)' 두 개의 점토로 볼 가능성도 있고 '12(:)' 하나의 점토로 볼 가능성도 있다.

寂勝覺[52(丁)]无我[11(·),31(··),51(·)]

B: 佛子[ㄱ]如是[ㅊ]知法[ㅎ]空[ㅎ]无自性[ㅎ]諸法[ㅎ]无自在[〜ㄱ,ㅎ,ㄱ入乙]寂勝覺[ㅎ]无我[ㆍ,x干,分]

C: 佛子ㄱ 是 如ㅊ 知¹⁶⁵⁾ 法ㆷ 空(〜)ㅎ 自性 无ㅎ 諸法ㆷ 自在〜ㄱ 无ㅎ(〜)ㄱ入乙 寂勝覺ㆷ 无我ㆍx干分

D: 佛子는 이와 같이 알라. 法이 空하고 自性 없고 諸法이 自在함 없고 한 것을 寂勝覺의 无我라고 하며,

E: 불자들이여, 이렇게 알라. 법은 공하여 자성이 없고 모든 법에는 자재함 없나니 부처님은 나가 없음 깨달으셨네.

<진본화엄20, 12:07>

A: 如如[53(:)]等[12(:)]衆生[41(·),14(:),=24(·)]覺法性[41(·),13(··)]如是[41(·),11(\)#11〜21(\)]彼[33(·)]見不思議[41(·),13(·|)]无相智[45(·),54(\)]不惑[44(·),55(/)]

B: 如如[ㆍ十]等[〜ㄱ]衆生[乙,〜尸,ㅊ]覺法性[乙,xㅿ]如是[xこ,xㆍ]彼[ㄱ]見不思議[乙,xㅿ]无相智[…,ㆃㅊ]不惑[尸,x丨]

C: 如ㆍ十 等〜ㄱ 衆生乙〜尸 如ㅊ 法性乙 覺xㅿ 是 如xこxㆍ 彼ㄱ 不思議乙 見xㅿ 无相智…(〜)ㆃㅊ 惑尸 不x丨

D: 眞如와 같은 衆生과 같이, 法性을 알되 이와 같은 줄을 아니 그는 不思議를 보되 无相智로 하여서 미혹되지 않는다.

E: 진여와 같은 것 중생 같나니 법의 성품이 이런 줄 알면 그는 바로 불가사의한 이치를 보고 모습 없는 지혜에 의혹 없으리.

<진본화엄20, 12:08>

A: 如是[24(·)]深[35(/)]修習[=52(\)]一向求菩提[41(·),13(··)]所願[12(·),55(·)]不退轉[44(·),55(/)]饒益衆生[41(·),53(··),45(丁)]故[11(·)]

B: 如是[ㅊ]深[∥]修習[〜ㅎ]一向求菩提[乙,xㅿ]所願[ㄱ,丨]不退轉[尸,x丨]饒益衆生[乙,X,尸入

---

165) 다음 예문을 참조할 수 있다.
   菩薩尸 涅槃乙 實勿 如ㅊ 知ナㆃ七丨 <화소18:08-09>
   一切智ㆍ十 入〜ㆃㅊ 三世尸 等ㆍノ入乙 知ㅌㅮ <화엄07:24>

晉本『華嚴經』卷第二十 157

C: 是 如支 深ㅣ 脩習ㆍ氵 一向 菩提乙 求x厶 願(ノ)ㄱ 所(ケ)ㅣ 退轉尸 不xㅣ 衆生乙 饒益X
尸入灬 故氵

D: 이와 같이 깊이 脩習하여 한결같이 菩提를 求하되 願한 바마다 退轉하지 않는다. 衆生을 이롭게 하기 때문이다.

E: 이렇게 깊이 닦아 익히고 한결같이 보리를 애써 구하며 그 서원 조금도 물러나지 않는 것 중생들을 이롭게 하기 위해서이네.

<진본화엄20, 12:09>

A: 菩薩[33(ㆍ)]捨此身[41(ㆍ),53(i),35(ㅣㆍ)]无死[25(ㆍ),55(\),14(\ㆍ)]虛妄想[12(\ㆍ)]解了心[52(丅)]如化[24(ㆍ),41(/),11(/)#12(/)]調伏一切衆[41(ㆍ),51(ㆍㆍ)]

B: 菩薩[ㄱ]捨此身[乙,X,X]无死[七,xㅣ,x尸]虛妄想[xㄱ]解了心[氵]如化[支,ㄱ入乙,x氵]調伏一切衆[乙,x氵]

C: 菩薩ㄱ 此 身乙 捨xx 死七ㅣx尸 虛妄想 無xㄱ 心氵 化 如支(ㆍ/)ㄱ入乙 解了x氵 一切 衆乙 調伏x氵

D: 菩薩은 이 몸을 버림에 있어서도 죽는다는 虛妄想이 없으니 마음이 化와 같음을 解了하여 一切 衆을 調伏하며,

E: 보살은 그 몸을 기꺼이 버리어 죽는다는 허망한 생각이 없고 그 마음 허깨비와 같음을 알아 일체 중생을 제어해 다스리네.

<진본화엄20, 12:10>

A: 觀彼[41(ㆍ),13(ㆍㆍ)]順止念[3氵,25(:),25(ㆍ),52(\)]世間[33(ㆍ)?]業報[45(ㆍ)#45(\)]起[12(:)#12(ㆍㆍ),35(/),55(\),31(!)]菩薩[33(ㆍ)?]悉救護[13(ㆍㆍ)]三界[25(\),55(!),41(ㆍ)]无有餘[12(:),35(/),51(ㆍㆍ)]

B: 觀彼[乙,x厶]順正念[3十,七,ㆍ氵]世間[ㄱ]業報[灬]起[ㆍ/ㄱ,ㅣ,xㅣ,X]菩薩[ㄱ]悉救護[x厶]三界[3七,子,乙]无有餘[ㆍ/ㄱ,ㅣ,x氵]

C: 彼乙 觀x厶 正念 3十 順七ㆍ氵 世間ㄱ 業報灬 起ㆍ/ㄱㅣxㅣX 菩薩ㄱ 悉(氵) 救護x厶 三界 3七子乙¹⁶⁶ 餘ㆍ/ㄱ 无有ㅣx氵

---

166) '55(!)'는 '3七'과 '乙' 사이에 오는 것으로 속격 '七'과 조사 사이에 오는 것은 자토 자료에 '子'밖에 없

D: 그를 보되 正念에 따라 하여서 世間은 業報로 일어난 것이라고 하여 菩薩은 다 救護하되 三界의 것을/에 있는 것을 남음이 없이 하며,

E: 세간의 업과 과보 일어나는 것 바른 생각을 따라 잘 관찰하고 보살은 그것을 다 구호하여 삼계에 하나도 남김이 없네.

<진본화엄20, 12:11>

A: 了知衆[33(·)?]想[11(·)]行[11(·),52(/)]皆悉是[33(·)]虛妄[41(i),31(!)]菩薩[33(·)]知非實[35(·),41(/·), 11(/)]亦[33(·)?]不壞法性[41(·),44(·),21(\)#22(\),51(··)]

B: 了知衆[ㄱ]想[氵]行[氵,ノ亽彡]皆悉是[ㄱ]虛妄[x入乙,X]菩薩[ㄱ]知非實[矢,xㄱ入乙,x氵]亦[ㄱ]不壞法性[乙,尸,X,x彡]

C: 衆ㄱ 想氵 行氵ノ亽彡 皆 悉 是ㄱ 虛妄x入乙 了知X 菩薩ㄱ 實 非矢xㄱ入乙 知x氵 亦(ᵌ) ㄱ 法性乙 壞尸 不Xx彡

D: 여러 想이니 行이니 하는 것이 모두 다 이것은 虛妄한 줄을 알아 菩薩은 實 아닌 줄을 아나 또한 法性을 무너뜨리지 않으며,

E: 온갖 생각과 행을 환히 알면 그것은 모두 다 허망한 것이어니 진실이 아닌 줄을 그는 알지만 그래도 법의 성품 파괴 안 하네.

<진본화엄20, 12:12>

A: 彼如是[24(·)]迴向智慧[45(·)#45(`\),25(·|)]妙善根[41(·),13(··)]憐愍一切衆[41(·),54(\\)]令入深方便[53(:),35(\\),55(/)]

B: 彼如是[攴]迴向智慧[灬,xヒ]妙善根[乙,x厶]憐愍一切衆[乙,氵尓]令入深方便[氵十,(ᄉ)刂,xㅣ]

C: 彼 是 如攴 智慧灬xヒ 妙善根乙 迴向x厶 一切 衆乙 憐愍(ᵌ)氵尓 深方便氵十 入 令刂xㅣ

D: 그는 이와 같이 智慧로 하는 妙善根을 廻向하되 一切 衆을 憐愍하여서 深方便에 들게 한다.

E: 지혜와 묘한 모든 선근을 그는 이렇게 다 회향하고 일체 중생을 가엾이 여겨 깊은 방편에 다 들게 하네.

다. 또한 자토 자료의 '孑'은 유정물을 가리키는데. '55(!)'도 '救護'의 목적어이므로 유정물로 볼 수 있다. 따라서 '55(!)'는 '孑'으로 본다.

晉本『華嚴經』卷第二十 159

<진본화엄20, 12:13-14>
A: 佛子何等爲菩薩摩訶薩第九无縛无着解[167]脫心迴向
B: 佛子何等爲菩薩摩訶薩第九无縛无着解脫心迴向
C: 佛子(ぅ) 何(ぐ) 等(ヽㄱ乙) 菩薩摩訶薩(尸) 第九 无縛无着解脫心迴向(ミノ令口) {爲}(ヽナ 斤尸入ㄱ)
D: 佛子여, 어떠한 것들을 菩薩摩訶薩의 아홉째 无縛无着解脫心廻向이라고 하느냐 하면
E: "불자들이여, 어떤 것이 보살마하살의 아홉째 결박도 없고 집착도 없는 해탈한 마음의 회향[无縛无著解脫心廻向]인가.

<진본화엄20, 12:14-15>
A: 此菩薩摩訶薩[33(·)?]於一切善根[53(:)]不生輕心[41(·),14(/),13(··)]
B: 此菩薩摩訶薩[ㄱ]於一切善根[ぅ+]不生輕心[乙,x尸,xム]
C: 此 菩薩摩訶薩ㄱ {於}一切 善根ぅ+ 輕心乙 生x尸 不xム
D: 이 菩薩摩訶薩은 一切 善根에 대해 輕心을 내지 않는데
E: 보살마하살은 일체 선근에 대해 가벼이 여기는 마음을 내지 않습니다.

<진본화엄20, 12:15>
A: 不輕出生死[41(·),41(\),42(·),44(·),25(|·)]心[11(·)]
B: 不輕出生死[乙,尸入乙,ぅ,尸,x七]心[ミ]
C: 生死乙 出(ヽ)尸入乙 輕ぅ尸 不x七 心ミ
D: 生死를 벗어나는 것을 가벼이 여기지 않는 마음이니
E: 즉, 생사를 벗어나는 데 대해 가벼이 여기지 않는 마음과

<진본화엄20, 12:15>
A: 不輕攝善根[41(·),41(\),42(·),44(·),25(|·)]心[11(·)]
B: 不輕攝善根[乙,尸入乙,ぅ,尸,x七]心[ミ]
C: 善根乙 攝(ヽ)尸入乙 輕ぅ尸 不x七 心ミ

---

167) 오른쪽 아래로 각필로 그은 듯한 선이 있다.

D: 善根을 포섭하는 것을 가벼이 여기지 않는 마음이니
E: 선근을 거두는 데 대해 가벼이 여기지 않는 마음,

<진본화엄20, 12:15-16>

A: 不輕專求一切善根[41(·),41(\),42(·)25(|·)]心
B: 不輕專求一切善根[乙,尸入乙, ㆍ,xヒ]心
C: 專 一切 善根乙 求(ㆍ)尸入乙 輕ㆍ(尸) 不xヒ 心(ㆍ)
D: 一切 善根을 오로지 求하는 것을 가벼이 여기지 않는 마음이니
E: 오로지 일체 선근을 구하는 데 대해 가벼이 여기지 않는 마음,

<진본화엄20, 12:16>

A: 不輕悔過[41(·),53(··),41(\),42(·),44(·),25(|·)]心
B: 不輕悔過[乙,X,尸入乙,ㆍ,尸,xヒ]心
C: 過乙 悔X尸入乙 輕ㆍ尸 不xヒ 心(ㆍ)
D: 잘못을 뉘우치는 것을 가벼이 여기지 않는 마음이니
E: 허물을 뉘우치는 데 대해 가벼이 여기지 않는 마음,

<진본화엄20, 12:16-17>

A: 不輕隨喜善根[41(·),41(\)]心
B: 不輕隨喜善根[乙,尸入乙]心
C: 善根乙 隨喜(ㆍ)尸入乙 輕(ㆍ尸) 不(xヒ) 心(ㆍ)
D: 善根을 隨喜하는 것을 가벼이 여기지 않는 마음이니
E: 선근을 기뻐하는 데 대해 가벼이 여기지 않는 마음,

<진본화엄20, 12:17>

A: 不輕礼他方[25(·)]佛[41(·),52(··),41(·\)]心
B: 不輕礼他方[ヒ]佛[乙,白,x入乙]心
C: 他方ヒ 佛乙 礼(ㆍ)白x入乙 輕(ㆍ尸) 不(xヒ) 心(ㆍ)
D: 他方의 부처께 예배하는 것을 가벼이 여기지 않는 마음이니

E: 다른 곳의 부처님을 예배하는 데 대해 가벼이 여기지 않는 마음,

<진본화엄20, 12:17>

A: 不輕恭敬合掌[25(|·)]業[41(·)]心

B: 不輕恭敬合掌[xㅌ]業[乙]心

C: 恭敬 合掌xㅌ 業乙 輕(氵尸) 不(xㅌ) 心(㐅)

D: 恭敬 合掌하는 業을 가벼이 여기지 않는 마음이니

E: 공경하고 합장하는 일에 대해 가벼이 여기지 않는 마음,

<진본화엄20, 12:17-18>

A: 不輕礼拜塔廟[41(·),52(\)]尊重[25(|·)]業[41(·)]心

B: 不輕礼拜塔廟[乙,ソ氵]尊重[xㅌ]業[乙]心

C: 塔廟乙 礼拜ソ氵 尊重xㅌ 業乙 輕(氵尸) 不(xㅌ) 心(㐅)

D: 塔廟를 禮拜하여 尊重하는 業을 가벼이 여기지 않는 마음이니

E: 탑을 예배하고 존중하는 일에 대해 가벼이 여기지 않는 마음,[168)]

<진본화엄20, 12:18-19>

A: 不輕勸請他方[25(·)?]諸佛[41(·),35(˙\),42(·)]轉法輪[41(·),52(./)[169)],25(|·)]業[41(·),42(·),44(·),25(|·)]心[11(·),41(:),55(/)]

B: 不輕勸請他方[ㅌ]諸佛[乙,白,氵]轉法輪[乙,X,xㅌ]業[乙,氵,尸,xㅌ]心[㐅,ノ令乙,x丨]

C: 他方ㅌ 諸佛乙 勸請(ソ)白氵 法輪乙 轉Xxㅌ 業乙 輕氵尸 不xㅌ 心㐅ノ令乙x丨

D: 他方의 諸佛을 勸請하여 法輪을 굴리는 業을 가벼이 여기지 않는 마음이니 하는 것을 한다.

E: 다른 곳 부처님께 법륜 굴리기를 청하는 데 대해 가벼이 여기지 않는 마음 등 이런 마음입니다.

---

168) 전자불전연구소 번역본에 누락되어 있으나 한글대장경을 참조하여 보충하였다.

169) '輪'에 달린 '52(./)'는 '業'에 달린 것으로도 볼 수 있다.

<진본화엄20, 12:19-20>

A: 菩薩摩訶薩常[35(/)]樂[35(·.)]攝受彼諸善根[41(·),13(··)]

B: 菩薩摩訶薩常[丨]樂[⌒]攝受彼諸善根[乙,xム]

C: 菩薩摩訶薩(ㄱ) 常丨 樂⌒ 彼 諸 善根乙 攝受xム

D: 菩薩摩訶薩은 항상 즐겨 그 모든 善根을 攝受하되

E: 보살마하살은 언제나 즐겨 그 선근을 거두어 지니고,

<진본화엄20, 12:20>

A: 堅固不壞彼善根[41(·),=52(·)]

B: 堅固不壞彼善根[乙,󰡰]

C: 堅固 彼 善根乙 壞(尸) 不(ᄼ)󰡰

D: 堅固하여 그 善根을 무너뜨리지 않으며,

E: 견고하여 그 선근을 깨뜨리지 않으며,

<진본화엄20, 12:20>

A: 安住彼善根[53(:),51~52(·)#52(·)]

B: 安住彼善根[󰡰+,󰡰]

C: 彼 善根󰡰+ 安住(ᄼ)󰡰

D: 그 善根에 安住하며,

E: 그 선근에 편히 머물고

<진본화엄20, 12:20-21>

A: 思惟彼善根[31(·),52(·)]

B: 思惟彼善根[乙,󰡰]

C: 彼 善根乙 思惟(ᄼ)󰡰

D: 그 善根을 思惟하며,

E: 그 선근을 잘 생각하며,

<진본화엄20, 12:21>

A: 長養彼善根[41(·),52(·)]

B: 長養彼善根[乙,氵]

C: 彼 善根乙 長養(ㅅㅅ)氵

D: 그 善根을 長養하며,

E: 그 선근을 잘 기르고

<진본화엄20, 12:21>

A: 不着彼善根[53(:),44(·),52(·)]

B: 不着彼善根[氵十,尸,氵]

C: 彼 善根氵十 着尸 不(ㅅㅅ)氵

D: 그 善根에 집착하지 않으며,

E: 그 선근에 집착하지 않으며,

<진본화엄20, 12:21-22>

A: 具正直心[41(·),54(·-),54(\)]¹⁷⁰⁾具彼善根[41(·),51(·)#51~52(·)]¹⁷¹⁾

B: 具正直心[乙,口,氵示]具彼善根[乙,氵]

C: 正直心乙 具口氵示 彼 善根乙 具氵

D: 正直心을 갖추어서 그 善根을 갖추며,

E: 정직한 마음으로 그 선근을 갖추고,

<진본화엄20, 12:22>

A: 不撰擇彼善根[41(·),52(·)]

B: 不撰擇彼善根[乙,氵]

C: 彼 善根乙 撰擇(尸) 不(ㅅㅅ)氵

D: 그 善根을 選擇하지 않으며,

---

170) 이점본에는 '42(·)'이 있다.

171) 54위치가 구겨져서 잘 보이지 않으나 '·-'가 기대된다.

E: 그 선근을 가리지 않으며,

<진본화엄20, 12:22>

A: 隨順彼諸佛[42(-)]境界[25(·)]善根[53(:),25(·),52(·)]
B: 隨順彼諸佛[ㄴ]境界[ㅌ]善根[ㅣ十,ㅌ,ㅣ]
C: 彼 諸佛ㄴ 境界ㅌ 善根ㅣ十 隨順ㅌ(ㅅ)ㅣ
D: 그 諸佛의 境界의 善根에 隨順하며,
E: 모든 부처님 경계의 선근에 순응하고,

<진본화엄20, 12:23>

A: 見彼善根[41(·),54(\)]得自在[25(·)]力[41(·),55(/)]
B: 見彼善根[乙,ㅣ示]得自在[ㅌ]力[乙,xㅣ]
C: 彼 善根乙 見ㅣ示 自在ㅌ 力乙 得xㅣ
D: 그 善根을 보아서 自在의 힘을 얻는다.
E: 그 선근(善根)을 보고는 자재한 힘을 얻습니다.

<진본화엄20, 12:23-24>

A: 菩薩摩訶薩[33(·)]以无縛无着解脫心[41(·),42(·)]彼善根[41(·)]迴向[52(·-)]具足普賢[42(丅)]身口意業[41(·),52(·)]
B: 菩薩摩訶薩[ㄱ]以无縛无着解脫心[乙,ㅣ]彼善根[乙]迴向[ㅣ八]具足普賢[늣]身口意業[乙,ㅣ]
C: 菩薩摩訶薩ㄱ 无縛无着解脫心乙 以ㅣ 彼 善根乙 迴向(ㅅ)ㅣ八 普賢늣 身口意業乙 具足(ㅅ)ㅣ
D: (01)菩薩摩訶薩은 无縛无着解脫心으로써 그 善根을 迴向하여 普賢의 身·口·意業을 具足하며,
E: 보살마하살은 결박도 집착도 없는 해탈한 마음으로 그 선근을 회향하여, 보현보살의 몸과 입과 뜻의 업을 원만히 갖추고,

<진본화엄20, 12:25>

A: 以无縛无着解脫心[41(·),42(·)]脩習普賢[42(丅)]勇猛精進[41(·),52(·)]

晉本『華嚴經』卷第二十　165

B: 以无縛无着解脫心[乙, ᢧ]脩習普賢[ᅩ]勇猛精進[乙,分]
C: 无縛无着解脫心乙 以 ᢧ 普賢ᅩ 勇猛精進乙 脩習(ᄂ)分
D: (02)无縛无着解脫心으로써 普賢의 勇猛精進을 脩習하며,
E: (전자불전연구소본, 한글대장경 누락)

<진본화엄20, 12:25-01>
A: 以无縛无着解脫心[41(·),42(·)]具足普賢[42(ㅜ)]无导音聲陁羅尼門[41(·),13(··)]充滿十方[53(:), 22(·)#22(··),52(·)]
B: 以无縛无着解脫心[乙, ᢧ]具足普賢[ᅩ]无导音聲陁羅尼門[乙,xム]充滿十方[ᢧ十,ᅌ,分]
C: 无縛无着解脫心乙 以 ᢧ 普賢ᅩ 无导音聲陁羅尼門乙 具足xム 十方ᢧ十 充滿ᅌ(ᄂ)分
D: (03)无縛无着解脫心으로써 普賢의 无导音聲陁羅尼門을 具足하되 十方에 充滿히 하며,
E: 결박도 집착도 없는 해탈한 마음으로 보현보살의 걸림없는 음성 다라니문을 원만히 갖추어 시방에 가득 차고,

<진본화엄20, 13:01-02>
A: 以无縛无着解脫心[41(·),42(·)]具足普賢[42(ㅜ)]得[54(\)]見一切佛[41(·),52(··),25(/·)]諸陁羅尼[41(·),52(·)]
B: 以无縛无着解脫心[乙, ᢧ]具足普賢[ᅩ]得[ᢧ禾]見一切佛[乙,白,xヒ]諸陁羅尼[乙,分]
C: 无縛无着解脫心乙 以 ᢧ 普賢ᅩ 得ᢧ禾 一切 佛乙 見白xヒ 諸(ㄱ) 陁羅尼乙 具足(ᄂ)分
D: (04)無縛無着解脫心으로써 普賢의 능히 一切 佛을 뵙는, 모든 陁羅尼를 具足하며,
E: 결박도 집착도 없는 해탈한 마음으로 보현보살이 모든 부처님의 뵈옵는 다라니를 모두 갖추며,

<진본화엄20, 13:02-04>
A: 以无縛尤着解脫心[41(·),42(·)]具足普賢[42(ㅜ)]妙音陁羅尼[41(·),52(·-)]分別一切音聲[41(·), 54(\)]悉能[24(·)]演說无量[33(·)?]法雲[41(·),52(·)]
B: 以无縛无着解脫心[乙, ᢧ]具足普賢[ᅩ]妙音陁羅尼[乙,ᢧ八]分別一切音聲[乙,ᢧ禾]悉能[支] 演說无量[ㄱ]法雲[乙,分]
C: 无縛无着解脫心乙 以 ᢧ 普賢ᅩ 妙音陁羅尼乙 具足(ᄂ)ᢧ八 一切 音聲乙 分別(ᄂ)ᢧ禾 悉

能攴 量 无ㄱ 法雲乙 演說(ヽ)か

D: (05)無縛無着解脫心으로써 普賢의 妙音陁羅尼를 具足하여서 一切 音聲을 分別하여서 다 능히 한량없는 法雲을 演說하며,

E: 결박도 집착도 없는 해탈한 마음으로 보현보살의 묘한 음성 다라니를 모두 갖추어 일체의 음성을 분별하여 한량없는 법 구름을 모두 연설합니다.

<진본화엄20, 13:04-06>

A: 以无縛无着鮮脫心[41(·),42(·)]得[54(\)]持普賢[42(丅)]一切劫[53(:)]#53(·)]行[25(··)]#25(|·)]陁羅尼[41(·),54(\)]於一切世界[53(:),52(\)]具足[42(·)]脩習諸菩薩[44(·)]行[41(·),52(·)]

B: 以无縛无着鮮脫心[乙,ろ]得[ろ ホ]持普賢[⇒]一切劫[ろ +]行[xヒ]陁羅尼[乙,ろ ホ]於一切世界[ろ +,ヽろ]具足[ろ]脩習諸菩薩[尸]行[乙,分]

C: 无縛无着鮮脫心乙 以ろ 得ろホ 普賢⇒ 一切 劫ろ+ 行xヒ 陁羅尼乙 持ろホ {於}一切 世界ろ+ヽろ 具足(ヽ)ろ 諸(ㄱ) 菩薩尸 行乙 脩習(ヽ)か

D: (06)無縛無着解脫心으로써 능히 普賢의 一切 劫에 행하는 陁羅尼를 지녀서 一切 世界에서 具足하게[172] 모든 菩薩의 行을 修習하며,

E: 또 결박도 집착도 없는 해탈한 마음으로 보현보살이 모든 겁 동안 행한 다라니를 얻어 지니어, 모든 세계에서 보살행을 원만히 닦아 익히고,

<진본화엄20, 13:06-08>

A: 以无縛无着鮮脫心[41(·),42(·)]於一衆生[52(丅)]{11~21(-)}身[53(:)]盡未來[25(·)]劫[41(·)?,42(·)]示現普賢菩薩[44(·)]一切自在神力[41(·),22(·)]如一衆生[52(丅)]身[53(:),12(\),24(·)]一切衆生[52(丅)]身[53(:),35(··)]亦復[35(·)]如是[22(·),52(·)]

B: 以无縛无着鮮脫心[乙,ろ]於一衆生[⇒]身[ろ+]盡未來[ヒ]劫[乙,ろ]示現普賢菩薩[尸]一切自在神力[乙,ぅ]如一衆生[⇒]身[ろ+,xㄱ,攴]一切衆生[⇒]身[ろ+,刀]亦復[刀]如是[ぅ,分]

C: 无縛无着鮮脫心乙 以ろ {於}一 衆生⇒ 身ろ+ 未來ヒ 劫乙 盡ろ 普賢菩薩尸 一切 自在神力乙 示現(ヽ)ぅ 一 衆生⇒ 身ろ+ㄱ 如攴 一切 衆生⇒ 身ろ+刀 亦(ヽㄱ) 復刀 是 如(攴ヽ)ぅ(ヽ)か

---

172) '구족히', '구족하여'로 해석할 수도 있다.

晉本『華嚴經』卷第二十 167

D: (07)無縛無着解脫心으로써 한 衆生의 몸에서 未來의 劫을 다하여 普賢菩薩의 一切 自在神力을 나타내고 한 衆生의 몸에서 하는 것 같이 一切 衆生의 몸에서도 또한 다시 이와 같이 하고 하며,

E: 결박도 집착도 없는 해탈한 마음으로 한 중생의 몸에서 미래 겁이 다하도록 보현보살의 모든 자재한 신력을 나타내되 한 중생의 몸에서와 같이 일체 중생의 몸에서도 또한 그와 같으며,

<진본화엄20, 13:08-10>

A: 以无縛无着解脫心[41(·)?,42(·)]悉得[173)]普賢[42(丁)]自在神力[41(·),54(\)]示現現在一切諸佛[11(·)]菩薩[11(·),25(|·)]衆[25(·)]中[=53(:),=52(\)]脩菩薩行[41(·),41(-·)[174)],52(·)]

B: 以无縛无着解脫心[乙,㇋]悉得普賢⇒自在神力[乙,㇋]示現現在一切諸佛[ゝ]菩薩[ゝ,x七]衆[七]中[㇋十,∨㇋]脩菩薩行[乙,x入乙,分]

C: 无縛无着解脫心乙 以㇋ 悉 普賢⇒ 自在神力乙 得㇋亦 現在 一切 諸佛ゝ 菩薩ゝx七 衆七 中㇋十∨㇋ 菩薩行乙 脩x入乙 示現(∨)分

D: (08)無縛無着解脫心으로써 다 普賢의 自在神力를 얻어서 現在의 一切 諸佛이니 菩薩이니 하는 무리 중에서 菩薩行을 닦는 것을 示現하며,

E: 결박도 집착도 없는 해탈한 마음으로 보현보살의 자재한 신통을 얻고는 현재의 모든 불보살 대중 가운데에서 보살행을 닦는 것을 나타내 보이며,

<진본화엄20, 13:10-12>

A: 以无縛无着解脫心得普賢[42(丁)]一法門[41(·),54(\)]於无量[51(·)]无數[175)]劫[53(:)]示現諸佛[42(-)?]无盡自在[41(·),52(·-)]悉能[24(·)]度脫一切衆生[41(·),52(·)]

B: 以无縛无着解脫心得普賢⇒一法門[乙,㇋亦]於无量[分]无數劫[㇋十]示現諸佛[心]无盡自在[乙,㇋八]悉能[支]度脫一切衆生[乙,分]

C: 无縛无着解脫心(乙) 以(㇋) 普賢⇒ 一 法門乙 得㇋亦 {於} 量 无分 數 无(丁) 劫㇋十 諸佛

---

173) '54(\)'의 위치에 각필 같은 것이 있다.
174) 41(·)와 41(-)로 나누어 볼 가능성도 있다.
175) 이점본에는 '33(·)'이 있다고 되어 있으나 사진 상으로는 보이지 않는다.

乙 无盡自在乙 示現(ㇱ)氵ハ 悉 能㒱 一切 衆生乙 度脫(ㇱ)㢱

D: (09)無縛無着解脫心으로써 普賢의 한 法門을 얻어서 量 없으며 數 없는 겁에 모든 부처의 无盡自在를 示現하여서 다 능히 一切 衆生을 度脫하며,

E: 결박도 집착도 없는 해탈한 마음으로 보현보살의 한 법문을 얻고는 무량 무수한 겁 동안 모든 부처님의 다함 없는 자재함을 나타내 보이어 일체 중생을 제도합니다.

<진본화엄20, 13:12-14>

A: 以无縛无着鮮脫心得普賢[42(丁)]種種[25(·)]法門[25(·)]自在[41(·),52(·一)]於无量[51(·)]无數[33(·)]劫[53(:)]示現諸佛[42(-)]无盡自在[41(·),54(\)]悉能[24(·)]度脫一切衆生[41(·),52(·)]

B: 以无縛无着鮮脫心得普賢[㇎]種種[七]法門[七]自在[乙,氵ハ]於无量[㢱]无數[ㄱ]劫[氵十]示現諸佛[㇝]无盡自在[乙,氵㒱]悉能[㒱]度脫一切衆生[乙,㢱]

C: 无縛无着鮮脫心(乙) 以(氵) 普賢㇎ 種種七 法門七 自在乙 得氵ハ {於} 量 无㢱 數 无ㄱ 劫 氵十 諸佛㇝ 无盡自在乙 示現(ㇱ)氵㒱 悉 能㒱 一切 衆生乙 度脫(ㇱ)㢱

D: (10)無縛無着解脫心으로써 普賢의 갖가지 法門의 自在를 얻어서 量 없으며 數 없는 劫에 모든 부처의 无盡自在를 示現하여서 다 능히 一切 衆生을 度脫하며,

E: 또 결박도 집착도 없는 해탈한 마음으로 보현보살의 갖가지 법문의 자재함을 얻고는 무량 무수한 겁 동안 모든 부처님의 다함 없는 자재함을 나타내 보이어 일체 중생을 다 제도하고,

<진본화엄20, 13:14-16>

A: 以无縛无着鮮脫心得普賢[42(丁)]自在[41(·),54(\)]於念念[25(·)]中[=53(:),55(·)?]令无量[33(·)]衆生[41(·)]安[176)]住十力[53(:),35(\),13(·|)]心[53(:)]无猒足[44(·),35(/),52(·)]

B: 以无縛无着鮮脫心得普賢[㇎]自在[乙,氵㒱]於念念[七]中[氵十,丨]令无量[ㄱ]衆生[乙]安住十力[氵十,(ᄉ)丨,xᆺ]心[氵十]无猒足[尸,丨,㢱]

C: 无縛无着鮮脫心(乙) 以(氵) 普賢㇎ 自在乙 得氵㒱 {於}念念七 中氵十(ケ)丨 量 无ㄱ 衆生乙 十力氵十 安住 令丨xᆺ 心氵十 猒足尸 无丨(ㇱ)㢱

D: (11)無縛無着解脫心으로써 普賢의 自在를 얻어서 念念의 중에서마다 量 없는 衆生으로

---

176) '安'자는 이체자이다.

하여금 十力에 安住하게 하되 마음에 厭足함이 없이 하며,

E: 결박도 집착도 없는 해탈한 마음으로 보현보살의 자재함을 얻고는, 찰나찰나마다 한량없는 중생들로 하여금 십력에 편히 머물러 싫증이 없게 하며,

<진본화엄20, 13:16-18>

A: 以无縛无着鮮脫心得普賢菩薩[44(·)]自在[41(·),54(\)]於一切衆生[52(丅)]身[25(·)][177)]皆悉得[54(\)]見諸佛[42(-)]自在[41(·),35(\),52(·-)]脩普賢[42(丅)]行[41(·),52(·)]

B: 以无縛无着鮮脫心得普賢菩薩[尸]自在[乙, ㆎ]於一切衆生[ㅋ]身[七]皆悉得[ㆎ]見諸佛[ㄴ]自在[乙,白,ㆎハ]脩普賢[ㅋ]行[乙,分]

C: 无縛无着鮮脫心(乙) 以(ㆎ) 普賢菩薩尸 自在乙 得ㆎ {於}一切 衆生ㅋ 身七 皆 悉 得ㆎ 諸佛ㄴ 自在乙 見白ハ 普賢ㅋ 行乙 脩分

D: (12)無縛無着解脫心으로써 普賢菩薩의 自在를 얻어서 一切 衆生의 몸에서[178)] 다 능히 모든 부처의 自在를 보아 普賢의 行을 닦으며,

E: 결박도 집착도 없는 해탈한 마음으로 보현보살의 자재함을 얻고는, 일체 중생들 몸에서 모든 부처님의 자재함을 보면서 보현행을 닦습니다.

<진본화엄20, 13:18-20>

A: 以无縛无着鮮脫心得普賢[42(丅)]自在[41(·),54(\)]於一言[25(·)]中[=53(:),=52(\)]悉能[24(·)]分別一切衆生[52(丅)]音聲語言[41(·),52(·-)]調伏一切衆生[41(·),54(\)]安住薩婆若地[53(:),35(\),)51(·)]

B: 以无縛无着鮮脫心得普賢[ㅋ]自在[乙,ㆎ]於一言[七]中[ㆎ+,ッㆎ]悉能[ㅎ]分別一切衆生[ㅋ]音聲語言[乙,ㆎハ]調伏一切衆生[乙,ㆎ]安住薩婆若地[ㆎ+,(ᄉ)ㅣ,分]

C: 无縛无着鮮脫心(乙) 以(ㆎ) 普賢ㅋ 自在乙 得ㆎ {於}一言七 中ㆎ+ㆎ 悉 能ㅎ 一切 衆生ㅋ 音聲 語言乙 分別(ッ)ㆎハ 一切 衆生乙 調伏(ッ)ㆎ 薩婆若地ㆎ+ 安住ᄉㅣ分

---

177) 난상에 "有本云衆生ㅋ身七中ㆎ+"란 주석이 있다. 이 중 '七'은 '身'의 '35' 위치쯤에 쓰여 있어 상당히 위로 올라가 있을 뿐 아니라 다른 구결자에 비해 가늘고 작게 쓰여 있다. 본문의 문맥으로는 '身ㆎ+'가 쓰여야 하나 속격의 '-七'이 나타난다. 난상에 교정된 것과 같이 '中ㆎ+'가 더 들어가야 '身七'으로 현토된 것을 이해할 수 있다.

178) 난상의 주석을 참조하여 '몸에서'로 해석하였다.

D: (13)無縛無着解脫心으로써 普賢의 自在를 얻어서 一言 中에서 다 능히 一切 衆生의 音聲
言語를 分別하여서 一切 衆生을 調伏하여서 薩婆若地에 安住하게 하며,

E: 결박도 집착도 없는 해탈한 마음으로 보현보살의 자재함을 얻고는 하나의 말 가운데서
일체 중생의 소리와 말을 다 분별하고 일체 중생을 다스려 살바야의 자리에 편히 머물게
하고,

<진본화엄20, 13:21-23>

A: 以无縛无着解脫心[41(·),42(·)]得普賢[42(丅)]自在[41(·),54(\)]於一衆生[52(丅)]身[25(·)]中[=53(:)]
悉能[24(·)]容受一切衆生[41(·),13(··)]彼[41(·)]悉自[45(·)]謂[14(·)#14(/)]逮得佛身
[41(·),52(\),12(·),21(/),35(\),51(·),경계선?]

B: 以无縛无着解脫心[乙,ろ]得普賢[ゝ]自在[乙,ろホ]於一衆生[ゝ]身[七]中[ろ十]悉能[攴]容受
一切衆生[乙,xム]彼[乙]悉自[灬]謂[尸]逮得佛身[乙,ˇろ,xヿ,X,(ㅅ)リ,ㅅ]

C: 无縛无着解脫心乙 以ろ 普賢ゝ 自在乙 得ろホ {於}一 衆生ゝ 身七 中ろ十 悉 能攴 一切
衆生乙 容受xム 彼乙 悉 自灬 謂尸 佛身乙 逮得ˇろxヿ Xリㅅ

D: (14)無縛無着解脫心으로써 普賢의 自在를 얻어서 한 衆生의 몸 中에서 다 능히 一切 衆生
을 수용하되 그로 하여금, 다 스스로 여기기를(말하기를) 佛身을 얻었다고 하게 하며,

E: 결박도 집착도 없는 해탈한 마음으로 보현보살의 자재함을 얻고는, 한 중생 몸 안에 일체
중생을 수용하고, 그들이 스스로 말하기를 부처님을 얻었다 하게 하며,

<진본화엄20, 13:23-24>

A: 以无縛无着解脫心得普賢[42(丅)]自在[41(·),54(\)]於一華[25(·)]中[=53(:),=52(\)]令一切嚴淨[12(:)]
世界[41(·)]皆悉安住[35(\),55(·)]

B: 以无縛无着解脫心得普賢[ゝ]自在[乙,ろホ]於一華[七]中[ろ十,ˇろ]令一切嚴淨[ˇヿ]世界
[乙]皆悉安住[(ㅅ)リ,ㅣ]

C: 无縛无着解脫心(乙) 以(ろ) 普賢ゝ 自在乙 得ろホ {於}一華七 中ろ十ˇろ 一切 嚴淨ˇヿ
世界乙 皆 悉 安住 令リㅣ

D: (15)無縛無着解脫心으로써 普賢의 自在를 얻어서 한 꽃 중에서 一切 嚴淨한 世界로 하여
금 다 安住하게 한다.

E: 결박도 집착도 없는 해탈한 마음으로 보현보살의 자재함을 얻고는, 한 꽃 속에 모든 장엄

한 세계를 다 편히 머물게 합니다.

<진본화엄20, 13:24-25>

A: 菩薩摩訶薩[33(·)]復[33(·)]作是念[41(·),55(/)]{52(·)}
B: 菩薩摩訶薩[ㄱ]復[ㄱ]作是念[乙,xㅣ]
C: 菩薩摩訶薩ㄱ 復(ㅅㅣ)ㄱ 是 念乙 作xㅣ
D: 菩薩摩訶薩은 또한 이 생각을 한다.
E: 보살마하살은 다시 생각합니다.

<진본화엄20, 13:25-14:01>

A: 以此无縛无着鮮脫心[25(·)]善根[41(·),42(·)]出生普賢[42(下)]微妙音聲[41(·),13(··)]充滿法界十方[25(·)]佛刹[53(:),52(·-)]隨其所應[33(·),41(·),53(\)]皆悉[42(·)]得[54(\\)]聞[35(/),51(··)]#[51(·.),{51(·.)}]

B: 以此无縛无着鮮脫心[七]善根[乙,ㅎ]出生普賢[ㅎ]微妙音聲[乙,xㅿ]充滿法界十方[七]佛刹[ㅎ十,ㅎ八]{22(·)}隨其所應[ㄱ,乙,ㄷ]皆悉[ㅎ]得[ㅎ 亦]聞[ㅣ,xㅅ]

C: 此 无縛无着鮮脫心七 善根乙 以ㅎ 普賢ㅎ 微妙音聲乙 出生xㅿ 法界 十方七 佛刹ㅎ十 充滿(ㅅㅣ)ㅎ八 其 應(七ノ)¹⁷⁹⁾ㄱ 所乙 隨ㄷ 皆 悉ㅎ 得ㅎ 亦 聞ㅣxㅅ

D: (01)이 无縛无着鮮脫心의 善根으로써 普賢의 微妙한 음성을 내되 法界 十方의 佛刹에 충만하여서 그 應한¹⁸⁰⁾ 바에 따라 다 능히 듣게 하며,¹⁸¹⁾

E: '이 결박도 집착도 없는 해탈한 마음의 선근으로 보현보살의 미묘한 음성을 내어 시방의 부처 세계와 법계에 가득 채워 그 근기를 따라 다 듣게 하리라.

<진본화엄20, 14:01-04>

A: 以此普賢[42(下)]无縛无着鮮脫心[25(·)]善根[41(·),42(·)]如普賢[24(·),=52(·-)#42(·-)]於念念[25(·)]中[=53(:),55(·)]見盡過去際[25(·)]无量[51(·)]无邊[33(·)]世界[25(·)]諸佛[41(·),35(\),42(·)]聞所說[12(|),25(·)]法[41(·),52(i)]受持[13(··)]不忘[44(·),54(\\)]莊嚴佛家[41(·),52(·)]

---

179) '菩薩ㄱ 應七ノㄱ 隨ㄷ 悉ㅎ 能支 作ㅅㅣㅎㅅ' <화엄19:16-17> 등의 예를 근거로 보충하였다.
180) 이 '應ㅅㅣ-'는 형용사로 파악하는 견해가 많다.
181) '다 들을 수 있으며'로 해석할 수 있다.

B: 以此普賢⇒无縛无着解脫心[七]善根[乙,ㇱ]如普賢[攴,ㇱㅅ]於念念[七]中[ㇱ十,丨]見盡過去際[七]无量[ㇷ]无邊[ㄱ]世界[七]諸佛[乙,白,ㇱ]聞所說[ㆆㄱ,七]法[乙,X]受持[xム]不忘[尸,ㇱ]ホ]莊嚴佛家[乙,ㇷ]

C: 此 普賢⇒ 无縛无着解脫心七 善根乙 以ㇱ 普賢 如攴(ㇺ)ㇱㅅ {於}念念七 中ㇱ十(ケ)丨 盡 過去際七 量 无ㇷ 邊 无ㄱ 世界七 諸佛乙 見白ㇱ 說ㆆㄱ 所七 法乙 聞X 受持xム 忘尸 不 (ㇺ)ㇱㅎ 佛家乙 莊嚴(ㇺ)ㇷ

D: (02)이 普賢의 无縛无着解脫心의 善根으로써 普賢과 같이 念念의 中에서마다 過去際를 다한 한량없으며 끝 없는 세계의 모든 부처를 보고, 설하신 바의 법을 듣고 받들어 지니되 잊지 아니하여서 佛家를 장엄하며,

E: 또 이 결박도 집착도 없는 해탈한 마음의 선근으로 저 보현보살처럼 찰나찰나 사이에, 과거의 무량 무변한 세계의 부처님을 다 뵈옵고, 그 설법을 듣고는 잊지 않고 받들어 지니면서 부처님 가문을 장엄하리라.

<진본화엄20, 14:04-06>

A: 以此无縛无着解脫心[25(·)]善根[41(·),42(·)]如普賢[24(·),52(·-)]盡未來[25(·)]劫[41(·),42(·)]於一切世界[25(·)]中[=53(:)]演說諸法[41(·),13(··)]皆悉[42(·)]¹⁸²⁾究竟[22(.·),52(·)]

B: 以此无縛无着解脫心[七]善根[乙,ㇱ]如普賢[攴,ㇱㅅ]盡未來[七]劫[乙,ㇱ]於一切世界[七]中[ㇱ十]演說諸法[乙,xム]皆悉[ㇱ]究竟[ㆆ,ㇷ]

C: 此 无縛无着解脫心七 善根乙 以ㇱ 普賢 如攴(ㇺ)ㇱㅅ 未來ㄴ 劫乙 盡ㇱ {於}一切 世界七 中ㇱ十 諸 法乙 演說xム 皆 悉ㇱ 究竟ㆆ(ㇺ)ㇷ

D: (03)이 无縛无着解脫心의 善根으로써 普賢과 같아서(普賢처럼) 미래의 劫을 다하도록 一切 世界의 中에서 모든 법을 演說하되 모두 다 究竟히 하며,

E: 또 이 결박도 집착도 없는 해탈한 마음의 선근으로, 저 보현보살처럼 미래겁이 다하도록 일체 세계에서 모든 법을 연설해 모두 성취하게 하리라.

<진본화엄20, 14:06-07>

A: 以此无縛无着解脫心[25(·)]善根[41(·),42(·)]於一切世界[53(:)]成㝡正覺[54(\)]出興于世[53(·.)]

---

182) '皆'자와 '悉'자에 이른바 '節博士'라 하는 부호로 볼 만한 흔적이 있다.

#53(\),52(·)]{15(·)}

B: 以此无縛无着鮮脫心[七]善根[乙,ㆎ]於一切世界[ㆎ十]成㝡正覺[ㆎ소]出興于世[ㅗ十,ㅅ]

C: 此 无縛无着鮮脫心七 善根乙 以ㆎ {於}一切 世界ㆎ十 㝡正覺 成ㆎ소 {于}世ㅗ十[183] 出興(ᄂᆡ)ㅅ

D: (04)이 无縛无着鮮脫心의 善根으로써 일체 세계에서 最正覺을 이루어서 세상에 出興하며,

E: 또 이 결박도 집착도 없는 해탈한 마음의 선근으로 일체 세계에서 최정각(最正覺)을 이루어 세상에 나타나리라.

<진본화엄20, 14:07-09>

A: 以此无縛无着鮮脫心善根[41(·),42(·)]能[=24(·)]以一光[41(·),54(\)]普照虛空[53(:)]等[12(:)]一切世界[41(·),52(··)]脩習普賢菩薩[44(·)]所行[41(·),52(·)]

B: 以此无縛无着鮮脫心善根[乙,ㆎ]能[ᄒᆞ]以一光[乙,ㆎ소]普照虛空[ㆎ十]等[ᄂᆞᆫ]一切世界[乙,ㆎ八]脩習普賢菩薩[尸]所行[乙,ㅅ]

C: 此 无縛无着鮮脫心(七) 善根乙 以ㆎ 能ᄒᆞ 一光乙 以ㆎ소 普 虛空ㆎ十 等ᄂᆞᆫ 一切 世界乙 照(ᄂᆡ)ㆎ八 普賢菩薩尸 所行乙 脩習(ᄂᆡ)ㅅ

D: (05)이 无縛无着鮮脫心의 善根으로써 능히 한 광명으로 널리 허공과 같은 일체 세계를 비추어 普賢菩薩의 所行을 脩習하며,

E: 또 이 결박도 집착도 없는 해탈한 마음의 선근으로 한 광명으로 허공과 같은 일체 세계를 두루 비추고 보현보살의 행을 닦아 익히리라.

<진본화엄20, 14:09-11>

A: 以此无縛无着鮮脫心善根得无量[51(·)]无邊[33(·)?]智慧[41(·),54(\)]皆{23(·)?}能[24(·)]隨順諸地[25(·)]神通[53(:),52(··)]成就普賢菩薩[44(·)]所行[31(·),52(·)]

B: 以此无縛无着鮮脫心善根得无量[ㅅ]无邊[ㄱ]智慧[乙,ㆎ소]皆能[ᄒᆞ]隨順諸地[七]神通[ㆎ十,ㆎ八]成就普賢菩薩[尸]所行[乙,ㅅ]

C: 此 无縛无着鮮脫心(七) 善根(乙) 以(ㆎ) 量 无ㅅ 邊 无ㄱ 智慧乙 得ㆎ소 皆 能ᄒᆞ 諸 地七

---

183) 자토구결 자료에 '世ㅣ十'로 현토된 예도 있어서 '53(·)' 또는 '53(\)'을 'ㅣ十'에 대응되는 걸로 볼 여지도 있다.

神通 3 十 隨(ㄱ) 順(ㅌㆍ) 3ㅅ 普賢菩薩尸 所行乙 成就(ㆍ)ㅎ

D: (06)이 无縛无着解脫心의 善根으로써 한량없으며 끝없는 지혜를 얻어서 다 능히 모든 지위의 神通에 隨順하여서 普賢菩薩의 所行을 성취하며,

E: 또 이 결박도 집착도 없는 해탈한 마음의 선근으로 무량무변한 지혜를 얻고는 모든 지위의 자재함을 다 따라 보현보살의 행을 성취하리라.

<진본화엄20, 14:11-13>

A: 以此无縛无着解脫心善根悉得[54(\)]究竟如來[44(·)]智慧[41(·),52(·-)]於一切劫[53(:)]說如來[44(·)]智[41(·),13(·|)]諸劫[35(/)]悉[42(·)]盡[53(i)]{53(·)}而[45(·)]智[33(·)]无窮盡[35(/),54(\)]具足普賢菩薩[44(·)]所行[41(·),52(·)]

B: 以此无縛无着解脫心善根悉得[ㅎ]究竟如來[尸]智慧[乙,3ㅅ]於一切劫[3十]說如來[尸]智[乙,xㅁ]諸劫[‖]悉[3]盡[X]而[ㅽ]智[ㄱ]无窮盡[‖,3ㅎ]具足普賢菩薩[尸]所行[乙,ㅎ]

C: 此 无縛无着解脫心(ㅌ) 善根(乙) 以(3) 悉(3) 得ㅎ 如來尸 智慧乙 究竟(ㆍ)3ㅅ {於}一切劫3十 如來尸 智乙 說xㅁ 諸 劫‖ 悉3 盡X 而ㅽ 智ㄱ 窮盡 无‖(ㆍ)3ㅎ 普賢菩薩尸 所行乙 具足(ㆍ)ㅎ

D: (07)이 无縛无着解脫心의 善根으로써 다 능히 如來의 智慧를 究竟하여서 일체 겁에서 여래의 智를 설하되 모든 겁이 모두 다하도록 智는 窮盡 없이 하여서 보현보살의 所行을 구족하며,

E: 또 이 결박도 집착도 없는 해탈한 마음의 선근으로 구경의 여래 지혜를 얻어 일체 겁에서 여래의 지혜를 설하되 모든 겁은 다하여도 그 지혜는 다하지 않아 보현보살의 행을 원만히 갖추리라.

<진본화엄20, 14:13-16>

A: 以此无縛无着解脫心[25(·)]善根[41(·),42(·)]於法界[53(:)]等[=25(i)]一切如來[11(·)]菩薩[52(/)]所行[41(·)]悉能[24(·)]脩習[13(··)]身口意業[53(:)]而[45(·)]无懈怠[44(·),52(·-)]猶[=15(·)]如普賢[24(·),52(·)]

B: 以此无縛无着解脫心[ㅌ]善根[乙,3]於法界[3十]等[xㅌ]一切如來;菩薩[ノㅅㄱ?]所行[乙]悉能[攴]脩習[xㅁ]身口意業[3十]而[ㅽ]无懈怠[尸,3ㅅ]猶[入ㄱ]如普賢[攴,ㅎ]

C: 此 无縛无着解脫心ㅌ 善根乙 以3 {於}法界3十 等xㅌ 一切 如來; 菩薩(;)ノㅅㄱ 所行

晉本『華嚴經』卷第二十   175

乙 悉(3) 能 支 脩習 x ム 身口意業 3 十 而 ~ 懈怠 尸 无 3 八 猶 入 ㄱ 普賢 如 支(ヽ) 彡

D: (08)이 无縛无着解脫心의 善根으로써 법계와 같은 일체 여래니 보살이니 하는 이의 所行을 다 능히 脩習하되 身·口·意業에 대해 게을리함이 없어서 비유하자면 보현보살과 같으며,

E: 또 이 결박도 집착도 없는 해탈한 마음의 선근으로 법계와 같은 모든 부처님과 보살의 행에서, 몸과 입과 뜻의 업을 다 닦아 익히되 게으르지 않기를 저 보현보살처럼 하리라.

<진본화엄20, 14:16-18>

A: 以此无縛无着解脫心善根得一切佛[42(-)]无上[=33(·)?]菩提[41(·),22(·)]義身[35(/)]不違法身[53(:),25(·),22(·)]辭辯淨地[35(/)]而[=45(·)]不可壞[12(:),35(/),35(/),22(·),42(·)]樂說辯才[25(·)]无盡[25(:)#25(·)]之藏[41(·),52(\)]調伏一切衆生[41(·),54(\)]具普賢[25(·)]願[41(·),53(\),51(·)]

B: 以此无縛无着解脫心善根得一切佛[乙]无上[ㄱ]菩提[乙,ㅎ]義身[丨]不違法身[3 十,ㄴ,ㅎ]辭辯淨地[丨]而[~]不可壞[ヽㄱ,矢,丨,ㅎ, 3]樂說辯才[七]无盡[x七]之藏[乙,ヽ 3]調伏一切衆生[乙, 3 ㅅ]具普賢[七]願[乙,ロ, 彡]

C: 此 无縛无着解脫心(七) 善根(乙) 以(3) 一切 佛ㄴ 上 无ㄱ 菩提乙 得ㅎ 義身丨 法身 3 十 違ㄴ 不(ヽ)ㅎ 辭辯 淨地丨 而 ~ 壞(ヽㄱ){可}(七)ㄴヽ 不矢丨ㅎ(ヽ) 3 辯才七 无盡 x 七{之} 藏乙 樂說ヽ 3 一切 衆生乙 調伏(ヽ) 3 ㅅ 普賢七 願乙 具ㅁ 彡

D: (09)이 无縛无着解脫心의 善根으로써, 일체 부처의 위 없는 菩提를 얻고, 義身이 法身에 거스르지 않고, 辭辯 淨地는 무너뜨릴 수 없고 하여, 辯才의 다함 없는 藏을 즐겨 말하여 일체 중생을 調伏하여서 보현보살의 원을 갖추며,

E: 또 이 결박도 집착도 없는 해탈한 마음의 선근으로 모든 부처님의 위없는 보리를 얻고는, 이치의 몸이 법의 몸을 어기지 않고 말[辭辯]의 깨끗한 자리를 깨뜨릴 수 없으며, 변재의 다함 없는 창고를 즐겨 말하고 중생들을 다스려 보현보살의 서원을 모두 갖추리라.

<진본화엄20, 14:19-22>

A: 以此无縛无着解脫心[25(·)]善根入一一法門[=53(:),54(\)]普照无量[33(·)]不可思議[25(·)]世界[41(·),22(·)]於一切法門[=53(:)]盡其原底[41(·),42(·),22(·)]脩習普賢菩薩[44(·)]所行[41(·),=22(·)]逮得究竟薩婆若[25(·)]地[41(·),22(·),52(·)]

---

184) 이 '42(·)'은 어순상 '壞' 바로 다음에 붙는 것으로 파악할 수도 있다.

B: 以此无縛无着解脫心[ㄣ]善根入一一法門[ᧈ十,ᧈ known]普照无量[ㄱ]不可思議[ㄣ]世界[乙,ㅎ]於一切法門[ᧈ十]盡其原底[乙,ᧈ,ㅎ]修習普賢菩薩[尸]所行[乙,ㅎ]逮得究竟薩婆若[ㄣ]地[乙,ㅎ,ᧈ]

C: 此 无縛无着解脫心ㄣ 善根(乙) 以(ᧈ) 一一 法門 ᧈ十 入 ᧈ known 普(ㅣㅣ) 量 无ㄱ 不可思議ㄣ 世界乙 照ㅎ {於}一切法門 ᧈ十 其 原底乙 盡 ᧈ ㅎ 普賢菩薩尸 所行乙 修習(ㅆ)ㅎ 究竟 薩婆若ㄣ 地乙 逮得(ㅆ)ㅎ(ㅆ)ᧈ

D: (10)이 无縛无着解脫心의 善根으로써 하나하나의 법문에 들어가서 두루 한량없는 불가사의의 세계를 비추고 일체 법문에서 그 근원을 다하고 보현보살의 행을 닦아 익히고 究竟 薩婆若의[185] 자리를 逮得하고 하며,

E: 또 이 결박도 집착도 없는 해탈한 선근의 마음으로 낱낱 법문에 들어가 한량 없는 불가사의한 세계를 두루 비추고, 모든 법문의 근원을 다 알며, 보현보살의 행을 닦아 익혀 살바야의 자리를 얻으리라.

<진본화엄20, 14:22-25>

A: 以此无縛无着解脫心善根於一一境界[25(·)]中[=53(:),=55(·)]悉[42(·)]以一切種智[41(·),52(·-)]#52(˙)]分別了知一切種智[33(·)]猶[35(/)]无窮盡[11(\)?]究竟普賢[42(丅)#42(-)]莊嚴[25(ㅗ)]{44(··)#44(\)}彼岸[41(·),22(·)]修菩薩[=44(·)]行[41(·),54(\)]具足[42(·)]成就方便[41(·),25(ㅗ)]大王[41(!),22(·),52(·)]

B: 以此无縛无着解脫心善根於一一境界[ㄣ]中[ᧈ十,ㅣ]悉[ᧈ]以一切種智[乙,ᧈ八]分別了知一切種智[ㄱ]猶[ㅣㅣ]无窮盡[xᧈ]究竟普賢[ᧈ]莊嚴[ㅆㅌㄣ]彼岸[乙,ㅎ]修菩薩[尸]行[乙,ᧈ known]具足[ᧈ]成就方便[乙,ㅆㅌㄣ]大王[ㅣ尸入乙,ㅎ,ᧈ]

C: 此 无縛无着解脫心(ㄣ) 善根(乙) 以(ᧈ) {於}一一 境界ㄣ 中 ᧈ十(ヶ)ㅣ 悉 ᧈ 一切種智乙 以 ᧈ八 分別 了知 一切種智ㄱ 猶ㅣㅣ 窮盡 無xᧈ 普賢ᧈ 莊嚴ㅆㅌㄣ 彼岸乙 究竟(ㅆ)ㅎ 菩薩尸 行乙 修 ᧈ known 具足(ㅆ)ᧈ 方便乙 成就ㅆㅌㄣ 大王ㅣ尸入乙(ㅆ)ㅎ(ㅆ)ᧈ

D: (11)이 无縛无着解脫心의 善根으로써 하나하나의 경계 가운데마다 다 一切種智로써 분별해 알되 一切種智는 오히려 다함 없으니, 보현보살의 장엄한 彼岸을 究竟하고 보살의 행을 닦아서 具足하게 방편을 성취하는 대왕이 되고 하며,

---

185) '薩婆若'는 梵語 'sarvajña'의 음역이고, 이것을 의역한 것이 '一切智'이다.

晉本『華嚴經』卷第二十　177

E: 또 결박도 집착도 없는 해탈한 마음의 선근으로 낱낱 경계 가운데서 다 일체종지로써 일체종지를 분별해 알되 그래도 다함이 없고 보현보살의 장엄한 저 언덕에 이르러 보살행을 닦아 방편의 대왕을 원만히 성취하리라.

<진본화엄20, 14:25-15:01>

A: 以此无縛无着鮮脫心善根從此生[41(·),25(·)]盡未來際[25(·)]生[41(·),42(·)]具足普賢菩薩[44(·)]所行[11(·)]及一切{35(·)}種智[11(·),41(:),52(·-)]離癡[25(ㅗ)]法王[41(!),52(·)]

B: 以此无縛无着鮮脫心善根從此生[乙,ㅌ]盡未來際[ㅌ]生[乙,ㅎ]具足普賢菩薩[尸]所行[ㅎ]及一切種智[ㅎ,ノ亽乙,ㅎ八]離癡[ンㅂㅌ]法王[リ尸入乙,分]

C: 此 无縛无着鮮脫心(ㅌ) 善根(乙) 以(ㅎ) 此 生乙 從ㅌ 未來際ㅌ 生乙 盡ㅎ 普賢菩薩尸 所行 ㅎ 及 一切種智ㅎ,ノ亽乙 具足(ン)ㅎ八 離癡ンㅂㅌ 法王リ尸入乙(ン)分

D: (12)이 无縛无着解脫心의 善根으로써 이 생으로부터 미래의 생을 다하도록 보현보살의 행이니 一切種智니 하는 것을 具足하여서 癡를 떠난 법왕이 되며,

E: 또 이 결박도 집착도 없는 해탈한 마음의 선근으로 이 생(生)에서 미래 세상이 다하도록 보현보살의 행과 일체종지와 우치를 떠난 법왕을 내리라.

<진본화엄20, 15:01-03>

A: 以此无縛无着鮮脫心善根[41(·)?]得无㝵法明[41(·),54(\)]普照一切諸菩薩[44(·)?]行[41(·),52(·-)]常[35(/)]脩正業[41(·),13(·|)]具足普賢[42(ㅜ)]自在方便[41(·),52(·)]

B: 以此无縛无着鮮脫心善根[乙]得无㝵法明[乙,ㅎ余]普照一切諸菩薩[尸]行[乙,ㅎ八]常[リ]脩正業[乙,xム]具足普賢[ㅎ]自在方便[乙,分]

C: 此 无縛无着鮮脫心(ㅌ) 善根乙 以(ㅎ) 尤㝵 法明乙 得ㅎ余 普(リ) 一切 諸 菩薩尸 行乙 照 ㅎ八 常リ 正業乙 脩xム 普賢ㅎ 自在 方便乙 具足(ン)分

D: (13)이 无縛无着解脫心의 善根으로써 无㝵 法明을 얻어서 一切 모든 菩薩行을 널리 비추어서 항상 正業을 닦되 普賢이 自在 方便을 具足하며,

E: 또 이 결박도 집착도 없는 해탈한 마음의 선근으로 걸림없는 법의 광명을 얻어 일체의 보살행을 두루 비추어 바른 업을 항상 닦게 하고 보현보살의 자재한 방편을 원만히 갖추리라.

<진본화엄20, 15:03-09>

A: 以此无縛无{43(\)}着解脫心善根[186]悉得无量[33(·)]方便[11(·)]不可思議方便[11(·)]菩薩方便一切智方便調伏菩薩方便轉无量法輪方便不可說不可說時{35~45(·)}方便種種說法方便无分際无畏方便說一切[187]法无餘方便[11(·)?,41(:),52(·-)]得如是等[12(:)]一切隨順方便智[41(·),54(\)]脩習普賢菩薩[44(·)]所行[41(·),52(·)]

B: 以此无縛无着解脫心善根悉得无量[ㄱ]方便[ㆍ]不可思議方便[ㆍ]菩薩方便一切智方便調伏菩薩方便轉无量法輪方便不可說不可說時方便種種說法方便无分際无畏方便說一切法无餘方便[ㆍ,ノ㖈乙,ㅣ八]得如是等[ンㄱ]一切隨順方便智[乙,ㅣ㭐]脩習普賢菩薩[尸]所行[乙,ㅅ]

C: 此 无縛无着解脫心(ㄴ) 善根(乙) 以(ㅣ) 悉 量 无ㄱ 方便ㆍ 不可思議 方便ㆍ 菩薩 方便(ㆍ) 一切智 方便(ㆍ) 調伏菩薩 方便(ㆍ) 轉无量法輪 方便(ㆍ) 不可說不可說 時 方便(ㆍ) 種種 說法 方便(ㆍ) 无分際 无畏 方便(ㆍ) 說一切法无餘 方便ㆍノ㖈乙 得 ㅣ八 是 如(ㅊンア) 等 ンㄱ 一切 隨順 方便智乙 得 ㅣ㭐 普賢 菩薩尸 所行乙 脩習(ン)ㅅ

D: (14)이 无縛无着解脫心의 善根으로써 ①한량없는 方便이니 ②不可思議 方便이니 ③菩薩 方便이니 ④一切智 方便이니 ⑤調伏菩薩 方便이니 ⑥한량없는 法輪을 굴리는 方便이니 ⑦不可說不可說 때의 方便이니 ⑧갖가지 說法 方便이니 ⑨分際 없고 두려움 없는 方便이니 ⑩一切法을 남김 없이 說하는 方便이니 하는 것을 다 얻어서 이 같은 등의 一切 隨順 方便智를 얻어서 普賢 菩薩의 所行을 脩習하며,

E: 또 이 결박도 집착도 없는 해탈한 마음의 선근으로 한량없는 방편과 불가사의한 방편, 보살의 방편, 일체지의 방편, 교화하는 보살 방편, 한량없는 법륜을 굴리는 방편, 말할 수 없이 말할 수 없는 때의 방편, 갖가지의 설법하는 방편, 한계 없고 두려움 없는 방편과 모든 법을 남김 없이 설명하는 방편 등을 얻고, 이런 일체에 순응하는 방편의 지혜를 얻어 보현보살의 행을 닦아 익히리라.

<진본화엄20, 15:09-11>

A: 以此无縛无着解脫心善根具足身業[41(·),54(\)]令{22(·)}一切衆生[41(·)]皆悉[42(·)?]歡喜[52(·-)]得菩薩[44(·)]不退轉清淨善根[41(·),22(·)]究竟安住普賢[42(ㄒ)]諸[53(:),35(\),51(·)]

---

186) 난상에서부터 '根'자에 이르는 수직 방향의 긴 선이 있는 듯이 보인다.
187) '24~33' 위치에서부터 오른쪽 위 방향으로 희미한 먹선이 그어져 있다.

B: 以此无縛无着解脫心善根具足身業[乙,ㅜㅅ]令一切衆生[乙]皆悉[ㅜㅅ]歡喜[ㅜㅅ]得菩薩[尸]不退轉淸淨善根[乙,ᄒ]究竟安住普賢⇒諸業[ㅜㅅ,(ㅅ)ㅣㅅ]

C: 此 无縛无着解脫心(七) 善根(乙) 以(ㅜ) 身業乙 具足(ㅅ)ㅜㅅ 一切 衆生乙 皆 悉ㅜ 歡喜(ㅅ)ㅜㅅ 菩薩尸 不退轉 淸淨 善根乙 得ᄒ 究竟 普賢⇒ 諸 業ㅜㅅ 安住(ㅅ)ᄒ 令ㅣㅅ

D: (15)이 无縛无着解脫心의 善根으로써 身業을 具足하여서 一切 衆生으로 하여금 모두 다 歡喜하여서 菩薩의 不退轉의 淸淨 善根을 얻고 普賢의 모든 業에 끝까지 安住하고 하게 하며,

E: 또 이 결박도 집착도 없는 해탈한 마음의 선근으로 몸의 업을 갖추고, 일체 중생들로 하여금 다 기뻐하여 보살의 물러나지 않고 청정한 선근을 얻어, 끝내는 보현의 모든 업에 편히 머물게 하리라.

<진본화엄20, 15:11-14>

A: 以此无縛无着解脫心善根得淸淨智[31(·),54(\)]悉能[24(·)]分別衆生[52(丅)]語言[41(·)?,13(··)]一切口業淸淨莊嚴[22(·)]音辭微妙[52(\)]言[45(·)]无能[35(·)]及[31(··),22(·)]修習受持普賢[42(丅)]所行[41(·),22(·)[188],52(·)]

B: 以此无縛无着解脫心善根得淸淨智[乙,ㅜㅅ]悉能[ㅊ]分別衆生⇒語言[乙,xㅅ]一切口業淸淨莊嚴[ᄒ]音辭微妙[ㅅ]ㅜ言[ᄊ]无能[ㅅ]及[ㅜㅅ,ᄒ]修習受持普賢[⇒]所行[乙,ᄒ,ㅅ]

C: 此 无縛无着解脫心(七) 善根(乙) 以(ㅜ) 淸淨智乙 得ㅜㅅ 悉 能ㅊ 衆生⇒ 語言乙 分別xㅅ 一切 口業 淸淨 莊嚴(ㅅ)ᄒ 音辭 微妙ㅅㅜ 言ᄊ 能ㅅ 及ㅜㅅ 无ᄒ[189] 普賢⇒ 所行乙 修習 受持(ㅅ)ᄒ(ㅅ)ㅅ

D: (16)이 无縛无着解脫心의 善根으로써 淸淨智를 얻어서 다 능히 衆生의 語言을 分別하되 一切 口業이 淸淨 莊嚴하고 音辭가 微妙하여 말로 능히 미칠 이 없고 普賢의 所行을 修習 受持하고 하며,

E: 또 이 결박도 집착도 없는 해탈한 마음의 선근으로 청정한 지혜를 얻어 중생들 말을 다 잘 분별하고, 모든 입의 업이 청정하고 장엄하며, 음성이 미묘한 그 말을 아무도 따르지 못하고, 보현보살의 행을 닦고 받들어 지니리라.

---

188) '22(·)'처럼 보이기도 하고, 이 점토를 둘러싼 타원형의 각필선이 있는 듯이 보이기도 한다.
189) "능히 …… 할 이 없다"를 의미하는 구문은 자토석독구결『화엄경소 권35』에서 '能ㅣㅅ ……ㅅㅜ 無-'으로, 『화엄경 권14』에서는 '能ㅅ ……(ㅅ)ㅜㅅ 無-'으로 나타난다.

180 第二部 判讀과 解讀 및 飜譯

<진본화엄20, 15:14-17>

A: 以此¹⁹⁰⁾无縛无着觧脫心善根悉能[24(·)]分別一切佛利[11(·)]一切衆生[11(·)]一切諸法[11(·)]一切莊嚴[11(·)],41(:),13(··)]其心[43(|)#43(\)]清淨[52(\)]出生一切如來[44(·)]法藏[41(·),22(·)]究竟一切智[41(·),22(·)]善能[22(.·)]隨順普賢[42(丅)]所行[53(:),22(·),52(·)]

B: 以此无縛无着觧脫心善根悉能[攴]分別一切佛利[氵]一切衆生[氵]一切諸法[氵]一切莊嚴[氵,ノ个乙,xム]其心[ㅁ]清淨[ﾚゞ]出生一切如來[尸]法藏[乙,ᄒ]究竟一切智[乙,ᄒ]善能[ᅌ]隨順普賢[ᄏ]所行[ゞ十,ᄒ,分]

C: 此 无縛无着觧脫心(七) 善根(乙) 以(ゞ) 悉 能攴 一切 佛利ゞ 一切 衆生ゞ 一切 諸法ゞ 一切 莊嚴ゞノ个乙 分別xム 其 心ㅁ 清淨ﾚゞ 一切 如來尸 法藏乙 出生(ﾚ)ᄒ 一切智乙 究竟(ﾚ)ᄒ 善能ᅌ 普賢ᄏ 所行ゞ十 隨順(七ﾚ)ᄒ(ﾚ)分¹⁹¹⁾

D: (17)이 无縛无着觧脫心의 善根으로써, 다 능히 一切 佛利이니 一切 衆生이니 一切 諸法이니 一切 莊嚴이니 하는 것을 分別하되 그 마음이 청정하여, 一切 如來의 法藏을 出生하고 一切智를 究竟하고 普賢의 所行에 잘 隨順하고 하며,

E: 또 이 결박도 집착도 없는 해탈한 마음의 선근으로, 일체 부처 세계와 일체 중생과 일체의 법과 일체의 장엄을 다 잘 분별하고, 그 마음이 청정하여 모든 부처님 법의 창고를 내며, 일체지를 성취하여 보현보살의 행을 잘 따르리라.

<진본화엄20, 15:17-23>

A: 以此无縛无着觧脫心善根清淨直心[41(·),54(\)]得一切佛[42(-)]无㝵法身[41(·),52(·-)]¹⁹²⁾具足觧脫[41(·),22(·)]脩如來[44(·)]法[41(·),54(\)]攝佛功德[41(·),=22(·)]住佛境界[53(:),52(\)]大智[45(·)]普照[22(·)]脩習菩薩[44(·)]清淨[25(⊥)]之行[41(·),22(·)]隨順方便[53(:),25(·)#25(··),52(\)]悉能[24(·)?]分別一切法藏[41(·),22(·)]出生无量[33(·)]大乘[25(·)]自在[41(·)?,22(·)]悉能[24(·)]示現无量[51(·)]无邊[33(·)]一切衆生[52(丅)]无上大道[41(·),22(·)]具足普賢[42(丅)]行願[25(·)]迴向[41(·),22(·),52(·)]

---

190) '此'자의 마지막 획이 수평획과 만나는 부분에서 끊어져 있다.
191) 동사 '隨順'의 현토 양상은 자토석독구결에서 '世七 法ゞ十 隨ᄀ 順七ﾚゞ' <화엄19:04>로 나타나고 점토구결 자료 주본화엄경에서도 'ᄀ'와 '七'에 해당하는 점토가 둘 다 나타나나, 진본화엄경에서는 '七'에 해당하는 점토만 현토되며 'ᄀ'에 해당하는 점토가 현토된 예는 보이지 않는다.
192) '无㝵法身' 4자에 걸쳐서 4자합부 비슷한 수직선이 그어져 있는 듯하다.

B: 以此无縛无着鮮脫心善根淸淨直心[乙, 氵ホ]得一切佛[心]无㝵法身[乙, 彡]具足解脫[乙, 氵八]脩如來[尸]法[乙, 氵ホ]攝佛功德[乙, 亏]住佛境界[氵十, ✓氵]大智[灬]普照[亏]脩習菩薩[尸]淸淨[✓ヒ七]之行[乙, 亏]隨順方便[氵十, 七, ✓氵]悉能[攴]分別一切法藏[乙, 亏]出生无量[ㄱ]大乘[七]自在[乙, 亏]悉能[攴]示現无量[分]无邊[ㄱ]一切衆生[ラ]无上大道[乙, 亏]具足普賢[ラ]行願[七]迴向[乙, 亏, 分]

C: 此 无縛无着鮮脫心(七) 善根(乙) 以(氵) 直心乙 淸淨(✓) 氵ホ 一切 佛心 无㝵 法身乙 得氵八 解脫乙 具足(✓)亏 如來尸 法乙 脩氵ホ 佛功德乙 攝(✓)亏 佛境界氵十 住✓氵 大智灬 普(ㄲ) 照亏 菩薩尸 淸淨✓ヒ七{之} 行乙 脩習(✓)亏 方便氵十 隨順七✓氵 悉(氵) 能攴 一切 法藏乙 分別(✓)亏 量 无ㄱ 大乘七 自在乙 出生(✓)亏 悉(氵) 能攴 量 无分 邊 无ㄱ 一切 衆生ラ 无上 大道乙 示現(✓)亏 普賢ラ 行願七 迴向乙 具足(✓)亏(✓)分

D: (18)이 无縛无着解脫心의 善根으로써, 直心을 淸淨하여서 一切 부처의 无㝵 法身을 얻어서 解脫을 具足하고, 如來의 法을 닦아서 佛功德을 섭수하고, 佛境界에 머물러 大智로 널리 비추고, 菩薩의 淸淨한 行을 脩習하고, 方便에 隨順하여 다 능히 一切法藏을 分別하고, 한량없는 大乘의 自在를 出生하고, 다 능히 한량없으며 끝없는 一切 衆生의 无上 大道를 示現하고, 普賢의 行願의 迴向을 具足하고 하며,

E: 또 이 결박도 집착도 없는 해탈한 마음의 선근으로 정직한 마음이 청정하여 일체 부처님의 걸림없는 법신을 얻고 해탈을 완전히 이루며, 부처님의 법을 닦고 부처님의 공덕을 섭수하며 부처님 경계에 머물면서, 큰 지혜로 두루 비추어 보살의 청정한 행을 닦아 익히고, 방편을 따라 모든 법의 창고를 잘 분별하며, 한량없는 대승의 자재함을 내어 무량 무변한 일체 중생의 위없는 큰 도를 다 나타내 보이고 보현보살의 행과 원의 회향을 완전히 갖추리라.

<진본화엄20, 15:23-16:04>

A: 以此无縛无着鮮脫心善根得明利根[11(·)]善調伏根[11(·)]於一切法[53(:)]自在[22(..),25(|·)]根[11(·)]无窮盡根[11(·)]脩習一切善根[41(·),25(|·)]根[11(·)]一切佛境界平等[41(..),25(|·)]根[11(·)]授一切菩薩[44(·)]不退轉[25(·)]記[41(·),35(/),25(/·)]大精進根[11(·)]分別一切佛法金剛界[41(·),25(|·)]根[11(·)]一切如來[44(·)]智慧[25(·)]光[45(·)]照[25(|·)]金剛炎根[11(·)]分別[193]一切

---

193) '分別' 2자를 관통하는 긴 곡선이 있는 듯하다.

諸根{11(·)^194)}自在根^195)令一切衆生[41(·)]安住一切智[53(:),35(\.),25(/·)]根无量根滿足一切根无
导淸淨根平等[22(··)#22(·)^196)]脩習諸願[41(·),25(|·)]根[11(·),41(:),52(·)]^197)

B: 以此无縛无着觧脫心善根得明利根[ゝ]善調伏根[ゝ]於一切法[з +]自在[ぅ,xヒ]根[ゝ]无窮
盡根[ゝ]脩習一切善根[乙,xヒ]根[ゝ]一切佛境界平等[xこ,xヒ]根[ゝ]授一切菩薩[尸]不退轉
[ヒ]記[乙,ㅐ,xヒ]大精進根[ゝ]分別一切佛法金剴界[乙,xヒ]根[ゝ]一切如來[尸]智慧[ヒ]光
[灬]照[xヒ]金剴炎根[ゝ]分別一切諸根自在根令一切衆生[乙]安住一切智[з +,(ㅅ)ㅐ,xヒ]根
无量根滿足一切根无导淸淨根平等[X]脩習諸願[乙,xヒ]根[ゝ,ノ수乙,介]

C: 此 无縛无着觧脫心(ヒ) 善根(乙) 以(ぅ) 明利 根ゝ 善 調伏 根ゝ {於}一切 法 з + 自在ぅxヒ
根ゝ 无窮盡 根ゝ 一切 善根乙 脩習xヒ 根ゝ 一切 佛境界 平等xこxヒ 根ゝ 一切 菩薩尸
不退轉ヒ 記乙 授ㅐxヒ^198) 大精進 根ゝ 一切 佛法 金剴界乙 分別xヒ 根ゝ 一切 如來尸 智
慧ヒ 光灬 照xヒ 金剴炎 根ゝ 分別一切諸根 自在 根(ゝ) 一切 衆生乙 一切智 з + 安住 令
ㅐxヒ 根(ゝ) 无量 根(ゝ) 滿足一切 根(ゝ) 无导 淸淨 根(ゝ) 平等X 諸 願乙 脩習xヒ 根ゝ ノ
수乙 得介

D: (19)이 无縛无着解脫心의 善根으로써 ①明利 根이니 ②善調伏 根이니 ③一切法에 自在
히 하는 根이니 ④无窮盡 根이니 ⑤一切 善根을 脩習하는 根이니 ⑥一切 佛境界 平等한
것을 하는 根이니 ⑦一切 菩薩의 不退轉의 記를 주는 大精進 根이니 ⑧一切 佛法 金剛界
을 分別하는 根이니 ⑨一切 如來의 智慧의 빛으로 비추는 金剛炎 根이니 ⑩一切 모든 根
을 分別하는 自在한 根이니 ⑪一切 衆生을 一切智에 安住하게 하는 根이니 ⑫한량없는
근이니 ⑬一切 滿足시키는 根이니 ⑭无导 淸淨한 根이니 ⑮平等하게 모든 願을 脩習하
는 根이니 하는 것을 얻으며,

E: 또 이 결박도 집착도 없는 해탈한 마음의 선근으로 밝고 예리한 힘[根]과 잘 다스려진 힘,
모든 법에 자재한 힘, 끝까지 다함 없는 힘[無窮盡根], 모든 선의 닦는 힘, 일체 부처님 경
계에 평등한 힘, 모든 보살에게 물러나지 않는 기별을 주고 크게 정진하는 힘, 일체 불법

---

194) 바로 뒤의 '自在根'에 달릴 것이 여기에 잘못 달린 듯하다.
195) 42 위치에서 왼쪽으로 그어진 선이 있는 듯하다.
196) 수평쌍점으로 보이나 '平等'이 부사로 쓰인 점을 고려하면 사향쌍점일 가능성이 있다.
197) '25(|·)'을 썼다가 지운 흔적이 있다.
198) 자토석독구결 자료에 '授記'는 여러 차례 나타나나 동사 '授' 단독으로 쓰인 예는 보이지 않는다. 언해
자료에서 '授'는 '심기-'로 언해된다.

의 금강계(金剛界)를 분별하는 힘, 모든 부처님의 지혜 광명으로 비치는 금강 불꽃 같은 힘, 모든 근기를 분별하는 자재한 힘, 일체 중생들로 하여금 일체지에 편히 머물게 하는 힘, 한량없는 힘, 일체를 만족시키는 힘, 걸림없고 청정한 힘, 평등하게 모든 원(願)을 닦아 익히는 힘 등을 얻으리라.

<진본화엄20, 16:04>

A: 以此无縛无着解脫心善根

B: 以此无縛无着解脫心善根

C: 此 无縛无着解脫心(七) 善根(乙) 以(氵)

D: (20)이 无縛无着解脫心의 善根으로써

E: 또 이 결박도 집착도 없는 해탈한 마음의 선근으로

<진본화엄20, 16:04-05>

A: 得[199]一切菩薩[44(·)]神力[11(·)]

B: 得一切菩薩[尸]神力[氵]

C: 一切 菩薩尸 神力氵

D: ①일체 보살의 신력이니

E: 모든 보살의 신력과

<진본화엄20, 16:05>

A: 住持无量身[41(·),25(丨·)]神力[11(·)]

B: 住持无量身[乙,x七]神力[氵]

C: 无量身乙 住持x七 神力氵

D: ②한량없는 몸을 住持하는 신력이니

E: 한량없는 몸을 지니는 신력,

---

199) 16쪽 12행의 '神力'에 관련 점토가 있다.

<진본화엄20, 16:05-06>
A: 无量[33(·)]智慧[25(·)?]境界[41(·),25(|·)]神力[＝11(·)]
B: 无量[ㄱ]智慧[ㄴ]境界[乙,xㄴ]神力[氵]
C: 量 无ㄱ 智慧ㄴ 境界乙xㄴ 神力氵
D: ③한량없는 지혜의 경계가 되는 신력이니
E: 한량없는 지혜 경계의 신력,

<진본화엄20, 16:06>
A: 不離一處[41(·),24(·),54(/)]悉能[24(·)]示現一切佛刹[41(·),25(|·)]神力[11(·)]
B: 不離一處[乙,攴,X]悉能[攴]示現一切佛刹[乙,xㄴ]神力[氵]
C: 一處乙 離攴(尸) 不X²⁰⁰⁾ 悉 能攴 一切 佛刹乙 示現xㄴ 神力氵
D: ④한 곳을 떠나지 않지만/않고도 모두 능히 일체 부처 세계를 示現하는 신력이니
E: 한 곳도 떠나지 않고 모든 부처 세계에 나타나는 신력,

<진본화엄20, 16:07>
A: 菩薩[44(·)?]无㝵[42(·)]不可制持[52(\),24(\),12(:),＝35(·),25(··)]自在神力[11(·)]
B: 菩薩[尸]无㝵[氵]不可制持[ﾚ氵,ﾛ亠,ﾚㄱ,矢,ㅌㄴ]自在神力[氵]
C: 菩薩尸 㝵 无氵 制持ﾚ氵ﾛ亠{可}(ㄴ)ﾚㄱ 不矢ㅌㄴ 自在 神力氵
D: ⑤보살의 막힘 없어 制持할 수 없는 자재한 신력이니
E: 보살의 걸림없고 제지할 수 없는 자재한 신력,

<진본화엄20, 16:07-08>
A: 示現攝取一切佛刹[41(·),52(\)]安置一處[53(:),41(\),25(|·)]自在神力[11(·)]
B: 示現攝取一切佛刹[乙,ﾚ氵]安置一處[氵十,尸入乙,xㄴ]自在神力[氵]
C: 一切 佛刹乙 攝取ﾚ氵 一處氵十 安置(ﾚ)尸入乙 示現xㄴ 自在 神力氵
D: ⑥일체 부처 세계를 攝取하여 한 곳에 安置하는 것을 示現하는 자재한 신력이니
E: 모든 부처 세계를 거두어 한 곳에 두기를 나타내는 신력,

---

200) 문맥상 역접의 의미를 지닌 어미가 올 수 있는바 '-x乃' 정도로 해독해 볼 수 있을 듯하다.

<진본화엄20, 16:08-09>
A: 一身[41(·)]充滿一切佛刹[53(:),22(..),25(|·)]自在神力
B: 一身[乙]充滿一切佛刹[ㅎ+,ㅎ,x七]自在神力
C: 一身乙 一切 佛刹ㅎ+ 充滿ㅎx七 自在 神力(ㅎ)
D: ⑦한 몸을 일체 부처 세계에 충만히 하는 자재한 신력이니
E: 한 몸이 모든 부처 세계 가득 차는 자재한 신력,

<진본화엄20, 16:09>
A: 菩薩[44(·)]无㝵解脫[41(·),25(|·),4자합부?]自在神力
B: 菩薩无㝵解脫[乙,x七]自在神力
C: 菩薩尸 无㝵 解脫乙x七 自在 神力(ㅎ)
D: ⑧보살의 无㝵 解脫을 하는 자재한 신력이니
E: 보살의 걸림없이 해탈하는 자재한 신력,

<진본화엄20, 16:09-10>
A: 少[25(ㅗ)]方便[45(·)]一念[53(:)]自在[22(..),25(|·)]神力
B: 少[x七]方便[ㅯ]一念[ㅎ+]自在[ㅎ,x七]神力
C: 少x七 方便ㅯ 一念ㅎ+ 自在ㅎx七 神力(ㅎ)
D: ⑨작은 방편으로 한 생각 사이에 자재히 하는 신력이니
E: 작은 방편으로 한 찰나 사이에 자재한 신력,

<진본화엄20, 16:10>
A: 依无所有[33(·),53(·.),52(·-)]自在[22(..)#22(··),25(|·)]神力
B: 依无所有[ㄱ,ㅋ+,ㅋ八]自在[ㅎ,x七]神力
C: 有ㄱ 所 无(ㄴㄱ)ㅋ+²⁰¹⁾ 依ㅋ八 自在ㅎx七 神力(ㅎ)
D: ⑩있는 바가 없는 것에 의지하여 자재히 하는 신력이니
E: 아무것도 의지할 바가 없는 자재한 신력,

---

201) '有ㄱ 所 无(ㄴㄱ)ㅋ+'는 '無所有(ㅣㄴ)ㄱ ㅋ+'로 해독할 가능성도 있다.

186 第二部 判讀과 解讀 및 飜譯

<진본화엄20, 16:10-12>

A: 以一毛[41(·),=42(·)]悉縛无量[33(·)?]世界[41(·),52(·-)]悉[42(·)?]持[54(\)]遊行法界[=53(:)]等[12(:)#12(·)]佛刹[53(:),13(··)]示現衆生[53(··),52(·-)]令得究竟妙智慧門[41(·),35(/),35(\·),25(/·)]自在神力[11(·),41(:),52(·-)]

B: 以一毛[乙, ३]悉縛无量[ㄱ]世界[乙, ३ 八]悉[३]持[३ 尔]遊行法界[३ 十]等[ゝㄱ]佛刹[३ 十, x ム]示現衆生[ɔ十, ३ 八]令得究竟妙智慧門[乙, ㅣ, (小)ㅣ, x 七]自在神力[ミ, ノ 仒 乙, ३ 八]

C: 一毛乙 以 ३ 悉量 无ㄱ 世界乙 縛 ३ 八 悉 ३ 持(ゝ) ३ 尔 法界 ३ 十 等ゝㄱ 佛刹 ३ 十 遊行x ム 衆生ɔ十 示現(ゝ) ३ 八 究竟妙智慧門乙 得ㅣ 令ㅣx 七 自在 神力ミ ノ 仒 乙 得²⁰²⁾ ३ 八

D: ⑪한 털로써 한량없는 세계를 모두 묶어, 모두 가지고서²⁰³⁾, 법계와 같은 부처 세계에서 노닐되 중생에게 示現하여 (중생으로 하여금) 究竟의 묘한 지혜의 문을 얻게 하는 자재한 신력이니 하는 것을 얻어서

E: 한 털로 한량없는 세계를 다 묶고는 그것을 다 가지고 법계와 같은 부처 세계에 노닐면서 중생을 나타내어, 묘한 지혜를 얻게 하는 자재한 신력 등을 얻어,

<진본화엄20, 16:12-13>

A: 脩習普賢菩薩[44(·)]所行[=41(·),52(·)]

B: 脩習普賢菩薩[尸]所行[乙, 分]

C: 普賢菩薩尸 所行乙 脩習(ゝ) 分

D: 보현보살의 所行을 脩習하며,

E: 보현보살의 행을 닦아 익히리라.

<진본화엄20, 16:13-14>

A: 以此无縛无着解脱心[25(·)]善根[41(·),42(·)]

B: 以此无縛无着解脱心[七]善根[乙, ३]

C: 此 无縛无着解脱心七 善根乙 以 ३

D: (21)이 无縛无着解脱心의 善根으로써

---

202) 16폭 4행의 '得'과 관련된 점토이다.
203) 신수대장경에는 '以一毛悉縛无量世界 悉持遊行法界等佛刹示現衆生'으로 표점되어 있다.

E: 또 이 결박도 집착도 없는 해탈한 마음의 선근으로

<진본화엄20, 16:14>

A: 於一念[=25(·)]頃[53(:)]悉能[24(·)?]往詣无量[33(·)]佛刹[53(:),22(·)]
B: 於一念頃[㆝+]悉能[ㅊ]往詣无量[ㄱ]佛刹[㆝+,ㆆ]
C: {於}一念ㅌ 頃 ㆝+ 悉 能ㅊ 量 无ㄱ 佛刹 ㆝+ 往詣(ㆍ)ㆆ
D: 한 생각 사이에 다 능히 한량없는 부처 세계에 나아가고
E: 한 찰나 동안에 무량한 부처 세계에 다 나아가고,

<진본화엄20, 16:14-15>

A: 於一身[25(·)]中[=53(:)]悉能[24(·)]容受无量[33(·)]佛刹[41(·),22(·)?]
B: 於一身[ㅌ]中[㆝+]悉能[ㅊ]容受无量[ㄱ]佛刹[乙,ㆆ]
C: {於}一身ㅌ 中 ㆝+ 悉 能ㅊ 量 无ㄱ 佛刹乙 容受(ㆍ)ㆆ
D: 한 몸의 안에 능히 한량없는 부처 세계를 다 받아들이고
E: 한 몸 안에 한량없는 부처 세계를 다 받아들이며,

<진본화엄20, 16:15>

A: 逮得甚深微妙智[25(·)]地[41(·),22(·)]
B: 逮得甚深微妙智[ㅌ]地[乙,ㆆ]
C: 甚深微妙智ㅌ 地乙 逮得(ㆍ)ㆆ
D: 매우 깊고 미묘한 지혜의 자리를 逮得하고
E: 매우 깊고 미묘한 지혜의 자리를 얻어

<진본화엄20, 16:15-16>

A: 善能[22(·)]分別諸佛[42(·)]世界[41(·),22(·)]
B: 善能[ㆆ]分別諸佛[ㄴ]世界[乙,ㆆ]
C: 善能ㆆ 諸佛ㄴ 世界乙 分別(ㆍ)ㆆ
D: 모든 부처 세계를 잘 분별하고
E: 모든 부처 세계를 잘 분별하며,

188 第二部 判讀과 解讀 및 飜譯

<진본화엄20, 16:16-17>
A: 得无生心[41(·),54(\)]悉入普賢菩薩[44(·)]法門[=53(:),=52(·-)]生菩薩[44(·)]行[=41(·),22(·),52(·)]
B: 得无生心[乙,ぅホ]悉入普賢菩薩[尸]法門[ぅ十,ぅハ]生菩薩[尸]行[乙,ㅎ,分]
C: 无生心乙 得ぅホ 悉 普賢菩薩尸 法門ぅ十 入(ﾚ)ぅハ 菩薩尸 行乙 生(ㅣ)ㅎ(ﾚ)分
D: 无生心을 얻어서 보현보살의 법문에 다 들어가 菩薩의 行을 내고 하며,
E: 생멸 없는 마음을 얻고는 보현보살의 법문에 다 들어가 보살행을 내리라.

<진본화엄20, 16:17>
A: 以此无縛无着解脫心[25(·)]善根[41(·)?,42(·)]
B: 以此无縛无着解脫心[乚]善根[乙,ぅ]
C: 此 无縛无着解脫心乚 善根乙 以ぅ
D: (22)이 无縛无着解脫心의 善根으로써
E: 또 이 결박도 집착도 없는 해탈한 마음의 선근으로

<진본화엄20, 16:18>
A: 生如來[44(·)]家[53(:),52(\)]脩菩薩[44(·)]行[41(·),=22(·)]
B: 生如來[尸]家[ぅ十,ﾚぅ]脩菩薩[尸]行[乙,ㅎ]
C: 如來尸 家ぅ十 生ﾚぅ 菩薩尸 行乙 脩ㅎ
D: 여래의 집안에 태어나서 보살의 행을 닦고
E: 부치님 집에 태어나 보살행을 닦고

<진본화엄20, 16:18-19>
A: 具足无量[51(·)?]无數[33(·)?]不思議[25(·)]法[41(·)?,22(·)]
B: 具足无量[分]无數[ㄱ]不思議[乚]法[乙,ㅎ]
C: 量 无分 數 无ㄱ 不思議乚 法乙 具足(ﾚ)ㅎ
D: 한량없으며 수없는 不思議의 법을 갖추고
E: 무량 무수하고 불가사의한 법을 완전히 갖추며,

晉本『華嚴經』卷第二十   189

<진본화엄20, 16:19>

A: 无量[33(·)]大願[41(·)]皆悉[42(·)]成滿[22(·)]
B: 无量[ㄱ]大願[乙]皆悉[ㅈ]成滿[ㅎ]
C: 量 无ㄱ 大願乙 皆 悉ㅈ 成滿(ㅅ)ㅎ
D: 한량없는 큰 願을 모두 다 이루고
E: 한량없는 큰 서원을 다 성취하고

<진본화엄20, 16:19-20>

A: 分別一切法界[11(·)?]及[25(·)]三世[25(·)]法界[11(·),41(:),13(··)]而[45(·)]无懈怠[44(·),=35(/),22(·)]
B: 分別一切法界[ㅈ]及[ㄴ]三世[ㄴ]法界[ㅈ,ノ亽乙,xㅿ]而[ㅡ]无懈怠[尸,ㆁ,ㅎ]
C: 一切法界ㅈ 及ㄴ 三世ㄴ 法界ㅈノ亽乙 分別xㅿ 而ㅡ 懈怠尸 无ㆁ(ㅅ)ㅎ
D: 일체 법계이니 삼세의 법계이니 하는 것을 분별하되 게을리 함 없이 하고
E: 일체 법계와 삼세 법계를 분별하되 게으르지 않으며,

<진본화엄20, 16:20-21>

A: 隨順普賢菩薩[44(·)]諸行[=53(:),25(·),52(\)]究竟智界[41(·),22(·),52(·)]
B: 隨順普賢菩薩[尸]諸行[ㅈ+,ㄴ,ㅅㅈ]究竟智界[乙,ㅎ,ㄱ]
C: 普賢菩薩尸 諸 行ㅈ+ 隨順ㄴㅅㅈ 智界乙 究竟(ㅅ)ㅎ(ㅅ)ㄱ
D: 보현보살의 모든 행을 따라 智界를 究竟하고 하며,
E: 보현보살의 모든 행을 따라 지혜의 경계를 끝까지 알리라.

<진본화엄20, 16:21>

A: 以此无縛无着解脫心[25(·)]善根[=41(·),42(·)]
B: 以此无縛无着解脫心[ㄴ]善[乙,ㅈ]
C: 此 无縛无着解脫心ㄴ 善根乙 以ㅈ
D: (23)이 无縛无着解脫心의 善根으로써
E: 또 이 결박도 집착도 없는 해탈한 마음의 선근으로

<진본화엄20, 16:21-22>

A: 於一毛道[53(:)]分別无量[51(·)]无數[=33(·)]佛刹[=41(·),22(·)]
B: 於一毛道[ㅣ+]分別无量[分]无數[ㄱ]佛刹[乙,ㅎ]
C: {於}一毛道ㅣ+ 量 无分 數 无ㄱ 佛刹乙 分別(∨)ㅎ
D: 한 털구멍에서 한량없으며 수없는 부처 세계를 분별하고
E: 한 털구멍에 무량 무수한 부처 세계를 분별하고

<진본화엄20, 16:22-23>

A: 悉能[=24(·)]苞容一切法界[41(·),25(·),22(·)]究竟空界[41(·),22(·),52(·)]
B: 悉能[攴]苞容一切法界[乙,匕,ㅎ]究竟空界[乙,ㅎ,分]
C: 悉 能攴 一切法界乙 苞容匕ㅎ 空界乙 究竟(∨)ㅎ(∨)分
D: 능히 일체 법계를 다 포용하고 空界를 究竟하고 하며,
E: 일체 법계와 구경의 허공계를 다 용납하되

<진본화엄20, 16:23-24>

A: 如一毛道[53(:),12(·\),24(·)]一切法界虛空界[53(:)]等[12(:)]一切毛道[53(:)]亦復[35(··)]如是[=52(·)#42(·),52(\)]
B: 如一毛道[ㅣ+,xㄱ,攴]一切法界虛空界[ㅣ+]等[∨ㄱ]一切毛道[ㅣ+]亦復[刀]如是[分,∨ㅣ]
C: 一毛道ㅣ+xㄱ 如攴 一切法界 虛空界ㅣ+ 等∨ㄱ 一切 毛道ㅣㅣ 亦(∨)ㅣ 復刀 是 如(攴∨)分∨ㅣ
D: 한 털구멍에서 한 것 같이/한 털구멍에서와 같이 일체 법계 허공계와 같은 일체 털구멍에서 또한 또 이와 같이 하며/이와 같으며 하여
E: 한 털구멍에서와 같이 일체 법계와 허공계와 같은 일체 털구멍에서도 그와 같이 하리라.

<진본화엄20, 16:24-25>

A: 以普賢菩薩[44(·)]淸淨法門[41(·),42(·)]開智慧眼[41(·),52(·)]
B: 以普賢菩薩[尸]淸淨法門[乙,ㅣ]開智慧眼[乙,分]
C: 普賢菩薩尸 淸淨 法門乙 以ㅣ 智慧 眼乙 開(∨)分
D: 보현보살의 청정 법문으로써 지혜의 눈을 열며,

E: 그리고 보현보살의 청정한 법문으로 지혜의 눈이 열리게 하리라.

<진본화엄20, 16:25>
A: 以此无縛无着解脫心[25(·)]善根[41(·),42(·)]
B: 以此无縛无着解脫心[ㄴ]善根[乙,ㆍ]
C: 此 无縛无着解脫心ㄴ 善根乙 以ㆍ
D: (24)이 无縛无着解脫心의 善根으로써
E: 또 이 결박도 집착도 없는 해탈한 마음의 선근으로

<진본화엄20, 16:25-26>
A: 能[24(·)]以无量[51(·)]无數[=33(·)]阿僧祇[25(·)]劫[41(·),52(·-)]以[54(\)]爲一念[23(|),22(·)]
B: 能[攴]以无量[分]无數[ㄱ]阿僧祇[ㄴ]劫[乙,ㆍ八]以[ㆍ亦]爲一念[ㆍ古,ㅎ]
C: 能攴 量 无分 數 无ㄱ 阿僧祇ㄴ 劫乙 以ㆍ八 以ㆍ亦 一念 {爲}ㆍ古ㅎ
D: 능히 한량없으며 수없는 阿僧祇의 劫으로써 一念 삼고
E: 무량 무수한 아승기겁을 한 찰나로 만들고,

<진본화엄20, 16:26-17:01>
A: 能[24(·)]以一切衆生[52(丅)]諸念[=41(·),52(·-)]以[54(\)]爲一念[23(|),22(·),13(··)]
B: 能[攴]以一切衆生[⇒]諸念[乙,ㆍ八]以[ㆍ亦]爲一念[ㆍ古,ㅎ,xム]
C: 能攴 一切 衆生⇒ 諸 念乙 以ㆍ八 以ㆍ亦 一念 {爲}ㆍ古ㅎxム
D: 능히 일체 중생의 모든 생각으로써 一念 삼고 하되
E: 일체 중생의 모든 생각을 한 생각으로 만들리니,

<진본화엄20, 17:01-02>
A: 此諸方便[33(·)]皆由普賢菩薩[44(·)]深心究竟[41(/),23(|),42(·),52(·)]
B: 此諸方便[ㄱ]皆由普賢菩薩[尸]深心究竟[ㄱ入乙,ㆍ古,ㆍ,分]
C: 此 諸 方便ㄱ 皆 普賢菩薩尸 深心 究竟(ㅄ)ㄱ入乙 由ㆍ古ㆍ(ㅄ)分
D: 이 모든 方便은 모두 普賢菩薩의 深心 究竟한 것을 말미암으며,
E: 이런 모든 방편은 다 보현보살의 아주 깊은 마음에서 나온 것이다.

<진본화엄20, 17:02>

A: 以此无縛无着解脫心善根

B: 以此无縛无着解脫心善根

C: 此 无縛无着解脫心(ㄷ) 善根(乙) 以(ㄱ)

D: (25)이 无縛无着解脫心의 善根으로써

E: 또 이 결박도 집착도 없는 해탈한 마음의 선근으로

<진본화엄20, 17:02-03>

A: 於一身[33(\)]內[=53(:)]悉能[24(·)]容受无量[33(·)]諸身[41(·),52(·)]

B: 於一身[亠x]內[ㄱ+]悉能[支]容受无量[ㄱ]諸身[乙,分]

C: {於}一身亠x 內 ㄱ+ 悉(ㄱ) 能支 量 无ㄱ 諸 身乙 容受(ㅆ)分

D: 한 몸 안에 다 능히 한량없는 모든 몸을 受容하며,

E: 한 몸 안에 한량없는 모든 몸을 다 수용하되

<진본화엄20, 17:03-04>

A: 如一身[53(:),12(·\),24(·)]一切身[53(:)]亦復[35(··)]如是[52(·-)]具足普賢菩薩[44(·)]迴向[41(·),52(·)]

B: 如一身[ㄱ+,xㄱ,支]一切身[ㄱ+]亦復[刀]如是[ㄱ八]具足普賢菩薩[尸]迴向[乙,分]

C: 一身ㄱ+xㄱ 如支 一切 身ㄱ+ 亦(ㅄㄱ) 復刀 是 如(支ㅄ)ㄱ八 普賢菩薩尸 迴向乙 具足(ㅆ)分

D: 한 몸에서 하는 것과 같이 一切 몸에서 또한 또 이와 같이 하여서 普賢菩薩의 迴向을 具足하며,

E: 한 몸에서와 같이 일체의 몸도 다 그와 같이 하며, 보현보살의 회향을 완전히 이루리라.

<진본화엄20, 17:04-05>

A: 以此无縛无着着解脫心善根

B: 以此无縛无着解脫心善根

C: 此 无縛无着解脫心(ㄷ) 善根(乙) 以(ㄱ)

D: (26)이 无縛无着解脫心의 善根으로써

E: 또 이 결박도 집착도 없는 해탈한 마음의 선근으로

<진본화엄20, 17:05-06>

A: 悉入一切諸佛境界[53(:),52(\)#52(·)]常[35(/)]見諸佛[42(-)]虛空界[53(:)]等[12(|)#12(:)]淸淨法身[35(/),4자합부?]相好莊嚴[52(·),4자합부?]神力自在[41(-),22(·)]

B: 悉入一切諸佛境界[ㅎ十,ゝㅎ]常[ㅣ]見諸佛[ㄴ]虛空界[ㅎ十]等[ㅎㄱ]淸淨法身[ㅣ]相好莊嚴[ㅑ]神力自在[ㅎㄱ入乙,ㅎ]

C: 悉(ㅎ) 一切 諸佛 境界ㅎ十 入ゝㅎ 常ㅣ 諸佛ㄴ 虛空界ㅎ十 等(ゝ)ㅎㄱ 淸淨 法身ㅣ 相好 莊嚴(ゝ)ㅑ 神力 自在(ゝ)ㅎㄱ入乙 見ㅎ

D: 다 一切 모든 佛의 境界에 들어가, 늘 모든 佛의 虛空界에서와 같으신/虛空界에서 등의 淸淨 法身이 相好가 莊嚴하며 神力이 自在하신 것을 보고

E: 모든 부처님 경계에 다 들어가 항상 허공계와 법계와 같은 부처님들의 청정한 법신을 뵈옵는데, 그 부처님의 상호는 장엄하고 신력은 자재하며,

<진본화엄20, 17:06-07>

A: 梵音微[204]妙[=52(\)]具足[42(·)]廣[35(/)]說无旱正法[41(·),41(\.)]聞彼佛法[41(·),=34(·)]悉能[24(·)]受持[22(·)]

B: 梵音微妙[ゝㅎ]具足[ㅎ]廣[ㅣ]說无旱正法[乙,xㄱ乙]聞彼佛法[乙,ㅁ(ㅅ)]悉能[ㅊ]受持[ㅎ]

C: 梵音 微妙ゝㅎ 具足(ゝ)ㅎ 廣ㅣ 无旱正法乙 說xㄱ乙 彼 佛法乙 聞ㅁㅅ 悉(ㅎ) 能ㅊ 受持(ゝ)ㅎ

D: 梵音이 微妙하여 具足히 널리 无旱正法을 연설하거늘 저 佛法을 듣고서 다 능히 受持하고

E: 범음(梵音)은 미묘하여 걸림없는 바른 법을 자세히 연설할 때, 그 불법을 듣고는 다 받들어 지니되

<진본화엄20, 17:08>

A: 於彼佛身[53(:)]了无所有[41(-),22(·)]

B: 於彼佛身[ㅎ十]了无所有[ㅎㄱ入乙,ㅎ]

C: {於}彼 佛身ㅎ十 所有 无ㅎㄱ入乙 了(ゝ)ㅎ

D: 저 佛身에 所有 없으신 것을 알고

---

204) '微'자는 가운데 '山'자 아래가 '干'자인 이체자이다.

E: 부처님 몸은 없는 것임을 알며,

<진본화엄20, 17:08-09>

A: 悉[42(·)]得普賢菩薩[44(·)?]无量[33(·)]大願[41(·)?,22(·)?]²⁰⁵⁾
B: 悉[ㄣ]得普賢菩薩[尸]无量[ㄱ]大願[乙,ㅎ]
C: 悉ㄣ 普賢菩薩尸 量 无ㄱ 大願乙 得ㅎ
D: 다 普賢菩薩의 한량없는 大願을 얻고
E: 보현보살의 한량없는 큰 서원을 얻고

<진본화엄20, 17:09>

A: 永[=42(·)?]離衆生[52(T)]心[11(·)]想[11(·)]見[11(·),25(|·)]倒[41(·),24(·),22(·),52(·)]
B: 永[ㄣ]離衆生[⇒]心[ㅎ]想[ㅎ]見[ㅎ,xㅌ]倒[乙,ㅎ,ㅎ,ケ]
C: 永ㄣ 衆生⇒ 心ㅎ 想ㅎ 見ㅎxㅌ 倒乙 離ㅎㅎ(ㅅ)ケ
D: 영원히 衆生들의 마음이니 생각이니 견해이니 하는 것의 뒤바뀜을 떠나고 하며,
E: 중생들 마음 생각과 견해로 하여금 뒤바뀜을 아주 떠나게 하리라.

<진본화엄20, 17:09-10>

A: 以此无縛无着解脫心善根
B: 以此无縛无着解脫心善根
C: 此 无縛无着解脫心(ㅌ) 善根(乙) 以(ㄣ)
D: (27)이 无縛无着解脫心의 善根으로써
E: 또 이 결박도 집착도 없는 해탈한 마음의 선근으로,

<진본화엄20, 17:10>

A: 入一切世界[53(:),13(··)]入幡²⁰⁶⁾覆世界[53(:),22(·)]入伏世界[53(:),22(·),11(/)?]
B: 入一切世界[ㄣ十,xㅿ]入幡覆世界[ㄣ十,ㅎ]入伏世界[ㄣ十,ㅎ,xㅎ]

---

205) 점토가 희미해서 원본 확인이 필요하다.
206) '飜'자의 이체자이다.

晉本『華嚴經』卷第二十   195

C: 一切 世界ᖰ十 入xㅿ 憣覆 世界ᖰ十 入(丶)ᄒ 伏 世界ᖰ十 入(丶)ᄒxᖰ
D: 一切 世界에 들어가되 飜覆 世界에 들어가고 伏 世界에 들어가고 하지만,
E: 일체 세계에 들어가는데, 잦혀진 세계에 들어가고 엎어진 세계에 들어가며,

<진본화엄20, 17:11>

A: 於一念[25(·)?]中[=53(:)]悉能[=24(·)?]遍[55(·)]入十方[25(·)]世界[25(·)]一切佛刹[=53(:),52(·-)]
B: 於一念[ㄷ]中ᖰ十悉能[ㅊ]遍[丨]入十方[ㄷ]世界[ㄷ]一切佛刹ᖰ十,ᖰ八
C: {於}一念ㄷ 中ᖰ十 悉(ᖰ) 能ㅊ 遍丨 十方ㄷ 世界ㄷ 一切 佛刹ᖰ十 入(丶)ᖰ八
D: 한 생각 사이에 다 능히 두루 十方 世界의 一切 佛刹에 들어가서
E: 한 찰나 사이에 시방세계와 모든 부처 세계에 다 두루 들어가고,

<진본화엄20, 17:11-12>

A: 分別因那{43(·)}網世界[41(·),22(·)]
B: 分別因那網世界[乙,ᄒ]
C: 因那網 世界乙 分別(丶)ᄒ
D: 인다라망 世界를 分別하고
E: 인다라 그물 세계를 분별하며,

<진본화엄20, 17:12>

A: 分別一切平等法界[41(·),22(·)]
B: 分別一切平等法界[乙,ᄒ]
C: 一切 平等 法界乙 分別(丶)ᄒ
D: 一切 平等 法界를 分別하고
E: 일체 평등한 세계를 분별하되

<진본화엄20, 17:12-13>

A: 令雜世界[41(·)?]悉[42(·)]爲一形[23(|),35(\.),22(·)]
B: 令雜世界[乙]悉爲一形[ᖰ古,(ᄉ)丨,ᄒ]
C: 雜 世界乙 悉(ᖰ) 一形 {爲}ᖰ古 令丨ᄒ

196 第二部 判讀과 解讀 및 飜譯

D: 雜 世界를 다 한 꼴로 삼게 하고
E: 여러 세계를 한 모양으로 만들며,

<진본화엄20, 17:13-14>

A: 无量[33(·)?]種種[25(·)]世界[53(:)]无量[33(·)]方便[45(·)]入深[33(·)?]法界[35(/)]皆如虛空[24(·),12(:),53(·.),11(/)]而[33(·)]亦[33(·)]不壞世界[25(·)]之性[41(·)?,22(·)]

B: 无量[ㄱ]種種[ㄷ]世界[氵+]无量[ㄱ]方便[灬]入深[ㄱ]法界[ㅣ]皆如虛空[攴,ソㄱ,ㅋ+,xː]而[ㄱ]亦[ㄱ]不壞世界[ㄷ]之性[乙,ㅎ]

C: 量 无ㄱ 種種ㄷ 世界氵+ 量 无ㄱ 方便灬 深ㄱ 法界ㅣ 皆 虛空 如攴ソㄱ ㅋ+ 入xː 而ㄱ 亦(ソ)ㄱ 世界ㄷ{之} 性乙 壞(尸) 不(ソ)ㅎ

D: 한량없는 갖가지 世界에서 한량없는 方便으로 깊은 法界가 모두 虛空과 같은 것에 들어가지만 또한 世界의 성품을 무너뜨리지 아니하고

E: 한량없는 갖가지 세계를 한량없는 방편으로 깊은 법계에 들어가 다 허공과 같게 하면서도 세계의 성품은 깨뜨리지 않으며,

<진본화엄20, 17:14-15>

A: 脩普賢行[41(·)?,54(\)]住菩薩[44(·)]地[53(:),22(·),52(·)]

B: 脩普賢行[乙,氵朩]住菩薩[尸]地[氵+,ㅎ,ㅅ]

C: 普賢 行乙 脩氵朩 菩薩尸 地氵+ 住(ソ)ㅎ(ソ)ㅅ

D: 普賢의 行을 닦아서 菩薩의 지위에 머무르고 하며,

E: 보현보살의 행을 닦아 보살의 지위에 머무르리라.

<진본화엄20, 17:15-16>

A: 以此无縛无着解脫心善根

B: 以此无縛无着解脫心善根

C: 此 无縛无着解脫心(ㄷ) 善根(乙) 以(氵)

D: (28)이 无縛无着解脫心의 善根으로써

E: 또 이 결박도 집착도 없는 해탈한 마음의 선근으로.

晉本『華嚴經』卷第二十　197

<진본화엄20, 17:15-16>

A: 悉[42(·)]能[24(·)?]分別一切諸想[41(·),13(··)]

B: 悉[ㄱ]能[攴]分別一切諸想[乙,xㅿ]

C: 悉ㄱ 能攴 一切 諸 想乙 分別xㅿ

D: 다 능히 一切 모든 생각을 分別하되

E: 모든 생각을 다 잘 분별하리라.

<진본화엄20, 17:16-23>

A: 衆生想[11(·)]法想佛刹想方想佛想世想業想行想解脫想根想時想受持想煩惱想淸淨想成熟想見諸佛想轉法輪想聞法解想調伏想種種方便出生想種種地想入菩薩想脩習菩薩功德想菩薩三昧正受想菩薩三昧起想菩薩境界想劫成壞想明想闇想晝想夜想半月一月年歲時變想去想來想坐想立想覺想睡想[11(·),14(·)]

B: 衆生想[ㄱ]法想佛刹想方想佛想世想業想行想解脫想根想時想受持想煩惱想淸淨想成熟想見諸佛想轉法輪想聞法解想調伏想種種方便出生想種種地想入菩薩想脩習菩薩功德想菩薩三昧正受想菩薩三昧起想菩薩境界想劫成壞想明想闇想晝想夜想半月一月年歲時變想去想來想坐想立想覺想睡想[ㄱ,尸]

C: 衆生想ㄱ 法想(ㄱ) 佛刹想(ㄱ) 方想(ㄱ) 佛想(ㄱ) 世想(ㄱ) 業想(ㄱ) 行想(ㄱ) 解脫想(ㄱ) 根想(ㄱ) 時想(ㄱ) 受持想(ㄱ) 煩惱想(ㄱ) 淸淨想(ㄱ) 成熟想(ㄱ) 見諸佛想(ㄱ) 轉法輪想(ㄱ) 聞法解想(ㄱ) 調伏想(ㄱ) 種種方便出生想(ㄱ) 種種地想(ㄱ) 入菩薩想(ㄱ) 脩習菩薩功德想(ㄱ) 菩薩三昧正受想(ㄱ) 菩薩三昧起想(ㄱ) 菩薩境界想(ㄱ) 劫成壞想(ㄱ) 明想(ㄱ) 闇想(ㄱ) 晝想(ㄱ) 夜想(ㄱ) 半月一月年歲時變想(ㄱ) 去想(ㄱ) 來想(ㄱ) 坐想(ㄱ) 立想(ㄱ) 覺想(ㄱ) 睡想ㄱ (ㄴ)尸

D: 衆生想이니 法想이니 佛刹想이니 方想이니 佛想이니 世想이니 業想이니 行想이니 解脫想이니 根想이니 時想이니 受持想이니 煩惱想이니 淸淨想이니 成熟想이니 見諸佛想이니 轉法輪想이니 聞法解想이니 調伏想이니 種種方便出生想이니 種種地想이니 入菩薩想이니 脩習菩薩功德想이니 菩薩三昧正受想이니 菩薩三昧起想이니 菩薩境界想이니 劫成壞想이니 明想이니 闇想이니 晝想이니 夜想이니 半月一月年歲時變想이니 去想이니 來想이니 坐想이니 立想이니 覺想이니 睡想이니 하는

E: 즉 중생이라는 생각과 법이라는 생각, 부처 세계라는 생각, 방위라는 생각, 부처라는 생각,

세상이라는 생각, 업이라는 생각, 행이라는 생각, 해탈이라는 생각, 근(根)이라는 생각, 때[時]라는 생각, 받아 지닌다는 생각, 번뇌라는 생각, 청정하다는 생각, 성숙하다는 생각, 부처님들을 본다는 생각, 법륜을 굴린다는 생각, 법을 듣고 안다는 생각, 제어해 다스린다는 생각, 갖가지 방편을 낸다는 생각, 갖가지 지위라는 생각, 보살 지위에 들어간다는 생각, 보살의 공덕을 닦는다는 생각, 보살의 삼매라는 생각, 보살의 삼매를 받아들인다는 생각, 보살이 삼매에서 일어난다는 생각, 보살의 경계라는 생각, 겁이 이뤄지고 무너진다는 생각, 밝다는 생각, 어둡다는 생각, 낮이라는 생각, 밤이라는 생각, 반달·한 달·해 등 때가 변한다는 생각, 간다는 생각, 온다는 생각, 앉는다는 생각, 선다는 생각, 깬다는 생각, 잔다는 생각 등이다.

<진본화엄20, 17:23-24>
A: 如是等[12(:)]一切諸想[41(·)]於一念[25(·)]中[=53(:)]悉能[24(·)]了知[22(·)]
B: 如是[ﾚㄱ]等一切諸想[乙]於一念[七]中[ㅌ+]悉能[ᄉ]了知[ㆆ]
C: 是 如(ᄉﾚ尸) 等ﾚㄱ 一切 諸 想乙 {於}一念七 中ㅌ+ 悉(ㅌ) 能ᄉ 了知(ﾚ)ㆆ
D: 이와 같은 등의 一切 모든 생각을 한 생각 사이에 다 능히 알고
E: 이런 모든 생각을 한 찰나 사이에 다 알면서도

<진본화엄20, 17:24-25>
A: 心[53(:)]无虛妄[42(·)?]悉離諸想[41(·),22(·)]
B: 心[ㅌ+]无虛妄[ㅌ+]悉離諸想[乙,ㆆ]
C: 心ㅌ+ 虛妄 无ㅌ 悉(ㅌ) 諸 想乙 離(ᄉ)ㆆ
D: 마음에 虛妄이 없어 다 모든 생각을 여의고
E: 허망한 마음이 없어 모든 생각을 다 떠나고

<진본화엄20, 17:25>
A: 心[53(:)]无所着[14(·),42(·)]遠離鄣㝵[41(·),22(·)?]
B: 心无所[ㅌ+]着[ㅌ]遠離鄣㝵[乙,ㆆ]
C: 心ㅌ+ 着(ﾉ)尸 所 无ㅌ 鄣㝵乙 遠離(ﾚ)ㆆ
D: 마음에 집착하는 바가 없어 障碍를 遠離하고

E: 집착하는 마음이 없어 장애를 멀리 떠나리라.

<진본화엄20, 17:25-26>
A: 一切如來[44(·)]智慧充滿[52(·-)]{41(-)²⁰⁷⁾}一切佛法[45(·)]長養善根[41(·),22(·)]
B: 一切如來[尸]智慧充滿[氵ハ]一切佛法[灬]長養善根[乙,寸]
C: 一切 如來尸 智慧 充滿(〉丷)氵ハ 一切 佛法灬 善根乙 長養(〉丷)寸
D: 일체 여래의 지혜가 충만하여서 일체 佛法으로 선근을 자라게 하고
E: 그리하여 모든 부처님 지혜가 충만하고 모든 불법으로 선근을 자라게 하며,

<진본화엄20, 17:26-18:01>
A: 以一切佛身[41(·),52(·-)]以以[=54(\)]勳其身[=53(:),22(·)]常[35(/)]爲諸佛[42(-)]之所攝取[31~32(:) #32(:)#31(·),14(·),41(·),22(·)]於白淨[25(ㅗ)]法[53(:)]未曾[35(·.)]退失[44(·)]
B: 以一切佛身[乙,氵ハ]以[氵ホ]勳其身[氵十,寸]常[丨]爲諸佛[灬]之所攝取[X,尸,乙,寸]於白淨[〉ㅌㄴ]法[氵十]未曾[刀]退失[尸]
C: 一切 佛身乙 以氵ハ 以氵ホ 其 身氵十 勳(〉丷)寸 常丨 諸佛灬之 {爲}攝取X尸 所乙(〉丷)寸²⁰⁸⁾ {於}白淨〉ㅌㄴ 法氵十 曾(ハㅎ)刀 退失尸 未(冬〉丷)寸
D: 일체 부처님 몸으로써 (이로써) 자신의 몸을 쐬고 항상 諸佛의 攝取하는 바가 되고 희고 깨끗한 법에서 조금도 退失하지 않고
E: 모든 부처님 몸으로 그 몸을 쏘이어 언제나 부처님의 거두어 주심을 받고 희고 깨끗한 법을 잃는 일이 없으며,

---

207) '41(-)'을 해독에 반영할 가능성도 있다.
208) 해석에 문제가 많으나 본문처럼 본다면 다음 예를 참조할 수 있다.
　　{云}何 得氵ホ 一切 衆生ヲ 與氵 依ㄣ尸{爲}入〉丷ㅅ 救ㄣ尸{爲}入〉丷ㅅ 歸ノ于尸{爲}趣ノ于尸{爲} 炬ㄣ尸{爲} 爲明 爲照 爲導 爲勝導 普導ㄣ尸{爲}入〉丷ㅅ 云何 {於}一切 衆生ㅌ 中氵十 第一尸{爲} 爲 大 爲勝 爲最勝 爲妙 爲極妙 爲上 爲無上 爲無等 無等{爲}入〉丷ノオㅊㄹㄷ <화엄14:02:06-09>
　　유가사지론의 '爲~所'구문의 현토 양상을 참조하면 32(:)을 'ハ'로 파악하여, '攝取(丷)尸 所乙 爲ハ寸'로 다음의 예를 참조하여 볼 가능성이 있다.
　　體 II 是 ㄱ 生老病死ㅌ 法 II ㄱ 入灬 故ノ 內壞苦ヲ{之} 隨逐ノ尸 所乙 爲ハㅅ <유가18:04-05>
　　그러나 지금까지 화엄경 계통의 피동 구문과 유가사지론 계통의 피동 구문의 현토 양상이 현격하게 달랐던 점에서 주의를 요한다.

200 第二部 判讀과 解讀 및 翻譯

<진본화엄20, 18:02>

A: 善能[22(∙∙)]脩學等正覺[52(丅)]法[41(∙),54(\)]究竟彼岸[41(∙),22(∙)]
B: 善能[ㆍㄣ]脩學等正覺[ㅅ]法[乙,ㆍ氵]究竟彼岸[乙,ㅎ]
C: 善能ㆍㄣ 等正覺ㅅ 法乙 脩學(ㆍㆍ)氵 彼岸乙 究竟(ㆍㆍ)ㅎ
D: 等正覺의 법을 잘 脩學하여서 彼岸을 究竟하고
E: 등정각의 법을 잘 닦고 배워 저 언덕에 이르며,

<진본화엄20, 18:02-03>

A: 脩行諸佛[42(-)]普賢[25(∙)?]所行[41(∙),22(∙)]
B: 脩行諸佛[ㄴ]普賢[七]所行[乙,ㅎ]
C: 諸佛ㄴ 普賢七 所行乙 脩行(ㆍㆍ)ㅎ
D: 모든 부처와 보현보살의 소행을 수행하고
E: 모든 부처님과 보현보살의 행을 닦고

<진본화엄20, 18:03>

A: 具足諸願[41(∙),52(\)]受如來[44(∙)]記[41(∙),22(∙)]
B: 具足諸願[乙,ㆍㆍ氵]受如來[尸]記[乙,ㅎ]
C: 諸願乙 具足ㆍㆍ氵 如來尸 記乙 受ㅎ
D: 모든 원을 구족하여서 여래의 授記를 받고
E: 모든 서원을 갖추어 부처님의 기별을 받으며,

<진본화엄20, 18:03-04>

A: 於一念[25(∙)中[=53(∙∙)]得[54(\)]入方便[53(∙∙),22(∙)?]²⁰⁹⁾地
B: 於一念[七]中[氵十]得[氵㐌]入方便[氵十,ㅎ]地
C: {於}一念七 中氵十 得氵㐌 方便地氵十 入(ㆍㆍ)ㅎ
D: 한 생각 사이에 능히 方便地에 들어가고
E: 한 찰나 사이에 방편의 지위에 들어가

---

209) '地'에 달릴 것이 여기에 잘못 현토되었다.

<진본화엄20, 18:04>

A: 究竟智[53(:)]滿足²¹⁰⁾安住[22(·)?,52(·)]

B: 究竟智[3 +]滿足安住[ㅎ,ケ]

C: 究竟智 3 + 滿足 安住(ヽ)ㅎ(ヽ)ケ

D: 究竟智에 만족하여 安住하고 하며,

E: 끝내는 지혜를 완전히 이루어 편히 머물리라.

<진본화엄20, 18:04-05>

A: 以此无縛无著解脫心[25(·)]善根[41(·),42(·)]以一一心[41(·),52(·-)]觀无量心[41(·),22(·)]

B: 以此无縛无著解脫心[七]善根[乙, 3]以一一心[乙, 3 ハ]觀无量心[乙,ㅎ]

C: 此 无縛无著解脫心七 善根乙 以 3 一一 心乙 以 3 ハ 无量心乙 觀(ヽ)ㅎ

D: (29)이 无縛无着解脫心의 선근으로써 하나하나의 마음으로써 한량없는 마음을 관찰하고

E: 또 이 결박도 집착도 없는 해탈한 마음의 선근으로 낱낱의 마음으로써 한량없는 마음을 관찰하고

<진본화엄20, 18:05-06>

A: 離諸虛妄[41(·),34(·)]而[45(·)]无所依[14(·),22(·)]

B: 離諸虛妄[乙,口]而[灬]无所依[尸,ㅎ]

C: 諸 虛妄乙 離口 而灬 依(ノ)尸 所 无ㅎ

D: 모든 虛妄을 떠나서 의지할 바 없고

E: 모든 허망함을 떠나 의지하는 데가 없으며,

<진본화엄20, 18:06>

A: 足心[43(|)]不一[35(·),33(··),45(··),경계선]故所行各異[52(\)]業相不同[22(·),41(i),55(\)?#55(·)?#55(/)?#55(-)?]

B: 足心[ㅎ]不一[矢ㄱ,ㅅ灬]故所行各異[ヽ3]業相不同[ㅎ,xㅅ乙,xㅣ]

C: 足 心ㅎ 一 不矢ㄱ²¹¹⁾ㅅ灬 故(支) 所行 各異ヽ3 業相 同 不(冬ヽ)ㅎxㅅ乙xㅣ

---

210) '足'자는 이체자이다.

D: 마음이 하나가 아니므로 所行이 各異하여서 業相이 같지 않고 한 것을 한다.
E: 마음이 하나가 아니기 때문에 그 행이 각기 다르고 업의 모양이 같지 않아,

<진본화엄20, 18:06-08>

A: 令一切衆生[41(·)]勇猛精進[54(\)]出生普賢[42(丁)]智慧[25(·)]之寶[41(·),13(··)]猶[=15(·)]如普賢[24(·),52(·)]
B: 令一切衆生[乙]勇猛精進[ㅎ尒]出生普賢[ㅎ]智慧[ㄴ]之寶[乙,xム]猶[入ㄱ]如普賢[攴,尒]
C: 一切 衆生乙 勇猛 精進(ㅅ)ㅎ尒 普賢ㅎ 智慧ㄴ{之} 寶乙 出生xム 猶入ㄱ 普賢 如攴 令(ㅣ)ㅎ²¹²⁾
D: 일체 중생으로 하여금 勇猛 精進하여서 보현의 지혜의 보배를 내되 비유하면 보현 같이 하게 하며,
E: 일체 중생들로 하여금 용맹정진하여 마치 저 보현보살처럼 보현보살의 지혜의 보배를 내게 하리라.

<진본화엄20, 18:08-09>

A: 以此无縛无著解脫心[25(·)]善根[41(·)]²¹³⁾於一處[53(:),52(\)]悉[42(·)]能[24(·)]分別无量諸²¹⁴⁾處[41(·),52(·)]
B: 以此无縛无著解脫心[ㄴ]善根[乙]於一處[ㅎ十,ㅅㅎ]悉[ㅎ]能[攴]分別无量諸處[乙,尒]
C: 此 无縛无著解脫心ㄴ 善根乙 以(ㅎ) {於}一處ㅎ十ㅅㅎ 悉ㅎ 能攴 无量 諸處乙 分別(ㅅ)尒
D: (29)이 无縛无着解脫心의 선근으로써 한 곳에서 다 능히 无量 諸處를 분별하며,
E: 또 이 결박도 집착도 없는 해탈한 마음의 선근으로 한 곳에서 한량없는 모든 곳을 다 분별하고

<진본화엄20, 18:09-10>

A: 如一處[53(:),12(·\),24(·)]一切處[53(:)]亦復[35(··)]如是[22(·)]悉決²¹⁵⁾定[22(··)]知滿足普賢[42(丁)]

---

211) 'xㄱ'이 '一'에 붙을 가능성도 있다.
212) '令'이 '出生'까지를 범위로 둘 가능성도 있다.
213) '42(·)'이 현토되었을 가능성이 있으나 그 부분에 구멍이 뚫려 있다.
214) 왼쪽 행의 '普'의 우상단에서 '諸'의 중앙에 이르는 곳에 각필로 그어진 완만한 호(弧)가 몇 개 있다.

大願智寶[41(·),41(\),22(·),52(·)]

B: 如一處[ㅣ +,х ᄀ ,攴]一切處[ㅣ +]亦復[ㄲ]如是[ㆆ]悉決定[ㆆ]知滿足普賢[ㅋ]大願智寶[乙,x入乙,ㆆ,㫆]

C: 一處 ㅣ +xᄀ 如攴 一切 處 ㅣ + 亦(ㆍᄀ) 復ㄲ 是 如(攴ㆍ)ㆆ 悉(ㅣ) 決定ㆆ 普賢ㅋ 大願 智 寶乙 滿足x入乙 知ㆆ(ㆍ)㫆

D: 한 곳에서 한 것과 같이 모든 곳에서 또한 또 이와 같이 하고 보현의 大願 智寶를 만족하는 것을 다 결정코 알고 하며,

E: 한 곳에서와 같이 모든 곳에서도 또한 그와 같음을 결정코 알아 보현보살의 큰 서원과 지혜의 보배를 원만히 성취 하리라.

<진본화엄20, 18:12>

大方廣佛華嚴経卷第二十

---

215) '決'자는 'ㆡ +史'로 된 이체자이다.

周本『華嚴經』卷第二十二
昇兜率天宮品 第二十三

<주본화엄22, 01:04-06>[1]

A: 爾時 佛神力故 十方一切世界 一一四天下 閻浮提中 皆見如來 坐於樹下 各有菩薩 承佛神力 而演說法 靡不自謂恒對於佛

E: 그 때 부처님의 신력으로 시방 모든 세계의 낱낱 사천하 섬부주에서, 여래께서 보리수 아래 앉으셨음을 뵈오니, 각각 보살이 부처님의 신력을 받들어 법을 연설하면서 자기가 항상 부처님을 대하였다고 생각하였다.

<주본화엄22, 01:07-09>

A: 爾時 世尊 復以神力 不離於此菩提樹下 及須彌頂 夜摩天宮 而往詣於兜率陀天 一切妙寶所莊嚴殿

E: 그 때 세존께서는 다시 신력으로 이 보리수 아래와 수미산 꼭대기와 야마천궁을 떠나지 않고서 도솔타천으로 가시어 일체의 묘한 보배로 장엄한 궁전으로 향하시었다.

<주본화엄22, 01:09-10>

A: 時兜率天王 遙見佛來 卽於殿上 敷摩尼藏師子之座

E: 도솔타천왕은 부처님께서 멀리서 오심을 보고, 전상에 마니장 사자좌를 놓았다.

<주본화엄22, 01:10-16>

A: 其師子座 天諸妙寶之所集成 過去修行善根所得 一切如來神力所現 無量百千億那由他阿僧祇善根所生 一切如來淨法所起 無邊福力之所嚴瑩 淸淨業報不可沮壞 觀者欣樂無所厭足. 是

---

1) 제1폭부터 제2폭 15행 13자(…百萬億毘)까지는 원자료가 훼손된 상태여서 이 부분은 'A'(재조대장경)와 'E'(동국대 전자불전연구소의 현대역)만 싣는다.

出世法非世所染 一切衆生咸來觀察 無有能得究其妙好

E: 그 사자좌는 천상의 여러 가지 보배로 만들어졌고, 과거에 닦은 선근(善根)으로 얻은 것이며, 일체 여래의 신력으로 나타났고, 한량없는 백천억 나유타 아승지 선근으로 생겼으며, 일체 여래의 깨끗한 법으로 되었고, 그지없는 복덕의 힘으로 아름답게 장엄한 것이라, 청정한 업보를 파괴할 수 없으며, 보는 이들이 좋아하여 싫은 줄을 모르며, 이것이 출세한 법인지라, 세간에 물들지 아니하며, 일체 중생이 모두 와서 보더라도 그 미묘하고 아름다움을 끝까지 궁구할 이가 없었다.

<주본화엄22, 01:16-21>

A: 有百萬億層級周帀圍遶 百萬億金網 百萬億華帳 百萬億寶帳 百萬億鬘帳 百萬億香帳張施其上華鬘垂下 香氣普熏 百萬億華蓋 百萬億鬘蓋 百萬億寶蓋諸天執持四面行列 百萬億寶衣以敷其上

E: 백만억 층계가 두루 둘리어 있는데, 백만억 쇠 그물과 백만억 꽃 휘장과 백만억 보배 휘장과 백만억 화만 휘장과 백만억 향 휘장을 그 위에 둘러치고 화만을 드리웠으며, 향기가 널리 풍기며, 백만억 꽃 일산·백만억 화만 일산·백만억 보배 일산을 하늘들이 받들고 사면으로 행렬을 이루었으니, 백만억 보배 의복을 그 위에 깔았다.

<주본화엄22, 01:21-02:02>

A: 百萬億樓閣綺煥莊嚴 百萬億摩尼網 百萬億寶網彌覆其上 百萬億寶瓔珞網四面垂下 百萬億莊嚴具網 百萬億蓋網 百萬億衣網 百萬億寶帳網以張其上 百萬億寶蓮華網開敷光榮 百萬億寶香網其香美妙稱悅衆心

E: 백만억 누각이 찬란하게 장엄되었으니, 백만억 마니 그물, 백만억 보배 그물이 위에 덮이고, 백만억 보배 영락 그물이 사면으로 드리웠으며, 백만억 장엄거리 그물, 백만억 일산 그물, 백만억 옷 그물, 백만억 보배 휘장 그물을 그 위에 둘렀는데, 백만억 보배 연꽃 그물은 찬란하게 꽃이 피었고, 백만억 보배 향 그물은 향기가 아름다워 여러 사람의 마음을 기쁘게 하였다.

<주본화엄22, 02:02-07>

A: 百萬億寶鈴帳其鈴微動出和雅音 百萬億栴檀寶帳香氣普熏 百萬億寶華帳其華敷榮 百萬億

周本 『華嚴經』 卷第二十二   207

衆妙色衣帳世所希有 百萬億菩薩帳 百萬億雜色帳 百萬億眞金帳 百萬億琉璃帳 百萬億種種寶帳悉張其上 百萬億一切寶帳大摩尼寶以爲莊嚴

E: 백만억 보배 풍경 휘장에서는 풍경이 가만가만 흔들려 화평한 소리를 자아내고, 백만억 전단보배 휘장에서는 향기가 풍기고, 백만억 보배 꽃 휘장에는 꽃이 한창 피었고, 백만억 묘한 빛깔 옷 휘장은 세상에 드문 것이었으며, 백만억 보살 휘장과 백만억 잡색 휘장과 백만억 진금 휘장과 백만억 유리 휘장과 백만억 가지각색 보배 휘장을 그 위에 둘렀으니, 백만억 온갖 보배 휘장을 큰 마니보배로 장엄하였다.

<주본화엄22, 02:07-13>

A: 百萬億妙寶華周帀瑩飾 百萬億頻婆帳殊妙間錯 百萬億寶鬘 百萬億香鬘四面垂下 百萬億天堅固香其香普熏 百萬億天莊嚴具瓔珞 百萬億寶華瓔珞 百萬億勝藏寶瓔珞 百萬億摩尼寶瓔珞 百萬億海摩尼寶瓔珞莊嚴座身 百萬億妙寶繒綵以爲垂帶

E: 백만억 묘한 보배 꽃이 두루 장식하였고, 백만억 빈바(頻婆) 휘장이 아주 묘하게 사이사이 섞였고, 백만억 보배 화만·백만억 향 화만이 사면에 드리웠으며, 백만억 하늘의 견고한 향에서는 향기가 널리 퍼지고, 백만억 하늘 장엄거리 영락과 백만억 보배 꽃 영락과 백만억 승장보배[勝藏寶] 영락과 백만억 마니보배 영락과 백만억 바다 마니보배 영락이 사자좌의 전체를 장엄하고, 백만억 보배 비단으로 띠를 드리웠다.

<주본화엄22, 02:13-15>

A: 百萬億因陀羅金剛寶 百萬億自在摩尼寶 百萬億妙色眞金藏以爲間飾

E: 백만억 인다라 금강 보배, 백만억 자재한 마니보배, 백만억 묘한 빛 진금장으로 사이사이 장식하였으며,

<주본화엄22, 02:15-17>

A: 百萬億毘盧遮那摩尼寶[11(·)]百萬億因陀羅摩尼寶[11(·),13(/)?,33(·)]光明[45(·)]照耀百萬億天[25(·)]堅固摩尼寶[41(·)]以[34(|)?]爲窓牖[43(·),51(·)]

B: 百萬億毘盧遮那摩尼寶[ゞ]百萬億因陀羅摩尼寶[ゞ,口ㅅ,ㄱ]光明[ᆢ]照耀百萬億天[ㄷ]堅固摩尼寶[乙]以[ȝ]爲窓牖[; ,分]

C: 百萬億 毘盧遮那 摩尼寶 ゞ 百萬億 因陀羅 摩尼寶 ゞ ノ ㅅ ㄱ 光明 ᆢ 照耀(ゝ分) 百萬億 天 ㄷ

堅固 摩尼寶乙 以3 窓牖 {爲}氵ㅅ

D: 百萬億 毘盧遮那 摩尼寶니 百萬億 因陀羅 摩尼寶니 하는 것은 光明으로 빛나며, 百萬億 하늘의 堅固한 摩尼寶로써 창 삼으며,

E: 백만억 비로자나 마니보배와 백만억 인다라 마니보배에서는 광명이 찬란하게 빛나고, 백만억 하늘의 견고한 마니보배로는 창(窓)과 바라지[牖]가 되고,

<주본화엄22, 02:17-19>

A: 百萬億淸淨功德{22(\)}摩尼寶[33(·)]彰施妙色[52(·)?]百萬億淸淨妙藏寶[41(·)]以[34(|)?]爲門闥[43(·),51(·)]

B: 百萬億淸淨功德摩尼寶[ㄱ]彰施妙色[ㆍㅅ]百萬億淸淨妙藏寶[乙]以[3]爲門闥[氵,ㅅ]

C: 百萬億 淸淨 功德 摩尼寶ㄱ 妙色(乙) 彰施(ㆍㅅ)ㅅ 百萬億 淸淨 妙藏寶乙 以3 門闥 {爲}氵ㅅ

D: 百萬億 淸淨한 功德 摩尼寶는 妙色을 彰施하며, 百萬億 淸淨한 妙藏寶로써 문 삼으며,

E: 백만억 청정한 공덕 마니보배는 묘한 색채를 베풀고, 백만억 청정하고 묘한 장의 보배로 문이 되었으며,

<주본화엄22, 02:19-21>

A: 百萬億世中[53(·)]最勝[12(:)][2)]半月寶[11(·)]百萬億離垢藏[3)]摩尼寶百萬億師子面摩尼寶[11(·),13(/),45(·)]間錯莊嚴[52(·)]

B: 百萬億世中[+]最勝[ㆍㄱ]半月寶[氵]百萬億離垢藏摩尼寶百萬億師子面摩尼寶[氵,ㅁㅅ,ㅡㅡ]間錯莊嚴[ㅅ]

C: 百萬億 世 中+ 最勝ㆍㄱ 半月寶氵 百萬億 離垢藏 摩尼寶(氵) 百萬億 師子面 摩尼寶氵ノ ㅅㅡㅡ 間錯 莊嚴(ㆍㅅ)ㅅ

D: 百萬億 세계 가운데에 가장 훌륭한 半月寶니 百萬億 離垢藏 摩尼寶니 百萬億 師子 얼굴 摩尼寶니 하는 것으로 間錯 莊嚴하며

E: 세상에서 가장 좋은 백만억 반달[半月] 보배, 백만억 때 여읜 장 마니보배, 백만억 사자 얼굴 마니보배가 사이사이 장엄하였으며,

---

2) '33'에 '역사선(\)'이 있는 듯이 보이기도 하나 각필인지 의심스럽다.
3) 14~15 위치에 11시 방향으로 삐친 선이 있으나 각필인지 의심스럽다.

周本『華嚴經』卷第二十二   209

<주본화엄22, 02:21-23>
A: 百萬億心王摩尼寶所求[14(\)#14(\·),12(·)]如意[53(·),24(-),52(·)]百萬億閻浮檀摩尼寶[11(·)]百萬億清淨藏摩尼寶[11(·)?]百萬億帝幢摩尼寶[11(·),13(/),33(·)]咸[25(·)]放光明[41(·),23(|)]彌覆其上[11(·),53(·),52(·)]

B: 百萬億心王摩尼寶所求[x尸,ㄱ]如意[十,恵,分]百萬億閻浮檀摩尼寶[冫]百萬億清淨藏摩尼寶[冫]百萬億帝幢摩尼寶[冫,罒今,ㄱ]咸[七]放光明[乙,ソ3]彌覆其上[冫,十,分]

C: 百萬億 心王 摩尼寶 求x尸 所ㄱ 意十 {如}恵(ソ)分[4)] 百萬億 閻浮檀 摩尼寶冫 百萬億 清淨藏 摩尼寶冫 百萬億 帝幢 摩尼寶冫ノ今ㄱ 咸七 光明乙 放ソ3 彌 其 上冫十[5)] 覆(ソ)分

D: 百萬億 心王 摩尼寶 구하는 것은 뜻대로 하며, 百萬億 閻浮檀 摩尼寶니 百萬億 清淨藏 摩尼寶니 百萬億 帝幢 摩尼寶니 하는 것은 다 光明을 놓아서 두루 그 위를 덮으며,

E: 백만억 염부단 마니보배, 백만억 청정장 마니보배, 백만억 심왕(心王) 마니보배에서는 구하는 대로 나오고, 백만억 제당(帝幢) 마니보배에서는 모두 광명을 놓아 그 위에 가득히 덮었으며,

<주본화엄22, 02:23-03:01>[6)]
A: 百萬億白銀藏摩尼寶[11(·)]百萬億須彌[7)]幢摩尼寶[11(·),13(/),33(·)]莊嚴其藏[41(·),52(·)]
B: 百萬億白銀藏摩尼寶[冫]百萬億須彌幢摩尼寶[冫,罒今,ㄱ]莊嚴其藏[乙,分]
C: 百萬億 白銀藏 摩尼寶冫 百萬億 須彌幢 摩尼寶冫ノ今ㄱ 其 藏乙 莊嚴(ソ)分
D: 百萬億 白銀藏 摩尼寶니 百萬億 須彌幢 摩尼寶니 하는 것은 그 藏을 莊嚴하며,
E: 백만억 백은장(白銀藏) 마니보배와 백만억 수미당(須彌幢) 마니보배로는 그 속[藏]을 장엄하였다.

---

4) 다음 예문을 참조할 수 있다.
  若 能 摩訶衍乙 具足ソヒ尸入ㄱ 則 能 法3十 {如}恵 佛乙 供養ソ白ヒ才分 <화엄14, 11:11>
5) 다음 예문을 참조할 수 있다.
  頂上3ㄴ 白蓋ㄱ 量 無ソㄱ 衆寶灬{之} 莊嚴ノㄱ 所ㄱ乙 {以}氵ホ {於}上ーナ 覆ソラホセノㄱ入乙 菩薩ㄱ 悉3 見ナㅎㄴ│ <금광3, 06:17-19>
6) 2幅과 3幅이 맞물리는 부분에 '周經第二十二 三幅'과 '각수명'이 있으나 각수명은 잘 보이지 않는다.
7) '彌'의 하단에 물결 모양의 각필이 있다.

210 第二部 判讀과 解讀 및 飜譯

<주본화엄22, 03:01-07>

A: 百萬億眞珠瓔珞[11(·)]百萬億琉璃瓔珞百萬億赤色寶瓔珞百萬億摩尼瓔珞百萬億寶光明瓔珞百萬億種種藏摩尼瓔珞百萬億甚[43(·)]可樂[24(\)]見[24(\),42(|),12(:)]赤眞珠{31~32(·)}瓔珞百萬億無邊色相藏摩尼寶瓔珞百萬億極[23(\)]淸淨[43(|)]無比[33(·),25(··)]{24(·)?}寶瓔珞百萬億勝光明摩尼寶瓔珞[11(·),31(··)]周帀垂布[23(|)#23(!)]以[34(|)]爲莊嚴[14(!)#14(:),41(··),52(·)]

B: 百萬億眞珠瓔珞[ㆌ]百萬億琉璃瓔珞百萬億赤色寶瓔珞百萬億摩尼瓔珞百萬億寶光明瓔珞百萬億種種藏摩尼瓔珞百萬億甚[ㆌ]可樂[ㅭ]見[ㅭ,ㅎ,ㅏㄱ]赤眞珠瓔珞百萬億無邊色相藏摩尼寶瓔珞百萬億極[ㆆ]淸淨[ㄣㅈ]無比[ㄱ,ㅌㄴ]寶瓔珞百萬億勝光明摩尼寶瓔珞[ㆌ,ㅭㅈ]周帀垂布[ㆍㄣ]以[ㄣ]爲莊嚴[丨尸,入乙,分]

C: 百萬億 眞珠 瓔珞ㆌ 百萬億 琉璃 瓔珞(ㆌ) 百萬億 赤色寶 瓔珞(ㆌ) 百萬億 摩尼 瓔珞(ㆌ) 百萬億 寶光明 瓔珞(ㆌ) 百萬億 種種藏 摩尼 瓔珞(ㆌ) 百萬億 甚ㆌ 樂ㅭ 見ㅭ{可}(ㅌ)ㆍ ㄱ 赤眞珠 瓔珞(ㆌ) 百萬億 無邊 色相藏 摩尼寶 瓔珞(ㆌ) 百萬億 極ㆆ 淸淨(ㆍ)ㄣㅈ 無比(ㆍ)ㄱㅌㄴ 寶 瓔珞(ㆌ) 百萬億 勝 光明 摩尼寶 瓔珞ㆌノㅈ 周帀 垂布ㆍㄣ 以ㄣ {爲}莊嚴 丨尸入乙(ㆍ)分

D: 百萬億 眞珠 瓔珞이니 百萬億 琉璃 瓔珞이니 百萬億 赤色 보배 瓔珞이니 百萬億 摩尼 瓔珞이니 百萬億 보배 光明 瓔珞이니 百萬億 갖가지 藏 摩尼 瓔珞이니 百萬億 심히 즐겨 볼 만한 赤眞珠 瓔珞이니 百萬億 가없는 色相을 가진 摩尼寶 瓔珞이니 百萬億 극히 淸淨하여서 비할 바 없는 보배 瓔珞이니 百萬億 殊勝한 光明 摩尼寶 瓔珞이니 하는 것이 두루 드리워져서 莊嚴이 되며,

E: 백만억 진주 영락, 백만억 유리 영락, 백만억 붉은 보배[赤色寶] 영락, 백만억 마니 영락, 백만억 보배 광명 영락, 백만억 종종장(種種藏) 마니 영락, 백만억 보기 좋은 적진주 영락, 백만억 그지없는 빛깔 마니보배 영락, 백만억 극히 청정하여 비길 데 없는 보배 영락, 백만억 승한 광명 마니보배 영락이 두루 드리워 장엄하였으며,

<주본화엄22, 03:07-08>[8)]

A: 百萬億摩尼[9)]身[33(·)]殊妙嚴飾[52(·)?][10)]百萬億因陀羅妙色寶[24(|),52(·),보충선]

---

8) 7행 '嚴'자와 8행 '妙'자 사이에 네모 모양의 紺色의 不審紙가 있다.
9) '尼'자의 좌변과 밑변에 경계선과 흡사한 선이 있다.
10) 이미지 파일에서는 확실하지 않으나 이점본에는 있다.

周本 『華嚴經』 卷第二十二   211

B: 百萬億摩尼身[ㄱ]殊妙嚴飾[ゝ]百萬億因陀羅妙色寶[ㅣ,ゝ]

C: 百萬億 摩尼身ㄱ 殊妙 嚴飾(ゝ)ゝ 百萬億 因陀羅 妙色寶ㅣ(ゝ)ゝ

D: 百萬億 摩尼身은 殊妙 嚴飾하며, 百萬億 因陀羅 묘한 빛 보배가 있으며,

E: 백만억 마니신(摩尼身)으로 기묘하게 장식하고, 백만억 인드라 묘한 빛 보배가 있었다.

<주본화엄22, 03:08-10>

A: 百萬[11)]億黑栴檀香[11(·)]百萬億不思議境界香百萬億十方妙香百萬億最勝香百萬億甚可愛樂香[11(·),13(/),33(·)]咸[25(·)]發香氣[41(·),23(|)]普[24(|)]熏十方[53(·),52(·)]

B: 百萬億黑栴檀香[ゝ]百萬億不思議境界香百萬億十方妙香百萬億最勝香百萬億甚可愛樂香[ゝ, ヮ亽,ㄱ]咸[七]發香氣[乙,ゝ 3]普[ㅣ]熏十方[十,ゝ]

C: 百萬億 黑栴檀香ゝ 百萬億 不思議境界香(ゝ) 百萬億 十方妙香(ゝ) 百萬億 最勝香(ゝ) 百萬億 甚可愛樂香ゝノ亽ㄱ 咸七 香氣乙 發ゝ 3 普ㅣ 十方十 熏(ゝ)ゝ

D: 百萬億 검은 栴檀香이니 百萬億 不思議한 境界香이니 百萬億 시방에 묘한 향이니 百萬億 가장 殊勝한 향이니 百萬億 甚可愛樂香이니 하는 것은 다 향기를 발해서 널리 十方에 풍기며

E: 백만억 검은 전단향, 백만억 부사의한 경계(境界)향, 백만억 시방에 기묘한 향, 백만억 가장 좋은 향, 백만억 매우 사랑스런 향들이 향기를 토하여 시방에 풍기며,

<주본화엄22, 03:10-13>

A: 百萬億頻婆羅香[33(·)]普[24(|)]散十方[53(·),52(·)]百萬億淨光香[33(·)]普[24(|)]熏衆生[53(|), 52(·)]百萬億無邊際種種色香[33(·)]普[24(|)]熏一切諸[33(·)]佛[35(·)]國土[53(·),13(:)]永[24(/)]不歇減[44(·),52(·)]

B: 百萬億頻婆羅香[ㄱ]普[ㅣ]散十方[十,ゝ]百萬億淨光香[ㄱ]普[ㅣ]熏衆生[ニ十,ゝ]百萬億無邊際種種色香[ㄱ]普[ㅣ]熏一切諸[ㄱ]佛[凵]國土[十,xム]永[去]不歇減[尸,ゝ]

C: 百萬億 頻婆羅香ㄱ 普ㅣ 十方十 散(ゝ)ゝ 百萬億 淨光香ㄱ 普ㅣ 衆生ニ十 熏(ゝ)ゝ 百萬億 無邊際 種種色香ㄱ 普ㅣ 一切 諸ㄱ 佛凵 國土十 熏xム 永去 歇減尸 不(ゝ)ゝ

D: 百萬億 頻婆羅香은 널리 十方에 흩어지며, 百萬億 淨光香은 널리 衆生에게 풍기며, 百萬億 끝없는 갖가지 빛의 향은 널리 일체 모든 부처 國土에 풍기되 영원히 없어지지 아니

---

11) 1차 강독회 때는 '百萬'에 합부와 유사한 선이 있다고 보았으나 각필인지 의심스럽다.

하며,

E: 백만억 빈바라(頻婆羅) 향을 시방에 흩었고, 백만억 깨끗한 광명 향이 중생에게 퍼지고, 백만억 끝없는 가지가지 빛깔 향이 모든 부처님 국토에 풍기어 영원히 없어지지 아니하며,

<주본화엄22, 03:13-14>

A: 百萬億塗香[11(·)]百萬億熏香百萬億燒香[11(·),13(/),33(·)]香氣發越[23(|)]普熏一切[44(·),53(.·) #53(·),52(·)]

B: 百萬億塗香[ㆎ]百萬億熏香百萬億燒香[ㆎ,ㅁ솑,ㄱ]香氣發越ᄂ氵普熏一切[尸,xナ,ㅅ]

C: 百萬億 塗香ㆎ 百萬億 熏香(ㆎ) 百萬億 燒香ㆎ ノ솑ㄱ 香氣 發越ᄂ氵 普(ㅣㅣ) 一切尸xナ[12] 熏(ᄂ)ㅅ

D: 百萬億 塗香이니 百萬億 熏香이니 百萬億 燒香이니 하는 것은 향기가 發越하여서 널리 一切에 풍기며,

E: 백만억 바르는 향, 백만억 쏘이는 향, 백만억 사르는 향들은 향기가 매우 훌륭하게 모든 것에 풍기고,

<주본화엄22, 03:14-16>

A: 百萬億蓮華藏沈水香[33(·)#33(\)]出大音聲[41(·),52(·)?]{23(|)}百萬億遊戲香[33(·)]能[24(·)]轉衆[23(-)]心[41(·),52(·)]百萬億阿樓那香[33(·)]香氣[41(·)]普[24(|)]熏[13(:)]其味甘美[52(·)]

B: 百萬億蓮華藏沈水香[ㄱ]出大音聲[乙,ㅅ]百萬億遊戲香[ㄱ]能[攴]轉衆[ᄋ]心[乙,ㅅ]百萬億阿樓那香[ㄱ]香氣[乙]普[ㅣㅣ]熏[xㅅ]其味甘美[ㅅ]

C: 百萬億 蓮華藏 沈水香ㄱ 大音聲乙 出(ᄂ)ㅅ 百萬億 遊戲香ㄱ 能攴 衆ᄋ 心乙 轉(ᄂ)ㅅ 百萬億 阿樓那香ㄱ 香氣乙 普ㅣㅣ 熏xㅅ 其 味 甘美(ᄂ)ㅅ

D: 百萬億 蓮華藏 沈水香은 大音聲을 내며, 百萬億 遊戲香은 능히 무리의 마음을 움직이며, 百萬億 阿樓那香은 향기를 널리 풍기되 그 맛이 감미로우며,

E: 백만억 연화장 침수향은 큰 음성을 내고, 백만억 유희향(遊戲香)은 여럿의 마음을 움직이고, 백만억 아루나(阿樓那) 향은 향기가 멀리 퍼지고 맛이 아름다우며,

---

12) 다음 예문을 참조할 수 있다.
{是}ㅣ 如攴ᄂㄱ 一切尸ナ 皆ㄷ 自在ᄒᄂㅣㅁㄱㅅ 佛華嚴三昧ㄷ 力乙 {以}氵古ナㅣ <화엄14, 15:07>

周本『華嚴經』卷第二十二 213

<주본화엄22, 03:16-18>

A: 百萬億能開悟香[33(·)]普[24(|)]徧一切[44(·),53(·),43(\),55(·),23(|)?]令其聞[15(′)#15(/)]者諸[33(·)?]{23(·)}根寂靜[42(·),51(·)]復[33(·)]有百[33(·)]萬[44(·)]億無比香王香[25(·),33(·),11(·)]種種[45(·)?]莊嚴[52(·)?]

B: 百萬億能開悟香[ㄱ]普[ㅐ]徧一切[尸,十,ケ,ㅣ,〜彡]令其聞[X]者諸[ㄱ]根寂靜[(ᄉ)ㅣ,ㅅ]復[ㄱ]有百[ㄱ]萬[尸]億無比香王香[七,ㄱ,〜]種種[…]莊嚴[ㅅ]

C: 百萬億 能開悟香ㄱ 普ㅐ 一切尸十 {徧}ケㅣ〜彡 其 聞X{者}¹³⁾ 諸ㄱ 根 寂靜 令ㅣㅅ 復(〜) ㄱ 百ㄱ 萬尸 億 無比香王香 有七ㄱ 〜 種種… 莊嚴(〜)ㅅ

D: 百萬億 能開悟香은 널리 一切에 두루하여서 그 맡는 이로 하여금 모든 根 寂靜하게 하며, 또한 百萬億 無比香王香이 있어서 갖가지로 莊嚴되며,

E: 백만억 능히 깨우는[開悟] 향은 일체에 두루 퍼져 맡는 이로 하여금 모든 근(根)이 고요하게 하고, 또 백만억 견줄 데 없는 향왕향(香王香)으로 가지가지 장엄하였다.

<주본화엄22, 03:18-04:04>¹⁴⁾¹⁵⁾

A: 雨百萬億天華雲[41(·),51(/·)]{35~45(·)}雨百萬億天香雲雨百萬億天末香雲雨百萬億天拘蘇摩華雲雨百萬億天波頭摩華雲雨百萬億天優鉢羅華雲雨百萬億天拘物頭華雲雨百萬億天芬陀利華雲雨百萬億天曼陀羅華雲雨百萬億一切天華雲雨百萬億天衣雲雨百萬億¹⁶⁾摩尼寶雲雨百萬億天蓋雲雨百萬億天幡雲雨百萬億天冠雲雨百萬億天莊嚴具雲雨百萬億天寶鬘雲雨百萬億天寶瓔珞雲雨百萬億天栴檀香雲雨百萬億天沈水香雲[41(·),51(/·)#52(/·)]

B: 雨百萬億天華雲[乙,ㅣㅅ]雨百萬億天香雲雨百萬億天末香雲雨百萬億天拘蘇摩華雲雨百萬億天波頭摩華雲雨百萬億天優鉢羅華雲雨百萬億天拘物頭華雲雨百萬億天芬陀利華雲雨百萬億天曼陀羅華雲雨百萬億一切天華雲雨百萬億天衣雲雨百萬億摩尼寶雲雨百萬億天蓋雲雨百萬億天幡雲雨百萬億天冠雲雨百萬億天莊嚴具雲雨百萬億天寶鬘雲雨百萬億天寶瓔珞雲雨百萬億天栴檀香雲雨百萬億天沈水香雲[乙,ㅣㅅ]

C: 百萬億 天華雲乙 雨ㅣㅅ 百萬億 天香雲(乙) 雨(ㅣㅅ) 百萬億 天末香雲(乙) 雨(ㅣㅅ) 百萬億

---

13) '15(′)'을 'xㅅㄱ'으로 보고 '맡으면 모든 근이…'로 해석하자는 견해도 있다.
14) 3幅과 4幅이 맞물리는 부분에 '周經第二十二 四幅'과 '각수명'이 있으나 각수명은 잘 보이지 않는다.
15) 無比스님의 科段에 의하면 <주본화엄22, 03:18-04:04>는 '9. 雨雲의 莊嚴'에 해당된다.
16) '億'의 33 위치에 '\'보다 좀 더 긴 선이 있으나 각필보다는 접힌 자국인 것 같다.

天拘蘇摩華雲(乙) 雨(ㅣ쑤) 百萬億 天波頭摩華雲(乙) 雨(ㅣ쑤) 百萬億 天優鉢羅華雲(乙) 雨(ㅣ쑤) 百萬億 天拘物頭華雲(乙) 雨(ㅣ쑤) 百萬億 天芬陀利華雲(乙) 雨(ㅣ쑤) 百萬億 天曼陀羅華雲(乙) 雨(ㅣ쑤) 百萬億 一切 天華雲(乙) 雨(ㅣ쑤) 百萬億 天衣雲(乙) 雨(ㅣ쑤) 百萬億 摩尼寶雲(乙) 雨(ㅣ쑤) 百萬億 天蓋雲(乙) 雨(ㅣ쑤) 百萬億 天幡雲(乙) 雨(ㅣ쑤) 百萬億 天冠雲(乙) 雨(ㅣ쑤) 百萬億 天莊嚴具雲(乙) 雨(ㅣ쑤) 百萬億 天寶鬘雲(乙) 雨(ㅣ쑤) 百萬億 天寶瓔珞雲(乙) 雨(ㅣ쑤) 百萬億 天栴檀香雲(乙) 雨(ㅣ쑤) 百萬億 天沈水香雲乙 雨ㅣ쑤

D: 百萬億 하늘의 華雲을 내리며, 百萬億 하늘의 香雲을 내리며, 百萬億 하늘의 末香雲을 내리며, 百萬億 하늘의 拘蘇摩華雲을 내리며, 百萬億 하늘의 波頭摩華雲을 내리며, 百萬億 하늘의 優鉢羅華雲을 내리며, 百萬億 하늘의 拘物頭華雲을 내리며, 百萬億 하늘의 芬陀利華雲을 내리며, 百萬億 하늘의 曼陀羅華雲을 내리며, 百萬億 一切 하늘의 華雲을 내리며, 百萬億 하늘의 衣雲을 내리며, 百萬億 摩尼寶雲을 내리며, 百萬億 하늘의 蓋雲을 내리며, 百萬億 하늘의 幡雲을 내리며, 百萬億 하늘의 冠雲을 내리며, 百萬億 하늘의 莊嚴具雲을 내리며, 百萬億 하늘의 寶鬘雲을 내리며, 百萬億 하늘의 寶瓔珞雲을 내리며, 百萬億 하늘의 栴檀香雲을 내리며, 百萬億 하늘의 沈水香雲을 내리며,

E: 백만억 하늘꽃 구름을 내리고, 백만억 하늘향 구름을 내리고, 백만억 하늘 가루향 구름을 내리고, 백만억 하늘 구소마(拘蘇摩)꽃 구름을 내리고, 백만억 하늘 파두마(波頭摩)꽃 구름을 내리고, 백만억 하늘 우발라(優鉢羅)꽃 구름을 내리고, 백만억 하늘 구물두(拘物頭)꽃 구름을 내리고, 백만억 하늘 분타리(芬陀利)꽃 구름을 내리고, 백만억 하늘 만다라(曼陀羅)꽃 구름을 내리고, 백만억 일체 하늘 꽃 구름을 내리고, 백만억 하늘 옷 구름을 내리고, 백만억 마니보배 구름을 내리고, 백만억 하늘 일산 구름을 내리고, 백만억 하늘 깃발 구름을 내리고, 백만억 하늘 관 구름을 내리고, 백만억 하늘 장엄거리 구름을 내리고, 백만억 하늘 보배 화만 구름을 내리고, 백만억 하늘 보배 영락 구름을 내리고, 백만억 하늘 침수향 구름을 내리었다.

<주본화엄22, 04:04-07>[17)]

A: 建百萬億寶幢[41(·),51(/·)]懸百萬億寶幡[41(·),52(·)]垂百萬億寶繒帶[41(·),52(·)]然百萬億香爐[41(·),52(·)][18)]布百萬億寶鬘[41(·),52(·)?]持百萬億寶扇執百萬億寶拂[41(·),52(·)?]

---

17) 無比스님의 과단에 의하면 <주본화엄22, 04:04-15>는 '10, 獅子座外의 雜莊嚴'에 해당된다.

周本『華嚴經』卷第二十二 215

B: 建百萬億寶幢[乙,ㅣ彡]懸百萬億寶幡[乙,彡]垂百萬億寶繒帶[乙,彡]然百萬億香爐[乙,彡]布百萬億寶鬘[乙,彡]持百萬億寶扇執百萬億寶拂[乙,彡]

C: 百萬億 寶幢乙 建ㅣ彡 百萬億 寶幡乙 懸(ㅅ)彡 百萬億 寶繒帶乙 垂(ㅣ)彡 百萬億 香爐乙 然(ㅅ)彡 百萬億 寶鬘乙 布(ㅅ)彡 百萬億 寶扇(乙) 持(ㅅ)彡 百萬億 寶拂乙 執彡

D: 百萬億 寶幢을 세우며, 百萬億 寶幡을 달며, 百萬億 寶繒帶를 드리우며, 百萬億 香爐를 태우며, 百萬億 寶鬘을 펼치며, 百萬億 寶扇를 들며, 百萬億 寶拂을 잡으며,

E: 백만억 보배 당기를 세우고, 백만억 보배 깃발을 달고, 백만억 보배 비단띠를 드리우고, 백만억 향로에 향을 사르고, 백만억 보배 화만을 벌여 놓고, 백만억 보배 부채를 들고, 백만억 보배 털이개를 쥐고,

<주본화엄22, 04:07-08>

A: 懸百萬億寶鈴網[13(:)]微風[24(|)?]吹動[12(:),53(··)#53(-)]出妙音聲[41(·),51(/·)]

B: 懸百萬億寶鈴網[x厶]微風[ㅣ]吹動[ㅅㄱ,ㅣ十]出妙音聲[乙,ㅣ彡]

C: 百萬億 寶鈴網(乙) 懸x厶 微風ㅣ 吹動ㅅㄱㅣ十 妙音聲乙 出ㅣ彡

D: 百萬億 寶鈴網을 달되 微風이 吹動함에 妙音聲을 내며

E: 백만억 보배 풍경을 달아 바람에 흔들려 묘한 소리를 내며,

<주본화엄22, 04:08-11>

A: 百萬億寶欄楯[33(·)]周帀圍遶[52(·)?]百萬億寶多羅樹[33(·)]次第[45(·)]行列[52(·)]百萬億妙寶窓牖[33(·)]綺麗莊嚴百萬億寶樹周帀垂陰[52(·)]百萬億寶樓閣[33(·)]延袤綺飾[52(·)]

B: 百萬億寶欄楯[ㄱ]周帀圍遶[彡]百萬億寶多羅樹[ㄱ]次第[灬]行列[彡]百萬億妙寶窓牖[ㄱ]綺麗莊嚴百萬億寶樹周帀垂陰[彡]百萬億寶樓閣[ㄱ]延袤綺飾[彡]

C: 百萬億 寶欄楯ㄱ 周帀 圍遶(ㅅ)彡 百萬億 寶多羅樹ㄱ 次第灬 行列(ㅅ)彡 百萬億 妙寶 窓牖ㄱ 綺麗 莊嚴(ㅅ彡) 百萬億 寶樹(ㄱ) 周帀 垂陰(ㅅ)彡 百萬億 寶樓閣ㄱ 延袤 綺飾(ㅅ)彡

D: 百萬億 寶欄楯은 두루 圍遶하며, 百萬億 寶多羅樹는 차례로 行列하며, 百萬億 妙寶 窓牖는 綺麗 莊嚴하며, 百萬億 寶樹는 두루 垂陰하며, 百萬億 寶樓閣은 延袤 綺飾하며,

---

18) 오른쪽 下段에 각필이 있고 欄上에도 같은 점토가 있다. 欄上의 점토 위에는 紺色의 마름모꼴 不審紙가 붙어 있다. 점토는 [25(·.),33(|),41(·)]으로 판독된다. 이 부분에 대한 다른 해석을 보이는 것으로 추정할 수 있는데 이 경우 해독은 '百萬億 香爐 3 七X乙 然(ㅅ)彡'(百萬億 향로에 있는 것을 태우며)이 된다.

E: 백만억 보배 난간이 두루 둘렸고, 백만억 보배 다라(多羅) 나무가 차례로 줄지어 섰고, 백만억 보배 창호가 화려하게 장엄하고, 백만억 보배 나무는 사면으로 그늘을 드리웠고, 백만억 보배 누각은 동서남북이 기묘하게 꾸며졌고,

<주본화엄22, 04:11-13>

A: 百萬億寶門[53(·)?,33(·)]垂布瓔珞[41(·),52(·)]百萬億金鈴[33(·)]出妙音聲[41(·),52(·)]百萬億吉祥[19)]相瓔珞[33(·)]嚴淨垂下[52(·)]百萬億寶悉底迦[33(·)]能[24(·)]除衆[33(·)]惡[41(·),51(·)]

B: 百萬億寶門[十,ㄱ]垂布瓔珞[乙,ㆆ]百萬億金鈴[ㄱ]出妙音聲[乙,ㆆ]百萬億吉祥相瓔珞[ㄱ]嚴淨垂下[ㆆ]百萬億寶悉底迦[ㄱ]能[支]除衆[ㄱ]惡[乙,ㆆ]

C: 百萬億 寶門十ㄱ 瓔珞乙 垂布(ᄉ)ㆆ 百萬億 金鈴ㄱ 妙音聲乙 出(ᄉ)ㆆ 百萬億 吉祥相 瓔珞ㄱ 嚴淨 垂下(ᄉ)ㆆ 百萬億 寶悉底迦ㄱ 能支 衆ㄱ 惡乙 除ㆆ

D: 百萬億 寶門에는 瓔珞을 垂布하며, 百萬億 金鈴은 妙音聲을 내며, 百萬億 吉祥相 瓔珞은 嚴淨 垂下하며, 百萬億 寶悉底迦는 能히 여러 惡을 없애며,

E: 백만억 보배 문에는 영락을 드리웠고, 백만억 금방울에서는 미묘한 소리를 내고, 백만억 길상한 모양의 영락은 엄정하게 드리워졌고, 백만억 보배 실저가(悉底迦)는 여러 나쁜 것을 없애고,

<주본화엄22, 04:13-15>

A: 百萬億金藏[33(·)]金縷[45(·)]織成[12(·),51(/)]百萬億寶蓋[33(·)]衆寶[41(·)]爲竿[43(·),=33(·), 41(·)?]執持行列[52ᄉ(·)]百萬億一切寶莊嚴具網[33(·)]間錯莊嚴[52(·)]

B: 百萬億金藏[ㄱ]金縷[…]織成[ㄱ,ㅣㆆ]百萬億寶蓋[ㄱ]衆寶[乙]爲竿[ᄒ,ㄱ,乙]執持行列[ㆆ]百萬億一切寶莊嚴具網[ㄱ]間錯莊嚴[ㆆ]

C: 百萬億 金藏ㄱ 金縷… 織成(ᄉ)[20)]ㄱㅣㆆ 百萬億 寶蓋ㄱ 衆寶乙 竿{爲}ᄒㄱ乙 執持 行列(ᄉ)ㆆ 百萬億 一切 寶莊嚴具 網ㄱ 間錯 莊嚴(ᄉ)ㆆ

D: 百萬億 金藏은 金縷로 織成한 것이며, 百萬億 寶蓋는 衆寶를 자루 삼아 執持 行列하며, 百萬億 一切 寶莊嚴 具 網은 間錯 莊嚴하며,

---

19) 합부 같은 각필선이 '萬億吉祥'에 보이나 중간 중간 끊겨 있다.
20) 'ᄉ'가 보충될 가능성도 있다.

E: 백만억 금장(金藏)은 금실로 짠 것이고, 백만억 보배 일산은 뭇 보배로 자루가 되어 붙들고 행렬을 지었으며, 백만억 모든 보배로 된 장엄거리 그물들이 사이사이 장엄하였다.

<주본화엄22, 04:15-20>[21]

A: 百萬億光明寶[33(·)]放種種[25(·)]光[41(·),52(·)]百萬億光明[33(·)]周徧照耀[52(·)]百萬億日藏輪[11(·)]百萬億月藏輪[11(·),13(/),33(·)?]並[25(·)]無量[33(·)]色[25(·)]寶[45(·)]之所集成[12(:)#11(:),51(/·)?]百萬億香焰[33(·)]光明映徹[52(·)]百萬億蓮華藏[33(·)]開敷[22]鮮榮[52(·)]百萬億寶網[11(·)]百萬億華網[11(·)]百萬億香網[11(·),41(:)]彌[23]覆其上[11(·),53(·),52(·)]

B: 百萬億光明寶[ㄱ]放種種[ㄴ]光[乙,ㅅ]百萬億光明[ㄱ]周徧照耀[ㅅ]百萬億日藏輪[ㆍ]百萬億月藏輪[ㆍ,ㅅ수,ㄱ]並[ㄴ]無量[ㄱ]色[ㄴ]寶[亠]之所集成[ㄴㄱ,ㅣㅅ]百萬億香焰[ㄱ]光明映徹[ㅅ]百萬億蓮華藏[ㄱ]開敷鮮榮[ㅅ]百萬億寶網[ㆍ]百萬億華網[ㆍ]百萬億香網[ㆍ,ㅅ수乙]彌覆其上[ㆍ,十,ㅅ]

C: 百萬億 光明寶ㄱ 種種ㄴ 光乙 放(ㄴㅅ)ㅅ 百萬億 光明ㄱ 周徧 照耀(ㄴㅅ)ㅅ 百萬億 日藏輪ㆍ 百萬億 月藏輪ㆍㄴㅅㄱ 並ㄴ 量 無ㄱ 色ㄴ 寶亠{之} 集成ㄴㄱ 所ㅣㅅ 百萬億 香焰ㄱ 光明 映徹(ㄴㅅ)ㅅ 百萬億 蓮華藏ㄱ 開敷 鮮榮(ㄴㅅ)ㅅ 百萬億 寶網ㆍ 百萬億 華網ㆍ 百萬億 香網ㆍㄴㅅ乙 彌 其 上ㆍㅅ 十 覆(ㄴㅅ)ㅅ

D: 百萬億 光明寶는 가지가지 빛을 놓으며, 百萬億 光明은 周徧 照耀하며, 百萬億 日藏輪이니 百萬億 月藏輪이니 하는 것은 모든 한량없는 色의 寶로 集成한 것이며, 百萬億 香焰은 光明 映徹하며, 百萬億 蓮華藏은 開敷 鮮榮하며, 百萬億 寶網이니 百萬億 華網이니 百萬億 香網이니 하는 것을 두루 그 위에 덮으며,

E: 백만억 광명 보배에서 가지각색 광명을 놓아 백만억 광명이 두루 비치고, 백만억 일장륜과 백만억 월장륜은 모두 한량없는 빛깔 보배를 모아 이루었으며, 백만억 향기 불꽃은 광명이 환히 사무치고, 백만억 연화장은 찬란하게 꽃이 피고, 백만억 보배 그물과 백만억 꽃 그물과 백만억 향 그물이 그 위에 덮이었다.

---

21) 無比스님의 科段에 의하면 <주본화엄22, 04:15-20>는 '11, 光明의 莊嚴'에 해당된다.
22) 45 위치에 비스듬히 위로 꺾인 각필선이 있다.
23) 이체자이다.

218 第二部 判讀과 解讀 및 飜譯

<주본화엄22, 04:20-24>[24]

A: 百萬億天寶衣[11(·)]百萬億天靑色衣百萬億天黃色衣百萬億天赤色衣百萬億天奇妙色衣百萬億天種種寶奇妙衣百萬億種種香熏衣百萬億一切寶[45(·)]所成[33(·),25(·)]衣[11(·)?]百萬億鮮白衣[11(·)?][25]悉[34(|)]善[24(·)]敷布[13(:)]見[15(/)]#15(/)]者歡喜[26]

B: 百萬億天寶衣[ㆍ]百萬億天靑色衣百萬億天黃色衣百萬億天赤色衣百萬億天奇妙色衣百萬億天種種寶奇妙衣百萬億種種香熏衣百萬億一切寶[ㆍㆍㆍ]所成[ㄱ,ㄴ]衣[ㆍ]百萬億鮮白衣[ㆍ]悉[ㅣ]善[攴]敷布[xム]見[X]者歡喜

C: 百萬億 天寶衣ㆍ 百萬億 天靑色衣(ㆍ) 百萬億 天黃色衣(ㆍ) 百萬億 天赤色衣(ㆍ) 百萬億 天奇妙色衣(ㆍ) 百萬億 天種種寶奇妙衣(ㆍ) 百萬億 種種香熏衣(ㆍ) 百萬億 一切 寶ㆍㆍㆍ 成(ㆍ)ㄱ 所ㄴ 衣ㆍ 百萬億 鮮白衣ㆍ(ノ亽乙) 悉ㅣ 善攴 敷布xム 見X{者} 歡喜(ノㅓ分)

D: 百萬億 天寶衣니 百萬億 天靑色衣니 百萬億 天黃色衣니 百萬億 天赤色衣니 百萬億 天奇妙色衣니 百萬億 天 種種寶奇妙衣니 百萬億 種種香熏衣니 百萬億 一切 보배로 지은 옷이니 百萬億 鮮白衣니 하는 것이 다 잘 敷布하되 보는 이는 歡喜할 것이며

E: 백만억 하늘 보배 옷, 백만억 하늘 청색 옷, 백만억 하늘 황색 옷, 백만억 하늘 적색 옷, 백만억 하늘 기묘한 빛깔 옷, 백만억 가지가지 하늘 보배 기묘한 옷, 백만억 가지가지 향기가 풍긴 옷, 백만억 일체 보배로 만든 옷, 백만억 깨끗한 흰 옷들을 곱게 깔아서 보는 이들이 기뻐하였다.

<주본화엄22, 04:24-05:07>[27]

A: 百萬億天[25(·)]鈴幢[11(·)]百萬億金網幢[11(·),13(/)#13(·.),33(·)]出微妙音[41(·),52(·)]百萬億天[25(·)]繒幢衆彩具足[52(·)]百萬億香幢[33(·)]垂布香網[41(·),52(·)]百萬億華幢[33(·)]雨一切華[41(·),51(/)]百萬億天[25(·)?]衣幢[33(·)]懸[28]布妙衣[41(·),52(·)]百萬億天[25(·)?]摩尼寶幢[33(·)]衆[33(·)]寶[45(·)]莊嚴[52(·)]百萬億天[25(·)]莊嚴具幢[33(·)]衆[33(·)?]具[45(·)]校飾[52(·)]百萬

---

24) 無比스님의 科段에 의하면 <주본화엄22 04:20-24>는 '12, 寶衣莊嚴'에 해당된다.
25) 41(:) 정도가 기대되나 종이가 접혀 사진으로는 확인이 되지 않는다.
26) 같은 형식의 구문인 <05:07>에는 31(··)의 점토가 현토되어 있다. 이 부분은 종이가 떨어져 나갔는데 뒤 배접지에 31(··)로 보이는 자국이 나타난다.
27) 4幅과 5幅이 맞물리는 부분에 '周經第二十二 五幅'과 '각수명'이 있으나 각수명은 잘 보이지 않는다.
28) 이체자이다.

周本『華嚴經』卷第二十二   219

億天[25(·)]鬘幢[33(·)]種種[25(·)]華鬘[41(·)]四面[53(·)]行布百萬億天[25(·)]蓋幢[33(·)]寶鈴[33(·)?]{24(|)?}和鳴[32(·)]聞[15(/)]皆[25(·)]歡喜[31(··)]²⁹⁾

B: 百萬億天[七]鈴幢[ゝ]百萬億金網幢[ゝ,ㅅ令,ㄱ]出微妙音[乙,分]百萬億天[七]繪幢衆彩具足[分]百萬億香幢[ㄱ]垂布香網[乙,分]百萬億華幢[ㄱ]雨一切華[乙,ㅣ分]百萬億天[七]衣幢[ㄱ]懸布妙衣[乙,分]百萬億天[七]摩尼寶幢[ㄱ]衆[ㄱ]寶[灬]莊嚴[分]百萬億天[七]莊嚴具幢[ㄱ]衆[ㄱ]具[灬]校飾[分]百萬億天[七]鬘幢[ㄱ]種種[七]華鬘[乙]四面[十]行布百萬億天[七]蓋幢[ㄱ]寶鈴[ㄱ]和鳴X聞X皆[七]歡喜[ノ于]

C: 百萬億 天七 鈴幢ゝ 百萬億 金網幢ゝノ令ㄱ 微妙音乙 出(ヽヽ)分 百萬億 天七 繪幢(ㄱ) 衆彩 具足(ヽヽ)分 百萬億 香幢ㄱ 香網乙 垂布(ヽヽ)分 百萬億 華幢ㄱ 一切 華乙 雨ㅣ分 百萬億 天七 衣幢ㄱ 妙衣乙 懸布(ヽヽ)分 百萬億 天七 摩尼寶幢ㄱ 衆ㄱ 寶灬 莊嚴(ヽヽ)分 百萬億 天七 莊嚴具 幢ㄱ 衆ㄱ 具灬 校飾(ヽヽ)分 百萬億 天七 鬘幢ㄱ 種種七 華鬘乙 四面十 行布(ヽヽ分) 百萬億 天七 蓋幢ㄱ 寶鈴ㄱ 和鳴X 聞X 皆七 歡喜ノ于(分)

D: 百萬億 天의 鈴幢이니 百萬億 金網幢이니 하는 것은 微妙音을 내며, 百萬億 天의 繪幢은 衆彩 具足하며, 百萬億 香幢은 香網을 垂布하며, 百萬億 華幢은 一切 꽃을 내리며, 百萬億 天의 衣幢은 妙衣를 懸布하며, 百萬億 天의 摩尼寶幢은 많은 보배로 莊嚴하며, 百萬億 天의 莊嚴具 幢은 많은 도구로 校飾하며, 百萬億 天의 鬘幢은 갖가지의 華鬘을 四面에 行布하며, 百萬億 天의 蓋幢은 寶鈴이 和鳴하여 듣는 이는 다 歡喜할 것이며,

E: 백만억 하늘 풍경 당기와 백만억 금 그물 당기에서는 미묘한 소리를 내고, 백만억 하늘 비단 당기는 모든 채색이 구족하고, 백만억 향 당기에는 향 그물을 드리우고, 백만억 꽃 당기에서는 모든 꽃을 내리고, 백만억 하늘 옷 당기에는 묘한 옷을 달았고, 백만억 하늘 미니보배 당기는 모든 보배로 장엄하고, 백만억 하늘 장엄거리 당기는 여러 가지로 장식하고, 백만억 하늘 화만 당기에는 가지가지 화만이 사면으로 줄을 지었고, 백만억 하늘 일산 당기에서는 보배 방울이 잘 울리어 듣는 이마다 모두 기뻐하였다.

<주본화엄22, 05:07-08>

A: 百萬億天螺[33(·)]出妙音聲[41(·),52(·)]百萬億天鼓[33(·)]出大音聲[41(·),52(·)]

B: 百萬億天螺[ㄱ]出妙音聲[乙,分]百萬億天鼓[ㄱ]出大音聲[乙,分]

---

29) 52(·)이 기대되나 종이가 훼손되어 확인이 되지 않는다.

C: 百萬億 天(ㄷ) 螺ㄱ 妙音聲乙 出(ゝ)ㅅ 百萬億 天(ㄷ) 鼓ㄱ 大音聲乙 出(ゝ)ㅅ
D: 百萬億 하늘의 螺는 妙音聲을 내며, 百萬億 하늘의 鼓는 大音聲을 내며,
E: 백만억 하늘 소라에서는 묘한 음성을 내고, 백만억 하늘 북에서는 큰 소리를 내고,

<주본화엄22, 05:08-09>

A: 百萬億天[25(·)]箜篌[33(·)]出微妙音[41(·),52(·)]百萬億天[25(·)]车陀羅[33(·)]出大妙音[41(·)?,52(·)]
B: 百萬億天[ㄷ]箜篌[ㄱ]出微妙音[乙,ㅅ]百萬億天[ㄷ]车陀羅[ㄱ]出大妙音[乙,ㅅ]
C: 百萬億 天ㄷ 箜篌ㄱ 微妙音乙 出(ゝ)ㅅ 百萬億 天ㄷ 车陀羅ㄱ 大妙音乙 出(ゝ)ㅅ
D: 百萬億 하늘의 箜篌는 微妙音을 내며, 百萬億 하늘의 车陀羅는³⁰⁾ 大妙音을 내며,
E: 백만억 하늘 공후에서는 미묘한 소리를 내고, 백만억 하늘 모다라는 크고 묘한 소리를 내고,

<주본화엄22, 05:09-10>

A: 百萬億天[25(·)]諸[33(·)]雜樂[33(·)]同時[53(·)]俱[25(·)]奏[52(·)]
B: 百萬億天[ㄷ]諸[ㄱ]雜樂[ㄱ]同時[+]俱[ㄷ]奏[ㅅ]
C: 百萬億 天ㄷ 諸ㄱ 雜樂ㄱ 同時+ 俱ㄷ 奏(ゝ)ㅅ
D: 百萬億 하늘의 모든 雜樂은 同時에 함께 奏하며,
E: 백만억 하늘의 여러 가지 음악을 한꺼번에 잡히며,

<주본화엄22, 05:10-11>

A: 百萬億天[25(·)]自在樂[33(·)]出妙音聲[41(·),13(:)]其聲[33(·)]普[24(|)]徧一{34(·)}切佛刹[53(·)]
   #53(··),43(\),55(·),52(·)]
B: 百萬億天[ㄷ]自在樂[ㄱ]出妙音聲[乙,xム]其聲[ㄱ]普[ㅣㅣ]徧一切佛刹[+,ケ,ㅣ,ㅅ]
C: 百萬億 天ㄷ 自在樂ㄱ 妙音聲乙 出xム 其 聲ㄱ 普ㅣㅣ 一切 佛刹+ {徧}ケㅣ(ゝ)ㅅ
D: 百萬億 하늘의 自在樂은 妙音聲을 내되 그 소리는 널리 一切 佛刹에 두루하며,
E: 백만억 하늘의 자재한 음악은 묘한 음성을 내어 그 소리가 여러 부처님 세계에 두루 들리고,

---

30) Mardala. 북의 이름. 『혜원음의(慧苑音義)』上에 모다라(车陀羅)는 삼면고(三面鼓)라 하였다.

周本『華嚴經』卷第二十二 221

<주본화엄22, 05:11-12>
A: 百萬億天[25(·)]變化樂其聲[23(-)]如響[24(·),23(|)]普[24(|)]應一切[44(·),53(·),52(·)]
B: 百萬億天[七]變化樂其聲[ㅋ]如響[攴,ㆍㅣ3^31)]普[ㅣㅣ]應一切[尸,十,ㅅ]
C: 百萬億 天七 變化樂[ㄱ] 其 聲ㅋ 響 如攴ㆍㅣ3 普ㅣㅣ 一切尸十 應(ㆍㅣ)ㅅ
D: 百萬億 하늘의 變化樂은 그 소리가 메아리 같아 널리 一切에 應하며,
E: 백만억 하늘의 변화하는 음악은 그 소리가 메아리 같아서 일체 것에 두루 응하며,

<주본화엄22, 05:12>
A: 百萬億天鼓[33(·)]因於撫擊[41(|·)#41(·),43(·),34(|)]而[45(·)]出妙音[41(·),52(·)]
B: 百萬億天鼓[ㄱ]因於撫擊[ㅁㄱㅅ乙,ㆍ3]而[ㅡ]出妙音[乙,ㅅ]
C: 百萬億 天(七) 鼓ㄱ {於}撫擊ノㄱㅅ乙 因ㆍ3 而ㅡ 妙音乙 出(ㆍㅣ)ㅅ
D: 百萬億 하늘의 鼓는 撫擊함을 인하여 妙音을 내며,
E: 백만억 하늘 북은 또닥거림을 따라 묘한 소리를 내고,

<주본화엄22, 05:12-13>
A: 百萬億天[25(·)]如意樂[33(·)]自然[=23(\)]出聲[41(·),13(:)]音節相和[52(·)]
B: 百萬億天[七]如意樂[ㄱ]自然[ㅋ]出聲[乙,xㅿ]音節相和[ㅅ]
C: 百萬億 天七 如意樂ㄱ 自然ㅋ 聲乙 出xㅿ 音節 相和(ㆍㅣ)ㅅ
D: 百萬億 하늘의 如意樂은 自然히 소리를 내되 音節이 相和하며
E: 백만억 하늘의 뜻대로 되는 음악은 자연히 소리를 내어도 장단이 맞으며

<주본화엄22, 05:13-14>
A: 百萬億天諸[33(·)]雜樂出妙音聲[41(·),23(|)]滅諸[33(·)?]煩惱[41(·),34(|)?,51(:.)#51(·.)]
B: 百萬億天諸[ㄱ]雜樂出妙音聲[乙,ㆍㅣ3]滅諸[ㄱ]煩惱[乙,3,xㅅ]
C: 百萬億 天(七) 諸ㄱ 雜樂(ㄱ) 妙音聲乙 出ㆍㅣ3 諸ㄱ 煩惱乙 滅3xㅅ
D: 百萬億 하늘의 모든 雜樂은 妙音聲을 내어 모든 煩惱를 滅하며
E: 백만억 하늘의 여러 가지 음악은 묘한 소리를 내어 번뇌를 멸하였다.

---

31) 23(|)을 'ㆍ3ㅅ'으로 해독하자는 의견도 있었다.

<주본화엄22, 05:14-15>
A: 百萬億悅意音[33(·)]讚歎供養[41(·|),52(·)?]百萬億廣大音[33(·)]讚歎承事[41(·|),52(·)]
B: 百萬億悅意音[ㄱ]讚歎供養[ㅁ尸ㅅ乙,亽]百萬億廣大音[ㄱ]讚歎承事[ㅁ尸ㅅ乙,亽]
C: 百萬億 悅意音ㄱ 供養ノ尸ㅅ乙 讚歎(ㄴ)亽 百萬億 廣大音ㄱ 承事ノ尸ㅅ乙 讚歎(ㄴ)亽
D: 百萬億 悅意音은 供養하는 것을 讚歎하며, 百萬億 廣大音은 承事하는 것을 讚歎하며,
E: 백만억 마음을 기쁘게 하는 음성은 공양함을 찬탄하고, 백만억 광대한 음성은 받들어 섬김을 찬탄하고,

<주본화엄22, 05:15-16>
A: 百萬億甚深音[33(·)]讚歎修行[41(·|),52(·)]百萬億衆妙音[33(·)]歎佛[35(·)]業果[31(·),52(·)]
B: 百萬億甚深音[ㄱ]讚歎修行[ㅁ尸ㅅ乙,亽]百萬億衆妙音[ㄱ]歎佛[亾]業果[乙,亽]
C: 百萬億 甚深音ㄱ 修行ノ尸ㅅ乙 讚歎(ㄴ)亽 百萬億 衆 妙音ㄱ 佛亾 業果乙 歎(ㄴ)亽
D: 百萬億 甚深音은 修行하는 것을 讚歎하며, 百萬億 많은 妙音은 부처 業果를 찬탄하며,
E: 백만억 깊은 음성은 수행함을 찬탄하고, 백만억 여러 묘한 음성은 부처님의 업과(業果)를 찬탄하고,

<주본화엄22, 05:17-18>
A: 百萬億微細音[33(·)]歎如實理[41(·),52(·)]百萬億無障礙眞實音歎佛[35(·)]本行[41(·),52(·)]
B: 百萬億微細音[ㄱ]歎如實理[乙,亽]百萬億無障礙眞實音歎佛[亾]本行[乙,亽]
C: 百萬億 微細音ㄱ 如實理乙 歎(ㄴ)亽 百萬億 無障礙眞實音 佛亾 本行乙 歎(ㄴ)亽
D: 百萬億 微細音은 如實理를 讚歎하며, 百萬億 無障礙眞實音은 부처 本行을 讚歎하며,
E: 백만억 미세한 음성은 실상과 같은 이치를 찬탄하고, 백만억 장애 없고 진실한 음성은 부처님의 본래 행을 찬탄하고,

<주본화엄22, 05:18-19>
A: 百萬億淸淨音讚歎過去[53(·)]供養諸[33(·)]佛[41(·),41(-),52(·)]
B: 百萬億淸淨音讚歎過去[+]供養諸[ㄱ]佛[乙,xㅅ乙,亽]
C: 百萬億 淸淨音 過去+ 諸ㄱ 佛乙 供養xㅅ乙 讚歎(ㄴ)亽
D: 百萬億 淸淨音은 過去에 모든 부처를 供養한 것을 讚歎하며,

E: 백만억 청정한 음성은 과거에 부처님께 공양한 것을 찬탄하고,

<주본화엄22, 05:19>
A: 百萬億法門音讚歎諸[33(·)]佛[35(·)]最勝無畏[41(-),52(·)]
B: 百萬億法門音讚歎諸[ㄱ]佛[乙]最勝無畏[xㅅ乙,分]
C: 百萬億 法門音 諸ㄱ 佛乙 最勝無畏xㅅ乙 讚歎(ㆍ)分
D: 百萬億 法門音은 모든 부처 最勝無畏한 것을 讚歎하며,
E: 백만억 법문 음성은 부처님들의 가장 승하고 두려움 없음을 찬탄하고,

<주본화엄22, 05:20>
A: 百萬億無量音歎諸[33(·)]菩薩[44(·)]功德無盡[44(·),12(··),41(··)#41(-),52(·)]
B: 百萬億無量音歎諸[ㄱ]菩薩[尸]功德無盡[尸,xㄱ,ㅅ乙,分]
C: 百萬億 無量音 諸ㄱ 菩薩尸 功德 盡尸 無xㄱ ㅅ乙 歎(ㆍ)分
D: 百萬億 無量音은 모든 菩薩의 功德이 다함 없는 것을 찬탄하며,
E: 백만억 한량없는 음성은 보살들의 공덕이 무진함을 찬탄하고,

<주본화엄22, 05:20-21>
A: 百{34(·)}萬億菩薩地[25(·)?]音[33(·)]讚歎開示一切菩薩[44(·)]地相應行[41(·),41(-),52(·)]
B: 百萬億菩薩地[ㄷ]音[ㄱ]讚歎開示一切菩薩[尸]地相應行[乙,xㅅ乙,分]
C: 百萬億 菩薩地ㄷ 音ㄱ 一切 菩薩尸 地 相應 行乙 開示xㅅ乙 讚歎(ㆍ)分
D: 百萬億 菩薩地의 音은 一切 菩薩의 地에 相應한 行을 開示한 것을 讚歎하며,
E: 백만억 보살 지위의 음성은 일체 보살 지위에 상응(相應)한 행을 열어 보임을 찬탄하고,

<주본화엄22, 05:21-22>
A: 百萬億無斷絶音[33(·)]歎佛[35(·)]功德[24(|)]無有斷絶[44(·),41(-),52(·)]
B: 百萬億無斷絶音[ㄱ]歎佛[乙]功德[ㅣ]無有斷絶[尸,xㅅ乙,分]
C: 百萬億 無斷絶音ㄱ 佛乙 功德ㅣ 斷絶尸 無有xㅅ乙 歎(ㆍ)分
D: 百萬億 無斷絶音은 부처 功德이 斷絶함이 없는 것을 讚歎하며,
E: 백만억 끊임 없는 음성은 부처님의 공덕이 끊어지지 아니함을 찬탄하는 것이다.

224 第二部 判讀과 解讀 및 翻譯

<주본화엄22, 05:22-23>
A: 百萬億隨順音[33(·)]讚歎稱揚見佛[41(·),34(-),24(\),25(!)]之行[41(·),22(·)-중복선,52(·)]
B: 百萬億隨順音[ㄱ]讚歎稱揚見佛[乙,白,ㄷ,xヒ]之行[乙,ㅎ중복,氵]
C: 百萬億 隨順音ㄱ 佛乙 見白ㄷxヒ{之} 行乙 讚歎(ヽ)ㅎ 稱揚(ヽ)ㅎ(ヽ)氵
D: 百萬億 隨順音은 佛을 보는 行을 讚歎하고 稱揚하고 하며,
E: 백만억 따라주는 음성은 부처님 뵈옵는 행을 일컬음을 찬탄하고,

<주본화엄22, 05:23-24>
A: 百萬億甚深法音[33(·)?]讚歎一切法無礙智相應理
B: 百萬億甚深法音[ㄱ]讚歎一切法無礙智相應理
C: 百萬億 甚深法音ㄱ 一切 法 無礙智 相應理 讚歎(ヽ)氵
D: 百萬億 甚深法音은 一切 法이 無礙智하고 相應理하는 것을 讚歎하며,
E: 백만억 깊은 법 음성은 온갖 법이 걸림 없는 지혜와 상응하는 이치를 찬탄하고,

<주본화엄22, 05:24-06:01>[32)]
A: 百萬億廣大{24(\)}音[33(·)]其音[24(|)]充滿一切{13(··)}佛刹[53(·),52(·)]
B: 百萬億廣大音[ㄱ]其音[ㅣ]充滿一切佛刹[十,氵]
C: 百萬億 廣大音ㄱ 其 音ㅣ 一切 佛刹十 充滿(ヽ)氵
D: 百萬億 廣大音은 그 소리가 一切 佛刹에 充滿하며,
E: 백만억 광대한 음성은 그 소리가 모든 부처님 세계에 가득하고,

<주본화엄22, 06:01-02>
A: 百萬億無礙淸淨音隨其心樂[41(·),24(\)]悉[34(|)]令歡喜[42(·)?,51(·)]
B: 百萬億無礙淸淨音隨其心樂[乙,ㄷ]悉[ʒ]令歡喜[(△)ㅣ,氵]
C: 百萬億 無礙淸淨音(ㄱ) 其 心樂乙 隨ㄷ 悉ʒ 歡喜 令ㅣ氵
D: 百萬億 無礙淸淨音은 그 마음의 좋아함을 따라 다 歡喜케 하며,
E: 백만억 걸림없고 청정한 음성은 그들의 마음에 좋아함을 따라 모두 환희케 하고,

---

32) 5幅과 6幅이 맞물리는 부분에 '周經第二十二 六幅'과 '각수명'이 있으나 각수명은 잘 보이지 않는다.

周本『華嚴經』卷第二十二 225

<주본화엄22, 06:02-03>
A: 百萬億不住三界音[33(·)]令其聞[15(/)]者深[24(|)]入法性[53(·),42(·)?,51(·)]
B: 百萬億不住三界音[ㄱ]令其聞[X]者深[丨]入法性[十,(ㅅ)丨,ㆅ]
C: 百萬億 不住三界音ㄱ 其 聞X{者}³³⁾ 深丨 法性十 入 令丨ㆅ
D: 百萬億 不住三界音은 그 듣는 이로 하여금 깊이 法性에 들게 하며,
E: 백만억 삼계에 머물지 않는 음성은 듣는 이로 하여금 법의 성품에 깊이 들게 하고,

<주본화엄22, 06:03-04>
A: 百萬億歡喜音[33(·)]令其聞[15(/)]者心[42(|)]無障礙[44(·),34(|)]深信[23(|)]恭敬[42(·),51(·)?]
B: 百萬億歡喜音[ㄱ]令其聞[X]者心[ᅕ]無障礙[尸,ㅎ]深信[ᄂㅎ]恭敬[(ㅅ)丨,ㆅ]
C: 百萬億 歡喜音ㄱ 其 聞X{者} 心ᅕ 障礙尸 無ㅎ 深信ᄂㅎ 恭敬 令丨ㆅ
D: 百萬億 歡喜音은 그 듣는 이로 하여금 마음 막힘이 없어 深信하여서 恭敬하게 하며,
E: 백만억 환희한 음성은 듣는 이로 하여금 마음에 걸림이 없어 깊이 믿고 공경하게 하며,

<주본화엄22, 06:04-05>
A: 百萬億佛境界音[33(·)]隨所出[12(·.)#12(|·),25(·)]聲[41(·),24(\)]悉[34(|)]能[24(·)]開示一切法義[41(·)#41(\),52(·)]
B: 百萬億佛境界音[ㄱ]隨所出[xㄱ,ㄴ]聲[乙,ᄋ]悉[ㅎ]能[支]開示一切法義[乙,ㆅ]
C: 百萬億 佛境界音ㄱ 出xㄱ 所ㄴ 聲乙 隨ᄋ 悉ㅎ 能支 一切 法義乙 開示(丶丶)ㆅ
D: 百萬億 佛境界音은 내는 바의 소리를 따라 다 능히 일체 法義를 開示하며,
E: 백만억 부처님 경계 음성은 내는 소리를 따라 모든 법과 뜻을 열어서 보이며,

<주본화엄22, 06:05-06>
A: 百萬億陀羅尼音[33(·)]善[24(·)]宣一切法句[25(·)]差別[41(·),23(|)]決了如來[44(·)]祕密[25(·)]之藏[41(·),52(·)]
B: 百萬億陀羅尼音[ㄱ]善[支]宣一切法句[ㄴ]差別[乙,ᄂㅎ]決了如來[尸]祕密[ㄴ之藏[乙,ㆅ]
C: 百萬億 陀羅尼音ㄱ 善支 一切 法句ㄴ 差別乙 宣ᄂㅎ 如來尸 祕密ㄴ{之} 藏乙 決了(丶丶)ㆅ

---
33) 15(/)를 'xㅅㄱ'으로 보아 '들으면'으로 해석할 가능성도 있다.

D: 百萬億 陀羅尼音은 一切 法句의 差別을 잘 宣說하여 如來의 秘密의 藏을 決了하며,

E: 백만억 다라니 음성은 온갖 법과 글귀의 차별을 잘 말하여 여래의 비밀장을 결정코 알게 하며,

<주본화엄22, 06:06-07>

A: 百萬億一切法音[33(·)]其音和暢[23(|)]克[24(·)]諧衆[33(·)]樂[41(·),24(\),52(·)]

B: 百萬億一切法音[ㄱ]其音和暢[ヽㆍ]克[攴]諧衆[ㄱ]樂[乙,ㅅ,㖢]

C: 百萬億 一切 法音ㄱ 其 音 和暢ヽㆍ 克攴 衆ㄱ 樂乙 諧ㅅ㖢

D: 百萬億 一切 法音은 그 소리 和暢하여 능히 뭇 음악을 조화시키며,

E: 백만억 일체 법 음성은 그 소리가 화창하여 여러 음악과 조화되었다.

<주본화엄22, 06:07-09>

A: 有百[33(·)?]³⁴⁾{35(·)}萬[44(·)?]億初發心[25(·)]菩薩[33(·),11(·)]纔[34(|)#34(:)#34(!)]見此座[41(·),53(··),33(·)]倍[24(|)]更[34(|)]增長一切智[25(·)]心[41(·),51(·)]

B: 有百[ㄱ]萬[尸]億初發心[七]菩薩[ㄱ,ㆍ;]纔[ㆍ)]見此座[乙,|十,ㄱ]倍[||]更[ㆍ)]增長一切智[七]心[乙,㖢]

C: 百ㄱ 萬尸 億 初發心七 菩薩 有(七)ㄱㆍ; 纔ㆍ) 此 座乙 見(ㆍ)ㄱ)|十ㄱ 倍|| 更ㆍ) 一切 智七 心乙 增長(ヽ)㖢

D: 百萬億 初發心의 菩薩이 있으니 이 座를 비로소 보기만 하면 곱절로 다시 一切 智의 마음을 增長하며,

E: 백만억 초발심(初發心) 보살은 이 사자좌를 보고 온갖 지혜의 마음을 곱으로 증장하며,

<주본화엄22, 06:09>

A: 百萬億治地[25(·)]菩薩[33(·)]心淨歡喜[52(·)]

B: 百萬億治地[七]菩薩[ㄱ]心淨歡喜[㖢]

C: 百萬億 治地七 菩薩ㄱ 心淨 歡喜(ヽ)㖢

D: 百萬億 治地의 菩薩은 心淨 歡喜하며,

---

34) 사진 상에는 명확히 판독되지 않는다.

周本『華嚴經』卷第二十二   227

　　E: 백만억 치지(治地) 보살은 마음이 깨끗하여 환희하며,

<주본화엄22, 06:09-10>
A: 百萬億修行[25(·)]菩薩[33(·)]悟解淸淨[52(·)]#51(·)]
B: 百萬億修行[ㄴ]菩薩[ㄱ]悟解淸淨[ㆍ]
C: 百萬億 修行ㄴ 菩薩ㄱ 悟解 淸淨(丷)ㆍ
D: 百萬億 修行의 菩薩은 悟解 淸淨하며,
E: 백만억 수행 보살은 깨닫고 이해함이 청정하며,

<주본화엄22, 06:10>
A: 百萬億生貴[25(·)]菩薩[33(·)]住勝志樂[53(·),52(·)]
B: 百萬億生貴[ㄴ]菩薩[ㄱ]住勝志樂[十,ㆍ]
C: 百萬億 生貴ㄴ 菩薩ㄱ 勝志樂十 住(丷)ㆍ
D: 百萬億 生貴의 菩薩은 勝志樂에 머물며,
E: 백만억 생귀(生貴) 보살은 좋은 즐거움에 머물며,

<주본화엄22, 06:11>
A: 百萬億方便具足[25(·)]菩薩[33(·)?]起大乘[25(·)]行[41(·),52(·)]
B: 百萬億方便具足[ㄴ]菩薩[ㄱ]起大乘[ㄴ]行[乙,ㆍ]
C: 百萬億 方便具足ㄴ 菩薩ㄱ 大乘ㄴ 行乙 起(丷)ㆍ
D. 百萬億 方便具足의 菩薩은 大乘의 行을 일으키며,
E: 백만억 방편구족 보살은 대승의 행을 일으키며,

<주본화엄22, 06:11-12>
A: 百萬億正心住[25(·)]菩薩[33(·)]勤修一切菩薩[44(·)]道[41(·),52(·)]
B: 百萬億正心住[ㄴ]菩薩[ㄱ]勤修一切菩薩[尸]道[乙,ㆍ]
C: 百萬億 正心住ㄴ 菩薩ㄱ 一切 菩薩尸 道乙 勤修(丷)ㆍ[35)]

---

35) '勤修'를 부사 '勤'과 동사 '修'로 해석할 가능성도 있다.

D: 百萬億 正心住의 菩薩은 일체 菩薩의 道를 勤修하며,
E: 백만억 정심(正心) 보살은 모든 보살의 도를 부지런히 닦으며,

<주본화엄22, 06:12-13>
A: 百萬億不退[25(·)]菩薩[33(·)]淨[24(|)]修一切菩薩[44(·)]地[41(·),51(·)]
B: 百萬億不退[ㄣ]菩薩[ㄱ]淨[ㅣ]修一切菩薩[尸]地[乙,氵]
C: 百萬億 不退ㄣ 菩薩ㄱ 淨ㅣ 一切 菩薩尸 地乙 修氵
D: 百萬億 不退의 菩薩은 깨끗이 일체 菩薩의 地位를 닦으며,
E: 백만억 불퇴(不退) 보살은 모든 보살의 지위를 깨끗이 닦으며,

<주본화엄22, 06:13-14>
A: 百萬億童眞[25(·)]菩薩[33(·)]得一切菩薩[44(·)]三昧光明[41(·),51(·)]
B: 百萬億童眞[ㄣ]菩薩[ㄱ]得一切菩薩[尸]三昧光明[乙,氵]
C: 百萬億 童眞ㄣ 菩薩ㄱ 一切 菩薩尸 三昧 光明乙 得氵
D: 百萬億 童眞의 菩薩은 一切 菩薩의 三昧 光明을 얻으며,
E: 백만억 동진(童眞) 보살은 일체 보살의 삼매 광명을 얻으며,

<주본화엄22, 06:14-15>
A: 百萬億法王子[25(·)]菩薩[33(·)]入不思議[25(·)]諸[33(·)]佛[=35(·)]境界[53(·),52(·)]
B: 百萬億法王子[ㄣ]菩薩[ㄱ]入不思議[ㄣ]諸[ㄱ]佛[ㅿ]境界[十,氵]
C: 百萬億 法王子ㄣ 菩薩ㄱ 不思議ㄣ 諸ㄱ 佛ㅿ 境界十 入(ㄱㄱ)氵
D: 百萬億 法王子의 菩薩은 不思議의 모든 부처 境界에 들며,
E: 백만억 법왕자(法王子) 보살은 부사의한 부처님의 경계에 들었으며,

<주본화엄22, 06:15-16>
A: 百萬億灌頂[25(·)]菩薩[33(·)]能[24(·)]現無量[33(·)]如來[44(·)]十力[41(·),24(\),51(·)]
B: 百萬億灌頂[ㄣ]菩薩[ㄱ]能[攴]現無量[ㄱ]如來[尸]十力[乙,ㅅ,氵]
C: 百萬億 灌頂ㄣ 菩薩ㄱ 能攴 量 無ㄱ 如來尸 十力乙 現ㅅ氵
D: 百萬億 灌頂의 菩薩은 능히 한량없는 如來의 十力을 나타내며,

E: 백만억 관정(灌頂) 보살은 한량없는 여래의 십력을 나타내었다.

<주본화엄22, 06:16>

A: 百萬億菩薩[33(·)]得自在神通[41(·),51(·)]

B: 百萬億菩薩[ㄱ]得自在神通[乙,ㅅ]

C: 百萬億 菩薩ㄱ 自在 神通乙 得ㅅ

D: 百萬億 菩薩은 自在 神通을 얻으며,

E: 백만억 보살은 자재한 신통을 얻고,

<주본화엄22, 06:16-17>

A: 百萬億菩薩[33(·)]生清淨解[41(·),51(/·)]

B: 百萬億菩薩[ㄱ]生清淨解[乙,ㅣㅅ]

C: 百萬億 菩薩ㄱ 清淨解乙 生ㅣㅅ

D: 百萬億 菩薩은 清淨解를 내며,

E: 백만억 보살은 청정한 이해를 내고,

<주본화엄22, 06:17>

A: 百萬億菩薩[33(·)]心[53(·)]生愛樂[41(·),51(/·)]

B: 百萬億菩薩[ㄱ]心[十]生愛樂[乙,ㅣㅅ]

C: 百萬億 菩薩ㄱ 心十 愛樂乙 生ㅣㅅ

D: 百萬億 菩薩은 마음에 愛樂을 내며,

E: 백만억 보살은 좋아하는 마음을 내고,

<주본화엄22, 06:17-18>

A: 百萬億菩薩[33(·)]深信不壞[52(·)?]

B: 百萬億菩薩[ㄱ]深信不壞[ㅅ]

C: 百萬億 菩薩ㄱ 深信 不壞(ㅅ)ㅅ

D: 百萬億 菩薩은 深信이 不壞하며,

E: 백만억 보살은 깊이 믿어 무너지지 아니하고,

230 第二部 判讀과 解讀 및 翻譯

<주본화엄22, 06:18>

A: 百萬億菩薩[33(·)]勢力廣大[52(·)]

B: 百萬億菩薩[ㄱ]勢力廣大[ㅋ]

C: 百萬億 菩薩ㄱ 勢力 廣大(ᄉ)ㅋ

D: 百萬億 菩薩은 勢力이 廣大하며,

E: 백만억 보살은 세력이 엄청나고,

<주본화엄22, 06:19>

A: 百萬億菩薩[33(·)]名稱[41(·)]增長[52(·)]

B: 百萬億菩薩[ㄱ]名稱[乙]增長[ㅋ]

C: 百萬億 菩薩ㄱ 名稱乙 增長(ᄉ)ㅋ

D: 百萬億 菩薩은 名稱을 增長하며,

E: 백만억 보살은 명망이 멀리 퍼지고,

<주본화엄22, 06:19-20>

A: 百萬億菩薩演說法義[41(·),23(|)]令智[41(·)]決定[42(·),51(·)]

B: 百萬億菩薩演說法義[乙,ᄂᄒ]令智[乙]決定[(ᄉ)ㅣ,ㅋ]

C: 百萬億 菩薩(ㄱ) 法義乙 演說ᄂᄒ 智乙 決定 令ㅣㅋ

D: 百萬億 菩薩은 法義를 演說하여 지혜를 決定케 하며,

E: 백만억 보살은 법과 뜻을 연설하여 지혜를 결정케 하고,

<주본화엄22, 06:20>

A: 百萬億菩薩正念不亂[44(·),52(·)]

B: 百萬億菩薩正念不亂[尸,ㅋ]

C: 百萬億 菩薩(ㄱ) 正念 亂尸 不(ᄉ)ㅋ

D: 百萬億 菩薩은 正念이 어지러워지지 않으며,

E: 백만억 보살은 바른 생각이 산란치 않고,

<주본화엄22, 06:20-21>
A: 百萬億菩薩生決定智[41(·),51(/·)]
B: 百萬億菩薩生決定智[乙,ㅣ㣺]
C: 百萬億 菩薩(ㄱ) 決定智乙 生ㅣ㣺
D: 百萬億 菩薩은 決定智를 내며,
E: 백만억 보살은 결정한 지혜를 내고,

<주본화엄22, 06:21-22>
A: 百萬億菩薩得聞持[25(·)]力[41(·),43(|),경계선]持一切佛法[41(·),52(·)]
B: 百萬億菩薩得聞持[ㄴ]力[乙,ㅣ㣺]持一切佛法[乙,㣺]
C: 百萬億 菩薩(ㄱ) 聞持ㄴ 力乙 得㣺 一切 佛法乙 持(ㆍ)㣺
D: 百萬億 菩薩은 聞持의 힘을 얻어서 一切 佛法을 지니며,
E: 백만억 보살은 들어 지니는 힘을 얻어 일체 불법을 받아 가지고,

<주본화엄22, 06:22>
A: 百萬億菩薩出生無量[33(·)]廣大覺解[41(·),52(·)]
B: 百萬億菩薩出生無量[ㄱ]廣大覺解[乙,㣺]
C: 百萬億 菩薩(ㄱ) 量 無ㄱ 廣大覺解乙 出生(ㆍ)㣺
D: 百萬億 菩薩은 한량없는 廣大覺解를 出生하며,
E: 백만억 보살은 한량없이 광대한 깨달음을 내고,

<주본화엄22, 06:23>
A: 百萬億菩薩安住信根[53(·),52(·)]
B: 百萬億菩薩安住信根[十,㣺]
C: 百萬億 菩薩(ㄱ) 信根十 安住(ㆍ)㣺
D: 百萬億 菩薩은 信根에 安住하며,
E: 백만억 보살은 믿는 근본[信根]에 편안히 머물렀다.

<주본화엄22, 06:23-24>

A: 百萬億菩薩得檀波羅密[41(·),43(|)]能一切施[41(·),24(·),52(·)]

B: 百萬億菩薩得檀波羅密[乙, 氵㢱]能一切施[乙,攴,分]

C: 百萬億 菩薩(ㄱ) 檀波羅密乙 得 氵㢱 一切 施乙 能攴(ㄴ)分

D: 百萬億 菩薩은 檀(布施)波羅密을 얻어서 一切 布施를 능히 하며,

E: 백만억 보살은 보시[檀]바라밀을 얻어 온갖 것을 보시하고,

<주본화엄22, 06:24-07:01>

A: 百萬億菩薩得尸波羅密[41(·),43(|)]具[24(\)]持衆[33(·)]戒[41(·),52(·)]

B: 百萬億菩薩得尸波羅密[乙, 氵㢱]具[口]持衆[ㄱ]戒[乙,分]

C: 百萬億 菩薩(ㄱ) 尸波羅密乙 得 氵㢱 具口 衆ㄱ 戒乙 持(ㄴ)分

D: 百萬億 菩薩은 尸(持戒)波羅密을 얻어서 갖추³⁶⁾ 많은 戒를 지니며,

E: 백만억 보살은 지계[尸]바라밀을 얻어 여러 가지 계율을 구족히 지키고,

<주본화엄22, 07:01-02>

A: 百萬億菩薩得忍波羅密[41(·),43(|)]心[42(|)]不妄動[44(·),23(|)]悉[34(|)]能[24(·)?]忍受一切佛法[41(·),52(·)]

B: 百萬億菩薩得忍波羅密[乙, 氵㢱]心[口]不妄動[尸,ㄴ 氵]悉[氵]能[攴]忍受一切佛法[乙,分]

C: 百萬億 菩薩(ㄱ) 忍波羅密乙 得 氵㢱 心口 妄動尸 不ㄴ 氵 悉 氵 能攴 一切 佛法乙 忍受(ㄴ)分

D: 百萬億 菩薩은 忍波羅密을 얻어서 마음이 망동하지 않아 다 능히 一切 佛法을 忍受하며

E: 백만억 보살은 인욕[忍]바라밀을 얻어 마음이 망동하지 않으며 일체 불법을 능히 받고

<주본화엄22, 07:02-03>

A: 百萬億菩薩[33(·)?]得精進波羅密[41(·),43(|)]能[24(·)]行無量[33(·)]出離[25(|)]精進[41(·),52(·)]

B: 百萬億菩薩[ㄱ]得精進波羅密[乙, 氵㢱]能[攴]行無量[ㄱ]出離[令セ]精進[乙,分]

C: 百萬億 菩薩ㄱ 精進波羅密乙 得 氵㢱 能攴 量 無ㄱ 出離(ㄴ)令セ 精進乙 行(ㄴ)分

---

36) 갖추: 부사. 고루 있는 대로. < ᄀ초『석상』← ᄀ초-← 곷-+-호-. (『표준국어대사전』 참조)
갖추 장만하다.
학용품을 갖추 준비하다.

D: 百萬億 菩薩은 精進波羅密을 얻어서 능히 한량없는 出離하는 精進을 行하며
E: 백만억 보살은 정진(精進)바라밀을 얻어 한량없이 뛰어나는 정진을 행하고,

<주본화엄22, 07:03-04>
A: 百萬億菩薩得禪波羅密[41(·),43(|)]具足無量[33(·)]禪定[25(·)]光明[41(·),52(·)]
B: 百萬億菩薩得禪波羅密[乙,ᄒ ᅲ]具足無量[ᄀ]禪定[ㄷ]光明[乙,ᄉ]
C: 百萬億 菩薩(ᄀ) 禪波羅密乙 得ᄒ ᅲ 量 無ᄀ 禪定ㄷ 光明乙 具足(ᄊ)ᄉ
D: 百萬億 菩薩은 禪波羅密을 얻어서 한량없는 禪定의 光明을 具足하며
E: 백만억 보살은 선정[禪]바라밀을 얻어 한량없는 선정의 광명을 구족하고,

<주본화엄22, 07:04-05>
A: 百萬億菩薩得般若波羅密[41(·),43(|)]智慧[25(·)]光明[45(·)]能[24(·)]普[24(|)]照耀[52(·)]
B: 百萬億菩薩得般若波羅密[乙,ᄒ ᅲ]智慧[ㄷ]光明[ᄊ]能[支]普[ㅣ]照耀[ᄉ]
C: 百萬億 菩薩(ᄀ) 般若波羅密乙 得ᄒ ᅲ 智慧ㄷ 光明ᄊ 能支 普ㅣ 照耀(ᄊ)ᄉ
D: 百萬億 菩薩은 般若波羅密을 얻어서 智慧의 光明으로 능히 널리 비추며,
E: 백만억 보살은 반야바라밀을 얻어 지혜의 광명이 널리 비치고,

<주본화엄22, 07:05-06>
A: 百萬億菩薩成就大願[41(·),23(|)]悉[34(|)]皆[25(·)]淸淨[52(·)]
B: 百萬億菩薩成就大願[乙,ᄂ ᄒ]悉[ᄒ]皆[ㄷ]淸淨[ᄉ]
C: 百萬億 菩薩(ᄀ) 大願乙 成就ᄂ ᄒ 悉ᄒ 皆ㄷ 淸淨(ᄊ)ᄉ
D: 百萬億 菩薩은 大願을 成就하여 다 모두 淸淨하며,
E: 백만억 보살은 큰 서원을 성취하여 모두 청정하고,

<주본화엄22, 07:06-07>
A: 百萬億菩薩得智慧[25(·)?]燈[41(·),43(|)]明照法門[41(·),52(·)]
B: 百萬億菩薩得智慧[ㄷ]燈[乙,ᄒ ᅲ]明照法門[乙,ᄉ]
C: 百萬億 菩薩(ᄀ) 智慧ㄷ 燈乙 得ᄒ ᅲ 法門乙 明照(ᄊ)ᄉ
D: 百萬億 菩薩은 智慧의 燈을 얻어서 法門을 밝게 비추며,

E: 백만억 보살은 지혜의 등을 얻어 법문을 밝게 비추고,

<주본화엄22, 07:07-08>

A: 百萬億菩薩爲十方[25(·)]諸[33(·)]佛[35(·)]法光[45(·)]所照[14(|)#14(i),41(⊥)#41(··)#41(·),22(\),51(·)?]
B: 百萬億菩薩爲十方[乇]諸[ㄱ]佛[ㄴ]法光[灬]所照[ㆆ尸,x入乙,X,ㄣ]
C: 百萬億 菩薩(ㄱ) 十方乇 諸ㄱ 佛ㄴ 法光灬 照ㆆ尸 所x{爲}入乙Xㄣ
D: 百萬億 菩薩은 十方의 모든 부처의 法光으로 비추시는 바 되며,
E: 백만억 보살은 시방 부처님들의 법의 광명으로 비침이 되고,

<주본화엄22, 07:08>

A: 百萬億菩薩周徧十方[53(·),23(|)]演離癡法[41(·),52(·)]
B: 百萬億菩薩周徧十方[十,ゝ 3]演離癡法[乙,ㄣ]
C: 百萬億 菩薩(ㄱ) 十方十 周徧ゝ 3 離癡法乙 演(ゝ)ㄣ
D: 百萬億 菩薩은 十方에 周徧하여 離癡法을 연설하며,
E: 백만억 보살은 시방에 두루하여 어리석음을 여의는 법을 연설하였다.

<주본화엄22, 07:08-09>

A: 百萬億菩薩普[24(|)]入一切諸[33(·)]佛[35(·)]刹土[53(·),52(·)]
B: 百萬億菩薩普[ㅣ]入一切諸[ㄱ]佛[ㄴ]刹土[十,ㄣ]
C: 百萬億 菩薩(ㄱ) 普ㅣ 一切 諸ㄱ 佛ㄴ 刹土十 入(ゝ)ㄣ
D: 百萬億 菩薩은 널리 一切 모든 부처의 刹土에 들어가며,
E: 백만억 보살은 일체 부처님의 세계에 널리 들어가고,

<주본화엄22, 07:09-10>

A: 百萬億菩薩法身[45(·)]隨[24(\)]到一切佛國[53(·),51(·)]
B: 百萬億菩薩法身[灬]隨[ㅁ]到一切佛國[十,ㄣ]
C: 百萬億 菩薩(ㄱ) 法身灬 隨ㅁ 一切 佛國十 到ㄣ
D: 百萬億 菩薩은 法身으로 따라 一切 佛國에 이르며,

E: 백만억 보살은 법신으로 모든 부처님 국토에 이르고,

<주본화엄22, 07:10-11>

A: 百萬億菩薩得佛音聲[41(·),43(|)]能[24(·)]廣[24(|)]開悟[52(·)]
B: 百萬億菩薩得佛音聲[乙,ろ於]能[支]廣[丨]開悟[分]
C: 百萬億 菩薩(T) 佛 音聲乙 得ろ於 能支 廣丨 開悟(ㅆ)分
D: 百萬億 菩薩은 부처의 음성을 얻어서 능히 널리 깨우치며,
E: 백만억 보살은 부처님의 음성을 얻어 널리 깨우치고,

<주본화엄22, 07:11>

A: 百萬億菩薩得出生一切智[41(·),25(|)]方便[41(·),51(·)]
B: 百萬億菩薩得出生一切智[乙,ㅅヒ]方便[乙,分]
C: 百萬億 菩薩(T) 一切 智乙 出生(ㅆ)ㅅヒ 方便乙 得分
D: 百萬億 菩薩은 一切 智를 내는 方便을 얻으며,
E: 백만억 보살은 온갖 지혜를 내는 방편을 얻고,

<주본화엄22, 07:11-12>

A: 百萬億菩薩得[43(|)]成就一切法門[41(·),52(·)]
B: 百萬億菩薩得[ろ於]成就一切法門[乙,分]
C: 百萬億 菩薩(T) 得ろ於 一切 法門乙 成就(ㅆ)分
D: 百萬億 菩薩은 능히 一切 法門을 成就하며,
E: 백만억 보살은 일체 법문을 성취하였고,

<주본화엄22, 07:12-13>

A: 百萬億菩薩成就法智[41(·),13(:)]猶[15(·)]如寶幢[24(·),43(|)]能[24(·)]普[24(|)]顯示一切佛法[41(·),52(·)?]
B: 百萬億菩薩成就法智[乙,xム]猶[入ㄱ]如寶幢[支,ろ於]能[支]普[丨]顯示一切佛法[乙,分]
C: 百萬億 菩薩(T) 法智乙 成就xム 猶入ㄱ 寶幢 如支(ㅆ)ろ於 能支 普丨 一切 佛法乙 顯示(ㅆ)分

236　第二部　判讀과 解讀 및 翻譯

D: 百萬億 菩薩은 法智를 성취하되 비유컨대 寶幢같이 하여서[37] 능히 널리 一切 佛法을 顯示하며,

E: 백만억 보살은 법 지혜를 성취하여 보배 당기처럼 일체 불법을 널리 나타내고,

<주본화엄22, 07:13-14>

A: 百{45(·)}萬億菩薩能[24(·)]悉[34(|)]示現如來[44(·)?]境界[41(·),52(·)]

B: 百萬億菩薩能[㔾]悉[3]示現如來[尸]境界[乙,か]

C: 百萬億 菩薩(ㄱ) 能㔾 悉3 如來尸 境界乙 示現(ㆍ)か

D: 百萬億 菩薩은 능히 다 如來의 境界를 示現하며,

E: 백만억 보살은 여래의 경계를 모두 나타내어 보였다.

<주본화엄22, 07:14-15>

A: 百萬億諸[33(·)]天王[33(·)]恭敬禮拜[52(·)]

B: 百萬億諸[ㄱ]天王[ㄱ]恭敬禮拜[か]

C: 百萬億 諸ㄱ 天王ㄱ 恭敬 禮拜(ㆍ)か

D: 百萬億 모든 天王은 恭敬 禮拜하며,

E: 백만억 천왕들은 공경하여 예배하고,

<주본화엄22, 07:15>

A: 百萬億龍王[33(·)]諦[24(|)]觀[13(:)]無厭[44(·),51(·)]

B: 百萬億龍王[ㄱ]諦[刂]觀[xム]無厭[尸,か]

C: 百萬億 龍王ㄱ 諦刂 觀xム 厭尸 無か

D: 百萬億 龍王은 자세히 보되 싫증냄이 없으며,

E: 백만억 용왕들은 자세히 보기를 싫어함이 없고,

<주본화엄22, 07:15-16>

A: 百萬億夜叉王[33(·)?]頂上[53(·)]合掌[52(·)]

---

37) '寶幢 같아서'로 해석할 수도 있다.

B: 百萬億夜叉王[ㄱ]頂上[十]合掌[ㄞ]
C: 百萬億 夜叉王ㄱ 頂上十 合掌(ㅄ)ㄞ
D: 百萬億 夜叉王은 정수리 위에 合掌하며,
E: 백만억 야차왕은 정수리 위에 합장하고,

<주본화엄22, 07:16>

A: 百萬億乾闥婆王[33(·)]起淨信心[41(·),52(·)]
B: 百萬億乾闥婆王[ㄱ]起淨信心[乙,ㄞ]
C: 百萬億 乾闥婆王ㄱ 淨信心乙 起(ㅄ)ㄞ
D: 百萬億 乾闥婆王은 淨信心을 일으키며,
E: 백만억 건달바왕은 청정하게 믿는 마음을 일으키고,

<주본화엄22, 07:16-17>

A: 百萬億阿脩羅王斷{12(·)}憍慢[25(·)]意[41(·),52(·)]
B: 百萬億阿脩羅王斷憍慢[七]意[乙,ㄞ]
C: 百萬億 阿脩羅王(ㄱ) 憍慢七 意乙 斷(ㅄ)ㄞ
D: 百萬億 阿脩羅王은 憍慢의 意를 끊으며,
E: 백만억 아수라왕은 교만한 마음을 끊고,

<주본화엄22, 07:17-18>

A: 百萬億迦樓羅王口銜繒帶[41(·),52(·)]
B: 百萬億迦樓羅王口銜繒帶[乙,ㄞ]
C: 百萬億 迦樓羅王(ㄱ) 口(十) 繒帶乙 銜(ㅄ)ㄞ[38]
D: 百萬億 迦樓羅王은 입에 繒帶를 銜하며,
E: 백만억 가루라왕은 입에 비단 끈을 물었고,

---

38) '繒帶乙 口銜(ㅄ)ㄞ'로 볼 수도 있다.

<주본화엄22, 07:18>
A: 百萬億緊那羅王歡喜踊躍[52(·)]{45(·)?}
B: 百萬億緊那羅王歡喜踊躍[㋷]
C: 百萬億 緊那羅王(ㄱ) 歡喜 踊躍(ㅆ)㋷
D: 百萬億 緊那羅王은 歡喜 踊躍하며,
E: 백만억 긴나라왕은 기뻐 날뛰고,

<주본화엄22, 07:18-19>
A: 百萬億摩睺羅伽王歡喜瞻仰[52(·)]
B: 百萬億摩睺羅伽王歡喜瞻仰[㋷]
C: 百萬億 摩睺羅伽王(ㄱ) 歡喜 瞻仰(ㅆ)㋷
D: 百萬億 摩睺羅伽王은 歡喜 瞻仰하며,
E: 백만억 마후라가왕은 환희하여 우러러보고,

<주본화엄22, 07:19-20>
A: 百萬億世主[33(·)]稽首作禮[52(·)]
B: 百萬億世主[ㄱ]稽首作禮[㋷]
C: 百萬億 世主ㄱ 稽首 作禮(ㅆ)㋷
D: 百萬億 世主는 稽首 作禮하며,
E: 백만억 세상 맡은 이들은 머리를 조아려 예배하고,

<주본화엄22, 07:20>
A: 百萬億忉利天王瞻仰[13(:)]不瞬[44(·),24(·),52(·)]
B: 百萬億忉利天王瞻仰[xㅿ]不瞬[尸,冬,㋷]
C: 百萬億 忉利天王(ㄱ) 瞻仰xㅿ 瞬尸 不冬(ㅆ)㋷
D: 百萬億 忉利天王은 瞻仰하되 눈을 깜박이지 않으며,
E: 백만억 도리천왕은 우러러보면서 눈을 깜짝이지 않고,

<주본화엄22, 07:20-21>
A: 百萬億夜摩天王[33(·)]歡喜讚歎[52(·)]
B: 百萬億夜摩天王[ㄱ]歡喜讚歎[〻]
C: 百萬億 夜摩天王ㄱ 歡喜 讚歎(ﾞ)〻
D: 百萬億 夜摩天王은 歡喜 讚歎하며,
E: 백만억 야마천왕은 환희하여 찬탄하고,

<주본화엄22, 07:21>
A: 百萬{11(·)}億兜率天王布身作禮[52(·)]
B: 百萬億兜率天王布身作禮[〻]
C: 百萬億 兜率天王(ㄱ) 布身 作禮(ﾞ)〻
D: 百萬億 兜率天王은 布身 作禮하며,
E: 백만억 도솔천왕은 몸을 엎으려 절하고,

<주본화엄22, 07:22>
A: 百萬億化樂{23(/)}天王頭頂[45(·)]禮敬[52(·)]
B: 百萬億化樂天王頭頂[ㅅ]禮敬[〻]
C: 百萬億 化樂天王(ㄱ) 頭頂ㅅ 禮敬(ﾞ)〻
D: 百萬億 化樂天王은 頭頂으로 禮敬하며,
E: 백만억 화락천왕은 머리를 조아려 예경하고,

<주본화엄22, 07:22-23>
A: 百萬億他化天王[33(·)]恭敬合掌[52(·)]
B: 百萬億他化天王[ㄱ]恭敬合掌[〻]
C: 百萬億 他化天王ㄱ 恭敬 合掌(ﾞ)〻
D: 百萬億 他化天王은 恭敬 合掌하며,
E: 백만억 타화자재천왕은 공경하며 합장하고,

<주본화엄22, 07:23>
A: 百萬億梵天王一心[45(·)]觀察[52(·)]
B: 百萬億梵天王一心[灬]觀察[氵]
C: 百萬億 梵天王(ㄱ) 一心灬 觀察(丷)氵
D: 百萬億 梵天王은 一心으로 觀察하며,
E: 백만억 범천왕은 일심으로 관찰하고,

<주본화엄22, 07:23-24>
A: 百萬億摩醯首羅天王恭敬供養[52(·)?]
B: 百萬億摩醯首羅天王恭敬供養[氵]
C: 百萬億 摩醯首羅天王(ㄱ) 恭敬 供養(丷)氵
D: 百萬億 摩醯首羅天王은 恭敬 供養하며,
E: 백만억 마혜수라천왕은 공경하여 공양하고,

<주본화엄22, 07:24-08:01>
A: 百萬億菩薩發聲[41(·),43(丨)]讚歎[52(·)]
B: 百萬億菩薩發聲[乙, ㅣ 尒]讚歎[氵]
C: 百萬億 菩薩(ㄱ) 聲乙 發(丷)ㅣ尒 讚歎(丷)氵
D: 百萬億 菩薩은 소리를 發하여서 讚歎하며,
E: 백만억 보살은 소리 내어 찬탄하였다.

<주본화엄22, 08:01>
A: 百萬億天女[33(·)]專[12(:)]心[45(·)]供養[52(·)]
B: 百萬億天女[ㄱ]專[丷ㄱ]心[灬]供養[氵]
C: 百萬億 天女ㄱ 專丷ㄱ 心灬 供養(丷)氵
D: 百萬億 天女는 전일한 마음으로 供養하며,
E: 백만억 천녀는 전심으로 공양하고,

<주본화엄22, 08:01-02>
A: 百萬億同{13(-)}願天[33(·)]{34(·)}踊躍歡喜[52(·)]
B: 百萬億同願天[ㄱ]踊躍歡喜[氵]
C: 百萬億 同願天ㄱ 踊躍 歡喜(丶)氵
D: 百萬億 同願天은 踊躍 歡喜하며,
E: 백만억 소원이 같은 하늘들은 뛰놀며 기뻐하고,

<주본화엄22, 08:02>
A: 百萬億徃昔[53(·)]#53(..)]同住[25(-)]天[33(·)]妙聲[45(·)]俴讚[52(·)?]
B: 百萬億徃昔[十]同住[xヒ]天[ㄱ]妙聲[灬]俴讚[氵]
C: 百萬億 徃昔十 同住xヒ 天ㄱ 妙聲灬 俴讚(丶)氵
D: 百萬億 옛날에 同住하던 天은 妙聲으로 칭찬하며,
E: 백만억 옛적에 함께 있던 하늘은 묘한 소리로 칭찬하고,

<주본화엄22, 08:03>
A: 百萬億梵身天[33(·)]布身敬禮[52(·)]
B: 百萬億梵身天[ㄱ]布身敬禮[氵]
C: 百萬億 梵身天ㄱ 布身 敬禮(丶)氵
D: 百萬億 梵身天은 布身 敬禮하며,
E: 백만억 범신천(梵身天)은 몸을 엎드려 경례하고,

<주본화엄22, 08:03-04>
A: 百萬億梵輔天[33(·)]合掌於頂[53(·),52(·)]
B: 百萬億梵輔天[ㄱ]合掌於頂[十,氵]
C: 百萬億 梵輔天ㄱ {於}頂十 合掌(丶)氵
D: 百萬億 梵輔天은 정수리에 합장하며,
E: 백만억 범보천은 정수리에 합장하고,

<주본화엄22, 08:04>

A: 百萬億梵衆天圍遶侍衛[52(·)]

B: 百萬億梵衆天圍遶侍衛[彡]

C: 百萬億 梵衆天(ㄱ) 圍遶 侍衛(ヽ)彡

D: 百萬億 梵衆天은 둘러서서 侍衛하며,

E: 백만억 범중천은 둘러서서 시위하고,

<주본화엄22, 08:04-05>

A: 百萬億大梵天讚歎偁揚無量[33(·)]功{43(\)}德[41(·),52(·)]

B: 百萬億大梵天讚歎偁揚無量[ㄱ]功德[乙,彡]

C: 百萬億 大梵天(ㄱ) 量 無ㄱ 功德乙 讚歎 偁揚(ヽ)彡

D: 百萬億 大梵天은 한량없는 功德을 讚歎 偁揚하며,

E: 백만억 대범천은 무량 공덕을 일컬어 찬탄하고,

<주본화엄22, 08:05-06>

A: 百萬億光天五體[41(·)]投地[53(·)#53(|),52(·)]

B: 百萬億光天五體[乙]投地[十,彡]

C: 百萬億 光天(ㄱ) 五體乙 地十 投(ヽ)彡

D: 百萬億 光天은 五體를 땅에 던지며,

E: 백만억 광천은 五體를 엎드리고,

<주본화엄22, 08:06>

A: 百萬億少光天[33(·)]宣³⁹⁾揚讚歎佛世[24(|)?]難値[34(-)?,31(|·)?,41(-)#41(:),52(·)]⁴⁰⁾

B: 百萬億少光天[ㄱ]宣揚讚歎佛世[ㅣ]難値[白,X,xㅅ乙,彡]

C: 百萬億 少光天ㄱ 佛世ㅣ 難(氵)値白Xxㅅ乙 宣揚 讚歎(ヽ)彡

D: 百萬億 少光天은 부처 세상이 어렵게야 만날 수 있는 것을 宣揚 讚歎하며,

---

39) '宣'字의 우측 하단에 각필로 그린 듯한 마름모꼴이 보인다.
40) '34(-)?,31(|·)?'는 사진 상으로는 분명히 확인되지 않으며 <주본화엄22, 08:07-08>에 나타나는 동일한 구문을 바탕으로 해서 점토가 존재하는 것으로 보았다.

E: 백만억 소광천은 부처님 세상을 만나기 어렵다 찬탄하고,

<주본화엄22, 08:06-07>
A: 百萬億無量光天遙[34(|)]向佛[41(·),23(|)]禮[52(·)]
B: 百萬億無量光天遙[ㅎ]向佛[乙,ᄂㅎ]禮[分]
C: 百萬億 無量光天(ㄱ) 遙ㅎ 佛乙 向ᄂㅎ 禮(ᄂ)分
D: 百萬億 無量光天은 멀리 부처를 向하여 禮하며,
E: 백만억 무량광천은 멀리 부처님을 향하여 예배하고,

<주본화엄22, 08:07-08>
A: 百萬億光音天讚歎如來[24(|)]甚[24(|)]難[43(·)]得[43(|)]見[34(-),31(|·),41(-),52(·)]
B: 百萬億光音天讚歎如來[ㅣ]甚[ㅣ]難[ㅎ]得[ㅎ斤]見[白,X,xㅅ乙,分]
C: 百萬億 光音天(ㄱ) 如來ㅣ 甚ㅣ 難ㅎ 得ㅎ斤 見白Xxㅅ乙 讚歎(ᄂ)分
D: 百萬億 光音天은 如來가 甚히 어렵게야 뵈올 수 있는 것을 讚歎하며,
E: 백만억 광음천은 여래를 뵈옵기 어렵다 찬탄하고,

<주본화엄22, 08:08-09>
A: 百萬億淨天[33(·)?]與宮殿[41(·),25(·)]俱[25(·),23(|)]而[45(·)]來[43(|)]詣此[13(·),51(·)]
B: 百萬億淨天[ㄱ]與宮殿[乙,ㅌ]俱[ㅌ,ᄂㅎ]而[ᄉ]來[ㅎ斤]詣此[ㅿ,分]
C: 百萬億 淨天ㄱ 宮殿乙 與ㅌ 俱ㅌᄂㅎ 而ᄉ 來(ᄂ)ㅎ斤 此ㅿ⁴¹⁾ 詣分⁴²⁾
D: 百萬億 淨天은 宮殿과 더불어 함께 하여 와서 여기에 이르며,
E: 백만억 정천(淨天)은 궁전과 함께 여기 오고,

---

41) 다음 예문을 참조할 수 있다.
  大王ㆆ 名稱乙 周ㅌ 十方ㅎㅏ 聞ㅣロハㅎㄱ {我}又{等}ㅣᄂㄱㄱ 風乙 欽ナロㅌᄂㄕㅅ 故去 來ᄂㅎㅎ斤 {此}ㅣㅿ 至去ロㅌᄂㅣ 吾又 曹ㄱ 今ᄂㄱ{者} 各ㅎ斤 求ᄂᄕ 所乙 {有}ㅅロㅌᄂㄱㅣ四 願ロㅅㄱ 普ㅣ 慈乙 垂ㅣㅎ下ハ 得ㅎ斤 滿足 令ㅣロハㅎ효ᄂㅎ <화소35, 12:10-13>
42) 다음 예문을 참조할 수 있다.
  貪窮ᄂㅌㅌ{之} 人ᄂ 來ᄂㅎㅎ斤 其 前ㅎㅏ 詣ㅎ 而ᄉ {是}ㅣ 言乙 作ᄂナᄕᄀ <화소35, 12:09-10>
  大小師ㆆナ 詣去ㄱㅣナㄱ <화엄14, 03:08>

<주본화엄22, 08:09>

A: 百萬億少淨天以淸淨心[41(·),34(|)]稽首作禮[52(·)]

B: 百萬億少淨天以淸淨心[乙,ぅ]稽首作禮[ぅ]

C: 百萬億 少淨天(ㄱ) 淸淨心乙 以ぅ 稽首 作禮(ᄼ)ぅ

D: 百萬億 少淨天은 淸淨心으로써 머리 숙여 作禮하며,

E: 백만억 소정천은 청정한 마음으로 머리 숙여 예배하고,

<주본화엄22, 08:10>

A: 百萬億無量淨天願[15(·)]欲見佛[41(·),34(-),32(-)]投身[41(·),23(|)]而[45(·)]下[=52(·)]

B: 百萬億無量淨天願[入ㄱ]欲見佛[乙,白,人]投身[乙,ᄼ,ぅ]而[灬]下[ぅ]

C: 百萬億 無量淨天(ㄱ) 願入ㄱ 佛乙 見白{欲}人 身乙 投ᄼぅ 而灬 下(ᄼ)ぅ

D: 百萬億 無量淨天은 원컨대 부처를 뵙고자 몸을 던져서 내려오며,

E: 백만억 무량 정천은 부처님을 뵈옵고자 몸을 던져 내려오고,

<주본화엄22, 08:10-11>

A: 百萬億徧淨天恭敬尊重[23(|)]親近供養[52(·)]

B: 百萬億徧淨天恭敬尊重[ᄼぅ]親近供養[ぅ]

C: 百萬億 徧淨天(ㄱ) 恭敬 尊重ᄼぅ 親近 供養(ᄼ)ぅ

D: 百萬億 徧淨天은 恭敬 尊重하여 親近 供養하며,

E: 백만억 변정천은 공경하고 존중하며 친근하여 공양하였다.

<주본화엄22, 08:11-12>

A: 百萬億廣天念昔[25(·)]善根[41(·),52(·)]

B: 百萬億廣天念昔[ㄷ]善根[乙,ぅ]

C: 百萬億 廣天(ㄱ) 昔ㄷ 善根乙 念(ᄼ)ぅ

D: 百萬億 廣天은 옛 善根을 念하며,

E: 백만억 광천(廣天)은 옛적의 선근을 생각하고,

<주본화엄22, 08:12-13>
A: 百萬億{35(·)}少廣天於如來[44(·)]所[53(·)]生希有想[41(·),51(/·)]
B: 百萬億少廣天於如來[尸]所[十]生希有想[乙,ㅣ㇛]
C: 百萬億 少廣天(ㄱ) {於}如來尸 所十 希有想乙 生ㅣ㇛
D: 百萬億 少廣天은 如來가 있는 곳에 希有想을 내며,
E: 백만억 소광천은 여래에게 유희한[43] 생각을 내고,

<주본화엄22, 08:13>
A: 百萬億無量廣天決定尊重[23(|)]生{44(-)}諸[33(·)?]善業[41(·),52(·)]
B: 百萬億無量廣天決定尊重[ン氵]生諸[ㄱ]善業[乙,㇛]
C: 百萬億 無量廣天(ㄱ) 決定 尊重ン氵 諸ㄱ 善業乙 生(ン)㇛[44]
D: 百萬億 無量廣天은 決定 尊重하여 모든 善業을 내며,
E: 백만억 무량광천은 결정코 존중하여 선한 업을 짓고,

<주본화엄22, 08:13-14>
A: 百萬億廣果天曲躬恭敬[52(·)]
B: 百萬億廣果天曲躬恭敬[㇛]
C: 百萬億 廣果天(ㄱ) 曲躬 恭敬(ン)㇛
D: 百萬億 廣果天은 몸을 굽혀 恭敬하며,
E: 백만억 광과천은 허리 굽혀 공경하고,

<주본화엄22, 08:14-15>
A: 百萬億無煩天信根堅固[23(|)]恭敬禮拜[52(·)]
B: 百萬億無煩天信根堅固[ン氵]恭敬禮拜[㇛]

---

43) '유희한'은 전자불전의 오류인지 확인할 필요가 있다.
44) '生'은 'ン' 없이 'ㅣ'를 취해 타동사로 사용될 수도 있고, 아래 용례처럼 'ン'를 취해 타동사로 사용될 수도 있다.
  當 願 衆生 永ㅗ 貪愛乙 離支口ハ 憂怖乙 生ンア 不ンヒ효 <화엄14, 05:22>
  當 願 衆生 {於}佛ㅣ 菩薩尸十 常ㅣ 淨信乙 生ンヒ효 <화엄14, 06:08>

C: 百萬億 無煩天(ㄱ) 信根 堅固ㅅ 3 恭敬 禮拜(ㅅ)ㅑ
D: 百萬億 無煩天은 信根이 견고하여 恭敬 禮拜하며,
E: 백만억 무번천은 믿음이 견고하여 공경 예배하고,

<주본화엄22, 08:15-16>

A: 百萬億無熱天合掌[43(|)]念佛[41(·),13(:)]情[53(·)]無厭足[44(·),51(·)]
B: 百萬億無熱天合掌[3 ㅕ]念佛[乙,xㅿ]情[十]無厭足[尸,ㅑ]
C: 百萬億 無熱天(ㄱ) 合掌(ㅅ) 3 ㅕ 佛乙 念xㅿ 情十 厭足尸 無ㅑ
D: 百萬億 無熱天은 合掌하여서 부처를 念하되 마음에 싫증냄이 없으며,
E: 백만억 무열천은 합장하고 염불하며 만족한 줄 모르고,

<주본화엄22, 08:16>

A: 百萬億善見天頭面[45(·)]作禮[52(·)]
B: 百萬億善見天頭面[灬]作禮[ㅑ]
C: 百萬億 善見天(ㄱ) 頭面灬 作禮(ㅅ)ㅑ
D: 百萬億 善見天은 頭面으로 作禮하며
E: 백만억 선견천은 머리 조아려 예배하고,

<주본화엄22, 08:16-17>

A: 百{32(·)}萬億善現天念{41(·)}供養佛[41(·),41(·|),13(:)]心[53(·)]無懈歇[44(·),51(·)]
B: 百萬億善現天念供養佛[乙,ㄲ尸入乙,xㅿ]心[十]無懈歇[尸,ㅑ]
C: 百萬億 善現天(ㄱ) 佛乙 供養ノ尸入乙 念xㅿ 心十 懈歇尸 無ㅑ
D: 百萬億 善現天은 부처를 供養하는 것을 念하되 마음에 게으름 피움이 없으며,
E: 백만억 선현천은 부처님께 공양함을 생각하는 마음이 게으르지 않고,

<주본화엄22, 08:17-18>

A: 百萬億阿迦尼吒天恭敬頂禮
B: 百萬億阿迦尼吒天恭敬頂禮
C: 百萬億 阿迦尼吒天(ㄱ) 恭敬 頂禮(ㅅ)ㅑ

D: 百萬億 阿迦尼吒天은 恭敬 頂禮하며,
E: 백만억 아가니타천은 공경하여 정례하고,

<주본화엄22, 08:18-19>[45]
A: 百萬億種種天皆[25(·)]大[24(|)]歡喜[23(|)]發聲[41(·),43(|)]讚歎[52(·)]
B: 百萬億種種天皆[ヒ]大[刂]歡喜[ソゝ]發聲[乙,ゝ亦]讚歎[彡]
C: 百萬億 種種 天(ㄱ) 皆ヒ 大刂 歡喜ソゝ 聲乙 發(ヽ)ゝ亦 讚歎(ヽ)彡
D: 百萬億 갖가지 天은 모두 크게 歡喜하여 소리를 내어서 讚歎하며,
E: 백만억 가지가지 하늘은 크게 환희하여 소리 높여 찬탄하고,

<주본화엄22, 08:19>
A: 百萬億諸[33(·)?]天[33(·)]各[43(|)]善[24(·)]思惟[41(·|)]而[45(·)]爲莊嚴[43(·),51(·)]
B: 百萬億諸[ㄱ]天[ㄱ]各[ゝ亦]善[攴]思惟[ノア入乙]而[灬]爲莊嚴[彡,彡]
C: 百萬億 諸ㄱ 天ㄱ 各ゝ亦 善攴 思惟ノア入乙 而灬 莊嚴 {爲}彡彡
D: 百萬億 모든 天은 각각 잘 思惟하는 것을 莊嚴으로 삼으며,
E: 백만억 모든 하늘은 각각 잘 생각하여 장엄하였다.

<주본화엄08:19-20>
A: 百萬億菩薩天[33(·)]護持佛座[41(·),13(:)]莊嚴{24(\)?}不絶[44(·),52(·)]
B: 百萬億菩薩天[ㄱ]護持佛座[乙,x厶]莊嚴不絶[尸,彡]
C: 百萬億 菩薩天ㄱ 佛座乙 護持x厶 莊嚴 絶尸 不(ヽ)彡
D: 百萬億 菩薩天은 부처 자리를 護持하되 莊嚴이 그치지 않으며,
E: 백만억 보살 하늘은 부처님 자리를 호위하여 장엄 하기 끊이지 않고,

<주본화엄22, 08:20-21>
A: 百萬億華手菩薩[33(·)]雨一切華[41(·),51(/)]
B: 百萬億華手菩薩[ㄱ]雨一切華[乙,刂彡]

---

45) 19행 欄上에 紺色 不審紙가 붙어 있다.

C: 百萬億 華手菩薩ㄱ 一切 華乙 雨リゕ

D: 百萬億 華手菩薩은 一切 꽃을 내리며,

E: 백만억 화수(華手) 보살은 온갖 꽃을 내리고,

<주본화엄22, 08:21>

A: 百萬億香手菩薩雨一切香

B: 百萬億香手菩薩雨一切香

C: 百萬億 香手菩薩(ㄱ) 一切 香(乙) 雨(リゕ)

D: 百萬億 香手菩薩은 一切 香을 내리며,

E: 백만억 향수(香手) 보살은 온갖 향을 내리고,

<주본화엄22, 08:22>

A: 百萬億鬘[46]手菩薩雨一切鬘

B: 百萬億鬘手菩薩雨一切鬘

C: 百萬億 鬘手菩薩(ㄱ) 一切 鬘(乙) 雨(リゕ)

D: 百萬億 鬘手菩薩은 一切 鬘을 내리며,

E: 백만억 만수(鬘手)보살은 온갖 화만을 내리고,

<주본화엄22, 08:22-23>

A: 百萬億末香手菩薩雨一切末香

B: 百萬億末香手菩薩雨一切末香

C: 百萬億 末香手菩薩(ㄱ) 一切 末香(乙) 雨(リゕ)

D: 百萬億 末香手菩薩은 一切 末香을 내리며,

E: 백만억 말향수(末香手)보살은 온갖 가루향을 내리고,

---

46) '鬘'字는 본문에서는 '髟'字의 '長'字 부분이 왼편에 위치해서 '鬘'字의 좌부변처럼 보이는 이체자로 적혀 있다.

<주본화엄22, 08:23-24>

A: 百萬億塗香手菩薩雨一切塗香

B: 百萬億塗香手菩薩雨一切塗香

C: 百萬億 塗香手菩薩(ㄱ) 一切 塗香(乙) 雨(ㅣ亽)

D: 百萬億 塗香手菩薩은 一切 塗香을 내리며,

E: 백만억 도향수(塗香手)보살은 온갖 가루향[47]을 내리고,

<주본화엄22, 08:24>

A: 百萬億衣手菩薩雨一切衣

B: 百萬億衣手菩薩雨一切衣

C: 百萬億 衣手菩薩(ㄱ) 一切 衣(乙) 雨(ㅣ亽)

D: 百萬億 衣手菩薩은 一切 衣를 내리며,

E: 백만억 의수(衣手)보살은 온갖 옷을 내리고,

<주본화엄22, 08:24-09:01>

A: 百萬億蓋手菩薩雨一切蓋

B: 百萬億蓋手菩薩雨一切蓋

C: 百萬億 蓋手菩薩(ㄱ) 一切 蓋(乙) 雨(ㅣ亽)

D: 百萬億 蓋手菩薩은 一切 蓋를 내리며,

E: 백만억 개수(蓋手)보살은 온갖 일산을 내리고,

<주본화엄22, 09:01-02>

A: 百萬億幢手菩薩雨一切幢

B: 百萬億幢手菩薩雨一切幢

C: 百萬億 幢手菩薩(ㄱ) 一切 幢(乙) 雨(ㅣ亽)

D: 百萬億 幢手菩薩은 一切 幢을 내리며,

E: 백만억 당수(幢手)보살은 온갖 당기를 내리고,

---

47) '가루향'은 전자불전의 오류일 수 있다.

250 第二部 判讀과 解讀 및 翻譯

<주본화엄22, 09:02>

A: 百萬億幡手菩薩雨一切幡
B: 百萬億幡手菩薩雨一切幡
C: 百萬億 幡手菩薩(ᄀ) 一切 幡(乙) 雨(ㅣ〻)
D: 百萬億 幡手菩薩은 一切 幡을 내리며,
E: 백만억 번수(幡手)보살은 온갖 깃발을 내리고,

<주본화엄22, 09:02-03>

A: 百萬億寶手菩薩雨一切寶
B: 百萬億寶手菩薩雨一切寶
C: 百萬億 寶手菩薩(ᄀ) 一切 寶(乙) 雨(ㅣ〻)
D: 百萬億 寶手菩薩은 一切 보배를 내리며,
E: 백만억 보수(寶手)보살은 온갖 보배를 내리고,

<주본화엄22, 09:03-04>

A: 百萬億莊嚴手菩薩雨一切莊嚴具
B: 百萬億莊嚴手菩薩雨一切莊嚴具
C: 百萬億 莊嚴手菩薩(ᄀ) 一切 莊嚴具(乙) 雨(ㅣ〻)
D: 百萬億 莊嚴手菩薩은 一切 莊嚴具를 내리며,
E: 백만억 장엄수(莊嚴手)보살은 온갖 장엄거리를 비 내리었다.

<주본화엄22, 09:04-05>

A: 百萬億諸[33(·)]天子[33(·)]從天宮[41(·),25(·)]出[23(ㅣ)]至於座所[53(·),51(·)]
B: 百萬億諸[ᄀ]天子[ᄀ]從天宮[乙,七]出[〻ㆁ]至於座所[十,〻]
C: 百萬億 諸ᄀ 天子ᄀ 天宮乙 從七 出〻ㆁ {於}座所十 至〻
D: 百萬億 모든 天子는 天宮으로부터 나와 座所에 이르며,
E: 백만억 모든 천자는 천궁에서 나와 사자좌 있는 데 이르고

<주본화엄22, 09:05>

A: 百萬億諸[33(·)]天子[33(·)]以淨信心[41(·),34(|)]幷宮殿[41(·),45(·)]俱[52(·)]

B: 百萬億諸[ㄱ]天子[ㄱ]以淨信心[乙,ろ]幷宮殿[乙,灬]俱[尒]

C: 百萬億 諸ㄱ 天子ㄱ 淨信心乙 以ろ 宮殿乙 幷灬 俱(ㅅノ)尒

D: 百萬億 모든 天子는 淨信心으로써 궁전과 더불어 함께 하며,

E: 백만억 여러 천자는 청정한 신심으로 궁전과 함께 왔고

<주본화엄22, 09:05-06>

A: 百萬億生貴[25(·)]天子[33(·)]以身[41(·),34(|)]持座[41(·),52(·)]

B: 百萬億生貴[ㄴ]天子[ㄱ]以身[乙,ろ]持座[乙,尒]

C: 百萬億 生貴ㄴ 天子ㄱ 身乙 以ろ 座乙 持(ㅅノ)尒

D: 百萬億 生貴 天子는 몸으로써 座를 지니며,

E: 백만억 생귀(生貴) 천자는 몸으로 사자좌를 지니고

<주본화엄22, 09:06-07>

A: 百萬億灌頂[25(·)]天子[33(·)]擧身[41(·),34(|)]持座[41(·),52(·)]

B: 百萬億灌頂[ㄴ]天子[ㄱ]擧身[乙,ろ]持座[乙,尒]

C: 百萬億 灌頂ㄴ 天子ㄱ 身乙 擧(ㅅノ)ろ 座乙 持(ㅅノ)尒

D: 百萬億 灌頂 天子는 몸을 들어 座를 지니며,

E: 백만억 관정(灌頂) 천자는 몸을 들어 사자좌를 지니었다.

<주본화엄22, 09:07>

A: 百萬億思惟菩薩[33(·)]恭敬思惟

B: 百萬億思惟菩薩[ㄱ]恭敬思惟

C: 百萬億 思惟 菩薩ㄱ 恭敬 思惟(ㅅノ尒)

D: 百萬億 思惟 菩薩은 恭敬 思惟하며,

E: 백만억 사유(思惟) 보살은 공경하여 생각하고

<주본화엄22, 09:07-08>

A: 百萬億生貴菩薩[48]發淸淨心[41(·)]

B: 百萬億生貴菩薩發淸淨心[ㄱ]

C: 百萬億 生貴 菩薩(ㄱ) 淸淨心乙 發(ンか)

D: 百萬億 生貴 菩薩은 淸淨心을 發하며,

E: 백만억 생귀(生貴) 보살은 청정한 마음을 내고

<주본화엄22, 09:08>

A: 百萬億菩{23(·)}薩[33(·)]諸[33(·)]根悅樂

B: 百萬億菩薩[ㄱ]諸[ㄱ]根悅樂

C: 百萬億 菩薩ㄱ 諸ㄱ 根 悅樂(ンか)

D: 百萬億 菩薩은 모든 根이 悅樂하며,

E: 백만억 보살은 여러 근(根)이 기쁘고

<주본화엄22, 09:09>

A: 百萬億菩薩深心淸淨

B: 百萬億菩薩深心淸淨

C: 百萬億 菩薩(ㄱ) 深心 淸淨(ンか)

D: 百萬億 菩薩은 深心이 淸淨하며,

E: 백만억 보살은 깊은 마음이 청정하고

<주본화엄22, 09:09-10>

A: 百萬億菩薩信解淸淨

B: 百萬億菩薩信解淸淨

C: 百萬億 菩薩(ㄱ) 信解 淸淨(ンか)

D: 百萬億 菩薩은 信解가 淸淨하며,

E: 백만억 보살은 믿고 이해함이 청정하고

---

48) 55 위치에 물결 모양의 각필선이 보인다.

周本『華嚴經』卷第二十二   253

<주본화엄22, 09:10>

A: 百萬億菩薩諸業淸淨

B: 百萬億菩薩諸業淸淨

C: 百萬億 菩薩(ㄱ) 諸(ㄱ) 業 淸淨(ゝ彳)

D: 百萬億 菩薩은 모든 業이 淸淨하며,

E: 백만억 보살은 모든 업이 청정하고

<주본화엄22, 09:10-11>

A: 百萬億菩薩受生自在

B: 百萬億菩薩受生自在

C: 百萬億 菩薩(ㄱ) 受生 自在(ゝ彳)

D: 百萬億 菩薩은 受生이 自在하며,

E: 백만억 보살은 태어남이 자재하고

<주본화엄22, 09:11>

A: 百萬億菩薩法光[45(·)]照耀[52(·)]

B: 百萬億菩薩法光[灬]照耀[彳]

C: 百萬億 菩薩(ㄱ) 法光灬 照耀(ゝ彳)

D: 百萬億 菩薩은 法光으로 照耀하며,

E: 백만억 보살은 법의 광명이 환히 비치고

<주본화엄22, 09:11-12>

A: 百萬億菩薩成就於地[41(·),52(·)]

B: 百萬億菩薩成就於地[乙,彳]

C: 百萬億 菩薩(ㄱ) {於}地乙 成就(ゝ彳)

D: 百萬億 菩薩은 지위를 成就하며,

E: 백만억 보살은 지위를 성취하고

<주본화엄22, 09:12>

A: 百萬億菩薩善能[23(\)]教化一切衆生[41(·),52(·)]

B: 百萬億菩薩善能[ㅈ]教化一切衆生[乙,ㆀ]

C: 百萬億 菩薩(ㄱ) 善能ㅈ 一切 衆生乙 教化(ᆢ)ㆀ

D: 百萬億 菩薩은 一切 衆生을 잘 教化하며,

E: 백만억 보살은 일체 중생을 잘 교화하였다.

<주본화엄22, 09:12-13>

A: 百萬億善根[45(·)]所生[12(:),51(/·)]

B: 百萬億善根[ᄊ]所生[ᆢㄱ,ㅣㆀ]

C: 百萬億 善根ᄊ 生ᆢㄱ 所ㅣㆀ

D: 百萬億 善根으로 난 바이며,

E: 백만억 선근으로 났으며

<주본화엄22, 09:13>

A: 百萬億諸[33(·)]佛[35(·)]護持[12(|),51(/·)]

B: 百萬億諸[ㄱ]佛[ㄴ]護持[ㆆㄱ,ㅣㆀ]

C: 百萬億 諸ㄱ 佛ㄴ 護持(ᆢ)ㆆㄱ ㅣㆀ

D: 百萬億 모든 부처님께서 護持하신 바이며,

E: 백만억 부처님께서 두호하시며,

<주본화엄22, 09:13-14>

A: 百萬億{53(·)}福德[45(·)]所圓滿[12(|),51(/·)]

B: 百萬億福德[ᄊ]所圓滿[ㆆㄱ,ㅣㆀ]

C: 百萬億 福德ᄊ 圓滿(ᆢ)ㆆㄱ 所ㅣㆀ

D: 百萬億 福德으로 圓滿하게 하신 바이며,

E: 백만억 복덕으로 원만하였으며

<주본화엄22, 09:14>

A: 百萬億殊勝心[45(·)]所淸淨[12(|),51(/·)]

B: 百萬億殊勝心[﹏]所淸淨[ㅎㄱ,ㅣㅅ]

C: 百萬億 殊勝心﹏ 淸淨(ㅅ)ㅎㄱ 所ㅣㅅ

D: 百萬億 殊勝心으로 淸淨하게 하신 바이며,

E: 백만억 수승한 마음으로 청정케 하였으며

<주본화엄22, 09:14-15>

A: 百萬億大願[45(·)]所嚴潔[12(|),51(/·)]

B: 百萬億大願[﹏]所嚴潔[ㅎㄱ,ㅣㅅ]

C: 百萬億 大願﹏ 嚴潔(ㅅ)ㅎㄱ 所ㅣㅅ

D: 百萬億 大願으로 嚴潔하게 하신 바이며,

E: 백만억 대원으로 장엄하였으며

<주본화엄22, 09:15>

A: 百萬億善行[45(·)]所生起[12(:),51(/·)#51(·)]

B: 百萬億善行[﹏]所生起[ㅅㄱ,ㅣㅅ]

C: 百萬億 善行﹏ 生起ㅅㄱ 所ㅣㅅ

D: 百萬億 善行으로 生起한 바이며,

E: 백만억 선행으로 생기었으며

<주본화엄22, 09:15-16>

A: 百萬億善法[45(·)]所堅固[12(|),51(/·)]

B: 百萬億善法[﹏]所堅固[ㅎㄱ,ㅣㅅ]

C: 百萬億 善法﹏ 堅固(ㅅ)ㅎㄱ 所ㅣㅅ

D: 百萬億 善法으로 堅固하게 하신 바이며,

E: 백만억 선한 법으로 견고히 하였으며,

256 第二部 判讀과 解讀 및 翻譯

<주본화엄22, 09:16>
A: 百萬億神力[45(·)]所示現[12(|),51(/·)]
B: 百萬億神力[︴]所示現[ㅎㄱ,ㅣㆍ]
C: 百萬億 神力︴ 示現(ᄂ)ㅎㄱ 所ㅣㆍ
D: 百萬億 神力으로 示現하신 바이며,
E: 백만억 신력으로 나타낸 것이며

<주본화엄22, 09:16-17>[49]
A: 百萬億功德[45(·)?]所成就[12(|),51(/·)]
B: 百萬億功德[︴]所成就[ㅎㄱ,ㅣㆍ]
C: 百萬億 功德︴ 成就(ᄂ)ㅎㄱ 所ㅣㆍ
D: 百萬億 功德으로 成就하신 바이며,
E: 백만억 공덕으로 성취하였으며

<주본화엄22, 09:17>
A: 百萬億讚歎法[45(·)]而[45(·)]以[43(|)]讚歎[12(|),45(··),55(·•)][50]
B: 百萬億讚歎法[︴]而[︴]以[ㆉ ㅈ]讚歎[ㅎㄱ,ㅅ︴,ナㅣ]
C: 百萬億 讚歎法︴ 而︴ 以 ㆉ ㅈ 讚歎(ᄂ)ㅎㄱ ㅅ︴(ㅣ)ナㅣ
D: 百萬億 讚歎法으로써 讚歎하신 바 때문이다.
E: 백만억 찬탄하는 법으로 찬탄하였다.

<주본화엄22, 09:17-18>
A: 如此世界[25(·)#25(·.)]兜率天王[24(|)]奉[44(|)]{25(·)#25(/)#25(/·)}爲如來[44(·),43(·)]敷置高[33(·)?]座[34(\),24(·)]
B: 如此世界[ㄴ]兜率天王[ㅣ]奉[X]爲如來[尸,氵]敷置高[ㄱ]座[X,ㅎ]

---

49) 17행의 欄上에 紺色의 不審紙가 붙어 있다. '-ㆍ'로 길게 이어지던 내용이 17행의 '如此世界' 이전에 크게 끊어지는 것을 표시하는 기능을 가진 듯하다.
50) '歎'자의 '42(/)'을 인정하면, 해독은 '讚歎(ᄂ)ㅎㄱ ㅣㄱ ㅅ︴(ㅣ)ナㅣ'로 할 수 있고, 현대역은 '讚歎하신 것이기 때문이다'로 할 수 있다.

C: 此 世界ㄴ 兜率天王ㅣㅣ 奉X[51] 如來尸 {爲}氵 高ㄱ 座 敷置X 如ㅎ
D: 이 世界의 兜率天王이 받들어 如來를 위하여 높은 座를 차려 둔 것과 같이
E: 이 세계의 도솔천왕이 여래를 위하여 높은 사자좌를 차려 놓듯이

<주본화엄22, 09:18-19>
A: 一切世界[25(·)#25(·.)#25(ㅗ)]兜率天王[42(\)]悉[34(|)]爲於佛[35(·),43(·)]如是[24(·)?]敷座[13(:)]
B: 一切世界[ㄴ]兜率天王[刀]悉[氵]爲於佛[ㄴ,氵]如是[ㅎ]敷座[xㅿ]
C: 一切 世界ㄴ 兜率天王刀 悉氵 {於}佛ㄴ {爲}氵 是 如ㅎ 座 敷xㅿ
D: 一切 世界의 兜率天王도 다 부처를 위하여 이같이 座를 차리되
E: 일체 세계의 도솔천왕도 다 부처님을 위하여 이렇게 사자좌를 차리고

<주본화엄22, 09:19-21>
A: 如是[33(·)]莊嚴[11(·)]如是儀則如是信樂{44(·)}如是心淨如是欣樂如是喜悅如是尊重[11(·),41(:),52(·),보충선]
B: 如是[ㄱ]莊嚴[氵]如是儀則如是信樂如是心淨如是欣樂如是喜悅如是尊重[氵,ㄲ小乙,ㄣ]
C: 是 如(ㅎ丷)ㄱ 莊嚴氵 是 如(ㅎ丷)ㄴ 儀則(氵) 是 如(ㅎ丷)ㄴ 信樂(氵) 是 如(ㅎ丷)ㄴ 心淨(氵) 是 如(ㅎ丷)ㄴ 欣樂(氵) 是 如(ㅎ丷)ㄴ 喜悅(氵) 是 如(ㅎ丷)ㄴ 尊重氵ノ小乙(丷)ㄣ
D: 이 같은 莊嚴이니 이 같은 儀則이니 이 같은 信樂이니 이 같은 心淨이니 이 같은 欣樂이니 이 같은 喜悅이니 이 같은 尊重이니 하는 것을 하며,
E: 이렇게 장엄하고, 이렇게 위의를 가지고, 이렇게 믿고 좋아하고, 이렇게 마음이 깨끗하고, 이렇게 즐거워하고, 이렇게 기뻐하고, 이렇게 존중하고,

<주본화엄22, 09:21-22>
A: 如是[24(·)]而[45(·)]生希有[25(·)]{35(·)}之想[41(·),14(··),21(·)#21(··)]如是[24(·)]踊躍[14(·),21(·)]{54(·)}如是[24(·)]渴仰[14(·),21(·),13(/)]悉[34(|)]皆[25(·)]同等[23(\),=54(·.)#53(·.),55(\)]][52]

---

51) 다음 예문을 참조할 수 있다.
  爾 時十 兜率陀天王ㄱ 奉ㅁ 如來尸 {爲}氵 是 如(丷)ㄱ 諸ㄱ 供具乙 嚴辨(丷)尸 已氵(丷)ㅁㄱ 百ㄱ 千ㄱ 億 那由他 阿僧祇ㄴ 兜率天子乙 與ㄴ 佛乙 向(丷)白氵ホ 合掌丷氵 佛ㄴ十 白氵 言白ナ尸丁 <주본화엄 22, 19:12-14>

258 第二部 判讀과 解讀 및 翻譯

B: 如是[攴]而[灬]生希有[匕]之想[乙,x尸,丁]如是[攴]踊躍[尸,丁]如是[攴]渴仰[尸,丁,口亽]悉[氵]皆[匕]同等[ㄣ,x丨,x丨]

C: 是 如攴 而灬 希有匕{之} 想乙 生x尸丁 是 如攴 踊躍(ノ)尸丁 是 如攴 渴仰(ノ)尸丁ノ亽 悉氵 皆匕 同等ㄣx丨x丨

D: 이같이 希有의 생각을 내는 것이니 이같이 踊躍하는 것이니 이같이 渴仰하는 것이니 하는 것 다 모두 同等히 하였다 한다.

E: 이렇게 희유하다는 생각을 내고, 이렇게 뛰놀고, 이렇게 우러름이 모두 동등하였다.

<주본화엄22, 09:23-24>

A: 爾時兜率天王[33(·)]爲如來[44(·).43(·)]敷置座[41(·),44(·)]已[43(·),34(·),12(:)]心[53(·)]生尊重[41(·|),34(|)]與十[44(·)]萬[44(·)]億阿僧祇兜率天{24(·)}[53)]子[25(·)]奉迎如來[41(·)?,34(-),13(·.)]

B: 爾時兜率天王[ㄱ]爲如來[尸,氵]敷置座[乙,尸]已[氵,口,ㄴㄱ]心[十]生尊重[ᄗ尸入乙,氵]與十[尸]萬[尸]億阿僧祇兜率天子[匕]奉迎如來[乙,白,xᆺ]

C: 爾 時(十) 兜率天王ㄱ 如來尸 {爲}氵 座乙 敷置(ᄂ)尸 已氵(ᄂ)ロㄴㄱ 心十 尊重ノ尸入乙 生(丨)氵 十尸 萬尸 億 阿僧祇 兜率天子(乙)[54)] 與匕 如來乙 奉迎(ᄂ)白xᆺ

D: 이 때 兜率天王은 如來를 위하여 座를 차려 두고 나서는 마음에 존중하는 것을 내어 十萬億 阿僧祇 兜率天子와 더불어 如來를 奉迎하되

E: 이 때 도솔천왕이 여래를 위하여 사자좌를 차려 놓고는, 존중하는 마음을 내어 십만억 아승기 도솔 천자들과 더불어 여래를 맞아 받들고

<주본화엄22, 09:24-10:01>

A: 以淸淨心[41(·),34(|)]{35(·)}雨阿僧祇色[25(·)]華雲[41(·)?,51(/·)?]

B: 以淸淨心[乙,氵]雨阿僧祇色[匕]華雲[乙,丨亽]

---

52) '=54(·.)#53(·.)'를 해독에 반영하지 않고 중괄호로 처리하자는 의견도 있었다.
53) '24(·)'에서 오른쪽 아래 방향으로 각필선이 보인다.
54) 다음 예문을 참조할 수 있다.
　　爾 時十 兜率陀天王ㄱ 奉ᄇ 如來尸 {爲}氵 是 如(ᄂ)ㄱ 諸ㄱ 供具乙 嚴辨(ᄂ)尸 已氵(ᄂ)ロㄴㄱ 百ㄱ 千ㄱ 億 那由他 阿僧祇匕 兜率天子乙 與匕 佛乙 向(ᄂ)白氵ホ 合掌ᄂ氵 佛ᄂ十 白氵 言白ナ尸丁 <주본화엄 22, 19:12-14>

C: 淸淨心乙 以ㅣ 阿僧祇 色七 華雲乙 雨ㅣ氵

D: 淸淨心으로써 阿僧祇 色의 華雲을 내리며,

E: 청정한 마음으로 아승기 색(色) 꽃구름을 내리며

<주본화엄22, 10:01>

A: 雨不思議色香雲

B: 雨不思議色香雲

C: 不思議 色(七) 香雲(乙) 雨(ㅣ氵)

D: 不思議 色의 香雲을 내리며,

E: 부사의 색 향구름을 내리며

<주본화엄22, 10:01-02>

A: 雨種種[25(·)]色[25(·)]鬘雲

B: 雨種種[七]色[七]鬘雲

C: 種種七 色七 鬘雲(乙) 雨(ㅣ氵)

D: 갖가지 色의 鬘雲을 내리며,

E: 가지가지 색 화만구름을 내리며,

<주본화엄22, 10:02>

A: 雨廣大淸淨栴檀雲

B: 雨廣大淸淨栴檀雲

C: 廣大 淸淨 栴檀雲(乙) 雨(ㅣ氵)

D: 廣大하고 淸淨한 栴檀雲을 내리며,

E: 넓고 크고 청정한 전단구름을 내리며,

<주본화엄22, 10:02-03>

A: 雨無量[25(·),33(·)]{24(·)#24(:)#24(|)}種種[25(·)]蓋雲

B: 雨無量[七,ㄱ]種種[七]蓋雲

C: 量 無七ㄱ 種種七 蓋雲(乙) 雨(ㅣ氵)

D: 한량없는 갖가지 蓋雲을 내리며,

E: 한량없는 가지가지 일산구름을 내리며,

<주본화엄22, 10:03>

A: 雨細妙天衣雲

B: 雨細妙天衣雲

C: 細妙天衣雲(乙) 雨(ㅣ彡)

D: 細妙天衣雲을 내리며,

E: 가늘고 묘한 하늘옷 구름을 내리며,

<주본화엄22, 10:03>

A: 雨無邊[33(·)]{33~44(·)#33~44(·.)#33~44(\)}衆妙寶雲

B: 雨無邊[ㄱ]衆妙寶雲

C: 邊(尸) 無ㄱ 衆妙寶雲(乙) 雨(ㅣ彡)

D: 끝없는 衆妙寶雲을 내리며,

E: 그지없이 여러 가지 묘한 보배구름을 내리며,

<주본화엄22, 10:03-04>

A: 雨天莊嚴具雲

B: 雨天莊嚴具雲

C: 天 莊嚴具雲(乙) 雨(ㅣ彡)

D: 天의 莊嚴具雲을 내리며,

E: 하늘 장엄거리구름을 내리며,

<주본화엄22, 10:04>

A: 雨無量[25(·)?,33(·)]種種[25(·)]燒香雲

B: 雨無量[ㄴ,ㄱ]種種[ㄴ]燒香雲

C: 量 無ㄴㄱ 種種ㄴ 燒香雲(乙) 雨(ㅣ彡)

D: 한량없는 갖가지 燒香雲을 내리며,

E: 무량한 갖가지 사르는 향구름을 내리며,

<주본화엄22, 10:04-05>
A: 雨一切栴檀沈水堅固末香雲[41(·),24(|),51(·)]
B: 雨一切栴檀沈水堅固末香雲[乙,ㅣ,x亦]
C: 一切 栴檀 沈水 堅固 末香雲乙 雨ㅣx亦
D: 一切 栴檀·沈水·堅固의 末香雲을 내리며,
E: 일체 전단·침수·견고·가루향 구름을 내리고,

<주본화엄22, 10:05-06>
A: 諸[33(·)]天子衆[33(·)]各[43(|)]從其身[41(·)#41(·.),25(·)]⁵⁵⁾出此諸[33(·)]雲[41(·),12(:)]時[11(·),53(·)]
B: 諸[ㄱ]天子衆[ㄱ]各[ㅣ汆]從其身[乙,ㄴ]出此諸[ㄱ]雲[乙,ㆍㄴ]時[ㅊ,十]
C: 諸ㄱ 天子衆ㄱ 各ㅣ汆 其 身乙 從ㄴ 此 諸ㄱ 雲乙 出ㆍㄴ 時ㅊ 十
D: 모든 天子의 무리는 각각 그 몸으로부터 이 모든 구름을 낸 때에
E: 여러 천자들은 제각기 그 몸에서 이런 구름을 내었다. 때에

<주본화엄22, 10:06-07>
A: 百[33(·)]千億阿僧祇[25(·)]兜率天子[11(·)]及[25(·)]餘[33(·)]在會[53(·),12(-)]諸[33(·)]天子衆[11(·), 13(/),33(·)]{21(·)}心[42(|)]大[24(|)]歡喜[23(|)]恭敬頂禮[52(·.)]
B: 百[ㄱ]千億阿僧祇[ㄴ]兜率天子[ㅊ]及[ㄴ]餘[ㄱ]在會[十,xㄴ]諸[ㄱ]天子衆[ㅊ,ノ斤,ㄱ]心[立] 大[ㅣ]歡喜[ㅅ3]恭敬頂禮[x亦]
C: 百ㄱ 千(ㄱ)億 阿僧祇ㄴ 兜率天子ㅊ 及ㄴ 餘(ᄂ)ㄱ 會十 在xㄴ 諸ㄱ 天子 衆ㅊノ斤ㄱ 心 立 大ㅣ 歡喜ㅅ3 恭敬 頂禮x亦
D: 百千億 阿僧祇의 兜率天子이니 남은 會中에 있는 모든 天子의 무리니 하는 이는 마음 크게 歡喜하여 恭敬 頂禮하며,
E: 백천억 아승기 도솔 천자와 회중에 있던 다른 천자들도 마음이 환희하여 공경하며 정례하고,

---

55) '身'의 43 위치에 역사선이 있는 것처럼 보이기도 한다.

<주본화엄22, 10:07-08>

A: 阿僧祇[25(·)?]天女[33(·)]踊躍欣慕[43(|)]諦[24(|)]觀如來[41(·),34(-),52(·)]

B: 阿僧祇[ヒ]天女[ㄱ]踊躍欣慕[氵 ホ]諦[ㅣ]觀如來[乙,白,か]

C: 阿僧祇ヒ 天女ㄱ 踊躍 欣慕(ソ) 氵 ホ 諦ㅣ 如來乙 觀(ソ)白か

D: 阿僧祇의 天女는 踊躍 欣慕하여서 유심히 如來를 보며,

E: 아승기 천녀들은 마음이 뛰놀며 사모하여 여래를 유심히 보고 있었다.

<주본화엄22, 10:08-10>

A: 兜率宮[25(·)]中[25(··)]不可說[25(·)]諸[33(·)]菩薩衆[33(·)]住虛空[25(·)]中[53(·),23(|)]精勤[13(:)]一心[45(·),23(|),보충선]以出過諸[33(·)]天[25(··),33(|),41(·),12(:)]諸[33(·)?]供養具[41(·),34(|)]供養於佛[41(·),23(·)#23(-)][56)]恭敬作禮[52(··)]

B: 兜率宮[ヒ]中[氵ヒ]不可說[ヒ]諸[ㄱ]菩薩衆[ㄱ]住虛空[ヒ]中[十,ソ 氵]精勤[xム]一心[ᄆ,ソ 氵]以出過諸[ㄱ]天[氵 ヒ,X,乙,ソㄱ]諸[ㄱ]供養具[乙, 氵]供養於佛[乙,X]恭敬作禮[x か]

C: 兜率宮ヒ 中 氵ヒ 不可說ヒ 諸ㄱ 菩薩 衆ㄱ 虛空ヒ 中十 住ソ 氵 精勤xム 一心ᄆソ 氵 諸ㄱ 天 氵 ヒX乙 出過ソㄱ[57)] 諸ㄱ 供養具乙 以 氵 {於}佛乙 供養X 恭敬 作禮xか

D: 兜率宮 中에서의 不可說의 모든 菩薩 무리는 虛空 가운데 머물러 精勤하되 一心으로 하여 모든 하늘에 있는 것을 뛰어넘은 모든 供養具로써 부처를 供養하고 恭敬 作禮하며,

E: 도솔천궁의 말할 수 없는 보살 대중이 허공에 머물러 정근하는 마음으로 여러 하늘보다 더 나은 공양거리를 내어 부처님께 공양하고 공경하며 예배하니,

---

56) '23(·)'으로부터 역사선 방향으로 각필선이 길게 그어져 있는 듯하나, 주름으로 볼 수도 있다.

57) 이러한 환경에서 사용된 다음과 같은 자토석독구결의 용례를 통해 '33(|)'를 'ㅈ'로 해독할 가능성도 제기할 수 있다. 그러나 'ㅈ'는 유정물을 가리킬 때 사용되지만 이곳의 '33(|)'은 무정물을 가리키고 있어서 단정하기 어렵다.

時十 無色界ヒㅈㄱ 量 無ヒㄱ 變ノㄱ ヒヒ 大香花乙 雨 氵ㄱム <구인上, 02:14-15>

六方 氵 ヒㅈㄲ 亦ソㄱ 復 氵 {是}ㅣ{如}ㅣソヒハニか <구인上, 03:11-13>

梵王氵 十恒沙ヒ 鬼神王氵 乃氵 至ㅣ 三趣ヒㅈ氵ノ슈 有ヒナㄱ氵 無生法忍乙 得ナか <구인上, 11:15-16>

增上力ᄻ{故ノ}ソ氵 或 復 樂ヮ 二ホ 第ヒㅈ乙 與ヒ 共住ソ氵ソクノㄹ 諸ヲ 是 如支 等ソ <유가20, 26:09-14>

한편 1차 강독 때 <주본화엄22, 21:23-22:01>의 동일한 구문과 점토를 여기와 달리 "天乙 出過ソㄱ X 氵 ヒ"로 해독하였으나, "天 氵 ヒX乙 出過ソㄱ"으로 해독하는 것이 타당할 것이다.

<주본화엄22, 10:10-11>
A: 阿僧祇[25(·)]音樂[33(·)]一[33(·)]時[11(·),53(·)]同[24(|)]奏[54(·.)]
B: 阿僧祇[七]音樂[ㄱ]一[ㄱ]時[ㆍ,十]同[ㅣ]奏[xㅣ]
C: 阿僧祇ㄷ 音樂ㄱ 一ㄱ 時ㆍ十 同ㅣ 奏xㅣ
D: 阿僧祇의 音樂은 일시에 함께 연주되었다.
E: 아승기 음악이 일시에 함께 연주되었다.

<주본화엄22, 10:11>
A: 爾時[53(·)?]如來[44(·)]威神[25(·)]力[12(··),45(··)]故[51(·)]
B: 爾時[十]如來[尸]威神[ㄷ]力[ㆆㄱ,入ㆎ]故[㫆]
C: 爾 時十 如來尸 威神ㄷ 力(ㅣ)ㆆㄱ 入ㆎ{故}(ㅣ)㫆
D: 그때에 如來의 威神의 힘이신 까닭이며,
E: 그때 여래의 위신력인 연고며,

<주본화엄22, 10:11-12>
A: 往昔[25(·)]善根[45(·)]之所流[12(:),42(/),45(··)]故[51(·)]
B: 往昔[七]善根[ㆎ]之所流[ㆍㄱ,ㅣㄱ,入ㆎ]故[㫆]
C: 往昔ㄷ 善根ㆎ{之} 流ㆍㄱ 所ㅣㄱ 入ㆎ{故}(ㅣ)㫆
D: 옛날의 善根으로[58] 흐른 바인 까닭이며,
E: 지난 세상의 선근에서 흐르는 연고며,

<주본화엄22, 10:12>
A: 不可思議[25(·)]自在力[12(··),45(··)]故[24(·)]
B: 不可思議[七]自在力[ㆆㄱ,入ㆎ]故[支]
C: 不可思議ㄷ 自在力(ㅣ)ㆆㄱ 入ㆎ 故支
D: 不可思議의 自在力이신 까닭으로,

---

58) 역경원 번역에서는 '善根'을 출발점으로 해석하였으나, 구결 기입자는 도구 또는 원인으로 파악하여 'ㆎ'로 현토한 듯하다.

264 第二部 判讀과 解讀 및 飜譯

E: 불가사의하게 자재한 힘인 연고로,

<주본화엄22, 10:12-13>

A: 兜率宮中[25(·.)]一切諸[33(·)]天[11(·)]及[25(·)]諸[33(·)]天女[11(·),13(/),33(·)]皆[25(·)]遙[34(|)]見佛[34(-),13(··)]如對目前[25(·.),33(|),41(·),33(·)#33(:),24(·)#24(|),23(|),경계선]⁵⁹⁾

B: 兜率宮中[氵七]一切諸[ㄱ]天[氵]及[七]諸[ㄱ]天女[氵,ㄱ亽,ㄱ]皆[七]遙[氵]見佛[白,xㅅ]如對目前[氵七,X,乙,ㄱ,支,ㅆ氵]

C: 兜率宮(七)中氵七 一切 諸ㄱ 天氵 及七 諸ㄱ 天女氵ノ亽ㄱ 皆七 遙氵 佛 見白xㅅ 目前氵 七X乙 對(ノ)ㄱ 如支ㅆ氵

D: 兜率宮 中에서의 一切 모든 天이니 모든 天女이니 하는 이는 모두 멀리서 부처를 보되 눈앞에 있는 이를 對한 것같이 하여

E: 도솔천궁의 모든 하늘과 천녀들이 멀리서 부처님을 보되 눈 앞에 대한 듯하면서

<주본화엄22, 10:13-15>

A: 同[24(|)?]興念{21(-)#21(·)}言[41(·|),21(|)]{33(|)}如來[44(·)]出世[14(|),15(·)]難[43(·)]可值遇[34(-),24(\),42(\)?,25(·),=12(·)#11(·),41(·.)]我[33(·)]今[12(⊥),33(·)⁶⁰⁾]得[43(|)]見具一切智[41(·),24(\)?,34(|)]於法[53(·)]無礙[44(·),25(/)]正等覺者[41(·),23(··)#22(··)⁶¹⁾,53(i),12(·),24(|),55(\·),23(|)]

B: 同[||]興念言[ㄱ尸入乙,ナ尸丁]如來[尸]出世[ㆁ尸,入丁]難[氵]可值遇[白,ㄱ,ㅊ,七,ㄱ,x乙]我[ㄱ]今[X,ㄱ]得[氵ㅩ]見具一切智[乙,ㄱ,氵]於法[十]無礙[尸,x七]正等覺者[乙,X,X,ㄱ,||,ㄱ|,ㅆ氵]

C: 同|| 念言ノ尸入乙 興(ㅆ)ナ尸丁 如來尸 出世(ㅆ)ㆁ尸入丁 難(||)氵 值遇(ㅆ)白ㄱㅊ{可}七(ㅆ)ㄱx乙 我ㄱ 今Xㄱ 得氵ㅩ 一切 智乙 具ㄱ氵 {於}法十 礙尸 無x七 正等覺者乙 見XXㄱ||ㄱ|ㅆ氵⁶²⁾

---

59) '24(·)' 대신 '24(|)'을 인정하고 경계선과 '33(|)'을 타원의 일부로 보아 '33(|)'을 점토로 인정하지 않으면, '目前氵七||乙 對(ノ)ㄱ 如(支)ㅆ氵'로 해독할 가능성도 있다.
60) '33(·)'에서 위쪽으로 각필선이 길게 그어진 것처럼 보인다.
61) '23(··)'은 '見' 또는 '聞' 구문에만 나타난다.
62) '53(i)'와 '23(|)'의 위치를 바꾸어 해독할 가능성도 있다.

D: 함께 생각하는 것을 일으키기를, '여래께서 出世하시는 것은 어렵게야 만날 수 있거늘, 나는 이제 능히 一切 지혜를 갖추어 法에 걸림이 없는 正等覺者를 보는 것이다' 하여

E: 함께 생각하기를, '여래께서 출세하심을 만나기 어렵거늘, 온갖 지혜를 갖추시고 법에 걸림이 없는 정등각(正等覺)하신 이를 우리가 지금 만났도다'고 하였다.

<주본화엄22, 10:15-16>

A: 如是[24(·)]思惟[52(·)]如是[24(·)]觀察[43(|)]與諸[33(·)]衆會[41(·),25(·)]悉[34(|)]共[25(·)]同時[53(·)]奉迎如來[41(·),34(-),13(·.)]

B: 如是[ㅊ]思惟[ㅅ]如是[ㅊ]觀察[ぅホ]與諸[ㄱ]衆會[乙,七]悉[ぅ]共[七]同時[十]奉迎如來[乙, 白xム]

C: 是 如ㅊ 思惟(ヽ)ㅅ 是 如ㅊ 觀察(ヽ) ぅ ホ 諸ㄱ 衆會乙 與七 悉 ぅ 共七 同時十 如來乙 奉迎 (ヽ)白xム

D: 이같이 思惟하며 이같이 觀察하여서 모든 대중과 더불어 다 함께 동시에 如來를 奉迎하되

E: 이렇게 생각하고 관찰하면서 여러 대중과 더불어 함께 와서 여래를 환영하였다.

<주본화엄22, 10:16-20>

A: 各[43(|)]以天[25(·)]衣[41(·),34(|)]盛一切華[41(·)?,52(·)]盛一切香[52(·)?]盛一切寶[41(·)?]盛一切莊嚴具盛一切天[25(·)]栴檀末香盛一切天[25(·)]沈水末香盛一切天[25(·)]妙寶末香盛一切天香華盛一切天[25(·)?]曼陀羅華[41(·),52(·),23(|)]悉[34(|)]以[43(|)]奉散[53(i)]供養於佛[41(·),34(-),52(.·)]

B: 各[ぅホ]以天[七]衣[乙, ぅ]盛一切華[乙,ㅅ]盛一切香[ㅅ]盛一切寶[乙]盛一切莊嚴具盛一切天[七]栴檀末香盛一切天[七]沈水末香盛一切天[七]妙寶末香盛一切天香華盛一切天[七]曼陀羅華[乙,ㅅ,ヽぅ]悉[ぅ]以[ぅホ]奉散[X]供養於佛[乙,白xㅅ]

C: 各 ぅ ホ 天七 衣乙 以 ぅ 一切 華乙 盛ㅅ 一切 香(乙) 盛ㅅ 一切 寶乙 盛(ㅅ) 一切 莊嚴具(乙) 盛(ㅅ) 一切 天七 栴檀末香(乙) 盛(ㅅ) 一切 天七 沈水末香(乙) 盛(ㅅ) 一切 天七 妙寶末香(乙) 盛(ㅅ) 一切 天(七) 香華(乙) 盛(ㅅ) 一切 天七 曼陀羅華乙 盛ㅅヽぅ 悉ぅ 以ぅホ 奉散X {於}佛乙 供養(ヽ)白xㅅ

D: 각각 하늘의 옷으로써 一切 華를 담으며, 一切 香을 담으며, 一切 寶를 담으며, 一切 莊嚴具를 담으며, 一切 하늘의 栴檀末香을 담으며, 一切 하늘의 沈水末香을 담으며, 一切 하

늘의 妙寶末香을 담으며, 一切 하늘의 香華를 담으며, 一切 하늘의 曼陀羅華를 담으며 하여, 다 奉散하여서 부처를 供養하며,

E: 제각기 하늘 옷에 온갖 꽃을 담고, 온갖 향·온갖 보배·온갖 장엄거리·온갖 하늘의 가루 전단향·온갖 하늘의 가루 침수향·온갖 하늘의 보배가루향·온갖 하늘의 향기로운 꽃·온갖 하늘의 만다라꽃을 담아 가지고 흩어서 부처님께 공양하였다.

<주본화엄22, 10:20-22>

A: 百[33(·)]千[33(·)]億那由他阿僧祇[25(·)]兜率陀天子[33(·)]住虛空[25(·)]中[53(·)],23(|)]咸[25(·)]於佛[35(·)]所[53(·)]起智慧[25(·)]境界[24(|)]-중복선,12(··),55(\),25(|)]心[41(·),23(|)]燒一切香[41(·),13(:)]香氣[33(·)]成雲[34(|)?]莊嚴虛空[41(·),52(··)]{35(·-),43(·)}[63]

B: 百[ㄱ]千[ㄱ]億那由他阿僧祇[ㄷ]兜率陀天子[ㄱ]住虛空[ㄷ]中[ㅏ,ㅄㆍ]咸[ㄷ]於佛[ㄴ]所[ㅏ]起智慧[ㄷ]境界[ㅣ중복,ㆆㄱ,ㅁㅣ,ㅅㄷ]心[ㄹ,ㅄㆍ]燒一切香[ㄹ,xㅅ]香氣[ㄱ]成雲[ㆍ]莊嚴虛空[ㄹ,xㅓ]

C: 百ㄱ 千ㄱ 億 那由他 阿僧祇ㄷ 兜率陀天子ㄱ 虛空ㄷ 中ㅏ 住ㆍㆍ 咸ㄷ {於}佛ㄴ 所ㅏ 智慧ㄷ 境界ㅣㆆㄱ ㅣㅁㅣ(ㆍ)ㅅㄷ 心ㄹ 起ㆍㆍ 一切 香ㄹ 燒xㅅ 香氣ㄱ 雲 成ㆍ 虛空ㄹ 莊嚴xㅓ

D: 百千億 那由他 阿僧祇의 兜率陀天子는 虛空 가운데 머물러 모두 부처 처소에 智慧의 境界이신 것이라고 하는 마음을 일으켜 一切 香을 사르되 香氣는 구름 되어 虛空을 莊嚴하며,

E: 백천억 나유타 아승기 도솔타 천자는 허공 중에 있으면서, 부처님 처소에 지혜의 경계라는 마음을 내고 온갖 향을 사르니, 향기가 구름이 되어 허공을 장엄하였고,

<주본화엄22, 10:22-23>

A: 又[33(·)]於佛[35(·)]所[53(·)]起歡喜心[41(·),43(|)]雨一切天[25(·)]華雲[41(·)?,34(|)]莊嚴虛空[41(·),52(·)]{35(-)}

B: 又[ㄱ]於佛[ㄴ]所[ㅏ]起歡喜心[ㄹ,ㆍㄴ]雨一切天[ㄷ]華雲[ㄹ,ㆍ]莊嚴虛空[ㄹ,ㅓ]

C: 又(ㆍ)ㄱ {於}佛ㄴ 所ㅏ 歡喜心ㄹ 起(ㆍ)ㆍㄴ 一切 天ㄷ 華雲ㄹ 雨(ㅣㅣ)ㆍ 虛空ㄹ 莊嚴(ㆍ)ㅓ

D: 또 부처 처소에 歡喜心을 일으켜서 一切 하늘의 華雲을 뿌려 虛空을 莊嚴하며,

---

63) '35(·-)'와 '43(·)'을 포함시켜 '虛空ㄹ 莊嚴(ㆍ)ㄱ 矢ㅓxㅓ'와 같이 해독할 가능성도 있을 듯하다.

E: 또 부처님 처소에 환희한 마음을 일으켜 온갖 하늘 꽃 구름을 비내려 허공을 장엄하였고,

<주본화엄22, 10:24-11:01>
A: 又[33(·)]於佛[35(·)]所[53(·)]起尊重心[43(|)]雨一切天[25(·)?]蓋雲[34(|)]莊嚴虛空[41(·),52(·)]
B: 又[ㄱ]於佛[㢱]所[十]起尊重心[ɜ,ホ]雨一切天[七]蓋雲[ɜ]莊嚴虛空[乙,ㆁ]
C: 又(ᄉ)ㄱ {於}佛㢱 所十 尊重心(乙) 起ɜホ 一切 天七 蓋雲(乙) 雨(ㅣ)ɜ 虛空乙 莊嚴(ᄉ)ㆁ
D: 또 부처 처소에 尊重心을 일으켜서 一切 하늘의 蓋雲을 뿌려 虛空을 莊嚴하며,
E: 또 부처님 처소에 존중한 마음을 일으켜 온갖 하늘 일산 구름을 비내려 허공을 장엄하였고,

<주본화엄22, 11:01-02>
A: 又[33(·)]於佛[35(·)]所[53(·)]起供養心[41(·),43(|)]散一切天[25(·)]鬘雲[41(·),23(|)]莊嚴虛空[41(·),52(·)]
B: 又[ㄱ]於佛[㢱]所[十]起供養心[乙,ɜホ]散一切天[七]鬘雲[乙,ᄽɜ]莊嚴虛空[乙,ㆁ]
C: 又(ᄉ)ㄱ {於}佛㢱 所十 供養心乙 起(ᄉ)ɜホ 一切 天七 鬘雲乙 散ᄉɜ 虛空乙 莊嚴(ᄉ)ㆁ
D: 또한 부처 처소에 供養心을 일으켜서 一切 하늘의 鬘雲을 흩어 虛空을 莊嚴하며,
E: 또 부처님 처소에 공양하는 마음을 일으켜 온갖 하늘 화만 구름을 흩어 허공을 장엄하였고,

<주본화엄22, 11:02-03>
A: 又[33(·)]於佛[35(·)]所[53(·)]生信解心[41(·),24(|)?,53(·.)]布阿僧祇[25(·)]金網[41(·)?,23(|)]彌覆虛空[53(·),13(:)]一切寶鈴[53(·)]常[24(|)]出妙音[41(·),52(·)]
B: 又[ㄱ]於佛[㢱]所[十]生信解心[乙,ㅣ下]布阿僧祇[七]金網[乙,ᄽɜ]彌覆虛空[十,xム]一切寶鈴[十]常[ㅣ]出妙音[乙,ㆁ]
C: 又(ᄉ)ㄱ {於}佛㢱 所十 信解心乙 生ㅣ下 阿僧祇七 金網乙 布ᄽɜ 彌 虛空十 覆xム 一切 寶鈴十 常ㅣ 妙音乙 出(ᄉ)ㆁ
D: 또한 부처 처소에 信解心을 내어 阿僧祇의 金網을 펴 두루 虛空에 덮되 一切 寶鈴에서 항상 미묘한 소리를 내며,
E: 또 부처님 처소에 믿고 이해하는 마음을 내어 아승기 금 그물을 펴서 허공에 가득히 덮으니, 온갖 보배 방울에서는 미묘한 음성이 항상 났다.

<주본화엄22, 11:03-05>

A: 又[33(·)?]於佛[35(·)]所[53(·)]生最勝福田[24(|)-중복선,12(··),55(\·),25(|)]心[41(·),24(|),53(··)]{42(·)}⁶⁴⁾以阿僧祇[25(·)]帳[41(·)?,34(|)]⁶⁵⁾莊嚴虛空[41(·),43(|)]雨一切瓔珞雲[41(·),24(|),13(··)]無有斷絶[44(·),24(|)?,52(·)]

B: 又[ㄱ]於佛[ㄵ]所[十]生最勝福田[ㅣ중복,ㅎㄱ,ㅁㅣ,ㅅㄷ]心[乙,ㅣ,下]以阿僧祇[ㄷ]帳[乙,ぅ]莊嚴虛空[乙,ぅ㐑]雨一切瓔珞雲[乙,ㅣ,xㅿ]無有斷絶[尸,ㅣ,㐂]

C: 又(ヽ)ㄱ {於}佛ㄵ 所十 最勝 福田ㅣㅎㄱㅣㅁㅣ(ヽ)ㅅㄷ 心乙 生ㅣ下 阿僧祇ㄷ 帳乙 以ぅ 虛空乙 莊嚴(ヽ)ぅ㐑 一切 瓔珞雲乙 雨ㅣxㅿ 斷絶尸 無有ㅣ(ヽ)㐂

D: 또한 부처 처소에 가장 훌륭한 福田이신 것이라고 하는 마음을 내어 阿僧祇의 휘장으로써 虛空을 莊嚴하여서 一切 瓔珞雲을 내리되 끊임없이 하며,

E: 또 부처님 처소에 가장 훌륭한 복밭이란 마음을 내고 아승기 휘장으로 허공을 장엄하였고, 모든 영락 구름을 끊임없이 내리며,

<주본화엄22, 11:05-06>

A: 又於佛[35(·)?]所[53(·)]生深信心[41(·),24(|),53(··)]以阿僧祇[25(·)]諸[33(·)]天宮殿[41(·),34(|)?]莊嚴虛空[41(·),13(:)]一切天樂[33(·)]出微妙⁶⁶⁾音[41(·),52(·)]

B: 又於佛[ㄵ]所[十]生深信心[乙,ㅣ,下]以阿僧祇[ㄷ]諸[ㄱ]天宮殿[乙,ぅ]莊嚴虛空[乙,xㅿ]一切天樂[ㄱ]出微妙音[乙,㐂]

C: 又(ヽㄱ) {於}佛ㄵ 所十 深信心乙 生ㅣ下 阿僧祇ㄷ 諸ㄱ 天宮殿乙 以ぅ 虛空乙 莊嚴xㅿ 一切 天樂ㄱ 微妙音乙 出(ヽ)㐂

D: 또한 부처 처소에 深信心을 내어 阿僧祇의 모든 天宮殿으로써 虛空을 莊嚴하되 一切 天樂은 미묘한 소리를 내며,

E: 또 부처님 처소에 깊이 믿는 마음을 내어 아승기 하늘의 궁전으로 허공을 장엄하니, 모든 하늘 풍류의 미묘한 음성을 내고,

---

64) '心'의 53(··)의 오른쪽에 또 53(··)의 흔적이 보인다.
65) '34(|)'의 아랫점은 확실치 않다.
66) 12 위치에 사선이 있는 듯이 보이나 위아래로 이어져 있어 점토가 아닌 것으로 보인다.

<주본화엄22, 11:07-08>
A: 又[33(·)]於佛所[53(·)]生最勝{43(|),33(·)}難遇[24(|)-중복선?,12(··),55(\·),25(|)]{31(··)}心[41(·),24(|),53(·.)]以阿僧祇[25(·)]種種[25(·)]色[25(·)]天衣雲[41(·),34(|)]莊嚴虛空[41(·),43(|)]雨於無比種種妙衣[41(·)?,51(/·)]{23(·)}
B: 又[ㄱ]於佛所[十]生最勝難遇[リ중복,ㅎㄱ,ㅁㅣ,ᄉㄴ]心[乙,ㅣ,下]以阿僧祇[ㅌ]種種[ㅌ]色[ㅌ]天衣雲[乙,ㅎ]莊嚴虛空[乙,ㅎ ᄿ]雨於無比種種妙衣[乙,ㅣ彡]
C: 又(ㆍㄱ){於}佛(ᄂ) 所十 最勝 難遇ㅣㅎㄱ ㅣㅁㅣ(ㆍ)ᄉㄴ 心乙 生ㅣ下 阿僧祇ㅌ 種種ㅌ 色ㅌ 天衣雲乙 以ㅎ 虛空乙 莊嚴(ㆍ)ㅎ ᄿ {於}無比 種種 妙衣乙 雨ㅣ彡
D: 또한 부처 처소에 가장 훌륭한, 難遇이신 것이라고 하는 마음을 내어 阿僧祇의 갖가지 色의 天衣雲으로써 虛空을 莊嚴하여서 비할 데 없는 갖가지 미묘한 옷을 내리며,
E: 또 부처님 처소에 가장 훌륭하여 만나기 어려운 마음을 내어 아승기 가지각색 하늘옷 구름으로써 허공을 장엄하여 비길 데 없는 가지가지 묘한 옷을 비내리고,

<주본화엄22, 11:08-10>
A: 又於佛所生無量[33(·)]歡喜踊躍心[41(·),24(|),53(·.)]以阿僧祇[25(·)]諸[33(·)?]天寶冠[41(·),34(|)]莊嚴虛空[41(·),43(|)]雨無量[33(·)]天冠[41(·),24(|),13(·.)]廣大[43(|)]成雲[52(··)]
B: 又於佛所生無量[ㄱ]歡喜踊躍心[乙,ㅣ,下]以阿僧祇[ㅌ]諸[ㄱ]天寶冠[乙,ㅎ]莊嚴虛空[乙,ㅎ ᄿ]雨無量[ㄱ]天冠[乙,ㅣ,x厶]廣大[ㅎ ᄿ]成雲[x彡]
C: 又(ㆍㄱ){於}佛(ᄂ) 所(十) 量 無ㄱ 歡喜踊躍心乙 生ㅣ下 阿僧祇ㅌ 諸ㄱ 天寶冠乙 以ㅎ 虛空乙 莊嚴(ㆍ)ㅎ ᄿ 量 無ㄱ 天冠乙 雨ㅣx厶 廣大(ㆍ)ㅎ ᄿ 雲 成x彡
D: 또한 부처 처소에 한량없는 歡喜踊躍心을 내어 阿僧祇의 모든 天寶冠으로써 虛空을 莊嚴하여서 한량없는 天冠을 내리되 廣大하여서 구름이 되며,
E: 또 부처님 처소에 한량없이 환희하고 뛰노는 마음을 내어 하늘의 보배 관으로써 허공을 장엄하며, 한량없는 하늘 관을 비내려 광대하게 구름을 이루었고,

<주본화엄22, 11:10-12>
A: 又於佛所起歡喜心[41(·),23(|)]以阿僧祇[25(·)]種種[25(·)]色寶[41(·)?,34(|)]莊嚴虛空[41(·),43(|)]雨一切瓔珞雲[41(·),24(|),13(·.)]無有斷絶[44(·),24(|),52(·.)]
B: 又於佛所起歡喜心[乙,ㆍㅎ]以阿僧祇[ㅌ]種種[ㅌ]色寶[乙,ㅎ]莊嚴虛空[乙,ㅎ ᄿ]雨一切瓔珞

雲[乙,ㅣ,xㅅ]無有斷絕[尸,ㅣ,x㐅]

C: 又(ㅆㄱ) {於}佛(ㅅ) 所(十) 歡喜心乙 起ㅅㅑ 阿僧祇ㅅ 種種ㅅ 色(七) 寶乙 以ㅑ 虛空乙 莊嚴(ㅆ)ㅑ㐱 一切 瓔珞雲乙 雨ㅣxㅅ 斷絕尸 無有ㅣx㐅

D: 또한 부처 처소에 歡喜心을 일으켜 阿僧祇의 갖가지 色의 寶로써 虛空을 莊嚴하여서 一切 瓔珞雲을 내리되 끊임없이 하며,

E: 또 부처님 처소에 환희하는 마음을 일으켜 아승기 가지각색 보배로 허공을 장엄하며, 일체 영락 구름을 비내려 끊이지 않았다.

<주본화엄22, 11:12-14>

A: 百[33(·)]千[33(·)]億那由他阿僧祇[25(·)]天子[33(·)]咸[25(·)]於佛[35(·)]所[53(·)]生淨信心[41(·), 24(|),53(··)]散無數[33(·)]種種[25(·)]色[25(·)]天華[41(·),52(·)]然無數[33(·)]種種[25(·)]色[25(·)]天香[41(·),23(|)]供養如來[41(·),52(·)]

B: 百[ㄱ]千[ㄱ]億那由他阿僧祇[七]天子[ㄱ]咸[七]於佛[ㅅ]所[十]生淨信心[乙,ㅣ,下]散無數[ㄱ]種種[七]色[七]天華[乙,㐅]然無數[ㄱ]種種[七]色[七]天香[乙,ㅆㅑ]供養如來[乙,㐅]

C: 百ㄱ 千ㄱ 億 那由他 阿僧祇七 天子ㄱ 咸七 {於}佛ㅅ 所十 淨信心乙 生ㅣ下 數 無ㄱ 種種七 色七 天華乙 散(ㅆ)㐅 數 無ㄱ 種種七 色七 天香乙 然ㅆㅑ 如來乙 供養(ㅆ白)㐅

D: 百千億 那由他 阿僧祇의 天子는 모두 부처 처소에 淨信心을 내어 수없는 갖가지 色의 天華를 뿌리며, 수없는 갖가지 色의 天香을 살라 여래를 공양하며,

E: 백천억 나유타 아승기 천자들은 모두 부처 처소에 청정한 신심을 내어 무수한 가지각색 하늘 꽃을 흩으며, 무수한 가지각색 하늘 향을 사르어 여래를 공양하고,

<주본화엄22, 11:14-16>

A: 又於佛所起大莊嚴變化心[41(·),23(|)]持無數[33(·)]種種[25(·)]色[25(·)]天栴檀末香[41(·),43(|)]奉散如來[44(·)[67],53(·),34(-),51(·)]

B: 又於佛所起大莊嚴變化心[乙,ㅆㅑ]持無數[ㄱ]種種[七]色[七]天栴檀末香[乙,ㅑ㐱]奉散如來[尸,十,白,㐅]

C: 又(ㅆㄱ) {於}佛(ㅅ) 所(十) 大莊嚴變化心乙 起ㅆㅑ 數 無ㄱ 種種七 色七 天栴檀末香乙 持

---

67) 이점본에 '44(·)'이 표기되어 있으나 사진 상으로는 단점의 빛깔이 달라 보여서 원본 확인이 필요하다.

(ᆢ)ㄣ㐌 如來尸十 奉散(ᆢ)白分

D: 또한 부처 처소에 大莊嚴變化心을 일으켜 수없는 갖가지 色의 天栴檀末香을 가지고서 如來께 奉散하며,

E: 또 부처님 처소에 크게 장엄하고 변화하는 마음을 일으켜 무수한 가지각색 하늘 가루 전단향을 가져 여래께 흩으며,

<주본화엄22, 11:16-17>

A: 又於佛所起歡喜踊躍[25(|)]心[41(·),23(|),경계선]持無數[33(·)]種種[25(·)]色[25(·)]蓋[41(·),43(|)]隨逐如來[41(·),34(-),51(·)]

B: 又於佛所起歡喜踊躍[亽七]心[乙,ᆢㄣ]持無數[丁]種種[七]色[七]蓋[乙,ㄣ㐌]隨逐如來[乙,白分]

C: 又(ᆢ丁) {於}佛(ᄂ) 所(十) 歡喜踊躍(ᆢ)亽七 心乙 起ᆢㄣ 數 無丁 種種七 色七 蓋乙 持(ᆢ)ㄣ㐌 如來乙 隨逐(ᆢ)白分

D: 또한 부처 처소에 歡喜踊躍하는 마음을 일으켜 수없는 갖가지 色의 蓋를 가지고서 如來를 隨逐하며,

E: 또 부처님 처소에 환희용약하는 마음을 일으며 무수한 가지각색 일산을 들고 여래를 따라다니며,

<주본화엄22, 11:17-19>

A: 又於佛所起增上心[41(·),23(|)]持無數[33(·)]種種[25(·)]色[25(·)?]天[25(·)]寶衣[41(·),43(|)]敷布道路[53(·),23(|)]供養如來[41(·),34(-),52(·)]

B: 又於佛所起增上心[乙,ᆢㄣ]持無數[丁]種種[七]色[七]天[七]寶衣[乙,ㄣ㐌]敷布道路[十,ᆢㄣ]供養如來[ㄥ,,白,分]

C: 又(ᆢ丁) {於}佛(ᄂ) 所(十) 增上心乙 起ᆢㄣ 數 無丁 種種七 色七 天七 寶衣乙 持(ᆢ)ㄣ㐌 道路十 敷布ᆢㄣ 如來乙 供養(ᆢ)白分

D: 또한 부처 처소에 增上心을 일으켜 수없는 갖가지 色의 하늘의 보배 옷을 가지고서 道路에 펴 깔아 如來를 供養하며,

E: 또 부처님 처소에 더 나은 마음[增上心]을 일으켜 무수한 가지각색 하늘 옷을 가지고 길에 흩어서 여래께 공양하고,

272 第二部 判讀과 解讀 및 飜譯

<주본화엄22, 11:19-20>

A: 又於佛所起淸淨心[41(·),23(|)]持無數種種[25(·)]色[25(·)]天[25(·)]寶幢[41(·),43(|)]奉迎如來[41(·),34(-),51(·)#52(·)]

B: 又於佛所起淸淨心[乙,ㅅ丷]持無數種種[七]色[七]天[七]寶幢[乙,ᄒ,ᄉ]奉迎如來[乙,白,ᄉ]

C: 又(丷ㄱ) {於}佛(ᄂ) 所(十) 淸淨心乙 起丷ᄒ 數 無(ㄱ) 種種七 色七 天七 寶幢乙 持(丷)ᄒᄉ 如來乙 奉迎(丷)白ᄉ

D: 또한 부처 처소에 淸淨心을 일으켜 수없는 갖가지 色의 하늘의 寶幢을 가지고서 如來를 奉迎하며,

E: 또 부처님 처소에 청정한 마음을 일으켜 무수한 가지각색 하늘 보배 당기를 받들어 여래를 맞이하고,

<주본화엄22, 11:20-21>

A: 又於佛所起增上歡喜心[41(·),23(|)?]持無數[33(·)]種種[25(·)]色[25(·)]天[25(·)]莊嚴具[41(·),43(|)]供養如來[41(·),34(-),52(·)]

B: 又於佛所起增上歡喜心[乙,ㅅ丷]持無數[ㄱ]種種[七]色[七]天[七]莊嚴具[乙,ᄒ,ᄉ]供養如來[乙,白,ᄉ]

C: 又(丷ㄱ) {於}佛(ᄂ) 所(十) 增上 歡喜心乙 起丷ᄒ 數 無ㄱ 種種七 色七 天七 莊嚴具乙 持(丷)ᄒᄉ 如來乙 供養(丷)白ᄉ

D: 또한 부처 처소에 增上 歡喜心을 일으켜 수없는 갖가지 色의 하늘의 莊嚴具를 가지고서 如來를 供養하며,

E: 또 부처님 처소에 더 나은 환희심을 일으켜 무수한 가지각색 하늘 장엄거리를 가지어 여래께 공양하고,

<주본화엄22, 11:21-22>

A: 又於佛所生不壞信心[41(·),34(|)]{52(·)}持無數[68]天寶鬘[41(·),43(|)]供養如來[41(·),34(-),51(·)#52(·)]

B: 又於佛所生不壞信心[乙,ᄒ]持無數天寶鬘[乙,ᄒ,ᄉ]供養如來[乙,白,ᄉ]

C: 又(丷ㄱ) {於}佛(ᄂ) 所(十) 不壞信心乙 生(ㅣ)ᄒ 數 無(ㄱ) 天(七) 寶鬘乙 持(丷)ᄒᄉ 如來乙

---

68) '數' 가운데 종이가 훼손되어 점토를 확인할 수 없다.

供養(ᴠ)白ᅀ

D: 또한 부처 처소에 무너지지 않는 信心을 내어 수없는 하늘의 寶鬘을 가지고서 如來를 供養하며,

E: 또 부처님 처소에 무너지지 않는 신심을 내어 무수한 하늘 보배 화만으로 여래께 공양하고,

<주본화엄22, 11:22-24>

A: 又於佛所生無比歡喜心[41(·),34(|)]持無數[33(·)]種種[25(·)?]色[25(·)]天[25(·)]寶幡[41(·),43(|)]供養如來[41(·),34(-),51(·)#52(·)]

B: 又於佛所生無比歡喜心[乙,ᢌ]持無數[ㄱ]種種[ㄴ]色[ㄴ]天[ㄴ]寶幡[乙,ᢌ ホ]供養如來[乙,白,ᅀ]

C: 又(ᴠㄱ){於}佛(ᴗ)所(十)無比 歡喜心乙 生(ㅣㅣ)ᢌ 數 無ㄱ 種種ㄴ 色ㄴ 天ㄴ 寶幡乙 持(ᴠ)ᢌ ホ 如來乙 供養(ᴠ)白ᅀ

D: 또한 부처 처소에 견줄 데 없는 歡喜心을 내어 수없는 갖가지 色의 하늘의 寶幡을 가지고서 如來를 供養하며,

E: 또 부처님 처소에 비길 데 없는 환희심을 내어 무수한 가지각색 하늘 보배 깃발을 가지어 여래께 공양하였으며,

<주본화엄22, 11:24-12:02>

A: 百[33(·)]千[33(·)]億那由他阿僧祇[25(·)]諸[33(·)]天子以調順寂靜[22(·)?]無放逸[22(·)?,25(··)]心[41(·),34(|)?][69)]持無數[33(·)]種種[25(·)]色[25(·)]天樂[41(·),43(|)]出妙音聲[41(·),23(|)]供養如來[41(·),34(-),51(·)]

B: 百[ㄱ]千[ㄱ]億那由他阿僧祇[ㄴ]諸[ㄱ]天子以調順寂靜[ᢌ]無放逸[ᢌ,ㄴㄴ]心[乙,ᢌ]持無數[ㄱ]種種[ㄴ]色[ㄴ]天樂[乙,ᢌ ホ]出妙音聲[乙,ᴠᢌ]供養如來[乙,白,ᅀ]

C: 百ㄱ 千ㄱ 億 那由他 阿僧祇ㄴ 諸ㄱ 天子(ㅣ) 調順寂靜(ᴠ)ᢌ 無放逸(ᴠ)ᢌ(ᴠ)ㄴㄴ 心乙 以 ᢌ 數 無ㄱ 種種ㄴ 色ㄴ 天樂乙 持(ᴠ)ᢌ ホ 妙音聲乙 出ᴠᢌ 如來乙 供養(ᴠ)白ᅀ

D: 百千億 那由他 阿僧祇의 모든 天子는 調順寂靜하고 放逸함 없고 한 마음으로써 수없는 갖가지 色의 天樂을 가지고서 미묘한 음성을 내어 如來를 供養하며,

E: 백천억 나유타 아승기 천자들은 조화롭고 고요하여 방일하지 않는 마음으로 무수한 가지

---

69) 34(|)과 거의 이어져 왼쪽으로 수평선이 길게 그어져 있는데 의미가 있는 선인지 확실하지 않다.

각색 하늘 음악을 가지고 묘한 음성을 내어 여래께 공양하였다.

<주본화엄22, 12:02-03>[70]

A: 百[33(·)]千[33(·)]億那由他不可說[25(·)]先[43(/)]住兜率宮[53(·),12(-)]諸[33(·)]菩薩衆[33(·)]以從超過三界[41(·),25(··)]法[41(·),25(·)]所生[12(:),51(/·)]

B: 百[ㄱ]千[ㄱ]億那由他不可說[ㅌ]先[X]住兜率宮[十,xㄱ]諸[ㄱ]菩薩衆[ㄱ]以從超過三界[乙,ㅌㅌ]法[乙,ㅌ]所生[ンㄱ,Ⅱ分]

C: 百ㄱ 千ㄱ 億 那由他 不可說ㅌ 先X[71] 兜率宮十 住xㄱ 諸ㄱ 菩薩衆ㄱ 三界乙 超過(ン)ㅌㅌ 法乙 從ㅌ 生ンㄱ 所Ⅱ分[72]

D: 百千億 那由他 不可說의, 먼저 兜率宮에 住한 모든 菩薩衆은 三界를 超過한 법으로부터 生한 바이며,

E: 백천억 나유타 말할 수 없는 도솔타천궁에 먼저부터 있던 보살 대중은 삼계를 초과한 법으로부터 생기고,

<주본화엄22, 12:04>

A: 離諸[33(·)]煩惱[41(·),24(·),25(··)]行[45(·)]所生[12(:),51(/·)]

B: 離諸[ㄱ]煩惱[乙,支,ㅌㅌ]行[灬]所生[ンㄱ,Ⅱ分]

C: 諸ㄱ 煩惱乙 離支ㅌㅌ 行灬 生ンㄱ 所Ⅱ分

D: 모든 煩惱를 여읜 行으로 生한 바이며,

E: 번뇌를 여읜 행으로부터 생기고,

<주본화엄22, 12:04>

A: 周徧無礙心[45(·)]所生[12(:),51(/·)]

B: 周徧無礙心[灬]所生[ンㄱ,Ⅱ分]

C: 周徧 無礙心灬 生ンㄱ 所Ⅱ分

---

70) 3행의 欄上에 不審紙가 있다.
71) 박진호(2004)에 제시된 점도(화엄경 57권)에서는 43(/)을 'ㅕㄷ'로 파악했으나 先에 'ㅕㄷ'가 현토된 예가 자토구결에 없어 'X'로 처리하였다.
72) 以는 8행의 供養具에서 해석된다.

D: 두루한 無礙心으로 生한 바이며,
E: 두루 가득하여 걸림이 없는 마음으로 생기고,

<주본화엄22, 12:04-05>
A: 甚深方便法[45(·)]所生[12(:),51(/·)]
B: 甚深方便法[ᄯ]所生[ᄂㄱ,ㅣ分]
C: 甚深 方便法ᄯ 生ᄂㄱ 所ㅣ分
D: 매우 깊은 方便法으로 生한 바이며,
E: 매우 깊은 방편법으로 생기고,

<주본화엄22, 12:05>
A: 無量[25(·),33(·)]廣大智[45(·)]所生[12(:),51(/·)]
B: 無量[ㄴ,ㄱ]廣大智[ᄯ]所生[ᄂㄱ,ㅣ分]
C: 量 無ㄴㄱ 廣大智ᄯ 生ᄂㄱ 所ㅣ分
D: 한량없는 廣大智로 生한 바이며,
E: 한량없이 광대한 지혜로 생기고,

<주본화엄22, 12:05-06>
A: 堅固淸淨信[45(·)]所增長[12(·),51(/·)]
B: 堅固淸淨信[ᄯ]所增長[ㄱ,ㅣ分]
C: 堅固 淸淨信ᄯ 增長(ᄉ)ㄱ 所ㅣ分
D: 堅固한 淸淨信으로 增長시킨 바이며,
E: 견고하고 청정한 믿음으로 증장하고,

<주본화엄22, 12:06>
A: 不思議[25(·)]善根[45(·)]所生起[12(:),51(/·)]
B: 不思議[ㄴ]善根[ᄯ]所生起[ᄂㄱ,ㅣ分]
C: 不思議ㄴ 善根ᄯ 生起ᄂㄱ 所ㅣ分
D: 不思議한 善根으로 生起한 바이며,

E: 부사의한 선근으로 일어나고,

<주본화엄22, 12:06-07>[73]
A: 阿僧祇善巧變化[45(·)]所成就[12(·),51(/·)]
B: 阿僧祇善巧變化[ᄊ]所成就[ㄱ,ㅣㅕ]
C: 阿僧祇(七) 善巧 變化ᄊ 成就(丿)ㄱ 所ㅣㅕ
D: 阿僧祇의 善巧 變化로 成就한 바이며,
E: 아승기 공교한 변화로 성취하고,

<주본화엄22, 12:07>
A: 供養佛[41(·),34(-),23(/),25(|)]{21(·)}心[45(·)]之所現[33(·),51(/·)]
B: 供養佛[乙,白,口ハ,今七]心[ᄊ]之所現[ㄱ,ㅣㅕ]
C: 佛乙 供養(ㅆ)白口ハ今七 心ᄊ{之} 現ㄱ 所ㅣㅕ
D: 부처를 供養하는 마음으로 나타난 바이며,
E: 부처님께 공양하는 마음으로 나타나고,

<주본화엄22, 12:07>
A: 無作法門[45(·)]之所印[12(·),51(/·),23(|)]
B: 無作法門[ᄊ]之所印[ㄱ,ㅣㅕ,ᄂ3]
C: 無作 法門ᄊ{之} 印(丿)ㄱ 所ㅣㅕᄂ3
D: 無作 法門으로 印可한 바이며 하여,
E: 지음이 없는[無作] 법문으로 인가한 바

<주본화엄22, 12:08>[74]
A: 出過諸[33(·)]天[25(··),33(|),41(·),12(:),]諸[33(·)]供養具[41(·),34(|)]供養於佛[41(·),52(·)#52(··)]
B: 出過諸[ㄱ]天[3 七,X,乙,ᄂㄱ]諸[ㄱ]供養具[乙,3]供養於佛[乙,ᅔ]

---

73) 7행의 欄上에 不審紙가 있다.
74) 8행 欄上에 보이는 不審紙는 영인본에서 보이는 것보다 더 멀리 떨어져 있다.

周本『華嚴經』卷第二十二 277

C: 諸1 天3 セX乙 出過ㇱ1 諸1 供養具乙 以3 {於}佛乙 供養(ㇱ)ぅ
D: 모든 하늘에 있는 것을 뛰어넘은 모든 供養具로써 부처를 供養하며,
E: 여러 하늘보다도 나은 공양거리로 부처님께 공양하였다.

<주본화엄22, 12:08-09>
A: 以從波羅蜜[41(·),25(·)]所生[12(:),25(·)]一切寶蓋[11(·)]
B: 以從波羅蜜[乙,セ]所生[ㇱ1,セ]一切寶蓋[ぅ]
C: 波羅蜜乙 從セ 生ㇱ1 所セ 一切 寶蓋ぅ⁷⁶⁾
D: 波羅蜜로부터 生한 바의 一切 寶蓋이니
E: 바라밀로부터 생긴 모든 보배 일산과,

<주본화엄22, 12:09-10>
A: 於一切佛[35(·)]境界[53(·),23(|)]淸淨解所生[12(:),25(·)]一切華帳[11(·)]
B: 於一切佛[ﾉ]境界[十,ㇱ3]淸淨解所生[ㇱ1,セ]一切華帳[ぅ]
C: {於}一切 佛ﾉ 境界十ㇱ3 淸淨解(ㄸ) 生ㇱ1 所セ 一切 華帳ぅ
D: 一切 부처의 境界에서 淸淨解로 生한 바의 一切 華帳이니
E: 온갖 부처님 경계를 청정하게 이해함으로 생긴 모든 꽃 휘장과,

<주본화엄22, 12:10>
A: 無生法忍[45(·)]所生[12(:),25(·)]一切衣[11(·)]
B: 無生法忍[ㄸ]所生[ㇱ1,セ]一切衣[ぅ]
C: 無生法忍ㄸ 生ㇱ1 所セ 一切 衣ぅ
D: 無生法忍으로 生한 바의 一切 옷이니
E: 무생법인(無生法忍)으로 생긴 모든 옷과,

---

75) 以는 3행에 있는 것이다.
76) 以는 20행의 供養之具에서 해석된다.

<주본화엄22, 12:10-11>
A: 入金剛法[53(·),25(|)]無礙心[45(·)]所生[12(:),25(·)]一切鈴網[11(·)]
B: 入金剛法[十,ㅅ七]無礙心[灬]所生[ㅅㄱ,七]一切鈴網[氵]
C: 金剛法十 入(ㅅ)ㅅ七 無礙心灬 生ㅅㄱ 所七 一切 鈴網氵
D: 金剛法에 들어간 無礙心으로 生한 바의 一切 鈴網이니
E: 금강법에 들어간 걸림없는 마음으로 생긴 모든 풍경 그물과,

<주본화엄22, 12:11-12>
A: 解一切法如幻[24(·),12(:),41(··),25(|)]心[45(·)]所生[12(:),25(·)]一切堅固香[11(·)]
B: 解一切法如幻[攴,ㅅㄱ,入乙,ㅅ七]心[灬]所生[ㅅㄱ,七]一切堅固香[氵]
C: 一切法 幻 如攴ㅅㄱ 入乙 解(ㅅ)ㅅ七 心灬 生ㅅㄱ 所七 一切 堅固 香氵
D: 一切法이 幻術과 같은 것을 아는 마음으로 生한 바의 一切 堅固한 香이니
E: 일체 법을 아는 환술 같은 마음으로 생긴 모든 견고한 향과,

<주본화엄22, 12:12-13>
A: 周徧一切佛境界[25(·)]如來[44(·)]座[53(·),25(|)]心[45(·)]所生[12(:),25(·)]一切佛[35(·)]衆寶妙座[11(·)?]
B: 周徧一切佛境界[七]如來[尸]座[十,ㅅ七]心[灬]所生[ㅅㄱ,七]一切佛[ㅅ]衆寶妙座[氵]
C: 一切 佛境界七 如來尸 座十 周徧(ㅅ)ㅅ七 心灬 生ㅅㄱ 所七 一切 佛ㅅ 衆 寶妙座氵
D: 一切 佛境界의 如來의 자리에 두루한 마음으로 生한 바의 一切 부처의 많은 寶妙座이니
E: 일체 부처님 경계와 여래의 자리에 두루한 마음으로 생긴 모든 보배 자리와,

<주본화엄22, 12:13-14>[77]
A: 供養佛[41(·),13(·)]不懈[44(·)?,25(|)]心[45(·)]所生[12(:),25(·)]一切寶幢[11(·)]
B: 供養佛[乙,ㅿ]不懈[尸,ㅅ七]心[灬]所生[ㅅㄱ,七]一切寶幢[氵]
C: 佛乙 供養(ㅅ)ㅿ 懈尸 不(ㅅ)ㅅ七 心灬 生ㅅㄱ 所七 一切 寶幢氵
D: 부처를 供養하되 게으르지 않은 마음으로 生한 바의 一切 寶幢이니

---

77) 14행의 欄上에 不審紙가 있다.

E: 부처님께 공양하고 게으르지 않은 마음으로 생긴 모든 보배 당기와,

<주본화엄22, 12:14-15>
A: 解諸[33(·)]法[23(-)]如夢[41(|·),23(|)]歡喜[25(|)]心[45(·)]所生[12(:),25(·)]佛[35(·)]所住[14(··)]#14(:)#14(·),25(·)]一切寶宮殿[11(·)]
B: 解諸[ㄱ]法[ㅋ]如夢[ㅁㄱ入乙,ᄂ氵]歡喜[亽七]心[ㅅ]所生[ᄂㄱ,七]佛[ㄴ]所住[ㆆ尸,七]一切 寶宮殿[氵]
C: 諸ㄱ 法ㅋ 夢 如(支)ノㄴ入乙 解ᄂ氵 歡喜(ᄂ)亽七 心ㅅ 生ᄂㄱ 所七 佛ㄴ 住(ᄂ)ㆆ尸 所七 一切 寶宮殿氵
D: 모든 법이 꿈과 같은 것을 알아 歡喜하는 마음으로 生한 바의, 부처께서 머무시는 바의 一切 寶宮殿이니
E: 모든 법이 꿈과 같은 줄 아는 환희한 마음으로 생기어 부처님께서 머무시는 모든 보배 궁전과

<주본화엄22, 12:15-20>
A: 無著善根[11(·)]無生善根[11(·),13(/),45(·)]所生[12(:),25(·)]一切寶蓮華雲[11(·)]一切堅固香雲[11(·)]一切無邊色華雲一切種種色妙衣雲一切無邊清淨栴檀香雲一切妙莊嚴寶蓋雲一切燒香雲一切妙鬘雲一切清淨莊嚴具雲[11(·),31(··)]皆[25(·)]徧法界[55(·),23(|)?]出過諸[33(·)]天[25(··),33(|),12(:)]供養[25(·)]之具[41(·),34(|)]供養於佛[41(·),34(-),54(··)]#54(·)]
B: 無著善根[氵]無生善根[氵,ㅁ亽,ㅅ]所生[ᄂㄱ,七]一切寶蓮華雲[氵]一切堅固香雲[氵]一切無邊色華雲一切種種色妙衣雲一切無邊清淨栴檀香雲一切妙莊嚴寶蓋雲一切燒香雲一切妙鬘雲一切清淨莊嚴具雲[氵,ㅁ于]皆[七]徧法界[ㅣ,ᄂ氵]出過諸[ㄱ]天[氵七,X,ᄂㄱ]供養[七]之具[乙,氵]供養於佛[乙,白,xㅣ]
C: 無著善根氵 無生善根氵ノ亽ㅅ 生ᄂㄱ 所七 一切 寶蓮華雲氵 一切 堅固香雲氵 一切 無邊色華雲(氵) 一切 種種色 妙衣雲(氵) 一切 無邊 清淨 栴檀香雲(氵) 一切 妙莊嚴 寶蓋雲(氵) 一切 燒香雲(氵) 一切 妙鬘雲(氵) 一切 清淨 莊嚴具雲氵ノ于 皆七 法界(十) {徧}(ㄱ)ㅣᄂ氵 諸ㄱ 天氵七X(乙) 出過ᄂ 供養七{之} 具乙 以氵 {於}佛乙 供養(ᄂ)白xㅣ[78)]

---

78) '以'는 8행에 있는 것이다.

D: 無著善根이니 無生善根이니 하는 것으로 生한 바의 一切 寶蓮華雲이니 一切 堅固香雲이니 一切 無邊 色華雲이니 一切 種種色 妙衣雲이니 一切 無邊 淸淨 栴檀香雲이니 一切 妙莊嚴 寶蓋雲이니 一切 燒香雲이니 一切 妙鬘雲이니 一切 淸淨 莊嚴具雲이니 하는 것이 모두 法界에 두루하여 모든 하늘에 있는 것을 뛰어넘은 供養具로써 부처를 供養하였다.

E: 집착이 없는 선근과 나는 일이 없는[無生] 선근으로 생긴 일체 보배 연꽃 구름·일체 견고한 향 구름·일체 그지없는 빛깔 꽃 구름·일체 가지각색 묘한 옷 구름·일체 그지없이 청정한 전단향 구름·일체 묘하게 장엄한 보배 일산 구름·일체 사르는 향 구름·일체 묘한 화만 구름·일체 청정한 장엄거리 구름 들이 다 법계에 두루하여 하늘보다 초과한 공양거리로 부처님께 공양하였다.

<주본화엄22, 12:20-21>

A: 其諸[33(·)]菩薩[33(·)]一一[33(·)]⁷⁹⁾身[53(·),43(\),55(·)]各[43(│)]出不可說[25(·)]百[33(·)]千[33(·)]億那由他[25(·)]菩薩[41(·),12(:)]

B: 其諸[ㄱ]菩薩[ㄱ]一一[ㄱ]身[十,ケ,│]各[3 ホ]出不可說[ㄴ]百[ㄱ]千[ㄱ]億那由他[ㄴ]菩薩[乙,ンㄱ]

C: 其 諸ㄱ 菩薩ㄱ 一一ㄱ 身十ケ│ 各 3 ホ 不可說ㄴ 百ㄱ 千ㄱ 億 那由他ㄴ 菩薩乙 出ンㄱ

D: 그 모든 菩薩은 하나하나의 몸에서마다 각각 不可說의 百千億 那由他의 菩薩을 내니

E: 그 보살들의 낱낱 몸에서 말할 수 없는 백천억 나유타 보살을 내었으니,

<주본화엄22, 12:21-22>

A: 皆[25(·)]充滿法界虛空界[11(·),53(·),12(:)]其心[33(·)]等於三世[25(·)]諸[33(·)]佛[53(│)?,34(│),51(·.)]{21(·)}

B: 皆[ㄴ]充滿法界虛空界[氵,十,ンㄱ]其心[ㄱ]等於三世[ㄴ]諸[ㄱ]佛[ㅋ十, 3,x分]

C: 皆ㄴ 法界(氵) 虛空界氵(ノ令)十 充滿ンㄱ 其 心ㄱ {於}三世ㄴ 諸ㄱ 佛ㅋ十 等 3 x分

D: 모든 法界이니 虛空界이니 하는 것에 充滿한 그 마음은 三世의 모든 부처와 평등하며,

E: 다 법계와 허공계에 충만하고, 마음은 삼세의 부처님들과 평등하며,

---

79) 점토가 一과 一의 사이에 있다.

<주본화엄22, 12:22-23>[80]

A: 以從無顚倒法[41(·),25(·)]所起[12(:),51(/·)]

B: 以從無顚倒法[乙,七]所起[ソ丁,リ彳]

C: 無顚倒法乙 從七 起ソ丁 所リ彳[81]

D: 無顚倒法으로부터 일어난 바이며,

E: 뒤바뀜이 없는 법[無顚倒法]으로부터 일어난 바와

<주본화엄22, 12:23>

A: 無量[33(·)]如來[44(·)]力[45(·)]所加[12(|)?,51(/·)]

B: 無量[丁]如來[尸]力[灬]所加[ㆆ丁,リ彳]

C: 量 無丁 如來尸 力灬 加(ソ)ㆆ丁 所リ彳

D: 한량없는 如來의 힘으로 加被하신[82] 바이며,

E: 한량없는 여래의 힘으로 가피한 바로써

<주본화엄22, 12:23>

A: 開示衆生[23(-)]安隱[25(·)]之道[41(·),52(·),14(-),41(··),43(·),34(|)]

B: 開示衆生[ㆌ]安隱[七]之道[乙,x彳,x尸,入乙,氵,3]

C: 衆生ㆌ 安隱七{之} 道乙 開示x彳x尸入乙 {以}氵3[83]

D: 衆生의 安隱의 道를 開示하며 하는 것을 말미암아

E: 중생에게 편안한 도를 보이며,

<주본화엄22, 12:24>

A: 具足不可說[25(·)]名味句[52(·)]

B: 具足不可說[七]名味句[彳]

C: 不可說七 名味句(乙) 具足(ソ)彳

---

80) 22행과 23행 사이의 欄上에 不審紙가 있다.
81) '以'는 23행의 安隱之道에서 해석된다.
82) 가피(加被): 부처나 보살이 자비를 베풀어 중생에게 힘을 주는 것.
83) '以'는 22행에 있는 것이다.

282 第二部 判讀과 解讀 및 翻譯

D: 不可說의 名味句를 具足하며,
E: 말할 수 없는 낱말과 구절과 뜻을 구족하고,

<주본화엄22, 12:24-13:01>
A: 普[24(|)]入無量[33(·)?]法[25(·)]一切陀羅尼種[25(·)]中[53(·),52(·)]
B: 普[刂]入無量[ㄱ]法[ㄴ]一切陀羅尼種[ㄴ]中[十,丷]
C: 普刂 量 無ㄱ 法ㄴ 一切 陀羅尼 種ㄴ 中十 入(ㄴ)丷
D: 널리 한량없는 法의 一切 陀羅尼 種의 가운데 들며,
E: 한량없는 법에 들어가고, 일체 다라니 가운데서

<주본화엄22, 13:01>
A: 生不可窮盡[23(|),24(\),12(:),35(·),25(··)]辯才[25(·)]之藏[41(·),24(|)?,52(·)]
B: 生不可窮盡[ᆢ 氵,⼑,ᆢㄱ,矢,ㅌㄴ]辯才[ㄴ]之藏[乙,刂,丷]
C: 窮盡ᆢ氵⼑(ㅁ){可}(ㄴ)ᆢㄱ 不矢ㅌㄴ 辯才ㄴ{之} 藏乙 生刂丷
D: 다할 수 없는 辯才의 藏을 내며,
E: 다할 수 없는 변재의 장(藏)을 내어

<주본화엄22, 13:01-02>
A: 心無所畏[14(·),43(|)?]生大歡喜[41(·),51(/·),23(|)]
B: 心無所畏[尸,氵 尒]生大歡喜[乙,刂丷,ᆢ氵]
C: 心 畏(ノ)尸 所 無氵尒 大歡喜乙 生刂丷ᆢ氵
D: 마음에 두려워하는 바 없어서 大歡喜를 내며 하여,
E: 마음에 두려움 없고 크게 환희함을 내며,

<주본화엄22, 13:02-03>
A: 以不可說[25(·)]無量[51(·)]無盡[44(·)?,33(·)]如實[44(·),24(·)?]讚歎法[41(·),34(|)]讚歎如來[41(·),34(-)#35(-),13(·.)]無有厭足[44(·),24(|),54(·.)]
B: 以不可說[ㄴ]無量[丷]無盡[尸,ㄱ]如實[尸,支]讚歎法[乙,氵]讚歎如來[乙,白,xㅿ]無有厭足[尸,刂,x丨]

周本『華嚴經』卷第二十二 283

C: 不可說セ 量 無ケ 盡尸 無１ 實尸[84) 如支 讚歎 法乙 以ホ 如來乙 讚歎(ソ)白xム 厭足尸 無
   有ﾘxﾄ
D: 不可說의 한량없으며 다함없는, 實相대로 讚歎하는 法으로써 如來를 讚歎하되 싫증냄이
   없이 한다.
E: 말할 수 없이 무량무진한 변재로 사실대로 법을 찬탄하고 여래를 찬탄하되 만족함이 없
   었다.

<주본화엄22, 13:04-05>
A: 爾時[53(·)]一切諸[33(·)]天[11(·)]及[25(·)]諸[33(·)]菩薩衆[11(·),13(/),33(·)]見於如來[24(|)?]應
   [24(|),51(·)#51(·)]正等覺[24(|),43(-)][85)]不可思議[23(|),24(\),35(·),45(-),12(··)]人中[25(··)#25(·)]
   之雄[41(·)?,34(-)]{23(|)?}
B: 爾時[+]一切諸[１]天[ﾐ]及[セ]諸[１]菩薩衆[ﾐ,ﾉｨ,１]見於如來[ﾘ]應[ﾘ,x分]正等覺[ﾘ,
   ｧ下]不可思議[ソ３,ﾉ,矢,X,ｧ１]人中[３セ]之雄[乙,白]
C: 爾 時十 一切 諸１ 天ﾐ 及セ 諸１ 菩薩衆ﾐﾉｨ１ {於}如來ﾘ(x分) 應ﾘx分 正等覺ﾘｧ
   下 思議ソ３ｦ(古){可}(ｾソ１) 不矢Xｧ１ 人 中３セ{之} 雄乙 見白(X)
D: 그때에 一切 모든 天이니 및 모든 菩薩衆이니 하는 이는, 如來이시며 應供이시며 正等覺
   이시어 思議할 수 없는, 사람 가운데의 영웅을 뵈었는데
E: 그 때 모든 하늘과 보살대중이 여래·응공·정등각(正等覺)의 부사의한 사람 가운데 영웅이
   신 이를 뵈었다.

<주본화엄22, 13:05-06>
A: 其身[24(|)?]無量不可稱數[23(|),24(\),35(·),45(-),11(·)]
B: 其身[ﾘ]無量不可稱數[ソ３,ﾉ,矢,X,xﾐ]
C: 其 身ﾘ 量 無 稱數ソ３ｦ(古){可}(ｾソ１) 不矢Xxﾐ
D: 그 몸이 한량없어 稱數할 수 없으니
E: 그 몸이 무량하여 헤아릴 수 없으며,

---

84) 자토석독구결에서 '如實'구문은 '實勿 如支' 또는 '實 如支'로 나타난다.
85) 43(-)이 두 번 그어진 듯이 보인다.

284 第二部 判讀과 解讀 및 翻譯

<주본화엄22, 13:06-07>
A: 現不思議[25(·)]種種[25(·)]神變[41(·),24(\)]令無數[33(·)]衆生[41(·)?]心大[24(|)]歡喜[42(·),22(·)]
B: 現不思議[セ]種種[セ]神變[乙,ハ]令無數[1]衆生[乙]心大[ㅣ]歡喜[(ㅅ)ㅣ,ㅎ]
C: 不思議セ 種種セ 神變乙 現ハ 數 無1 衆生乙 心 大ㅣ 歡喜 令ㅣㅎ
D: 不思議의 갖가지 神變을 나타내어 수없는 衆生으로 하여금 마음에 크게 歡喜하게 하고
E: 불가사의한 가지가지 신통 변화를 나타내어 수없는 중생의 마음을 기쁘게 하며,

<주본화엄22, 13:07-08>
A: 普[24(|)]徧一切虛空界[11(·)]一切法界[11(·),13(/),53(|),43(\),55(·),23(|)?]以佛莊嚴[41(·),34(|)]而[45(·)]爲莊嚴[43(·),34(|)]令一切衆生[41(·)]安住善根[53(·),42(·),22(·)]
B: 普[ㅣ]徧一切虛空界[氵]一切法界[氵,ハ仒,ヲナ,ケ,ㅣ,ヽ氵]以佛莊嚴[乙,氵]而[灬]爲莊嚴[氵,氵]令一切衆生[乙]安住善根[十,(ㅅ)ㅣ,ㅎ]
C: 普ㅣ 一切 虛空界氵 一切 法界氵ノ仒ヲナ{徧}ケㅣヽ氵 佛 莊嚴乙 以氵 而灬 莊嚴{爲}氵氵 一切 衆生乙 善根十 安住 令ㅣㅎ
D: 널리 一切 虛空界이니 一切 法界이니 하는 데에 두루하여 佛 莊嚴으로써 莊嚴 삼아 一切 衆生으로 하여금 善根에 安住하게 하고
E: 일체 허공계와 일체 법계에 두루하여 부처님의 장엄으로써 장엄 삼아 모든 중생으로 하여금 선근에 편안히 머물게 하고

<주본화엄22, 13:08-10>
A: 示現無量[33(·)]諸[33(·)]佛[35(·)]神力[41(·),13(|)]超過一切諸[33(·)]語言[25(·)]道[41(·),11(·.)]諸[33(·)]大菩薩[44(·)]所共欽敬[14(·),43(-)]隨所應化[44(|)#44(\),12(:),42(/),41(·),24(\)]皆[25(·)]令歡喜[22(·)][86)]
B: 示現無量[1]諸[1]佛[ㅅ]神力[乙,xム]超過一切諸[1]語言[セ]道[乙,x氵]諸[1]大菩薩[尸]所共欽敬[尸,ㅎ下]隨所應化[X,ヽ1,ㅣ1,乙,ハ]皆[セ]令歡喜[ㅎ]
C: 量 無1 諸1 佛ㅅ 神力乙 示現xム 一切 諸1 語言セ 道乙 超過x氵 諸1 大菩薩尸 共 欽

---

86) '生 諸1 天氵 及セ 人氵ノ仒ヲ 敬禮ノㅎ{應}セヽ1 所ㅣ ト효 <화엄14, 05:07>'와 같이 파악할 수 있겠으나 점이 이에 잘 대응되지 않는 어려움 존재한다.

敬(ノ)尸 所(刂)彡下 化X(亠){應}(七)丷丁 所刂丁乙 隨丂 皆七 歡喜 令(刂)𢒑

D: 한량없는 모든 부처 神力을 示現하되 一切 모든 言語의 道를 超過하나, 모든 大菩薩이 함께 欽敬하는 바이시어, 교화해야 할 바인 것을 따라 모두 歡喜하게 하고

E: 한량없는 부처님의 신력을 나타내니 온갖 말로 설명할 길을 뛰어넘었으나, 여러 대보살의 공경하는 바로서 마땅한 대로 교화하여 모두 환희케 하니,

<주본화엄22, 13:10-11>

A: 住於諸佛[35(·)]廣大[25(/)]之身[53(·),22(·)]

B: 住於諸佛[𠃵]廣大[x七]之身[十,𢒑]

C: {於}諸(丁) 佛𠃵 廣大x七{之} 身十 住(丷)𢒑

D: 모든 부처의 廣大한 몸에 머물고

E: 여러 부처님의 광대한 몸에 머물러

<주본화엄22, 13:11>[87]

A: 功德善根悉[34(|)]已[43(·)]淸淨[22(·)]

B: 功德善根悉[阝]已[氵]淸淨[𢒑]

C: 功德 善根 悉阝 已氵 淸淨(丷)𢒑

D: 功德 善根이 다 이미 淸淨하고

E: 공덕과 선근이 이미 청정하였고

<주본화엄22, 13:11>

A: 色相第一[21(·|·),24(|),43(|),경계선][88]無能[35(·)]映奪[13(·|)#13(!),22(·)?,52(·/)]

B: 色相第一[X,刂,阝尒]無能[矢]映奪[x今,𢒑,x分]

C: 色相 第一X刂阝尒 能矢 映奪x今 無𢒑x分

D: 色相 第一이어서 능히 映奪할 이 없고 하며,

E: 몸매가 제일이어서 능히 가리울 이가 없었다.

87) 欄上에 가늘고 긴 직사각형의 紺色 不審紙가 있다.

88) 24에서 왼쪽 위로 곡선이 길게 그어져 있다.

<주본화엄22, 13:11-12>

A: 智慧[25(·)]境界[24(|)?]不可窮盡[23(|),24(/),42(|),35(·),45(-),11(·.)]無比三昧[45(·)]之所出生[42(·),12(|),21(·|)]

B: 智慧[ㄴ]境界[ㅣ]不可窮盡[ㅄ3,소,亠,矢,X,x3]無比三昧[灬]之所出生[(ㅅ)ㅣ,ㅎㄱ,X]

C: 智慧ㄴ 境界ㅣ 窮盡ㅄ3 소 亠{可}(ㅌㅄㅌ) 不矢Xx: 無比 三昧灬{之} 出生ㅅㅣㅎㄱ 所X

D: 智慧의 境界가 다할 수 없으니 無比 三昧로 내신 바이거늘

E: 지혜 경계를 다할 수 없으니 비길 데 없는 삼매로 낸 것이며,

<주본화엄22, 13:12-14>

A: 其身[42(|)]無際[24(|),43(|)]徧[55(·)]住一切衆生身[25(·)]中[53(·),22(·)]令無量[33(·)?]衆生[41(·)]皆[25(·)]大[24(|)]歡喜[42(·),22(·)]{89)}令一切智[25(·)]種性[41(·)]不斷[44(·),42(·),22(·),31(·|),51(·/)]

B: 其身[亠]無際[ㅣ,3,亦]徧[ㅣ]住一切衆生身[ㄴ]中[十,ㅎ]令無量[ㄱ]衆生[乙]皆[ㄴ]大[ㅣ]歡喜[(ㅅ)ㅣ,ㅎ]令一切智[ㄴ]種性[乙]不斷[尸,(ㅅ)ㅣ,ㅎ,X,x分]

C: 其 身亠 際ㅣ 無3 亦 {徧}(ケ)ㅣ 一切 衆生 身ㄴ 中十 住(ㅄ)ㅎ 量 無ㄱ 衆生乙 皆ㄴ 大ㅣ 歡喜 令ㅣㅎ 一切 智ㄴ 種性乙 斷尸 不(多) 令ㅣㅎXx分

D: 그 몸 끝이 없어서 두루 一切 衆生 몸의 가운데 머물고 한량없는 중생을 모두 크게 歡喜하게 하고 一切 智의 種性을 끊어지지 않게 하고 하며,

E: 그 몸이 끝이 없어 일체 중생의 몸 가운데 두루 있으면서 한량없는 중생을 모두 환희케 하며 온갖 지혜의 종성을 끊어지지 않게 하였다.

<주본화엄22, 13:14-15>

A: 住於諸佛[35(·)]究竟所住[12(|),53(·),23(|)]生於三世[25(·)]{90)}諸[33(·)]佛[35(·)]之家[51(.·)]

B: 住於諸佛[ㄴ]究竟所住[ㅎㄱ,十,ㅄ3]生於三世[ㄴ]諸[ㄱ]佛[ㄴ]之家[x分]

C: {於}諸佛ㄴ 究竟 住(ㅄ)ㅎㄱ 所十 住ㅄ3 {於}三世ㄴ 諸ㄱ 佛ㄴ{之} 家(十) 生x分

D: 諸佛이 究竟히 머무시는 데 머물러 三世의 모든 부처 가운데서 나며,

E: 부처님들이 필경에 머무시는 데 머무르고 삼세의 부처님 가운데 나서,

---

89) 51 위치에 단점이 확인되는데 주위에 원이 둘러싸여 있다. 이는 수정·삭제 표시로 추정되므로 이를 고려하여 본문에 반영하지 않았다.

90) 14와 24에 걸쳐 'ㄷ' 모양의 둥근 선이 있다.

周本『華嚴經』卷第二十二　287

<주본화엄22, 13:15-16>
A: 令不可數[24(\),42(|),25(·),33(·),35(·),45(-),12(··)]衆生[41(·)?]信解淸淨[42(·),22(·)]令一切菩薩[41(·)]智慧成就[23(|)]諸[33(·)]根悅豫[42(·),22(·),11(·)?]

B: 令不可數[㇍,ㅎ,七,ㄱ,矢,X,ㅎㄱ]衆生[乙]信解淸淨[(ㅅ)ㅣ,ㅎ]令一切菩薩[乙]智慧成就[ㅴ]諸[ㄱ]根悅豫[(ㅅ)ㅣ,ㅎ,xミ]

C: 數㇍ㅎ{可}七(ㅅ)ㄱ 不矢Xㅎㄱ 衆生乙 信解 淸淨 令ㅣㅎ 一切 菩薩乙 智慧 成就ㅴ 諸 ㄱ 根 悅豫 令ㅣㅎxミ

D: 셀 수 없는 衆生으로 하여금 信解 淸淨하게 하고 一切 菩薩로 하여금 智慧 成就하여 모든 根이 悅豫하게 하고 하여

E: 셀 수 없는 중생들로 하여금 믿고 이해함이 청정케 하며, 모든 보살로 하여금 지혜를 성취하여 여러 근이 기쁘게 하며,

<주본화엄22, 13:16-17>
A: 法雲[45(·)]普[24(|)]覆虛空法界[41(·),24(|)#24(·),53(·)]敎化調伏[13(-)]無有遺餘[24(|),51(·)]

B: 法雲[ㆎ]普[ㅣ]覆虛空法界[乙,ㅣ,下]敎化調伏[xㅿ]無有遺餘[ㅣ,x分]

C: 法雲ㆎ 普ㅣ 虛空 法界乙 覆(ㅅ)ㅣ下 敎化 調伏xㅿ 遺餘 無有ㅣx分

D: 法雲으로 널리 虛空과 法界를 덮게 하여 敎化 調伏하되 남김없이 하며,

E: 법 구름이 허공과 법계에 널리 덮이어 교화하고 조복하매 남김이 없으며

<주본화엄22, 13:17-19>[91]
A: 隨衆生[23(-)]心[41(·),24(\)]悉[34(|)]令滿足[42(·),22(·)]令其[41(·)]安住無分別智[53(·),43(|)]出過一切衆生[25(·)]之上[11(·),53(·),42(·),22(·),31(·|),51(·/),경계선]

B: 隨衆生[ㅋ]心[乙,㇍]悉[ㅥ]令滿足[(ㅅ)ㅣ,ㅎ]令其[乙]安住無分別智[十,ㅴ 尓]出過一切衆生[x七]之上[ミ,十,(ㅅ)ㅣ,ㅎ,X,x分]

C: 衆生ㅋ 心乙 隨㇍ 悉ㅥ 滿足 令ㅣㅎ 其乙 無分別智十 安住(ㅴ)ㅴ 尓 一切 衆生x七{之} 上 ミ十 出過 令ㅣㅎXxナ

D: 衆生의 마음을 좇아 다 滿足하게 하고 그들로 하여금 無分別智에 安住하여서 一切 衆生

---

91) 19행의 欄上에 긴 직사각형의 紺色 不審紙가 있다.

의 위에 出過하게 하고 하며,

E: 중생의 마음을 따라 모두 만족케 하며, 그들로 하여금 분별 없는 지혜에 머물러 일체 중생의 위에 지나가게 하였다.

<주본화엄22, 13:19-20>

A: 獲一{24(·)#34(·)}切智[41(·),43(|)]放大光明[23(|)]宿世善根[41(·)?]皆[25(·)]令顯現[42(·),51(··)]

B: 獲一切智[乙,ㅣ氵]放大光明[ㄴ氵]宿世善根[乙]皆[ㄷ]令顯現[(ㅅ)ㅣㅣ,x彡]

C: 一切 智乙 獲氵 大光明(乙) 放ㄴ氵 宿世 善根乙 皆ㄷ 顯現 令ㅣㅣx彡

D: 一切 智를 얻어서 大光明을 놓아 지난 세상의 善根을 모두 나타나게 하며,

E: 온갖 지혜를 얻고 큰 광명을 놓아 지난 세상의 선근을 모두 나타나게 하며,

<주본화엄22, 13:20-21>

A: 普[24(|)]使一切[41(·)?]發廣大心[41(·),42(·),22(·)]令一切衆生[41(·)]安住普賢[23(-)]不可壞[25(·)]智[53(·),42(·),22(·),51(··)]

B: 普[ㅣ]使一切[乙]發廣大心[乙,(ㅅ)ㅣㅣ,ㅎ]令一切衆生[乙]安住普賢[氵]不可壞[ㄷ]智[十,(ㅅ)ㅣㅣ,ㅎ,x彡]

C: 普ㅣㅣ 一切乙 廣大心乙 發 使ㅣㅣㅎ 一切 衆生乙 普賢氵 不可壞ㄷ 智十 安住 令ㅣㅣㅎx彡

D: 널리 모든 이로 하여금 廣大心을 내게 하고 모든 중생으로 하여금 보현의 不可壞의 지혜에 안주하게 하고 하며,

E: 모든 이들로 하여금 광대한 마음을 내게 하여 온갖 중생들을 보현보살의 깨뜨릴 수 없는 지혜에 머물게 하며,

<주본화엄22, 13:21>

A: 徧[55(·)]住一切衆生[23(-)]國土[53(·),22(·)?]

B: 徧[ㅣ]住一切衆生[氵]國土[十,ㅎ]

C: {徧}(ケ)ㅣ 一切 衆生氵 國土十 住(ㅅ)ㅎ

D: 두루 一切 衆生의 國土에 머무르고

E: 일체 중생의 국토에 두루하여 있되

周本『華嚴經』卷第二十二 289

<주본화엄22, 13:21-22>
A: 從於不退正法[25(·)]中[41(·)?,25(·)]生[43(-)]住於一切平等法界[53(·)?,22(·)]
B: 從於不退正法[七]中[乙,七]生[ㅎ下]住於一切平等法界[十,ㅎ]
C: {於}不退正法七 中乙 從七 生(ㅅ)ㅎ下 {於}一切 平等 法界十 住(ㅅ)ㅎ
D: 不退正法의 가운데로부터 나시어 一切 平等 法界에 머무르고
E: 물러가지 않는 바른 법 가운데로부터 나서 일체가 평등한 법계에 머물고,

<주본화엄22, 13:22-23>
A: 明了衆生[23(-)]心[42(|),25(·)]之所宜[33(·)?,41(·)?,22(·)]
B: 明了衆生[ㆍ]心[ㆆ,七]之所宜[ㄱ,乙,ㅎ]
C: 衆生ㆍ 心ㆆ七 {之} 宜ㄱ 所乙 明了(ㅅ)ㅎ
D: 衆生의 마음의 마땅한 바를 밝히고
E: 중생들의 마음에 마땅함을 알고

<주본화엄22, 13:23-14:01>[92]
A: 現不可說不可說[25(·)]種種[45(·)]差別[25(/)]如來[44(·)]之身[41(·)?,24(\),13(-)]非[역독선]世[25(·)]言辭[45(·),43(·),53(\)?]而[45(·)]歎[53(-)]可盡[34(|),23(|),24(\),42(|),35(·)?,45(-),41(-)]能[24(·)]令一切[41(·)]常思念佛[24(|)]{42(·)}充{34(/)}滿法界[53(·),23(|)]廣[24(|)]度群生[41(·),24(|),41(i),42(·),22(·)]
B: 現不可說不可說[七]種種[ᄯ]差別[x七]如來[尸]之身[乙,ᄀ,xム]非世[七]言辭[ᄯ,ㅣ,X]而[ᄯ]歎[x乃]可盡[ろ,ㅅろ,ᄀ,ㆆ,矢,X,x入乙]能[攴]令一切[乙]常思念佛[ㅣ]充滿法界[十,ㅅろ]廣[ㅣ]度群生[乙,ㅣ,x入乙,(ㅿ)ㅣ,ㅎ]
C: 不可說不可說七 種種ᄯ 差別x七 如來尸{之} 身乙 現ᄀxム 世七 言辭ᄯㅣX 而ᄯ 歎x乃 盡ろㅅろᄀㆆ{可}(ㅌㅅㄱ) 非矢Xx入乙 能攴 一切乙 常 佛ㅣ 法界十 充滿ㅅろ 廣ㅣ 群生乙 度ㅣx入乙 思念 令ㅣㅎ
D: 不可說不可說의 갖가지로 差別한 如來의 몸을 나타내되 세상의 言辭로 찬탄하ᄂ다할 수 있는 것 아닌 것을, 능히 一切로 하여금 항상 부처께서 法界에 充滿하여 널리 群生을 制

---

92) 1행 欄上에 마름모꼴의 紺色 不審紙가 있다.

度하는 것을 생각하게 하고
E: 말할 수 없이 말할 수 없는 가지가지 차별한 여래의 몸을 나타내니, 세상의 말로는 이루 찬탄할 것 아니며, 모든 이들로 하여금 부처님께서 법계에 충만하여 중생들을 널리 제도 하심을 항상 생각하게 하고,

<주본화엄22, 14:01-03>[93]
A: 隨初[24(\)]發心[12(··)?,53(··)?]所欲利益[32(-),12(|),41(·),24(\)]以法[41(·),34(|)]惠施[23(|)]令其 [41(·)]調伏[43(|)?]信解淸淨[42(·),11(·)]示現色身[41(·),13(-)#13(/)]不可思議 [23(|),24(\),25(·),35(·),45(-),22(|),22(·),31(·|),51(·/)]
B: 隨初[ㄷ]發心[ㅎㄱ,ㅣ十]所欲利益[人,ㅎㄱ,乙,ㄷ]以法[乙,ㅿ]惠施ㅄㅿ令其[乙]調伏[ㅿ ホ] 信解淸淨[ㅅ)ㅣㅣ,xㅁ]示現色身[乙,xㅿ]不可思議[ㅄㅿ,ㄷ,七,矢,X,X,ㅎ,X,xㄅ]
C: 初ㄷ 發心(ㅄ)ㅎㄱㅣ十 利益(ㅄ){欲}人(ㅄ)ㅎㄱ 所乙 隨ㄷ 法乙 以ㅿ 惠施ㅄㅿ 其乙 調伏 (ㅄ)ㅿホ 信解 淸淨 令ㅣㅣxㅣ 色身乙 示現xㅿ 思議ㅄㅿㄷ(ㅎ){可}七(ㅄㄱ) 不矢XXㅎXxㅂ[94]
D: 처음 發心하신 때에 이롭게 하고자 하신 바를 따라, 법으로써 惠施하여, 그로 하여금 調伏하여서 믿음과 이해가 청정하게 하니, 色身을 示現하되 思議할 수 없고 하며,
E: 처음 발심할 적부터 이익하려던 것을 법으로 보시하여 그로 하여금 조복케 하여 믿고 이해함이 청정케 하며 색신을 나타내는 일이 부사의하였다.

<주본화엄22, 14:03>
A: 等[34(|)]{41(·)}觀衆生[41(·),13(-)]心[42(|)]無所著[14(·),34(|)]·중복선]住無礙住[53(·),22( )]
B: 等[ㅿ]觀衆生[乙,xㅿ]心[ㅎ]無所著[尸,ㅿ 중복]住無礙住[十,ㅎ]
C: 等ㅿ 衆生乙 觀xㅿ 心ㅎ 著(ノ)尸 所ㅿ 無ㅿ 無礙住十 住(ㅄ)ㅎ
D: 평등하게 衆生을 보되 마음 집착할 바 없어 無礙住에 머무르고

---

93) 3행 欄上에 紺色의 직사각형 不審紙가 있다.
94) 다음 예문을 참조할 수 있다.
   安樂ㅄㅎ 延年ㅄㅎノㅈㅂ <화소35, 10:06-07>
   涅槃ㅅ 無上道ㅅノㅅ乙 開ㅄㅎ 示ㅄㅎㅅナㅈㅂ <화엄14, 09:20-23>
   能支 戒乙 持ㅄㅎ 學處乙 受ㅎㅄヒㅈㅂ <화엄14, 10:10-13>
   寂滅ㅿ十 入ㅄㅎ {乃}ㅣ 至ㅣㅣ 舍利乙 廣ㅣㅣ 分布ㅄㅎノㅄㅎヒㅂ <화엄14, 14:19-22>

E: 중생을 평등하게 관찰하여 마음에 집착함이 없고, 장애가 없이 머무는 데 머물렀으며,

<주본화엄22, 14:04>
A: 得佛[35(·)]十力[41(·),43(|)]無所障礙[14(·),34(|)?,22(·)]
B: 得佛[心]十力[乙,ㅜ 尒]無所障礙[尸,ㅜ,ㅎ]
C: 佛心 十力乙 得ㅜ 尒 障礙(ノ)尸 所ㅜ 無ㅎ
D: 부처의 十力을 얻어서 障礙될 바 없고
E: 부처님의 십력을 얻어 장애됨이 없으며,

<주본화엄22, 14:04-05>
A: 心[42(|)]常[24(|)]寂定[23(|)]未曾[42(\)]散亂[44(·),43(|)]住一切智[53(·),22(·),31(·|),51(·/)]
B: 心[㕚]常[ㅣ]寂定[∨ㅜ]未曾[刀]散亂[尸,ㅜ 尒]住一切智[十,ㅎ,X,x分]
C: 心㕚 常ㅣ 寂定∨ㅜ 曾(ハ㕚)刀 散亂尸 未(ㅣ∨)ㅜ 尒⁹⁵⁾ 一切 智十 住(∨)ㅎXx分
D: 마음이 항상 寂定하여 조금도 散亂하지 않아서 一切 智에 머무르고 하며,
E: 마음이 항상 고요하게 정하여서 산란치 아니하고 온갖 지혜에 머물러

<주본화엄22, 14:05>
A: 善能[23(\)]開演種種[25(·)]文句[25(·)]眞實[25(·)]之義[41(·),22(·)]
B: 善能[ㅈ]開演種種[七]文句[七]眞實[七]之義[乙,ㅎ]
C: 善能ㅈ 種種七 文句七 眞實七{之} 義乙 開演(∨)ㅎ
D: 갖가지 文句의 진실의 뜻을 잘 開演하고
E: 가지가지 글과 구절의 진실한 뜻[眞實之義]을 잘 연설하며,

<주본화엄22, 14:05-06>⁹⁶⁾
A: 能[24(·)]悉[34(|)?]深[24(|)]入無邊[33(·)]智海[53(·),22(·)]

---

95) 다음 예문을 참조할 수 있다.
　　身口意業十 曾(ハ㕚)刀 懈倦尸 無ㅣ(∨)分 <주본화엄31, 03:11-13>
　　曾(ハ㕚)刀 休息尸 未(ㅣ∨)ㅜ 尒 <주본화엄31, 05:18-19>
96) 6행 欄上에 직사각형 모양의 紺色 不審紙가 있다.

292 第二部 判讀과 解讀 및 翻譯

B: 能[支]悉[ҙ]深[ㅣ]入無邊[ㄱ]智海[十,ᇂ]
C: 能攴 悉ҙ 深ㅣ 邊(尸) 無ㄱ 智海十 入(ᄉ)ᇂ
D: 능히 다 깊이 끝없는 智海에 들어가고
E: 끝없는 지혜 바다에 능히 깊이 들어가,

<주본화엄22, 14:06>
A: 出生無量功德慧藏[41(·),22(·),31(·|),51(·/)]
B: 出生無量功德慧藏[乙,ᇂ,X,x分]
C: 量 無(ㄱ) 功德慧藏乙 出生(ᄉ)ᇂXx分
D: 한량없는 功德慧藏을 내고 하며,
E: 한량없는 공덕과 지혜의 장을 내었다.

<주본화엄22, 14:06-07>
A: 恒以佛日[41(·),34(|)]普[24(|)?]照法界[41(·),24(|),13(-)]隨本願[25(·)]力[41(·),24(\)]常24(|)]現
   [43(|)?]不沒[44(·),22(·)]
B: 恒以佛日[乙,ҙ]普[ㅣ]照法界[乙,ㅣ,xム]隨本願[匕]力[乙,ᅩ]常[ㅣ]現[ҙ禾]不沒[尸,ᇂ]
C: 恒(ㅣ) 佛日乙 以ҙ 普ㅣ 法界乙 照ㅣxム 本願匕 力乙 隨ᅩ 常ㅣ 現(ᄉ)ҙ禾 沒尸 不(ᄉ)ᇂ
D: 항상 부처님의 햇빛으로써 널리 法界를 비추되 本願의 힘을 따라 항상 나타나서 없어지
   지 않고
E: 항상 부처님의 햇빛으로 법계에 두루 비치되 본래의 원력을 따라 항상 나타나고 없어지
   지 않나니,

<주본화엄22, 14:07-08>
A: 恒[24(|)]住法界[53(·),43(|)]住佛[35(·)]所住[12(|),53(·),22(·)]
B: 恒[ㅣ]住法界[十,ҙ禾]住佛[ㅅ]所住[ᇂㄱ,十,ᇂ]
C: 恒ㅣ 法界十 住(ᄉ)ҙ禾 佛ㅅ 住(ᄉ)ᇂㄱ 所十 住(ᄉ)ᇂ
D: 항상 法界에 머물러서 부처 머무시는 데에 머무르고
E: 법계에 항상 머무르며 부처님의 머무시는 데 머물러

周本『華嚴經』卷第二十二 293

<주본화엄22, 14:08>

A: 無有變異[14(·),22(·)]

B: 無有變異[尸,ᄒ]

C: 變異(丿)尸 無有ᄒ

D: 變異함이 없고

E: 변동이 없으며,

<주본화엄22, 14:08-09>

A: 於我[11(·)]我所[11(·),13(/),53(|)]俱[25(·)]無所著[14(·),34(|)-중복선]住出世[25(·)]法[53(·),33(-)]世[25(·)]法[53(·)]{13(-)}無染[44(·),22(·),31(·|),51(·/)]

B: 於我[ᄉ]我所[ᄉ,口今,ᄅ十]俱[七]無所著[尸,ᄒ] 중복住出世[七]法[十,X]世[七]法[十]無染[尸,ᄒ,X,x分]

C: {於}我ᄉ 我所ᄉ 丿今ᄅ十 俱七 著(丿)尸 所ᄒ 無ᄒ 出世七 法十 住X 世七 法十 染尸 無ᄒ Xx分

D: 나(我)이니 내 것이니 하는 것에 모두 집착할 바 없어 出世의 법에 머무르니 세상의 법에 물듦이 없고 하며,

E: 나[我]와 내 것[我所]에 모두 집착함이 없으며 출세의 법에 머무르며 세상법에 물들지 않았다.

<주본화엄22, 14:09-11>

A: 於一切世間[53(·)]建智慧幢[41(·),13(-)]其智[33(·)]廣大[23(|)]超過世間[41(·),43(|)]無所染著[14(·)?,11(··)]拔諸[33(·)]衆生[41(·)?,23(|)?]令出淤泥[41(·),42(·),43(|)?]置於最上智慧[25(·)]之地[53(·),22(·)?]

B: 於一切世間[十]建智慧幢[乙,xム]其智[丁]廣大[ᄉ3]超過世間[乙,3ホ]無所染著[尸,xᄉ]拔諸[丁]衆生[乙,ᄂ3]令出淤泥[乙,(ᄉ)刂,3ホ]置於最上智慧[七]之地[十,ᄒ]

C: {於}一切 世間十 智慧 幢乙 建xム 其 智丁 廣大ᄉ3 世間乙 超過(ᄉ)3ホ 染著(丿)尸 所 無xᄉ 諸丁 衆生乙 拔ᄉ3 淤泥乙 出 令刂3ホ {於}最上 智慧七{之} 地十 置(ᄉ)ᄒ

D: 一切 世間에 智慧의 幢을 세우되 그 지혜는 廣大하여 世間을 超過하여서 染著하는 바 없으나 모든 衆生을 빼어 진흙을 나오게 하여서 最上 智慧의 경지에 두고

E: 일체 세간에 지혜의 당기를 세우니, 그 지혜가 광대하고 세간을 초월하여 물들지 아니하며, 중생들을 수렁에서 빼내어 가장 높은 지혜의 언덕에 두며,

<주본화엄22, 14:11-12>
A: 所有[33(·),25(·)]福德饒益衆生[41(·),13(-)]而[45(·)]無有盡[44(·),24(|),22(·)]
B: 所有[ㄱ,ㄴ]福德饒益衆生[乙,xㅿ]而[灬]無有盡[尸,ㅣ,ㅎ]
C: 有ㄱ 所ㄴ 福德(灬) 衆生乙 饒益xㅿ 而灬 盡尸 無有ㅣ(ᄼ)ㅎ
D: 있는 바 福德으로 衆生을 饒益하되 다함 없이 하고
E: 가진 복덕으로 중생을 이익하되 다함이 없으며,

<주본화엄22, 14:12-13>
A: 了知一切菩薩[44(·)]智慧[45(·)]信向決定[43(|)]當[24(·)]成正覺[14(·.),41(··),22(·),51(·.)]
B: 了知一切菩薩[尸]智慧[灬]信向決定[3 氽]當[攴]成正覺[x尸,入乙,ㅎ,x亽]
C: 一切 菩薩尸 智慧灬 信向 決定(ᄼ) 3 氽 當攴 正覺 成x尸入乙 了知(ᄼ)ㅎx亽
D: 一切 보살의97) 智慧로 信向 決定하여서 마땅히 正覺을 이루는 것을 了知하고 하며,
E: 모든 보살의 지혜를 분명히 알아서 믿고 나아감이 결정되어 마땅히 정각을 이룰 것이며,

<주본화엄22, 14:13-14>
A: 以大慈悲[41(·),34(|)]現不可說[25(·)]無量[33(·)?]佛身[25(·)?]種種[25(·)]莊嚴[41(·),24(\),22(·)]
B: 以大慈悲[乙, 3]現不可說[ㄴ]無量[ㄱ]佛身[ㄴ]種種[ㄴ]莊嚴[乙,ㅁ,ㅎ]
C: 大慈悲乙 以 3 不可說ㄴ 量 無ㄱ 佛身ㄴ 種種ㄴ 莊嚴乙 現ㅁㅎ
D: 大慈悲로써 不可說의 한량없는 佛身의 갖가지 莊嚴을 나타내고
E: 큰 자비로써 말할 수 없고 한량없는 부처의 몸을 나타내되 가지가지로 장엄하고,

<주본화엄22, 14:14-15>98)
A: 以妙音聲[41(·),34(|)]演無量法[41(·),13(-)]隨衆生[23(-)]意[41(·),24(\)]悉[34(|)]令滿足[42(·),22(·),

---

97) 일반적인 속격의 가능성과 주어적 속격의 가능성이 모두 있다.
98) 15행 欄上에 직사각형 모양의 紺色 不審紙가 있다.

31(·|),51(·/)]
B: 以妙音聲[乙,ろ]演無量法[乙,xム]隨衆生[ゞ]意[乙,ㄢ]悉[ろ]令滿足[(ᄉ)ㅣ,ㅎ,X,xケ]
C: 妙音聲乙 以ろ 量 無(ㄱ) 法乙 演xム 衆生ゞ 意乙 隨ㄢ 悉ろ 滿足 令ㅣㅎXxケ
D: 妙音聲으로써 한량없는 法을 연설하되 衆生의 뜻을 따라 다 滿足하게 하고 하며,
E: 미묘한 음성으로 한량없는 법문을 연설하여 중생의 뜻을 따라 모두 만족케 하였다.

<주본화엄22, 14:15-16>
A: 於去來今[53(·)]心[42(|)]常[24(|)]淸淨[43(-)?#43(ㅗ)?]令諸[33(·)?]衆生[41(·)]不著境界[53(·),44(·),
42(·),22(·)]
B: 於去來今[十]心[ㅊ]常[ㅣ]淸淨[ㅎ下]令諸[ㄱ]衆生[乙]不著境界[十,尸,(ᄉ)ㅣ,ㅎ]
C: {於}去來今十 心ㅊ 常ㅣ 淸淨(ᄂ)ㅎ下 諸ㄱ 衆生乙 境界十 著尸 不 令ㅣㅎ
D: 과거・미래・현재에 마음이 항상 淸淨하시어 모든 衆生으로 하여금 境界에 집착하지 않게 하고
E: 과거・미래・현재에 마음이 항상 청정하여 중생들로 하여금 경계에 집착하지 않게 하며,

<주본화엄22, 14:16-17>
A: 恒[24(|)]與一切諸[33(·)]菩薩[44(·)?]記[41(·)]令其[41(·)]皆[25(·)]{42(·)}入佛[35(·)]之種性[53(·),
42(·),43(|)]生在佛家[53(·),23(|)]得佛[35(·)]灌頂[41(|),24(|),22(·),31(·|),51(·/)]
B: 恒[ㅣ]與一切諸[ㄱ]菩薩[尸]記[乙]令其[乙]皆[セ]入佛[ㄣ]之種性[十,(ᄉ)ㅣ,ろ,ホ]生在佛家
[十,ᄂろ]得佛[ㄣ]灌頂[x入乙,ㅣ,ㅎ,X,xケ]
C: 恒ㅣ 一切 諸ㄱ 菩薩尸 記乙 與 其乙 皆セ 佛ㄣ{之} 種性十 入 令ㅣろホ 佛家十 生在ᄂろ
佛ㄣ 灌頂x入乙 得ㅣㅎXxケ[99]
D: 항상 一切 모든 菩薩의 記를 주어 그로 하여금 모두 부처의 種性에 들게 하여서 佛家에
태어나서 부처께서 灌頂하시는 것을 얻게 하고 하며,
E: 일체 보살에게 항상 수기를 주어 부처님의 종성에 들어가고 부처님의 가문에 태어나서
부처님의 관정을 얻게 하였다.

---

99) 한문 원문에는 '令'이 한 개 있으나, 사동접미사 'ㅣ'를 접속문으로 된 피사동 사건 각각의 절에 붙였다.

296 第二部 判讀과 解讀 및 飜譯

<주본화엄22, 14:17-18>

A: 常[24(|)]遊十方[53(·),13(-)]未曾[42(\)]休息[44(·),11(·,)?]而[33(·)]於一切[44(·),53(·)]無所樂著[14(·),34(|)-중복선]法界[25(·)]佛刹[53(·)]悉[34(|)]能[24(·)]徧[43(\)#43(·,),55(·)?]往[22(·)#11(·)?]

B: 常[ㅣ]遊十方[十,xㅿ]未曾[刀]休息[尸,xﾞ]而[ㄱ]於一切[尸,十]無所樂著[尸,ﾞ중복]法界[七]佛刹[十]悉[ﾞ]能[支]徧[ケ,ㅣ]往[ﾌ]

C: 常ㅣ 十方十 遊xㅿ 曾(ハᅙ)刀 休息尸 未xﾞ 而ㄱ {於}一切尸十 樂著(ﾉ)尸 所ﾞ 無ﾞ 法界七 佛刹十 悉ﾞ 能支 {徧}ケㅣ 往(ﾉ)ﾌ

D: 항상 十方에 다니되 조금도 休息하지 않으나 一切에 樂著하는 바 없어 法界의 佛刹에 다 능히 두루 가고

E: 시방에 항상 다니고 쉬지 아니하되 온갖 것에 맛들여 집착함이 없고, 법계의 부처님 세계에 두루 이르며,

<주본화엄22, 14:18-19>

A: 諸[33(·)]衆生[23(-)]心[41(·)]靡不了知[44(·),33(ㅗ),22(·)]

B: 諸[ㄱ]衆生[ﾗ]心[乙]靡不了知[尸,ﾉｲﾌﾉ尸,ﾌ]

C: 諸ㄱ 衆生ﾗ 心乙 了知尸 不ﾉｲﾌﾉ尸 靡(七)ﾌ[100]

D: 모든 衆生의 마음을 了知하지 못함이 없고

E: 중생들의 마음을 모두 알고,

<주본화엄22, 14:19-20>

A: 所有[33(·),25(·)?]福德[15(·/)]離世[24(·),34(|),43(|)]淸淨[43(-)]{44(·)}不住生死[53(·),44(·),11(·,)]而[33(·)#33(·,)]於世間[53(·)]如影[24(·),23(|)]普[24(|)?]現[22(·),31(·|)?,51(·/)]

---

100) 이와 같은 구문은 자토석독구결에서 다음과 같이 나타나고 있다.
  皆七 安樂乙 獲ㅣ 슘ㅣ尸 不ﾉｲﾌﾉ尸 靡ㅣヒ︀ﾝﾋ于分 <화엄14, 14:09-10>
  月光影 如支ﾝﾞホ 周七ﾝ尸 不ﾉｲﾌﾉ尸 靡七ﾞ 量ㅣ 無ㄱ 方便乙ﾑ 羣生乙ﾝﾉﾋ于分 <화엄14, 14:17-18>
  {於}掌七 中乙 從 出ﾝ尸 不ﾉｲﾌﾉ尸 靡七ㅣﾝﾉﾋ于 <화엄14, 15:24-16:01>
  果遠尸 不ﾉｲﾌﾉ尸 無ㅣﾝﾞナ于罒 <화엄14, 14:09>
  當 願 衆生 諸ㄱ 三昧七 味乙 獲得ﾝ尸 不ﾉｲﾌﾉ尸 莫七ﾋ효 <화엄14, 07:15>

周本『華嚴經』卷第二十二　297

B: 所有[ㄱ,ㄴ]福德[x入ㄱ]離世[支,ㄷ,ㄷ쇼]淸淨[ㆆ下]不住生死[十,ㄹ,xㄹ]而[ㄱ]於世間[十]如影[支,ㄴㄷ]普[ㅣ]現[ㆆX,x分]

C: 有ㄱ 所ㄴ 福德x入ㄱ 世(乙) 離支ㄷㄷ쇼 淸淨(ㄴ)ㆆ下 生死十 住尸 不xㄹ 而ㄱ {於}世間十 影 如支ㄴㄷ 普ㅣ 現(ㄴ)ㆆXx分

D: 있는 바의 福德이란 것은 세상을 여의어서 淸淨하시어 生死에 머무르지 않으나 世間에 그림자같이 널리 나타나고 하며,

E: 가진 복덕은 세상을 여의고 청정하여 생사에 머물지 않으면서도 모든 세간에 그림자처럼 널리 나타났다.

<주본화엄22, 14:20-21>

A: 以智慧月[41(·),34(ㅣ)]普[24(ㅣ)]照法界[41(·),34(ㅣ)]了達一切[44(·)]悉[34(ㅣ)]無所得[14(··),12(··), 41(··),22(·)]

B: 以智慧月[乙,ㄷ]普[ㅣ]照法界[乙,ㄷ]了達一切[尸]悉[ㄷ]無所得[x尸,xㄱ,入乙,ㆆ]

C: 智慧月乙 以ㄷ 普ㅣ 法界乙 照(ㅣ)ㄷ 一切尸 悉ㄷ 得x尸 所 無xㄱ 入乙 了達(ㄴ)ㆆ

D: 智慧月로써 널리 法界를 비추어 一切 다 얻을 바 없는 것을 了達하고

E: 지혜의 달로 법계를 두루 비추어 온갖 것을 분명하게 알지만 하나도 얻은 바가 없으며,

<주본화엄22, 14:21-23>

A: 恒[24(ㅣ)]以智慧[41(·),34(ㅣ)]知諸[33(·)]世間[23(-)]如幻[24(·),52(·)]如影如夢如化[24(·),23(ㅣ)]一切[25(:)]皆[25(·)]以[34(ㅣ)]心[41(·)]¹⁰¹⁾爲自性[43(·),12(··),41(··),43(ㅣ)],如是[24(·)]而[45(·)]住[22(·),52(··)]

B: 恒[ㅣ]以智慧[乙,ㄷ]知諸[ㄱ]世間[ㆆ]如幻[支,分]如影如夢如化[支,ㄴㄷ]一切[xㄴ]皆[ㄴ]以[ㄷ]心[乙]爲自性[ㄷ,xㄱ,入乙,ㄷ쇼]如是[支]而[ᄊ]住[ㆆ,x分]

C: 恒ㅣ 智慧乙 以ㄷ 諸ㄱ 世間ㆆ 幻 如支(ㄴ)分 影 如(支ㄴ分) 夢 如(支ㄴ分) 化 如支ㄴㄷ 一切xㄴ 皆ㄴ 心乙 以ㄷ 自性 {爲}ㄷxㄱ入乙 知ㄷ쇼 是 如支 而ᄊ 住(ㄴ)ㆆx分

D: 항상 지혜로써 모든 世間이 허깨비 같으며 그림자 같으며 꿈 같으며 변화하는 것 같아 一切 모두 마음으로써 自性 삼은 것을 알아서 이같이 머무르고 하며,

---

101) '心'에 있어야 할 34(ㅣ)이 '以'에 달려 있으며 '心'의 34 위치에는 무언가를 지운 흔적이 있다.

E: 항상 지혜로써 세간이 환술 같고 그림자 같고 꿈 같고 변화한 것 같은 줄을 아나니, 모든 것이 마음으로 제 성품을 삼아 이렇게 머물렀다.

<주본화엄22, 14:23-24>

A: 隨諸[33(·)]衆生[23(-)]業報不同[51(/·)]心樂差別[52(·)]#52(ㅗ)#52(··)]諸[33(·)]根各異[41(|·),24(\)]而[45(·)]現佛身[41(·),24(\)]

B: 隨諸[ㄱ]衆生[ᅙ]業報不同[ㅣㅅ]心樂差別[ᅙ]諸[ㄱ]根各異[ᅟㄱㅅㄴ,ᅙ]而[ᄊ]現佛身[ㄴ,ᅙ]

C: 諸ㄱ 衆生ᅙ 業報 不(多) 同ㅣㅅ 心樂 差別(ㅅ)ᅙ 諸ㄱ 根 各(ᄒ) 異ノㄱㅅㄴ 隨ᅙ 而ᄊ 佛身ㄴ 現ᅙ

D: 모든 衆生의 業報가 같지 않으며 心樂이 差別이 있으며 모든 根이 각각 다른 것을 따라 佛身을 나타내어

E: 중생들의 업보가 같지 않고 마음[心樂]이 차별하고 근성이 각각 다름을 따라 부처님의 몸을 나타내며,

<주본화엄22, 14:24-15:01>

A: 如來[33(·)]恒[24(|)?]以無數[33(·)]衆生[41(·),34(|)]而[45(·)?]爲所緣[14(·),43(·)]爲[24(\)]說世間[23(-)]皆[25(·)]從緣[41(·),25(·)]起[41(|·),22(·)]

B: 如來[ㄱ]恒[ㅣ]以無數[ㄱ]衆生[ㄴ,ᄒ]而[ᄊ]爲所緣[ㄹ,ᅎ]爲[ᅙ]說世間[ᅙ]皆[ㅌ]從緣[ㄴ,ㅌ]起[ᅙㄱㅅㄴ,ᅘ]

C: 如來ㄱ 恒ㅣ 數 無ㄱ 衆生ㄴ 以ᄒ 而ᄊ 緣(ノ)ㄹ 所 {爲}ᅎ 爲ᅙ 世間ᅙ 皆ㅌ 緣ㄴ 從ㅌ 起ノㄱㅅㄴ 說(ㅅ)ᅘ

D: 如來는 항상 수없는 衆生으로써 緣하는 바 삼아 (衆生을) 위하여 世間이 모두 緣으로부터 일어난 것을 말하고

E: 여래는 항상 무수한 중생으로 인연을 삼아 가지고 세간이 모두 인연으로부터 일어난 것을 말하며,

<주본화엄22, 15:01-02>

A: 知諸[33(·)]法相[23(-)]皆[25(·)]悉[34(|)]無相[21(·|)#21(|)]唯[24(·)]是[33(·)]一相[51(/·)]智慧[25(·)]之本[42(/),41(··),22(·),경계선]

周本 『華嚴經』 卷第二十二   299

B: 知諸[ㄱ]法相[ㅎ]皆[ㄷ]悉[ㅎ]無相[X]唯[ㅎ]是[ㄱ]一相[ㅣㄴ]智慧[ㄷ]之本[ㅣㄱ,ㅅㄷ,ㅎ]
C: 諸ㄱ 法相ㅎ 皆ㄷ 悉ㅎ 相 無X 唯ㅎ 是ㄱ 一相ㅣㄴ 智慧ㄷ{之} 本ㅣㄱㅅㄷ 知ㅎ
D: 모든 法相이 모두 다 相이 없으면서 오직 이는 하나의 相이며 智慧의 根本인 것을 알고
E: 모든 법의 모양이 다 형상이 없으며 오직 한 모양만이 지혜의 근본인 줄로 알고,

<주본화엄22, 15:02-04>
A: 欲令衆生[41(·)]離諸[33(·)]相[25(·)]著[41(·)?,42(·),32(-)]示現一切世間[25(·)]性相[41(·),23(|)]而[45(·)]行於世[53(|),43(|)]爲其[23(-),43(·)]開示無上菩提[41(·),22(·),31(·|),51(·/)]
B: 欲令衆生[ㄷ]離諸[ㄱ]相[ㄷ]著[ㄷ,(ㅅ)ㅣ,ㅅ]示現一切世間[ㄷ]性相[ㄷ,ㆍㅎ]而[ㅅ]行於世[ㅎ+,ㅎ]爲其[ㅎ,ㅎ]開示無上菩提[ㄷ,ㅎ,X,xㄴ]
C: 衆生ㄷ 諸ㄱ 相ㄷ 著ㄷ 離 令ㅣ{欲}ㅅ 一切 世間ㄷ 性相ㄷ 示現ㄴㅎ 而ㅅ {於}世ㅎ+ 行(ㄴ)ㅎㅎ 其ㅎ {爲}ㅎ 無上菩提ㄷ 開示(ㄴ)ㅎXxㄴ
D: 중생으로 하여금 모든 相에 대한 집착을 여의게 하고자 一切 世間의 性相을 나타내 보이어 세상에 행하여서 그들을 위하여 無上菩提를 열어 보이고 하며,
E: 중생으로 하여금 모양에 집착함을 여의고, 일체 세간의 성품과 모양을 보이어 세상에 행하게 하려고, 그들에게 위없는 보리를 열어 보였다.

<주본화엄22, 15:04>
A: 爲欲救護一{33(·)?}切衆生[41(·),32(-)]出現世間[53(·),23(|)]開示佛道[41(·),51(.·)#51(··)]
B: 爲欲救護一切衆生[ㄷ,ㅅ]出現世間[+,ㄴㅎ]開示佛道[ㄷ,xㄴ]
C: 一切 衆生ㄷ 救護(ㄴ){爲欲}ㅅ 世間+ 出現ㄴㅎ 佛道ㄷ 開示xㄴ
D: 모든 衆生을 구호하고자 世間에 出現하여 佛道를 열어 보이며,
E: 모든 중생을 구호하려고 세간에 출현하여 부처님의 도를 열어 보이며,

<주본화엄22, 15:05>
A: 令其[41(·)]得[43(|)]見如來[44(·)]身相[41(·),23(·)#23(\)]攀緣憶念[43(|)]勤加{41(:)?}修習[42(·),51(·)?]
B: 令其[ㄷ]得[ㅎ]見如來[尸]身相[ㄷ,X]攀緣憶念[ㅎ]勤加修習[(ㄴ)ㅣ,ㄴ]
C: 其ㄷ 得ㅎ 如來尸 身相ㄷ 見X 攀緣 憶念(ㄴ)ㅎ 勤加 修習 令ㅣㄴ

300 第二部 判讀과 解讀 및 翻譯

D: 그들로 하여금 능히 如來의 身相을 보고, 攀緣하고 생각하여서 부지런히 닦게 하며,
E: 그들로 하여금 여래의 몸매를 보고 반연하고 생각하여 부지런히 닦게 하며,

<주본화엄22, 15:05-06>
A: 除滅世間[25(·.)#25(·)]煩惱[25(·)]之相[41(·),22(·)]修菩提[25(·)#25(·.)]行[41(·),22(·)]心[42(|)]不散{35(|)}動[44(·),42(·),22(·)]
B: 除滅世間[ㅋヒ]煩惱[ヒ]之相[乙,ㅎ]修菩提[ヒ]行[乙,ㅎ]心ㅎ不散動[尸,(ㅅ)ㅣ,ㅎ]
C: 世間ㅋヒ 煩惱ヒ{之} 相乙 除滅(ㅅ)ㅎ 菩提ヒ 行乙 修ㅎ 心ㅎ 散動尸 不ㅅㅣㅎ
D: 세간의 번뇌의 相을 없애고 菩提의 行을 닦고 마음이 흩어 움직이지 않게 하고
E: 세간의 번뇌를 제멸하고 보리를 수행하며 마음이 산란치 아니하고

<주본화엄22, 15:06-07>[102]
A: 於大乘[25(·)]門[53(·)]皆[25(·)]得[43(|)]圓滿[23(|)]成就一切諸[33(·)]佛[35(·)]義利[41(·),42(·),22(·),31(·|),52(·/)]{32(·)?}
B: 於大乘[ヒ]門[十]皆[ヒ]得ㅋホ圓滿丷ㅋ成就一切諸[ㄱ]佛ㄴ義利[乙,(ㅅ)ㅣ,ㅎ,X,xキ]
C: {於}大乘ヒ 門十 皆ヒ 得ㅋホ 圓滿丷ㅋ 一切 諸ㄱ 佛ㄴ 義利乙 成就ㅅㅣㅎXxキ
D: 大乘의 법문에 모두 능히 圓滿하여 一切 모든 부처의 義利를 成就하게 하고 하며,
E: 대승의 법문을 모두 원만하여 모든 부처님의 의리를 성취케 하였다.

<주본화엄22, 15:07-09>
A: 悉[34(|)]能[24(·)]觀察衆生[23(-)]善根[41(·),34(·)]而[45(·)]不壞滅淸淨業報[41(·),44(·),33(-)]智慧明了[43(|)]普[24(|)]入三世[53(·),31(·|),51(·/)]
B: 悉[ㅋ]能[ㅊ]觀察衆生ㅋ善根[乙,ロ]而ㅅㅅ不壞滅淸淨業報[乙,尸,X]智慧明了[ㅋホ]普[ㅣ]入三世[十,X,xキ]
C: 悉ㅋ 能ㅊ 衆生ㅋ 善根乙 觀察(ㅅ)ㅎロ 而ㅅㅅ 淸淨 業報乙 壞滅尸 不X 智慧 明了(ㅅ)ㅋホ 普ㅣ 三世十 入Xxキ
D: 다 능히 衆生의 善根을 觀察하고 淸淨한 業報를 壞滅하지 않으니 智慧가 明了하여서 널

---

102) 7행의 欄上에 세로 직사각형 모양의 紺色 不審紙가 있다.

리 三世에 들며,

E: 중생의 선근을 능히 관찰하여 청정한 업보를 파멸하지 아니하나니, 지혜가 분명하여 삼세에 널리 들어가

<주본화엄22, 15:09>
A: 永[24(/)]離一切世間[25(·)]分別[41(·),51(·)]
B: 永[厶]離一切世間[ㄴ]分別[乙,x分]
C: 永厶 一切 世間ㄴ 分別乙 離x分
D: 一切 世間의 分別을 영원히 여의며,
E: 일체 세간의 분별을 길이 여의었고,

<주본화엄22, 15:09-10>
A: 放光明網[41(·),43(|)]普[24(|)]照十方[25(·)]一切世界[41(·),24(|),13(-)]無不充滿[44(·),33(ㅗ),22(·)#22(·.)]
B: 放光明網[乙,ゝホ]普[ㅣ]照十方[ㄴ]一切世界[乙,ㅣ,xム]無不充滿[尸,ソ尸丁ノ尸,ㅎ]
C: 光明 網乙 放(ソ)ゝホ 普ㅣ 十方ㄴ 一切 世界乙 照xム 充滿尸 不ソ尸丁ノ尸 無ㅎ
D: 光明 그물을 놓아서 널리 十方의 一切 世界를 비추되 充滿하지 아니함이 없고
E: 광명 그물을 놓아 시방의 모든 세계를 두루 비추어 가득 차지 아니한 데 없으며,

<주본화엄22, 15:10-11>
A: 色身妙好[103]見[34(-),15(/)]者無厭[44(·),22(·),31(|·)]
B: 色身妙好見[白,X]者無厭[尸,ㅎ,X]
C: 色身 妙好 見白X{者} 厭尸 無ㅎX
D: 色身이 妙好하여 보는 이는[104] 싫증냄이 없고 하여
E: 색신이 기묘하여 보는 이가 만족함을 모르고,

---

103) '好'에 13(·) 또는 14(·) 정도가 달려 있는 것으로 볼 가능성도 있다.
104) 15(/)을 'xㅅㄱ'으로 보아 '뵈면'으로 해석할 가능성도 있다.

<주본화엄22, 15:11-12>

A: 以大功德智慧神通[41(·)?,34(|)]出生種種[25(·)?]菩薩[44(·)]諸[33(·)]行[41(·),22(·)]

B: 以大功德智慧神通[乙,氵]出生種種[七]菩薩[尸]諸[ㄱ]行[乙,ㆄ]

C: 大功德 智慧 神通乙 以氵 種種七 菩薩尸 諸ㄱ 行乙 出生(ㆍㅣ)ㆄ

D: 大功德·智慧·神通으로써 갖가지 菩薩의 모든 行을 내고

E: 큰 공덕과 지혜와 신통으로 가지가지 보살의 여러 가지 행을 내며,

<주본화엄22, 15:12>

A: 諸[33(·)]根[11(·)]境界[11(·),13(/)]自在[52(·)]圓滿[22(·),43(-)]

B: 諸[ㄱ]根[氵]境界[氵,ㅁㅅ]自在[分]圓滿[ㆄ,ㆆ下]

C: 諸ㄱ 根氵 境界氵ノㅅ 自在(ㆍㅣ)分 圓滿(ㆍㅣ)ㆄ(ㆍㅣ)ㆆ下

D: 모든 根이니 境界이니 하는 것이 自在하며 圓滿하고 하시어

E: 모든 근과 경계가 자재로이 원만하며

<주본화엄22, 15:12>

A: 作諸[33(·)]佛事[11(·),41(·),#41(·),42(-),13(ㅗ)]作[44(·)]已[43(·),23(/),33(·)]便[24(|)#24(\)]沒[31(·|), 51(·/)]{33(·)?}

B: 作諸[ㄱ]佛事[氵,x乙,X,xㅿ]作[尸]已[氵,ㅁㅅ,ㄱ]便[ㅣㅣ]沒[X,x分]

C: 諸ㄱ 佛事氵x乙 作Xxㅿ[105] 作尸 已氵(ㆍㅣ)ㅁㅅㄱ 便ㅣㅣ 沒Xx分

D: 모든 佛事라 하는 것을 짓는데 짓고 나서는 곧 없어지며,

E: 불사를 짓고는 문득 없어지고

<주본화엄22, 15:13>

A: 善能[23(\)]開示過[11(·)]現[11(·)]未來[11(·),13(/),32(/)#32(|·)]一切智道[41(·),22(·)]

B: 善能[ㅈ]開示過[氵]現[氵]未來[氵,ㅁㅅ,X]一切智道[乙,ㆄ]

C: 善能ㅈ 過氵 現氵 未來氵ノㅅX 一切 智道乙 開示(ㆍㅣ)ㆄ

---

105) 41 위치의 점토를 단점으로 보고 13(ㅗ)을 'xㅅ'로 보아 '佛事氵xㅅ乙 作X' 또는 '佛事xㅅ乙 作X氵'로 해독할 가능성이 있다.

D: 능히 과거이니 현재이니 미래이니 하는 것의 一切 智道을 열어 보이고
E: 과거·현재·미래의 온갖 지혜의 길을 능히 열어 보이며

<주본화엄22, 15:13-14>

A: 爲諸[33(·)]菩薩[44(·)?,43(·)]普[24(ㅣ)]雨無量[33(·)]陀羅尼雨[41(·),24(ㅣ),22(·)]
B: 爲諸[ㄱ]菩薩[尸,氵]普[ㅣ]雨無量[ㄱ]陀羅尼雨[乙,ㅣ,ㆆ]
C: 諸ㄱ 菩薩尸 {爲}氵 普ㅣ 量 無ㄱ 陀羅尼雨乙 雨ㅣㆆ
D: 모든 菩薩을 위하여 널리 한량없는 陀羅尼雨를 내리고
E: 보살들을 위하여 한량없는 다라니 비를 널리 내리어

<주본화엄22, 15:14-15>

A: 令其[41(·)]發起廣大欲樂[41(·),23(ㅣ)]受持{22(-)}修習[42(·),22(·),31(·ㅣ),51(·/)]
B: 令其[乙]發起廣大欲樂[乙,ㅅㆍ3]受持修習[(ㅅ)ㅣ,ㆆ,X,x分]
C: 其乙 廣大欲樂乙 發起ㅅㆍ3 受持 修習 令ㅣㆆXx分
D: 그들로 하여금 廣大欲樂을 일으켜 받아 지녀 닦아 익히게 하고 하며,
E: 그들로 하여금 광대한 욕망을 일으켜 받아 지니고 닦아 익히게 하였다.

<주본화엄22, 15:15>

A: 成就一切諸[33(·)]佛[35(·)]功德[41(·),43(ㅣ)]圓滿熾盛[22(·)]
B: 成就一切諸[ㄱ]佛[ㄴ]功德[乙,3 尒]圓滿熾盛[ㆆ]
C: 一切 諸ㄱ 佛ㄴ 功德乙 成就ㅅㆍ3 尒 圓滿 熾盛ㅅㆍㆆ
D: 一切 모든 부처의 功德을 成就하여서 圓滿 熾盛하고
E: 모든 부처님의 공덕을 성취하여 원만하고 치성하였으며,

<주본화엄22, 15:15-16>

A: 無邊[33(·)][106]妙色[45(·)]莊嚴其身[41(·),22(·)]
B: 無邊[ㄱ]妙色[灬]莊嚴其身[乙,ㆆ]

---

106) 44(·)이 있을 가능성도 있다.

304 第二部 判讀과 解讀 및 翻譯

C: 邊(尸) 無丨 妙色灬 其 身乙 莊嚴(ソヽ)ᅙ
D: 끝없는 妙色으로 그 몸을 莊嚴하고
E: 그지없는 묘한 빛으로 몸을 장엄하여

<주본화엄22, 15:16>
A: 一切世間[53(·)]靡不現覩[44(·),33(ㅗ),24(|)?,22(·)]
B: 一切世間[+]靡不現覩[尸,ソ尸丁ノ尸,刂,ᅙ]
C: 一切 世間+ 現覩尸 不ソ尸丁ノ尸 靡刂(ソ)ᅙ
D: 一切 世間에 보지 못함이 없이 하고
E: 일체 세간이 보지 못하는 이가 없으며,

<주본화엄22, 15:16-17>
A: 永[24(/)]{33(·)}離一切障礙[25(·)]之法[41(·),22(·)]
B: 永[ㅿ]離一切障礙[七]之法[乙,ᅙ]
C: 永ㅿ 一切 障礙七{之} 法乙 離ᅙ
D: 一切 障礙되는 法을 영원히 여의고
E: 모든 장애되는 법을 영원히 여의고,

<주본화엄22, 15:17>
A: 於一切法[25(·)]眞實[25(·)]之義[53(·)]已[43(·)]得淸淨[12(:),41(··)?,22(·)]
B: 於一切法[七]眞實[七]之義[+]已[氵]得淸淨[ソ丨,入乙,ᅙ]
C: {於}一切法七 眞實七{之} 義+ 已氵 淸淨ソ丨入乙 得ᅙ
D: 一切法의 진실한 義에 대해 이미 청정함을 얻고
E: 온갖 법의 진실한 이치에는 이미 청정하였고,

<주본화엄22, 15:17-18>[107]
A: 於功德[25(·)]法[53(·)]而[45(·)]得自在[12(:),41(··),22(·),31(·|),52(·/)]

---

107) 18행의 欄上에 세로 직사각형 모양의 紺色 不審紙가 있다.

B: 於功德[ㄷ]法[十]而[ㅥ]得自在[ㅅㄱ,ㅅ乙,ㅎ,X,x分]
C: {於}功德ㄷ 法十 而ㅥ 自在ㅅㄱ ㅅ乙 得ㅎ Xx分
D: 功德의 法에 대해 自在함을 얻고 하며,
E: 공덕의 법에는 자재함을 얻었으며

<주본화엄22, 15:18>
A: 爲大法王[14(!),41(‥),43(|)]如日[23(|)]普[24(|)]照[22(·)]
B: 爲大法王[ㅣㄕ,ㅅ乙,ㅎ 亦]如日[ㅅㅎ]普[ㅣ]照[ㅎ]
C: 大法王ㅣㄕ{爲}ㅅ乙(ㅅ)ㅎ 亦 日 如(支)ㅅㅎ 普ㅣ 照(ㅣ)ㅎ
D: 大法王이 되어서 해와 같이 널리 비추고
E: 큰 법왕이 되어 해와 같이 두루 비치고,

<주본화엄22, 15:18-19>
A: 爲世[25(·)]福田[14(!),41(‥),23(|)]具大威德[41(·)?,24(\),22(·)]
B: 爲世[ㄷ]福田[ㅣㄕ,ㅅ乙,ㅅㅎ]具大威德[乙,ㅁ,ㅎ]
C: 世ㄷ 福田ㅣㄕ{爲}ㅅ乙ㅅㅎ 大威德乙 具ㅁㅎ
D: 세상의 福田이 되어 大威德을 갖추고
E: 세상의 복밭이 되어 큰 위덕을 갖추고,

<주본화엄22, 15:19>
A: 於一切世間[53(·)]普[24(|)]現化身[41(·),24(\)?,22(·)]
B: 於一切世間[十]普[ㅣ]現化身[乙,ㅁ,ㅎ]
C: {於}一切 世間十 普ㅣ 化身乙 現ㅁㅎ
D: 一切의 世間에 널리 化身을 나타내고
E: 모든 세간에 화신을 나타내며,

<주본화엄22, 15:19-20>
A: 放智慧[25(·)]光[41(·),23(|)]悉[34(|)]令開悟[42(·)#42(\),22(·)#22(·)]
B: 放智慧[ㄷ]光[乙,ㅅㅎ]悉[ㅎ]令開悟[(ㅅ)ㅣ,ㅎ]

C: 智慧セ 光乙 放ッ3 悉3 開悟 令Ⅱ㐱
D: 智慧의 光明을 놓아 다 깨닫게 하고
E: 지혜의 광명을 놓아 모두 깨닫게 하나니,

<주본화엄22, 15:20-21>
A: 欲令{22(-)?}衆生[41(·)]知佛[35(·)]具{34(-)?}足無邊[33(·)]功德[41(·),41(-),24(|),42(·),32(-),22(·)]
B: 欲令衆生[乙]知佛[🝦]具足無邊[ㄱ]功德[乙,xㅅ乙,Ⅱ,(ㅅ)Ⅱ,ㅅ,㐱]
C: 衆生乙 佛🝦 邊(尸) 無ㄱ 功德乙 具足xㅅ乙 知Ⅱ 令Ⅱ{欲}ㅅ(ッ)㐱
D: 중생들로 하여금 부처께서 끝없는 공덕을 具足하심을 알게 하고자 하고
E: 중생들로 하여금 부처님께서 끝없는 공덕을 구족한 줄을 알게 하려는 것이며,

<주본화엄22, 15:21-22>
A: 以無礙繒[41(·),34(|)]繫頂[53(·),43(|)]受位[43(-)]隨順世間[53(·),24(\),25(·)]方便[45(·)]開導[13(|)]
#13(:)]{22(·)}以智慧手[41(·),34(|)]安慰衆生[41(·),22(·)]
B: 以無礙繒[乙,3]繫頂[十,3ホ]受位[㐱下]隨順世間[十,ㄅ,七]方便[灬]開導[xㅿ]以智慧手[乙,3]
安慰衆生[乙,㐱]
C: 無礙繒乙 以3 頂十 繫3ホ 受位(ッ)㐱下 世間十 隨ㄅ 順七(ッ3)¹⁰⁸⁾ 方便灬 開導xㅿ 智慧
手乙 以3 衆生乙 安慰(ッ)㐱
D: 無礙繒으로써 정수리에 매어서 受位하시어 世間을 따라 方便으로 開導하되 智慧의 손으
로써 衆生을 安慰하고
E: 장애 없는 비단으로 정수리에 매고 지위를 받고, 세간을 따라서 방편으로 지도하고, 지혜
의 손으로 중생을 위로하며,

<주본화엄22, 15:22>
A: 爲大醫王[14(!),41(··)?,23(|)]善[24(·)]療¹⁰⁹⁾衆[33(·)]病[41(·),22(·)?,51(··)?]
B: 爲大醫王[Ⅱ尸,ㅅ乙,ッ3]善[支]療衆[ㄱ]病[乙,㐱,x刀]

---

108) 다음 예문을 참조할 수 있다.
　　菩薩ㄱ 種種セ 方便門乙灬 世セ 法3十 隨ㅁ 順セッ3 衆生乙 度Ⅱㅁ尸ㅿ <화엄14, 19:04-05>
109) '療' 자가 '疒+樂'의 이체자로 되어 있다.

周本『華嚴經』卷第二十二 307

C: 大醫王刂尸{爲}入乙ヽ氵 善攴 衆刁 病乙 療(ヽ)ᅙx分
D: 大醫王이 되어 많은 병을 잘 치료하고 하며,
E: 큰 의왕이 되어 여러 병을 잘 치료하며,

<주본화엄22, 15:22-23>

A: 一切世間[25(·)]無量[33(·)?]國土[53(·)]悉[34(|)]能[24(·)]徧[55(·)]往[13(-)]未曾[42(\)]休息[44(·), 22(·)]
B: 一切世間[ヒ]無量[ㄱ]國土[十]悉[氵]能[攴]徧[丨]往[xム]未曾[刀]休息[尸,ᅙ]
C: 一切 世間ヒ 量 無ㄱ 國土十 悉氵 能攴 {徧}(ケ)丨 往xム 曾(ハホ)刀 休息尸 未(ヽ)ᅙ
D: 一切 世間의 한량없는 國土에 다 능히 두루 가되 잠깐도 쉬지 않고
E: 일체 세간의 한량없는 국토에 골고루 나아가 쉬지 아니하고,

<주본화엄22, 15:23-24>

A: 淸淨慧眼[24(|),43(-)]離諸[33(·)]障翳[24(·),53(..)]悉[34(|)]能[24(·)]明{43(·)}見[22(·)?]
B: 淸淨慧眼[刂,ᅙ下]離諸[ㄱ]障翳[攴,下]悉[氵]能[攴]明見[ᅙ]
C: 淸淨 慧眼刂ᅙ下 諸ㄱ 障翳 離攴下¹¹⁰⁾ 悉氵 能攴 明見(ヽ)ᅙ
D: 淸淨 慧眼이시어 모든 障翳를 여의어 다 능히 밝게 보고
E: 청정한 지혜 눈이 모든 장애를 여의어 밝게 보며,

<주본화엄22, 15:24-16:01>

A: 於作不善[25(·)]{31(·),33~43(\)}惡業{25(·)}衆生[53(|),33(·)]種種[45(·)]調伏[23(|)]令其[41(·)]入道[42(·),13(-)]善[24(·)]取時[25(·)]宜[33(·)#33(|),41(··),34(|)]無有休息[44(·),24(|),22(·),51(..)]
B: 於作不善[ヒ]惡業衆生[ラ+,ㄱ]種種[灬]調伏[ヽ氵]令其[乙]入道[ᄉ)刂,xム]善[攴]取時[ヒ]宜[ㄱ,入乙,氵]無有休息[尸,刂,ᅙ,x分]
C: {於}不善ヒ 惡業 作 衆生ラ+ㄱ 種種灬 調伏ヽ氵 其乙 入道 令刂xム 善攴 時ヒ 宜ㄱ入乙 取(ヽ)氵 休息尸 無有刂(ヽ)ᅙx分
D: 不善한 惡業을 지은 衆生에게는 갖가지로 調伏하여 그로 하여금 入道하게 하되 때의 마

---

110) 자토석독구결 자료에는 '離攴下'와 '離攴氵'의 예가 없다.

308 第二部 判讀과 解讀 및 飜譯

　　땅한 것을 잘 취하여 쉼 없이 하고 하며,
　E: 나쁜 업을 지은 중생들을 가지가지로 조복하여 도에 들어가게 하되 시기를 잃지 않게 하여 쉬는 일이 없으며,

<주본화엄22, 16:02>

A: 若[25(·)]諸[33(·)]衆生[24(|)]起平等心[41(·),12(丅),53(|)?,33(·)]
B: 若[ㄷ]諸[ㄱ]衆生[ㅣ]起平等心[乙,xㄱ,ㅋㅏ,ㄱ]
C: 若ㄷ 諸ㄱ 衆生ㅣ 平等心乙 起xㄱㅋㅏㄱ
D: 만일 모든 衆生이 平等心을 일으키면[111]
E: 만일 중생들이 평등한 마음을 일으키면

<주본화엄22, 16:02-04>

A: 卽[24(·)]爲[24(\)]化現平等業報[41(·),51(.·)]隨其心樂[41(·),24(\)]隨其業果[41(·),24(\)]爲[24(\)]{41(·)}現佛身[25(·)]種種[25(·)]神變[41(·),24(\),34(|)#34(·)]而[45(·)]爲[24(\)]說法[22(·)]
B: 卽攴爲[ㅁ]化現平等業報[乙,x커]隨其心樂[乙,ㅁ]隨其業果[乙,ㅁ]爲[ㅁ]現佛身[ㄷ]種種[ㄷ]神變[乙,ㅁ,ㅋ]而[ㅡ]爲[ㅁ]說法[ㅎ]
C: 卽攴 爲ㅁ 平等業報乙 化現x커 其 心樂乙 隨ㅁ 其 業果乙 隨ㅁ 爲ㅁ 佛身ㄷ 種種ㄷ 神變乙 現ㅁㅋ 而ㅡ 爲ㅁ 說法(∨)ㅎ
D: 곧 (그들을) 위하여 平等業報를 나타내며 그 心樂을 따라 그 業果를 따라 (그들을) 위하여 佛身의 갖가지 神變을 나타내어 (그들을) 위하여 說法하고
E: 곧 평등한 업보를 나타내며 그 마음을 따르고 그 업보를 말하여

<주본화엄22, 16:04-05>

A: 令其[41(·)]悟解[43(|)]得法[25(·)]智慧[41(·)?,24(|),42(·),53(..)]心[42(|)]大[24(|)]歡喜[51(·)]諸[33(·)]根踊躍[23(|)]見無量[12(··)]佛[41(·),24(|),22(·)]
B: 令其[乙]悟解[ㅋㅊ]得法[ㄷ]智慧[乙,ㅣ,(ㅅ)ㅣ,下]心[ㅎ]大[ㅣ]歡喜[ㄱ]諸[ㄱ]根踊躍[∨ㅋ]見無量[ㅎㄱ]佛[乙,ㅣ,ㅎ]

---

111) "만일 모든 衆生이 平等心을 일으킨 이에게는"으로 해석하자는 의견도 있었다.

C: 其乙 悟解(ソ)3ホ 法七 智慧乙 得ㅣㅣ 令ㅣㅣ下 心ㅊ 大ㅣㅣ 歡喜(ソ)ホ 諸フ 根 踊躍ソ3 量無
ㅎフ 佛乙 見ㅣㅣㅎ

D: 그들로 하여금 悟解하여서 法의 智慧를 얻게 하여 마음이 크게 歡喜하며 모든 根이 踊躍하여 한량없으신 부처를 뵙고

E: 그로 하여금 깨닫게 하며, 법의 지혜를 얻고는 크게 환희하고 모든 근이 뛰놀며, 한량없는 부처님을 보고는

<주본화엄22, 16:05>

A: 起深重信[41(·),52(·)]生諸[33(·)]善根[41(·),24(|),53(·.)]永[24(/)]不退轉[44(·),22(·),31(·|),51(·/)]{42(·.)}

B: 起深重信[乙,ホ]生諸[フ]善根[乙,ㅣㅣ下]永[云]不退轉[尸,ㅎ,X,xホ]

C: 深重 信乙 起(ソ)ホ 諸フ 善根乙 生ㅣㅣ下 永云 退轉尸 不(ソ)ㅎXxホ

D: 深重한 믿음을 일으키며 모든 善根을 내어 영원히 退轉하지 않고 하며,

E: 깊고 중한 신심을 일으키고 모든 선근을 내어 영원히 퇴전치 아니하였다.

<주본화엄22, 16:06>

A: 一切衆生[33(·)]隨業[23(-)]所繫[12(·),41(·),24(\)]長[24(|)]眠生死[53(·),34(\)]{41(·)}

B: 一切衆生[フ]隨業[ㅅ]所繫[フ,乙,ㅁ]長[ㅣㅣ]眠生死[十,X]

C: 一切 衆生フ 業ㅅ 繫(ノ)フ 所乙 隨ㅁ 長ㅣㅣ 生死十 眠X

D: 一切 衆生은 業의 얽맨 바를 따라 길이 生死에서 잠자거늘

E: 일체 중생이 업에 얽매여서 생사에 자고 있거늘,

<주본화엄22, 16:06-07>

A: 如來[33(·)]出世[43(-)]能[24(·)?]覺悟之[41(·),13(|)#12(|)]安慰其心[41(·),23(|)]使無憂怖[24(|),42(·)#42(·.),33(-)]

B: 如來[フ]出世[ㅎ下]能[支]覺悟之[乙,xㅅ]安慰其心[乙,ソ3]使無憂怖[ㅣㅣ,(ㅅ)ㅣㅣ,X]

C: 如來フ 出世(ソ)ㅎ下 能支 之乙 覺悟xㅅ 其 心乙 安慰ソ3 憂怖 無ㅣㅣ 使ㅣㅣX

D: 如來는 世間에 나오시어 능히 그들을 깨닫게 하되 그 마음을 安慰하여 憂怖 없게 하시니

E: 여래께서 출현하여 깨닫게 하고 마음을 위로하여 근심이 없게 하시며,

<주본화엄22, 16:07-08>
A: 若[25(·)]得[43(|)]見[34(-),15(/)]者悉[34(|)]令證入無依[14(·),33(·)]義[25(·)]智[53(·),42(·),22(·)]
B: 若[ㄣ]得[ㅈ ホ]見[白,X]者悉[ㅈ]令證入無依[尸,ㄱ]義[ㄣ]智[十,(ㅅ)川,ᄒ]
C: 若ㄣ 得ㅈ ホ 見白X{者} 悉ㅈ 依(ノ)尸 無ㄱ 義ㄣ 智十 證入 令川ᄒ
D: 만일 능히 보는 이로 하여금[112] 다 의지함 없는 義의 智에 대해 證入하게 하고
E: 만일 보는 이가 있으면 모두 의지함이 없는 이치의 지혜[無依義智]를 증(證)하여 들게 하며,

<주본화엄22, 16:08>
A: 智慧善巧[43(-)]了達境界[22(·)]
B: 智慧善巧[ㅎ下]了達境界[ᄒ]
C: 智慧 善巧(ㅅ)ㅎ下 境界 了達(ㅅ)ᄒ
D: 智慧가 善巧하시어 境界를 了達하고
E: 지혜가 교묘하여 경계를 잘 알고,

<주본화엄22, 16:08-09>
A: 莊嚴妙好[43(|)]無能[35(·)]映奪[23(|),13(!),22(·)]
B: 莊嚴妙好[ㅈ ホ]無能[矢]映奪[ㅅㅈ,x今,ᄒ]
C: 莊嚴 妙好(ㅅ)ㅈ ホ 能矢 映奪(ㅅ)ㅈx今 無ᄒ
D: 莊嚴이 妙好하여서 능히 映奪할 이 없고
E: 장엄이 아름답고 묘하여 능히 가리울 이가 없으며,

<주본화엄22, 16:09>
A: 智山[11(·)]法芽[11(·),13(/)]悉[34(|)]已[43(·)]清淨[22(·)]
B: 智山[ᄃ]法芽[ᄃ,ア今]悉[ㅈ]已[ㅊ]清淨[ᄒ]
C: 智山ᄃ 法芽ᄃノ今 悉ㅈ 已ㅊ 清淨(ㅅ)ᄒ
D: 智山이니 法芽이니 하는 것이 다 이미 清淨하고
E: 지혜의 산과 법의 움[法芽]이 모두 청정하며,

---

112) 15(/)을 'xㅅㄱ'으로 보아 '뵈면'으로 해석할 가능성도 있다.

<주본화엄22, 16:09-10>

A: 或[33(·)]現菩薩[24(|),52(丁),33(·),41(··),24(\),22(·)]或[33(·)]現佛身[41(·),24(\),22(·)]
B: 或[ㄱ]現菩薩[ㅣ,X,ㄱ,ㅅㄹ,ㄷ,ㅎ]或[ㄱ]現佛身[ㄹ,ㄷ,ㅎ]
C: 或(ᄂ)ㄱ 菩薩ㅣXㄱㅅㄹ 現ㄷㅎ 或(ᄂ)ㄱ 佛身ㄹ 現ㄷㅎ
D: 혹은 菩薩인 것을 나타내고 혹은 부처의 몸을 나타내고
E: 혹은 보살의 몸을 나타내고 혹은 부처의 몸을 나타내어

<주본화엄22, 16:10>

A: 令諸[33(·)]衆生[41(·)]至無患[25(·)]地[53(·),24(|),42(·),22(·)]
B: 令諸[ㄱ]衆生[ㄹ]至無患[ㄴ]地[ㅏ,ㅣ,(ᄉ)ㅣ,ㅎ]
C: 諸ㄱ 衆生ㄹ 無患ㄴ 地ㅏ 至ㅣ 令ㅣㅎ
D: 모든 衆生으로 하여금 無患의 地位에 이르게 하고
E: 중생들로 하여금 근심 없는 자리에 이르게 하고자

<주본화엄22, 16:10-11>

A: 無數[33(·)]功德[45(·)?]之所莊嚴[12(·),24(|),22(·)]
B: 無數[ㄱ]功德[ᄮ]之所莊嚴[ㄱ,ㅣ,ㅎ]
C: 數 無ㄱ 功德ᄮ {之} 莊嚴(ノ)ㄱ 所ㅣㅎ
D: 수없는 功德으로 莊嚴한 바이고
E: [113)]

<주본화엄22, 16:11>

A: 業行[45(·)]所成[24(|)-중복선,12(|),22(·)]
B: 業行[ᄮ]所成[ㅣ중복,ㅎㄱ,ㅎ]
C: 業行ᄮ 成ㅣㅎㄱ 所ㅣㅎ
D: 業行으로 이루신 바이고

---

113) 동국대 전자불전연구소의 현대역에는 빠져 있다. 『한글대장경 華嚴經』에는 "수없는 공덕으로 장엄한 것이며,"로 되어 있다.

E: [114)]

<주본화엄22, 16:11>

A: 現於世間[53(·),22(·),31(·|),21(·|)]

B: 現於世間[+,ㅎ,X,X]

C: {於}世間+ 現ㅎXX

D: 世間에 나타나고 하거늘

E: 세간에 출현하는 것이므로

<주본화엄22, 16:11-12>[115)]

A: 一切諸[33(·)]佛[35(·)]莊嚴淸淨[12(|)#12(!),15(·)]莫不皆[25(·)]以一切智業[41(·),34(|)]之所成[12(:)]{35(·)?}[116)]就[33(ㅗ),51(·/)]

B: 一切諸[ㄱ]佛[ㅅ]莊嚴淸淨[ㅎㄱ,ㅅㄱ]莫不皆[七]以一切智業[乙,ㅎ]之所成[ㅅㄱ]就[ㅅㄲ丁ノ尸,x分]

C: 一切 諸ㄱ 佛ㅅ 莊嚴 淸淨(ㅅ)ㅎㄱ ㅅㄱ 皆七 一切 智業乙 以 ㅎ {之} 成就ㅅㄱ 所 不ㅅ尸 丁ノ尸 莫x分

D: 一切 모든 부처의 莊嚴이 淸淨하신 것은 모두 一切 智業으로써 成就한 바 아닌 것이 없으며,

E: 모든 부처님의 장엄이 청정함은 모두 온갖 지혜의 업으로 성취하지 않음이 없었다.

<주본화엄22, 16:12-13>

A: 常[24(|)?]守本願[41(·),34(|),43(|)]不捨世間[41(·),44(·),22(·)]

B: 常[ㅣ]守本願[乙,ㅎ,ㅎ欠]不捨世間[乙,尸,ㅎ]

C: 常ㅣ 本願乙 守 ㅎ 欠 世間乙 捨尸 不(ㅅ)ㅎ[117)]

---

114) 동국대 전자불전연구소의 현대역에는 빠져 있다. 『한글대장경 華嚴經』에는 "업과 행으로 이루어져"로 되어 있다.
115) 12행 欄上에 직사각형 모양의 紺色 不審紙가 있다.
116) '成'의 53 위치에서부터 '就'의 54 위치에 걸쳐서 긴 선이 있는데, '成'에 달린 12(:)과 35(·)을 '就'에서 해석하라는 표시인 듯하다.

D: 항상 本願을 지켜서 世間을 버리지 않고
E: 본래의 서원을 항상 지키어 세간을 버리지 아니하고

<주본화엄22, 16:13>
A: 作諸[33(·)]衆生[23(-)]堅{25(·)}固善友[14(!)#14(|),41(··),22(·)#22(··)]
B: 作諸[ㄱ]衆生[ɜ]堅固善友[ㅣ尸,入乙,ㅎ]
C: 諸ㄱ 衆生ɜ 堅固 善友ㅣ尸入乙 作(ˇ)ㅎ
D: 모든 衆生의 堅固한 善友가 되고
E: 중생들에게 견고한 선지식이 되며,

<주본화엄22, 16:13-14>
A: 淸淨[술목션]第一離垢光明[41(·),43(-)]令一切衆生[41(·)]皆[25(·)]得[43(|)]現見[42(·),22(·),51(.·)]
B: 淸淨第一離垢光明[乙,ㅎ下]令一切衆生[乙]皆[ㅋ]得ɜ져現見[(ㅅ)ㅣ,ㅎ,x分]
C: 第一離垢光明乙 淸淨(ˇ)ㅎ下 一切 衆生乙 皆ㅋ 得ɜ져 現見 令ㅣㅎx分
D: 第一離垢光明을 淸淨하게 하시어 一切 衆生으로 하여금 다 능히 現見하게 하고 하며
E: 청정하기 제일이라 때를 여읜 광명을 모든 중생이 다 보게 하며,

<주본화엄22, 16:14-15>
A: 六趣[25(·)]衆生[33(·)]無量[51(·)]無邊[44(·),33(·),41(·)]佛[33(·)]以神力[41(·),34(|)]常[24(|)]隨[24(\),43(|)]不捨[44(·),22(·)]
B: 六趣[ㅋ]衆生[ㄱ]無量[分]無邊[尸,ㄱ,乙]佛[ㄱ]以神力[乙,ɜ]常[ㅣ]隨[ㄷ,ɜ져]不捨[尸,ㅎ]
C: 六趣ㅋ 衆生ㄱ 量 無分 邊尸 無ㄱ乙 佛ㄱ 神力乙 以ɜ 常ㅣ 隨ㄷ(ˇ)ɜ져 捨尸 不(ˇ)ㅎ
D: 六趣의 衆生은 헌량없으며 끝없거늘 부처는 神力으로써 항상 따라서 버리지 않고
E: 육취(六趣)의 중생이 한량없지만 부처님의 신력으로 항상 따르고 버리지 아니하며,

---

117) 다음 예문을 참조할 수 있다.
若 大臣乙 見 當願 衆生 恒ㅣ 正念乙 守ˇɜ ホ 衆善乙 習行ˇㅏㅎ효 <화엄14, 06:23>

<주본화엄22, 16:15-16>
A: 若[25(·)]有[33(·)]徃昔同[24(|)]種善根[41(·),33(·),45(-),15(·/)]皆[25(·)]令淸淨[24(|),22(·)]
B: 若[ㄷ]有[ㄱ]徃昔同[ㅣ]種善根[乙,ㄱ,X,xㅅㄱ]皆[ㄷ]令淸淨[ㅣ,ㅎ]
C: 若ㄷ 有ㄱ 徃昔 同ㅣ 善根乙 種ㄱ Xxㅅㄱ 皆ㄷ 淸淨 令ㅣㅎ
D: 만약 옛날에 함께 善根을 심었으면 모두 청정하게 하고
E: 만일 지난 세상에 선근을 함께 심었으면 모두 청정케 하고,

<주본화엄22, 16:16-17>
A: 而[45(·)]於六趣[25(·)]一切衆生[53(|)]{45(-)}不捨本願[41(·)#41(·.),44(·),43(|)]{32(·)}無所欺誑[14(·),22(·)]
B: 而[ㅅ]於六趣[ㄷ]一切衆生[ㅎ+]不捨本願[乙,ㄹ,ㅏㆍ]無所欺誑[ㄹ,ㅎ]
C: 而ㅅ {於}六趣ㄷ 一切 衆生ㅎ+ 本願乙 捨ㄹ 不(ㅅ)ㅏㆍ 欺誑(ノ)ㄹ 所 無ㅎ
D: 六趣의 一切 衆生에 대해서 本願을 버리지 않아서 欺誑할 바 없고
E: 육취의 모든 중생에게는 본래의 서원을 버리지 않고 속이는 일이 없으며,

<주본화엄22, 16:17-18>
A: 悉[34(|)]以善法[41(·),34(|)]方便[45(·)]攝取[23(|)]令其[41(·)]修習淸淨[25(··)]之業[41(·),52(·)]摧破一切諸[33(·)]魔[23(-)]鬪諍[41(|),42(·),22(·),31(·|),51(·/)]
B: 悉[ㅣ]以善法[乙,ㅏ]方便[ㅅ]攝取[ㅣㅏ]令其[乙]修習淸淨[ㅂㄷ]之業[乙,ㄱ]摧破一切諸[ㄱ]魔[ㅏ]鬪諍[xㅅ乙,(ㅅ)ㅣ,ㅎ,X,xㄱ]
C: 悉ㅣ 善法乙 以ㅏ 方便ㅅ 攝取ㅣㅏ 其乙 淸淨(ㅅ)ㅂㄷ{之} 業乙 修習(ㅅ)ㄱ 一切 諸ㄱ 魔ㅏ 鬪諍xㅅ乙 摧破 令ㅣㅎXxㄱ
D: 다 善法으로써 方便으로 攝取하여 그들로 하여금 淸淨한 業을 닦으며 一切 모든 魔의 투쟁하는 것을 摧破하게 하고 하며,
E: 다 선한 법과 방편으로 거두어 주며, 청정한 업을 닦게 하고 모든 마군의 투쟁을 깨뜨리게 하였다.

<주본화엄22, 16:18-19>
A: 從無礙際[41(·),25(·)]出廣大力[41(·),13(|)]

B: 從無礙際[乙,七]出廣大力[乙,xム]

C: 無礙 際乙 從七 廣大力乙 出xム

D: 無礙 際로부터 廣大力을 내되

E: 걸림이 없는 짬[無礙際]으로 광대한 힘을 내되

<주본화엄22, 16:19>

A: 最勝日藏[24(|),11(·.)]無有障礙[44(·),22(·)]

B: 最勝日藏[ㅣ,xㅎ]無有障礙[尸,ㅎ]

C: 最勝 日藏ㅣxㅎ 障礙尸 無有ㅎ

D: 最勝 日藏이시니 막힘이 없고

E: 가장 훌륭한 해가 장애 받음이 없는 것처럼

<주본화엄22, 16:19-20>

A: 於淨心界[53(·)?]而[45(·)]現影像[41(·),24(\),22(·)]{44(·)}

B: 於淨心界[十]而[灬]現影像[乙,ᄯ,ㅎ]

C: {於}淨心界十 而灬 影像乙 現ᄯㅎ

D: 淨心界에 影像을 나타내고

E: 깨끗한 마음[淨心界]에 영상을 나타내어

<주본화엄22, 16:20>

A: 一切世間[53(·)]無不覩見[44(·),33(⊥),24(|),22(·)]

B: 一切世間[十]無不覩見[尸,ᄂ尸丁ノ尸,ㅣ,ㅎ]

C: 一切 世間十 覩見尸 不ᄂ尸丁ノ尸 無ㅣ(ᄂ)ㅎ

D: 一切 世間에서 보지 못함이 없이 하고

E: 모든 세간들이 보게 하며,

<주본화엄22, 16:20-21>

A: 以種種[25(·)]法[41(·),34(|)]廣[24(|)]施衆生[53(|),22(·),51(..)]

B: 以種種[七]法[乙,ㅎ]廣[ㅣ]施衆生[ᅔ十,ㅎ,x分]

C: 種種ㅌ 法乙 以ㅎ 廣ㅣ 衆生ㅎ十 施(ﾉ)ｿxﾁ
D: 갖가지 법으로써 널리 衆生에게 布施하고 하며,
E: 가지가지 법으로 중생에게 보시하며,

<주본화엄22, 16:21-22>
A: 佛[33(·)]是[33(·)]無邊[33(·)]光明[25(·)]之藏[24(|)],43(-)]諸[33(·)]力[11(·)]智慧[11(·),41(:)]皆[25(·)]?
   悉[34(|)?]圓滿[22(·)]
B: 佛[ㄱ]是[ㄱ]無邊[ㄱ]光明ㅌ之藏[ㅣ,ㅎ下諸[ㄱ]力[ゝ]智慧[ゝ,ﾛ亽乙]皆[ㅌ]悉ｽ 圓滿[ﾁ
C: 佛ㄱ 是ㄱ 邊(尸) 無ㄱ 光明ㅌ{之} 藏ㅣㅎ下 諸ㄱ 力ゝ 智慧ゝﾉ亽乙 皆ㅌ 悉ｽ 圓滿(ﾉ)ﾁ
D: 부처는 끝없는 光明의 藏이시어 모든 힘이니 智慧이니 하는 것을 모두 다 圓滿하게 하고
E: 부처님은 그지없는 광명의 장이라 모든 힘과 지혜를 원만하고,

<주본화엄22, 16:22>
A: 恒[24(|)]以大光[41(·),34(|)]普[24(|)]照衆生[41(·),24(|),13(-)]隨其所願[12(·),41(·),24(\)]皆[25(·)]
   令滿足[42(·)?,22(·)?]
B: 恒[ㅣ]以大光[乙,ｽ]普[ㅣ]照衆生[乙,ㅣxﾑ]隨其所願[ㄱ,乙,ﾛ]皆[ㅌ]令滿足[(ᄉ)ㅣ,ﾁ]
C: 恒ㅣ 大光乙 以ｽ 普ㅣ 衆生乙 照ㅣxﾑ 其 願(ﾉ)ㄱ 所乙 隨ﾛ 皆ㅌ 滿足 令ㅣﾁ
D: 항상 大光으로써 널리 중생을 비추되 그 원한 바를 따라 모두 滿足하게 하고
E: 항상 큰 광명으로 중생을 두루 비추며, 그의 소원대로 만족케 하여

<주본화엄22, 16:23>
A: 離諸[33(·)]怨敵[41(·),24(·),22(·),51(·)]
B: 離諸[ㄱ]怨敵[乙,支,ﾁ,xﾁ]
C: 諸ㄱ 怨敵乙 離支ﾁxﾁ
D: 모든 怨敵을 여의고 하며,
E: 원수와 대적을 여의게 하며,

<주본화엄22, 16:23>
A: 爲上福田[14(!)#14(i)#14(|),41(··),43(|)]一切衆生[23(-)]共[25(·)]所依怙[14(··)#13(··),11(·),21(·|)]

B: 爲上福田[ㅣ尸,入乙,ㅎ 尒]一切衆生[ㅎ]共[ㅅ]所依怙[x尸,ㆍ,X]
C: 上福田ㅣ尸{爲}入乙(ㆍ/)ㅎ 尒 一切 衆生ㅎ 共ㅅ 依怙x尸 所ㆍX
D: 上福田이 되어서 一切 衆生과 함께 依怙하는 바이거늘
E: 상품의 복밭이 되어 일체 중생의 함께 의지하는 바이며,

<주본화엄22, 16:23-24>
A: 凡[23(-)]有[33(·)]所施[12(·),15(·/)]悉[34(|)]令淸淨[42(·),22(·)]
B: 凡[ㅎ]有[ㄱ]所施[ㄱ,x入ㄱ]悉[ㅎ]令淸淨[(ㅅ)ㅣ,ㅎ]
C: 凡ㅎ 有ㄱ 施(ㆍ/)ㄱ 所x入ㄱ 悉ㅎ 淸淨 令ㅣㅎ
D: 무릇 베푼 것이면 다 淸淨하게 하고,
E: 무릇 베푸는 것을 모두 청정케 하고,

<주본화엄22, 16:24>
A: 修少[25(·),12(:)]善行[41(·)?,33(·),53(|),53(-)[118)]受無量[33(·)]福[41(·),24(|),22(·)]
B: 修少[ㅅ,ㆍㄱ]善行[乙,ㄱ,ㅎ +,x乃]受無量[ㄱ]福[乙,ㅣ,ㅎ]
C: 少ㅅㆍㄱ 善行乙 修ㄱ ㅎ +x乃 量 無ㄱ 福乙 受ㅣㅎ
D: 적은 善行을 닦은 이에게라도 한량없는 복을 받게 하고
E: 조그만 선행을 닦아도 한량없는 복을 받아

<주본화엄22, 16:24-17:01>
A: 悉令得[43(|)]入無{34(·)}盡[44(·),33(·)]智{45(·)}地[53(·),42(·),22(·),51(..)]
B: 悉令得[ㅎ 尒]入無盡[尸,ㄱ]智地[+,(ㅅ)ㅣ,ㅎ,x分]
C: 悉(ㅎ) 得ㅎ 尒 盡尸 無ㄱ 智地+ 入 令ㅣㅎx分
D: 다 능히 다함 없는 智地에 들어가게 하고 며,
E: 다함이 없는 지혜에 들어가게 하며,

---

118) 53(|)과 53(-)을 하나의 점토로 볼 가능성이 있다.

<주본화엄22, 17:01-02>

A: 爲一切衆生[23(-)]種植善根[41(·),13(/),32(/)]淨心[25(·)]之主[14(!),41(··),22(·)]
B: 爲一切衆生[ㅋ]種植善根[乙,ㄱ숑,X]淨心[セ]之主[リ尸,入乙,ㅎ]
C: 一切 衆生ㅋ 善根乙 種植ノ숑X 淨心セ{之} 主リ尸{爲}入乙(ㅅㅣ)ㅎ
D: 一切 衆生이 善根을 種植하는 것의 淨心의 주인이 되고
E: 모든 중생의 선근을 심는 청정한 마음의 주인이 되고,

<주본화엄22, 17:02>

A: 爲一切衆生[23(-)]發生福德[41(·),13(/),32(/)]{32(·)}最上良田[14(!),41(··),22(·)]
B: 爲一切衆生[ㅋ]發生福德[乙,ㄱ숑,X]最上良田[リ尸,入乙,ㅎ]
C: 一切 衆生ㅋ 福德乙 發生ノ숑X 最上 良田リ尸{爲}入乙(ㅅㅣ)ㅎ
D: 一切 衆生이 福德을 發生시키는 것의 最上의 良田이 되고
E: 모든 중생의 복덕을 내게 하는 가장 좋은 복밭이 되며,

<주본화엄22, 17:02-03>

A: 智慧甚深[52(·)]方便善巧[52(·),43(-)]能[24(·)]救{33(\)}一切三惡道[25(·)]苦[41(·),22(·),23(|),31(·|), 55(\·)]
B: 智慧甚深[ㄱ]方便善巧[ㄱ,ㅎ下]能[支]救一切三惡道[セ]苦[乙,ㅎ,ㅅㅣ,X,ㄱㅣ]
C: 智慧 甚深(ㅅㅣ)ㄱ 方便 善巧(ㅅㅣ)ㄱ(ㅅㅣ)ㅎ下 能支 一切 三惡道セ 苦乙 救(ㅅㅣ)ㅎ(ㅅㅣ)ㅣXㄱㅣ
D: 智慧가 매우 깊으며 方便이 善巧하며 하시어 능히 一切 三惡道의 고통을 구하고 한다.[119]
E: 지혜가 깊고 방편이 교묘하여 온갖 삼악도의 고통을 능히 구하였다.

<주본화엄22, 17:03-04>

A: 如是[24(·)]信解[22(·)]
B: 如是[支]信解[ㅎ]
C: 是 如支 信解(ㅅㅣ)ㅎ

---

119) '救(ㅅㅣ)ㅎ(ㅅㅣ)ㅣXxㅣ'에서 'ㅣ'는 연결어미, 또는 선어말어미일 가능성이 있다. 여기서는 현대어에서의 자연스러움을 살려 선어말어미로 해석하였다.

D: 이같이 信解하고
E: 이와 같이 믿고 이해하며,

<주본화엄22, 17:04>

A: 如是[24(·)]觀察[22(·)]
B: 如是[ㅊ]觀察[ㅎ]
C: 是 如ㅊ 觀察(ㅅ)ㅎ
D: 이같이 觀察하고
E: 이와 같이 관찰하며,

<주본화엄22, 17:04>

A: 如是{31(·)}入於智慧[25(·)]之淵[53(·),22(·)]
B: 如是入於智慧[ㄷ]之淵[十,ㅎ]
C: 是 如(ㅊ) {於}智慧ㄷ{之} 淵十 入(ㅅ)ㅎ
D: 이같이 智慧의 못에 들고
E: 이와 같이 지혜의 못에 들어가며,

<주본화엄22, 17:04-05>

A: 如是游於功德[25(·)]之海[53(·),22(·)]{34(·)}
B: 如是游於功德[ㄷ]之海[十,ㅎ]
C: 是 如(ㅊ) {於}功德ㄷ{之} 海十 游(ㅅ)ㅎ
D: 이같이 功德의 바다에서 노닐고
E: 이와 같이 공덕의 바다에 노닐며,

<주본화엄22, 17:05>

A: 如是普[24(|)]至虛空智慧[53(·),22(·)?]
B: 如是普[ㅣ]至虛空智慧[十,ㅎ]
C: 是 如(ㅊ) 普ㅣ 虛空 智慧十 至ㅎ
D: 이같이 널리 虛空 智慧에 이르고

E: 이와 같이 허공 같은 지혜에 두루 이르며,

<주본화엄22, 17:05-06>
A: 如是而[45(·)]知衆生[23(-)]福田[41(·),22(·)]
B: 如是而[灬]知衆生[ㆍ]福田[乙,ᄒ]
C: 是 如(攴) 而灬 衆生ㆍ 福田乙 知ᄒ
D: 이같이 衆生의 福田을 알고
E: 이와 같이 중생의 복밭을 알며,

<주본화엄22, 17:06>
A: 如是正念[45(·)]現前觀察[22(·)]
B: 如是正念[灬]現前觀察[ᄒ]
C: 是 如(攴) 正念灬 現前 觀察(ㄴ)ᄒ
D: 이같이 正念으로 現前 觀察하고
E: 이와 같이 바른 생각으로 관찰하며,

<주본화엄22, 17:06-07>
A: 如是觀佛[35(·)]諸[33(·)]業[11(·)]相好[11(·),41(:),22(·)]{53(·)}
B: 如是觀佛[ㄹ]諸[ㄱ]業[ㆍ]相好[ㆍ,ㅁ슈乙,ᄒ]
C: 是 如(攴) 佛ㄹ 諸ㄱ 業ㆍ 相好ㆍㄴ 슈乙 觀(ㄴ)ᄒ
D: 이같이 부처의 모든 業이니 相好니 하는 것을 觀하고
E: 이와 같이 부처님의 업과 상호(相好)를 관찰하며

<주본화엄22, 17:07>
A: 如是觀佛[35(·)]普[24(|)]{53(·)}現世間[53(·),41(-),22(·)]
B: 如是觀佛[ㄹ]普[ㅣ]現世間[十,x入乙,ᄒ]
C: 是 如(攴) 佛ㄹ 普ㅣ 世間十 現x入乙 觀(ㄴ)ᄒ
D: 이같이 부처께서 널리 세간에 나타난 것을 觀하고
E: 이와 같이 부처님께서 세간에 나타남을 관찰하며,

<주본화엄22, 17:07-08>

A: 如是觀佛[35(·)]神通自在[41(·),22(·),52(·)]
B: 如是觀佛[乙]神通自在[乙,ㅎ,x分]
C: 是 如(支) 佛乙 神通 自在乙 觀(ᄉᆞ)ㅎx分
D: 이같이 부처의 神通 自在를 觀하고 하며,
E: 이와 같이 부처님의 신통이 자재하심을 관찰하였다.

<주본화엄22, 17:08-09>

A: 時[53(·)?]彼大衆[33(·)]見如來[44(·)?]身[41(·),13(··)]一一[33(·)]毛孔[53(·),43(\),55(·)]出百[33(·)]千[33(·)]億那由他[25(·)]阿僧祇[25(·)]光明[41(·),51(·)]
B: 時[十]彼大衆[ㄱ]見如來[尸]身[乙,xム]一一[ㄱ]毛孔[十,ケ,ㅣ]出百[ㄱ]千[ㄱ]億那由他[七]阿僧祇[七]光明[乙,x分]
C: 時十 彼 大衆ㄱ 如來尸 身乙 見xム 一一ㄱ 毛孔十ケㅣ 百ㄱ 千ㄱ 億 那由他七 阿僧祇七 光明乙 出x分
D: 그때에 저 大衆은 如來의 몸을 보되 하나하나의 毛孔에서마다 百千億 那由他 阿僧祇의 光明을 내며,
E: 때에 저 대중이 보니, 여래 몸의 낱낱 털구멍에서 백천억 나유타 아승기 광명이 나오고,

<주본화엄22, 17:09-10>¹²⁰⁾

A: 一一[33(·)]光明[53(·),43(\)?,55(·)]有阿僧祇[25(·)]色[11(·)]阿僧祇[25(·)]清淨[11(·)]阿僧祇[25(·)]照明[11(·),41(:),33(/),43(-)]
B: 一一[ㄱ]光明[十,ケ,ㅣ]有阿僧祇[七]色[ᄆ]阿僧祇[七]清淨[ᄆ]阿僧祇[七]照明[ᄆ,ㅁ今乙,ㅅ,ㅎ下]
C: 一一ㄱ 光明十ケㅣ 阿僧祇七 色ᄆ 阿僧祇七 清淨ᄆ 阿僧祇七 照明ᄆノ今乙 {有}ㅅㅎ下
D: 하나하나의 光明에마다 阿僧祇의 色이니 阿僧祇의 淸淨이니 阿僧祇의 照明이니 하는 것을 두시어
E: 광명마다 아승기 색깔이 있고, 아승기 청정함과 아승기 광명 비추임이 있어

---

120) 10행 欄上에 정사각형의 紺色 不審紙가 있다.

322 第二部 判讀과 解讀 및 翻譯

<주본화엄22, 17:10-12>

A: 令阿僧祇[25(·)]衆[41(·)]觀察[42(·),45(-),51(·.)]阿僧祇[25(·)]衆[33(·)]歡喜[52(·)]阿僧祇[25(·)]衆[33(·)]快樂[52(·.)]阿僧祇衆[33(·)]深信增長[52(·.)]

B: 令阿僧祇[ヒ]衆[乙]觀察[(ᄉ)丨,X,xゕ]阿僧祇[ヒ]衆[ㄱ]歡喜[ゕ]阿僧祇[ヒ]衆[ㄱ]快樂[xゕ]阿僧祇衆[ㄱ]深信增長[xゕ]

C: 阿僧祇ヒ 衆乙 觀察 令丨Xxゕ 阿僧祇ヒ 衆ㄱ 歡喜(丶)ゕ 阿僧祇ヒ 衆ㄱ 快樂xゕ 阿僧祇(ヒ) 衆ㄱ 深信 增長xゕ

D: 阿僧祇의 대중으로 하여금 觀察하게 하며 阿僧祇의 대중은 歡喜하며 阿僧祇의 대중은 快樂하며 阿僧祇의 대중은 深信 增長하며,

E: 아승기 대중들로 하여금 보게 하고, 아승기 대중들이 환희케 하고, 아승기 대중들이 즐기게 하고, 아승기 대중의 신심을 증장하고,

<주본화엄22, 17:12-13>

A: 阿僧祇[25(·)]衆[33(·)]志樂淸淨[52(·.)]阿僧祇[25(·)]衆[33(·)]諸[33(·)]根淸涼[52(·.)]阿僧祇[25(·)]衆[33(·)]恭敬尊重[54(·.)]

B: 阿僧祇[ヒ]衆[ㄱ]志樂淸淨[xゕ]阿僧祇[ヒ]衆[ㄱ]諸[ㄱ]根淸涼[xゕ]阿僧祇[ヒ]衆[ㄱ]恭敬尊重[x丨]

C: 阿僧祇ヒ 衆ㄱ 志樂 淸淨xゕ 阿僧祇ヒ 衆ㄱ 諸ㄱ 根 淸涼xゕ 阿僧祇ヒ 衆ㄱ 恭敬 尊重x丨

D: 阿僧祇의 대중은 志樂이 淸淨하며 阿僧祇의 대중은 모든 근이 淸涼하며 阿僧祇의 대중은 恭敬 尊重하였다.

E: 아승기 대중의 뜻[志樂]을 청정케 하고, 아승기 대중의 모든 근을 청량케 하고, 아승기 대중들이 공경하고 존중케 하였다.

<주본화엄22, 17:13-14>

A: 爾時大衆[33(·)]咸[25(·)]見佛身[41(·),34(-),13(·.)]放百[33(·)]千[33(·)]億那由他不思議[25(·)]大光明[41(·),12(ㅗ),11(·)]{53(·)}

B: 爾時大衆[ㄱ]咸[ヒ]見佛身[乙,白xᄉ]放百[ㄱ]千[ㄱ]億那由他不思議[ヒ]大光明[乙,X,ㆍ]

C: 爾 時 大衆ㄱ 咸ヒ 佛身乙 見白xᄉ 百ㄱ 千ㄱ 億 那由他 不思議ヒ 大光明乙 放Xㆍ

D: 그때 大衆은 모두 佛身을 보되 百千億 那由他 不思議의 大光明을 放하니

E: 그 때 대중이 부처님의 몸에서 백천억 나유타 부사의한 큰 광명을 낳으심을 보니,

<주본화엄22, 17:14-16>

A: 一一[33(·)]光明[53(·),43(\),55(·)]皆[25(·)]有不思議[25(·)]色[11(·)]不思議光[11(·),41(·),33(/)?,43(-)]照不思議[25(·)]無邊[33(·)]法界[41(·),24(|),45(-),51(·)]

B: 一一[ㄱ]光明[十,ケ,丨]皆[七]有不思議[七]色[ぇ]不思議光[ぇ,x乙,ㄐ,ㅎ下]照不思議[七]無邊[ㄱ]法界[乙,ㅣ,X,x彡]

C: 一一ㄱ 光明十ケ丨 皆七 不思議七 色ぇ 不思議(七) 光ぇxZ {有}ㄐㅎ下 不思議七 邊(尸) 無ㄱ 法界乙 照ㅣXx彡

D: 하나하나의 光明에마다 모두 不思議의 色이니 不思議의 빛이니 하는 것을 두시어 不思議의 끝없는 法界를 비추며,

E: 광명마다 부사의한 색과 부사의한 빛이 있어 부사의한 끝없는 법계를 비추었으며,

<주본화엄22, 17:16-17>

A: 以佛[35(·)]神力[41(·),34(|)]出大妙音[41(·)?,13(:)]其音[33(·)]演暢百[33(·)]千[33(·)]億那由他不思議[25(·)]讚頌[41(·),12(ㅗ),11(·)]

B: 以佛[ㅆ]神力[乙,ᵎ]出大妙音[乙,xム]其音[ㄱ]演暢百[ㄱ]千[ㄱ]億那由他不思議[七]讚頌[乙,X,ぇ]

C: 佛ㅆ 神力乙 以ᵎ 大妙音乙 出xム 其 音ㄱ 百ㄱ 千ㄱ 億 那由他 不思議七 讚頌乙 演暢Xぇ

D: 부처님의 神力으로써 大妙音을 내되 그 음성은 百千億 那由他 不思議의 讚頌을 演暢하니

E: 부처님의 신력으로 크고 묘한 음성을 내고, 그 음성이 백천억 나유타 부사의한 찬송을 말하니,

<주본화엄22, 17:17-18>

A: 超諸[33(·)]世間[53(·)?]所有[33(·),25(·)]言辭[41(·),23(|)]出世[25(·)]善根[45(·)]之所成就[12(·),24(|),52(·)#52(:)]

B: 超諸[ㄱ]世間[十]所有[ㄱ,七]言辭[乙,ᴗᵎ]出世[七]善根[灬]之所成就[ㄱ,ㅣ,x彡]

C: 諸ㄱ 世間十 有ㄱ 所七 言辭乙 超ᴗᵎ 出世七 善根灬{之} 成就(ノ)ㄱ 所ㅣx彡

D: 모든 世間에 있는 바의 言辭를 초월하여 出世間의 善根으로 成就한 바이며,

E: 세간의 말을 초월한 것이고 출세간의 선근으로 성취한 것이며,

<주본화엄22, 17:18-20>
A: 復[33(·)]現百[33(·)]千[33(·)]億那由他不思議[25(·)]微妙莊嚴[41(·),13(··)]於百[33(·)]千[33(·)]億那由他不思議[25(·)]劫[53(·)]歎[53(-)]不可盡[34(|),23(|),24(\),42(|),12(:),35(·),33(·),11(·)]

B: 復[ㄱ]現百[ㄱ]千[ㄱ]億那由他不思議[ㄴ]微妙莊嚴[乙,xㅿ]於百[ㄱ]千[ㄱ]億那由他不思議[ㄴ]劫[十]歎[x乃]不可盡[氵,ㄴ 氵,ㅋㅎ,ㄴㄱ,矢ㄱ, 氵]

C: 復(ㄴ)ㄱ 百ㄱ 千ㄱ 億 那由他 不思議ㄴ 微妙 莊嚴乙 現xㅿ {於}百ㄱ 千ㄱ 億 那由他 不思議ㄴ 劫十 歎x乃 盡 氵ㄴ 氵ㅋㅎ {可}(ㄴ)ㄴㄱ 不矢ㄱ 氵

D: 또한 百千億 那由他 不思議의 微妙 莊嚴을 나타내되 百千億 那由他 不思議의 劫에 찬탄하나 다할 수가 없으니

E: 또 백천억 나유타의 부사의한 아름다운 장엄을 나타내는데, 백천억 나유타의 부사의한 겁에 찬탄하여도 다할 수가 없으니,

<주본화엄22, 17:20>
A: 皆[25(·)]是[33(·)]如來[44(·)]無盡[44(·),33(·)]自在[45(·)?]之所出生[12(|),51(··)#51(·/)]

B: 皆[ㄴ]是[ㄱ]如來[尸]無盡[尸,ㄱ]自在[灬]之所出生[ㅎㄱ,xㅅ]

C: 皆ㄴ 是ㄱ 如來尸 盡尸 無ㄱ 自在灬之 出生(ㄴ)ㅎㄱ 所xㅅ

D: 이것은 모두 如來께서 다함 없는 自在로 내신 바이며,

E: 여래의 다함 없는 자재로 내는 것이며,

<주본화엄22, 17:20-22>
A: 又[33(·)]現不可說[25(·)]諸[33(·)]佛[14(··)]如來[24(|)]出興于世[53(|),41(-),24(\),13(|)]令諸[33(·)]衆生[41(·)]入智{33~43(·)}慧門[53(·),43(|)]{51(/)}解甚深義[41(·),42(·),51(/)]

B: 又[ㄱ]現不可說[ㄴ]諸[ㄱ]佛[ㅎ尸]如來[刂]出興于世[ㅎ十,x入乙,ㅋ,xㅿ]令諸[ㄱ]衆生[乙]入智慧門[十, 氵 亦]解甚深義[乙,(ㅅ)刂,xㅅ]

C: 又(ㄴ)ㄱ 不可說ㄴ 諸ㄱ 佛刂ㅎ尸 如來刂 {于}世ㅎ十 出興x入乙 現ㅋxㅿ 諸ㄱ 衆生乙 智慧門十 入(ㄴ) 氵亦 甚深 義乙 解 令刂xㅅ

D: 또한 不可說의 모든 부처이신 如來가 세상에 出興함을 나타내되 모든 중생으로 하여금

智慧門에 들어서 甚深 義를 알게 하며,

E: 또 말할 수 없는 부처님 여래께서 세상에 출현하여 중생들로 하여금 지혜의 문에 들어가 깊은 이치를 알게 하며,

<주본화엄22, 17:22-23>

A: 又[33(·)]現不可說諸[33(·)]佛[14(··)]如來所有[33(/),12(!),25(·)]變化[41(·),24(\),13(|)]盡法界虛空界[41(·)?,34(|),23(|),43(|)]令一切世間[41(·)]平等淸淨[42(·),12(⊥),11(·)]

B: 又[ㄱ]現不可說諸[ㄱ]佛[㢱尸]如來所有[斗,xㄱ,七]變化[乙,丆,xム]盡法界虛空界[乙,氵,ソ氵,氵ホ]令一切世間[乙]平等淸淨[(亽)刂,X,⺀]

C: 又(ソ)ㄱ 不可說(七) 諸ㄱ 佛(刂)㢱尸 如來 {有}斗xㄱ 所七 變化乙 現丆xム 法界 虛空界乙 盡氵ソ氵氵ホ 一切 世間乙 平等 淸淨 令刂X⺀

D: 또한 不可說의 모든 부처이신 如來께서 두신 바의 變化를 나타내되 法界 虛空界를 다하여서 一切 世間으로 하여금 平等 淸淨하게 하니

E: 또 말할 수 없는 부처님 여래께서 보이시는 갖은 변화를 나타내어 온 법계와 허공계에서 모든 세간이 평등하고 청정케 하니,

<주본화엄22, 17:24>

A: 如是[12(··),33(·)]皆[25(·)]從如來[44(·)]所住[12(|),25(·)]無{25(.·)}障礙[25(·)]一切智[41(·),25(·)]生[52(:)]

B: 如是[㢱ㄱ,ㄱ]皆[七]從如來[尸]所住[㢱ㄱ,七]無障礙[七]一切智[乙,七]生[xケ]

C: 是 如(支ソ)㢱ㄱㄱ 皆七 如來尸 住(ソ)㢱ㄱ 所七 無障礙七 一切 智乙 從七 生xケ

D: 이 같으신 것은 모두 如來가 머무신 바의 無障礙의 一切 智로부터 나며,

E: 이런 것은 모두 여래께서 머무신 바가 장애 없는 온갖 지혜로부터 나는 것이며,

<주본화엄22, 17:24-18:01>

A: 亦[33(·)]從如來[44(·)]所修行[12(|),25(·)]不思議[25(·)]勝德[41(·),25(·)]生[52(:)]

B: 亦[ㄱ]從如來[尸]所修行[㢱ㄱ,七]不思議[七]勝德[乙,七]生[xケ]

C: 亦(ソ)ㄱ 如來尸 修行(ソ)㢱ㄱ 所七 不思議七 勝德乙 從七 生xケ

D: 또한 如來께서 修行하신 바의 不思議의 勝德으로부터 나며,

326 第二部 判讀과 解讀 및 飜譯

E: 여래께서 수행하신 바 부사의한 좋은 덕으로부터 나는 것이었고,

<주본화엄22, 18:01-02>

A: 復[33(·)]現百[33(·)]千[33(·)]億那由他不思議[25(·)]妙寶光焰[41(·),24(\),13(|)]從昔[25(·)]大願善根[41(·),25(·)]所起[12(:),55(..)]

B: 復[ㄱ]現百[ㄱ]千[ㄱ]億那由他不思議[乇]妙寶光焰[乙,㐄,xㅿ]從昔[乇]大願善根[乙,乇]所起[ㅆㄱ,ナ丨]

C: 復(ㅆ)ㄱ 百ㄱ 千ㄱ 億 那由他 不思議乇 妙寶 光焰乙 現㐄xㅿ 昔乇 大願 善根乙 從乇 起ㅆㄱ 所(刂)ナ丨

D: 또한 百千億 那由他 不思議의 妙寶 光焰을 나타내되 옛날의 大願 善根으로부터 일어난 바이다.

E: 다시 백천억 나유타의 부사의한 묘한 보배 광명 불꽃을 나타내니, 지난 세상의 큰 소원과 선근으로 생기는 것으로서,

<주본화엄22, 18:03>

A: 以曾[24(·)]¹²¹⁾供養無量¹²²⁾[33(·)]如來[41(·),53(i)]修淸淨行[41(·),43(|)]無放逸[44(·),12(··),41(··),43(·),45(··)]故[51(·)]

B: 以曾[攴]供養無量[ㄱ]如來[乙,X]修淸淨行[乙, 氵 乑]無放逸[尸,ㆆㄱ,入乙, 氵,入ㅡ]故[分]

C: 曾攴 量 無ㄱ 如來乙 供養X 淸淨行乙 修 氵 乑 放逸尸 無ㆆㄱ入乙 {以} 氵(ㄱ)入ㅡ{故}(刂)分

D: 일찍이 하량없는 如來를 供養하여 淸淨行을 닦아서 放逸함 없으신 것을 말미암은 까닭이며,

E: 일찍이 무량한 여래께 공양하면서 청정한 행을 닦고 방일하지 아니한 연고며,

<주본화엄22, 18:03-04>

A: 薩婆若心¹²³⁾無有障礙[44(·),34(|)]生善根[41(·)?,24(|)?¹²⁴⁾,12(··),45(··)?#45(·)]故[42(/)]

B: 薩婆若心無有障礙[尸, 氵]生善根[乙,刂,ㆆㄱ,入ㅡ]故[刂ㄱ]

---

121) 1차 강독에는 24(·)#24(/)으로 판독하였다.
122) 32(\)#42(\)?이 있는 듯도 하다.
123) 살바야심: 일체를 아는 지혜의 마음.
124) 24(\)처럼도 보인다.

C: 薩婆若心 障礙尸 無有ぅ 善根乙 生リぅ1 入ᄯ{故}リ1
D: 薩婆若心 막힘이 없어 善根을 내신 까닭이니
E: 살바야심(薩婆若心)이 장애가 없이 선근을 내는 연고였다.

<주본화엄22, 18:04-05>
A: 爲顯如來力[24(丨)?]廣徧[43(\),55(·),41(-),24(\),32(-),14(··),45(··)]故[51(·)]
B: 爲顯如來力[リ]廣徧[ケ,丨,x入乙,ᄃ,人,ぅ尸,入ᄯ]故[分]
C: 如來力リ 廣 {徧}ケ丨x入乙 顯ᄃ{爲}人(ᄉ)ぅ尸入ᄯ{故}(リ)分
D: 如來力이 널리 두루한 것을 나타내고자 하시는 까닭이며,
E: 여래의 힘이 넓고 두루함을 나타내기 위함이며,

<주본화엄22, 18:05>
A: 爲斷一切衆生[23(-)]疑[41(·丨),32(-),14(··),45(··)]故[51(·)]
B: 爲斷一切衆生[ᄒ]疑[ᄃ尸入乙,人,ぅ尸,入ᄯ]故[分]
C: 一切 衆生ᄒ 疑ノ尸入乙 斷(ᄉ){爲}人(ᄉ)ぅ尸入ᄯ{故}(リ)分
D: 一切 衆生이 의심하는 것을 斷하고자 하시는 까닭이며,
E: 일체 중생의 의심을 끊기 위함이며,

<주본화엄22, 18:05-06>
A: 爲令咸[25(·)]得[43(丨)]見如來[41(·),24(丨),42(·),32(-),14(··),45(··)]故[51(·)]
B: 爲令咸[セ]得[ぅ ホ]見如來[乙,リ,(ᄉ)リ,人,ぅ尸,入ᄯ]故[分]
C: 咸セ 得ぅ ホ 如來乙 見リ 令リ[125]{爲}人(ᄉ)ぅ尸入ᄯ{故}(リ)分
D: 모두 능히 如來를 보게 하고자 하시는 까닭이며,
E: 모두 여래를 뵈옵게 하기 위함이며,

---

125) 다음 예문을 참조할 수 있다.
　　其 樂ᄃ尸 所乙 隨ᄃ 悉ぅ 見リ 令リ口ㅌ <화엄14, 14:24>

<주본화엄22, 18:06>

A: 令無量[33(·)]衆生[41(·)]住善根[53(·),42(·),33(\),14(··),45(··)?#45(·)]故

B: 令無量[㇆]衆生[乙]住善根[十,(亽)刂,亻,𢒑尸,入灬]故

C: 量 無㇆ 衆生乙 善根十 住 令刂(七)亻(ソ)𢒑尸入灬{故}(刂分)

D: 한량없는 衆生으로 하여금 善根에 머물게 하고자 하시는 까닭이며,

E: 한량없는 중생들을 선근에 머물게 하기 위함이며,

<주본화엄22, 18:06-07>

A: 顯示如來[44(·)]神通[25(·)]之力[24(|)]無映奪[23(|),13(!),41(-),33(\),14(··),45(··)]故

B: 顯示如來[尸]神通[七]之力[刂]無映奪[ソ氵,x今,x入乙,亻,𢒑尸,入灬]故

C: 如來尸 神通七{之} 力刂 映奪ソ氵x今 無x入乙 顯示(ソ七)亻(ソ)𢒑尸入灬{故}(刂分)

D: 如來의 神通의 힘이 映奪할 이 없는 것을 顯示하고자 하시는 까닭이며,

E: 여래의 신통한 힘을 가리울 이 없음을 보이기 위함이며,

<주본화엄22, 18:07>

A: 欲令衆生[41(·)]普[24(|)]得[43(|)]入於究竟海[53(·)?,42(·),32(-),14(··),45(··)]故

B: 欲令衆生[乙]普[刂]得[氵ホ]入於究竟海[十,(亽)刂,人,𢒑尸,入灬]故

C: 衆生乙 普刂 得氵ホ {於}究竟海十 入 令刂{欲}人(ソ)𢒑尸入灬{故}(刂分)

D: 衆生으로 하여금 널리 능히 究竟海에 들게 하고자 하시는 까닭이며,

E: 중생들로 하여금 끝까지의 바다[究竟海]에 들어가게 하기 위한이며,

<주본화엄22, 18:08>

A: 爲令一切諸[33(·)]佛[35(·)?]國土[53(·)]菩薩大衆[41(·)]皆[25(·)?]來集[42(·),32(-),14(··),45(··)]故

B: 爲令一切諸[㇆]佛[ᄃ]國土[十]菩薩大衆[乙]皆[七]來集[(亽)刂,人,𢒑尸,入灬]故

C: 一切 諸㇆ 佛ᄃ 國土十[126] 菩薩 大衆乙 皆七 來集 令刂{爲}人(ソ)𢒑尸入灬{故}(刂分)

D: 一切 모든 佛國土에 菩薩 大衆으로 하여금 모두 來集하게 하고자 하시는 까닭이며,

---

126) 다음 예문을 참조할 수 있다.
<u>諸㇆ 佛ᄃ 國土氵十</u> <화소35, 13:14>

E: 모든 부처님 국토의 보살 대중이 다 와서 모이게 하기 위함이며,

<주본화엄22, 18:08-09>
A: 爲欲開示不可思議[25(·)]佛[35(·)]法門[41(·)?,32(-),14(··),45(··)]故[55(.·)]
B: 爲欲開示不可思議[七]佛[叱]法門[乙,人,ぁ尸,入灬]故[ナ丨]
C: 不可思議七 佛叱 法門乙 開示(ソ){爲欲}人(ソ)ぁ尸入灬{故}(リ)ナ丨 [127)]
D: 不可思議의 부처의 法門을 開示하고자 하시는 까닭이다.
E: 부사의한 부처님의 법문을 열어 보이기 위한 연고였다.

<주본화엄22, 18:09-10>
A: 爾時[53(·)]如來[33(·)]大悲[45(·)]普[24(|)]覆[34(|),43(|)]
B: 爾時[十]如來[ㄱ]大悲[灬]普[リ]覆[ぅ,ぅ ホ]
C: 爾 時十 如來ㄱ 大悲灬 普リ 覆ぅぅホ
D: 그때에 如來는 大悲로 널리 덮어서
E: 그 때 여래께서 대비(大悲)로 널리 덮으사

<주본화엄22, 18:10> [128)]
A: 示一切智[53(·)]所有[33(·),25(·)]莊嚴[41(·),24(|),42(-)#42(··),12(.·)#12(:)#12(·)]{14(·)} [129)]
B: 示一切智[十]所有[ㄱ,七]莊嚴[乙,リ,X,xㄱ]
C: 一切 智十 有ㄱ 所七 莊嚴乙 示リXxㄱ
D: 一切 智에 있는 바의 莊嚴을 보이시니
E: 온갖 지혜로 보일 수 있는 모든 장엄을 보이시니,

---

127) 다음 예문을 참조할 수 있다.
一ㄱ 念七 境界ぅ十 一切 法 盡尸 無リソ尸入灬{故}リゟ 大願七 心立 變異尸 無ㄱ入灬{故}リゟ 善支 諸ㄱ 陀羅尼乙 攝取ソㄱ入灬{故}リゟ 一切 諸ㄱ 佛叱 護念ソゟ尸 所リㄱ入灬{故}リゟ 一切 法ぅ 皆七 幻 {如}支ㄱ乙 了ソ尸入灬{故}リナ丨 <화소35, 26:16-19>
128) 18폭 10행 欄上에 不審紙가 보인다.
129) 14(·)을 15(·)으로 보아 해독에 반영할 가능성도 있다.

330 第二部 判讀과 解讀 및 飜譯

<주본화엄22, 18:10-11>

A: 欲令不可說[25(·)]百[33(·)]千[33(·)]億那由他阿僧祇[25(·)]世界[25(·)]中[25(··)]衆生[130]{45(·)}未信[44(·),24(|)?,25(··)]者[41(·)]信[42(·),22(·)]

B: 欲[131]令不可說ㄴ百ㄱ千ㄱ億那由他阿僧祇ㄴ世界ㄴ中氵ㄴ衆生未信尸,刂,ㅌㄴ者[乙]信[(ᄉ)刂,ᄒ]

C: 不可說ㄴ 百ㄱ 千ㄱ 億 那由他 阿僧祇ㄴ 世界ㄴ 中氵ㄴ 衆生 信尸 未刂(ᄉ)ㅌㄴ 者乙 信令刂ᄒ

D: 不可說의 百千億 那由他 阿僧祇의 世界의 中에 있는 衆生으로서 아직 믿지 않은 者로 하여금 믿게 하고

E: 말할 수 없는 백천억 나유타 아승기 세계에 있는 중생들로 하여금 믿지 못한 이는 믿게 하고,

<주본화엄22, 18:11-12>

A: 已[43(·)]信[23(|),25(··)]者[21(|·)]增長[42(·)?,22(·)]

B: 已[氵]信[ᄂ氵,ㅌㄴ]者[X]增長[(ᄉ)刂,ᄒ]

C: 已氵 信ᄂ氵ㅌㄴ[132)133)] 者X 增長ᄉ刂ᄒ

D: 이미 믿은 者는 增長시키고

E: 이미 믿는 이는 믿음이 증장케 하고,

<주본화엄22, 18:12>

A: 已[43(·)]增長[23(|),25(··)]者[21(|·)]令其[41(·)?]淸淨[134][24(|),22(·)]

―――――――――――

130) 41(·)이 뚜렷하지는 않으나 보이는 듯도 하므로, '衆生[41(·)?]{45(·)}'으로 파악할 수도 있다.
131) '欲'은 18폭 13행 11번째 字인 '伏'에 현토된 32(-)에 호응한다.
132) '信ᄂ氵(ᄉ)ㅌㄴ'으로 읽을 수도 있다.
133) 다음 예문을 참조할 수 있다.
　　復次是 {如}支 已氵 三摩地乙 得ᄂㅌㄴ 者ㄱ {於}此 少小ᄂㄱ 殊勝定ㄴ 中氵十 喜足乙 生尸 不多ᄂ氵 {於}勝三摩地圓滿ᄂㄱ氵十 更氵 求願ノ尸乙 起分 又 卽ᄒ {於}彼ㄱ十 勝功德乙 見ᄂ分 又 求願ᄂᄒ 勝功德乙 見ᄒ刂乙 由氵 彼乙 求ᄂ{爲}ᄉᄂ尸入ᄱ{故}ノ 勇猛精進ᄂ氵 策勵ᄂ氵 ホ 而ㅁ 住ᄂ分 <유가20, 15:10-14>
134) 42(·)이 각필점 같지 않아서 판독에 반영하지 않았으나 점토일 가능성도 있다. 42(·)이 점토라면 사역을 나타내는 점토가 중복해서 표기되었다고 할 수 있다. '淸淨[42(·),24(|),22(·)]'.

B: 已[氵]增長[ㅅㅈ,ㅌㅌ]者[X]令其[乙]淸淨[ㅣ,ᇂ]
C: 已氵 增長ㅅㅈㅌㅌ 者X 其乙 淸淨 令ㅣᇂ
D: 이미 增長한 者는 그로 하여금 淸淨하게 하고
E: 이미 증장한 이는 그것이 청정케 하고,

<주본화엄22, 18:12-13>[135]
A: 已[43(·)?]淸淨[23(|),25(··)]者[21(|·)]令其[41(·)]成熟[136][24(|),22(·)]
B: 已[氵]淸淨[ㅅㅈ,ㅌㅌ]者[X]令其[乙]成熟[ㅣ,ᇂ]
C: 已氵 淸淨ㅅㅈㅌㅌ 者X 其乙 成熟 令ㅣᇂ
D: 이미 淸淨한 者는 그로 하여금 成熟하게 하고
E: 이미 청정한 이는 성숙케 하고,

<주본화엄22, 18:13>
A: 已[43(·)]成熟[23(|),25(··)]者[21(|·)]令心[42(|)]調伏[24(|)?-중복선,32(-),14(··),45(··)#45(·),51(/·)]
B: 已[氵]成熟[ㅅㅈ,ㅌㅌ]者[X]令心[ㆆ]調伏[ㅣ중복,ㅅ,ᇂ尸,ㅅㅡ,ㅣ分]
C: 已氵 成熟ㅅㅈㅌㅌ 者X 心ㆆ 調伏 令ㅣ(ᇂㅅ){欲}[137]ㅅ(ㅅ)ᇂ尸入ㅡㅣ分[138][139]
D: 이미 成熟한 者는 마음 調伏하게 하고 하고자 하시는 까닭이며,
E: 이미 성숙한 이는 마음이 조복케 하며,

<주본화엄22, 18:13>
A: 觀甚深法[41(·),52(·)]

---

135) 18폭 13행 欄上에 不審紙가 보인다.
136) 42(·)이 뭉개져 있어 판독에 반영하지 않았으나 12행의 '淨'자에서 이와 비슷한 현토 양상이 나타나므로 42(·)을 판독에 반영할 수도 있다. 42(·)을 판독에 반영하면 사역을 나타내는 점토가 중복해서 표기되었다고 할 수 있다. '成熟[42(·),24(|),22(·)]'.
137) 18폭 10행 11번째 字이다.
138) 점토에서는 'ㅣ'가 중복되었다(->ㅣ,ㅅ,ᇂ尸,ㅅㅡ,ㅣ,ㅣ分). '24(|)'에서 올라가는 삐침선은 중복선이 아닐 가능성도 있다.
139) 이는 "已氵 成熟ㅅㅈㅌㅌ 者X 心ㆆ 調伏 令ㅣ{欲}ㅅ(ㅅ)ᇂ尸入ㅡㅣ分//이미 成熟한 者는 마음 調伏하게 하고자 하시는 까닭이며,"와 같이 해독·해석할 가능성도 있다.

332 第二部 判讀과 解讀 및 飜譯

B: 觀甚深法[乙,彡]
C: 甚深法乙 觀(ᅟᅩ)彡
D: 甚深法을 觀하며,
E: 매우 깊은 법을 관찰하여

<주본화엄22, 18:13-14>
A: 具足無量[33(·)]智慧光明[41(·),52(·)]
B: 具足無量[ㄱ]智慧光明[乙,彡]
C: 量 無ㄱ 智慧 光明乙 具足(ᅟᅩ)彡
D: 한량없는 智慧 光明을 具足하며,
E: 매우 깊은 법을 관찰하여 한량없는 지혜의 광명을 구족하며,

<주본화엄22, 18:14>
A: 發生無量[33(·)]廣大[25(··)]之心[41(·),52(·)]
B: 發生無量[ㄱ]廣大[ㅂㄷ]之心[乙,彡]
C: 量 無ㄱ 廣大(ᅟᅩ)ㅂㄷ{之} 心乙 發生(ᅟᅩ)彡
D: 한량없는 廣大한 마음을 내며,
E: 한량없이 광대한 마음과

<주본화엄22, 18:14-15>
A: 薩婆若心無有退轉[44(·),51(·)]
B: 薩婆若心無有退轉[尸,彡]
C: 薩婆若心 退轉尸 無有彡
D: 薩婆若心 退轉함 없으며,
E: 살바야심을 내어, 퇴전하지 않고

<주본화엄22, 18:15>
A: 不違法性[25(·),52(·)]
B: 不違法性[七,彡]

C: 法性(十) 違七 不(丷)㢱[140]

D: 法性에 어기지 않으며,

E: 법의 성품에 어기지 않고

<주본화엄22, 18:15>

A: 不怖實際[41(·),44(·),52(·)]

B: 不怖實際[乙,尸,㢱]

C: 實際乙 怖尸 不(丷)㢱

D: 實際를 두려워하지 않으며,

E: 실제(實際)를 두려워하지 않고

<주본화엄22, 18:15>

A: 證眞實理[41(·),52(·)]

B: 證眞實理[乙,㢱]

C: 眞實理乙 證(丷)㢱

D: 眞實理를 證하며,

E: 진실한 이치를 증득하며,

<주본화엄22, 18:16>

A: 滿足一切波羅密[25(·)]行[41(·),52(·)]

B: 滿足一切波羅密[七]行[乙,㢱]

C: 一切 波羅密七 行乙 滿足(丷)㢱

D: 一切 波羅密의 行을 滿足하며,

E: 모든 바라밀 행을 만족하고

140) 다음 예문을 참조할 수 있다.

{此}刂 菩薩ㄱ 深智慧乙 {有}斗3尔 實相乙 了知丷3 廣刂 衆生ラ {爲}三 諸ㄱ 法乙 演說ノ尸厶 一切 諸ㄱ 佛ㄷ 經典3十 違七 不丷ナ今ミ <화소35, 24:18-19>

<주본화엄22, 18:16>

A: 出世[25(·)]善根[41(·)]皆[25(·)]悉[34(|)]淸淨[52(·)]

B: 出世[ㄷ]善根[乙]皆[ㄷ]悉[3]淸淨[㆔]

C: 出世ㄷ 善根乙 皆ㄷ 悉 3 淸淨(ㆍﾉ)㆔

D: 出世의 善根을 모두 다 淸淨하게 하며,

E: 출세의 선근이 모두 청정하여

<주본화엄22, 18:16-17>

A: 猶[15(·)]如普賢[24(·),23(|)]得佛[35(·)]自在[41(·),51(·)]

B: 猶[入ㄱ]如普賢[攴,ﾉ 3]得佛[󰁣]自在[乙,㆔]

C: 猶入ㄱ 普賢 如攴ﾉ 3 佛󰁣 自在乙 得㆔

D: 비유컨대 普賢 같아서 부처의 自在를 얻으며,

E: 마치 보현보살이 부처님의 자재를 얻은 듯하며,

<주본화엄22, 18:17>

A: 離魔[23(-)]境界[41(·),34(·)#34(\)]入諸[33(·)]佛境[53(·)?,52(·)]

B: 離魔[㆗]境界[乙,ロ]入諸[ㄱ]佛境[十,㆔]

C: 魔㆗ 境界乙 離(攴)ロ¹⁴¹⁾ 諸ㄱ 佛境十 入(ﾉ)㆔

D: 魔의 境界를 여의고 모든 佛境에 들며,

E: 마군의 경계를 떠나서 부처님의 경계에 들어가며,

<주본화엄22, 18:17-18>

A: 了知深法[41(·),43(|)]獲難思[25(·)]智[41(·),51(·)]

---

141) '離'는 자토구결 자료에서 '-ロハ'이 연결된 경우가 많고, 언해 자료에서도 '-곡'이 연결된 경우가 있으므로, 34(·)은 'ロ'가 아니라 'ロハ'에 대응할 가능성도 있다.

ㄱ. 鬚髮乙 剃除ﾉ去ㄱ丨十ㄱ 當願衆生 永去 煩惱乙 離攴ロハ 究竟 寂滅ﾉㅌ효 <화엄14, 03:11>

ㄴ. ᄒᆞ다가 이 見精이 어드움과 불곰과로 혼 體 아닌댄 네 불곰과 어드움과 虛空ᄋᆞᆯ 여희옥 見元을 ᄂᆞᆫ호아 빼혀라 므슴 形相이 ᄃᆞ외료 불고ᄆᆞᆯ 여희며 어드우믈 여희며 虛空ᄋᆞᆯ 여희면 이 보미 本來 거부븨 터리와 톳긔 ᄲᅳᆯ와 곧ᄒᆞ니 불곰과 어드움과 虛空과 세 이레 다 다ᄅᆞ면 므스글 브터 보미 셔리오 다ᄅᆞᆫ 體 아닌 ᄃᆞᆯ 굴히시니라 <楞嚴3:95a>

B: 了知深法[乙, ﻋ]獲難思[ヒ]智[乙,ケ]

C: 深法乙 了知(ﾉ) ﻋ 難思ヒ 智乙 獲ケ

D: 深法을 了知하여서 難思의 智를 얻으며,

E: 깊은 법을 분명히 알고 부사의한 지혜[難思智]를 얻어

<주본화엄22, 18:18>

A: 大乘[25(·)]誓願[41(·)]永[24(/)]不退轉[44(·),52(·)]

B: 大乘[ヒ]誓願[乙]永[ㅗ]不退轉[尸,ケ]

C: 大乘ヒ 誓願乙 永ㅗ 退轉尸 不(ﾉ)ケ

D: 大乘의 誓願을 영원히 退轉하지 않으며,

E: 대승의 서원이 길이 퇴전치 아니하며,

<주본화엄22, 18:18-19>

A: 常[24(|)]見諸[33(·)]佛[41(·),14(·),41(··),32(··),51(··)#51(·),구분선]未曾[42(\)]捨離[44(·),52(·)]

B: 常[ǁ]見諸[ㄱ]佛[乙,x尸,入乙,X,X]未曾[刀]捨離[尸,ケ]

C: 常ǁ 諸ㄱ 佛乙 見x尸入乙XX 曾(ハか)刀 捨離(ﾉ)尸 未(ﾉ)ケ

D: 항상 모든 佛을 뵈옵는 것을 하며 잠깐도 捨離하지 않으며,

E: 항상 부처님을 보아 잠깐도 여의지 아니하며,

<주본화엄22, 18:19>

A: 成就證智[41(·),43(|)]證無量[33(·)]法[41(·),52(·)]?

B: 成就證智[乙, ﻋ]證無量[ㄱ]法[乙,ケ]

C: 證智乙 成就(ﾉ) ﻋ 量 無ㄱ 法乙 證(ﾉ)ケ

D: 證智를 成就하여서 한량없는 法을 證하며,

E: 증득하는 지혜를 성취하여 한량없는 법을 증하며,

<주본화엄22, 18:19-20>

A: 具足無邊[33(·)]福德藏[25(·)]力[41(·),52(·)]

B: 具足無邊[ㄱ]福德藏[ヒ]力[乙,ケ]

C: 邊 無ㄱ 福德藏ㅌ 力乙 具足(ㅛ)彡

D: 끝없는 福德藏의 힘을 具足하며,

E: 그지없는 복덕장의 힘을 구족하며,

<주본화엄22, 18:20>

A: 發歡喜心[41(·),43(|)]入無疑地[53(·),52(·)]

B: 發歡喜心[乙,氵ホ]入無疑地[十,彡]

C: 歡喜心乙 發(ㅛ)氵ホ 無疑地十 入(ㅛ)彡

D: 歡喜心을 發하여서 無疑地에 들며,

E: 환희한 마음을 내고 의심 없는 지위에 들어가

<주본화엄22, 18:20>

A: 離惡[33(·),41(··),34(·)]淸淨[52(·)]

B: 離惡[ㄱ,入乙,口]淸淨[彡]

C: 惡ㄱ 入乙¹⁴²⁾ 離(支)口 淸淨(ㅛ)彡

D: 악한 것을 여의고 淸淨하며,

E: 악을 떠나 청정하며,

<주본화엄22, 18:20-21>

A: 依一切智[41(·),34(|)]見法[23(-)]不動[35(·),33(·),41(··),32(·)#31~32(·)]得[43(|)]入一切菩薩衆會[53(·),52(·)]

B: 依一切智[乙,氵]見法[ㅋ]不動[矢,ㄱ,入乙,X]得[氵ホ]入一切菩薩衆會[十,彡]

C: 一切 智乙 依氵 法ㅋ 動(尸) 不矢ㄱ入乙¹⁴³⁾ 見X 得氵ホ 一切 菩薩 衆會十 入(ㅛ)彡

---

142) 다음 예문을 참조할 수 있다.

背恩人乙 見 當願衆生 {於}惡ㄱ入乙 {有}ㅕㅌㅌ 人ㅋ十 其 報ノ尸入乙 加尸 不ㅛㅌㅎ <화엄14, 06:11>

143) '不矢'는 자토구결에서 일반적으로 명사문 부정과 형용사문 부정에서 부정사로 쓰이는데, 여기서는 동사문 부정에서 부정사로 쓰이고 있다. 자토구결을 참조하면 이례적이지만 다음의 「헌화가」의 예를 참조하면 동사문 부정에서도 '안디'가 부정사로 올 수 있었던 듯하다.

吾肹 不喩 慚肹伊賜等 <獻花歌 3>

D: 一切 智를 의지하여 法의 움직이지 않는 것을 보아 능히 一切 菩薩 衆會에 들며,
E: 온갖 지혜를 의지하고 법을 보아 동하지 않으며, 모든 보살이 모인 가운데 들어가서

<주본화엄22, 18:21-22>
A: 常[24(|)?]生三世[25(·)]諸[33(·)]如來[44(·)]家[53(·),34(·),25(·)#25(··),14(··),45(··),55(..)]
B: 常[ㅣ]生三世[ㅌ]諸[ㄱ]如來[尸]家[十,口,ㅌ,ㆆ尸,入ㅡ,ナ丨]
C: 常ㅣ 三世ㅌ 諸ㄱ 如來尸 家十 生(ㅅ)口(ㅌ)ㅌ(ㅅ)ㆆ尸入ㅡ(ㅣ)ナㅣ [144)]
D: 항상 三世의 모든 如來의 家에 태어나게 하고자 하시는 까닭이다.
E: 항상 삼세 여래의 집에 태어나니,

<주본화엄22, 18:22-23>
A: 世尊[23(-)]所現[12(|),25(·)]如是[25(··)]莊嚴[33(·)#33(/)]皆[25(·)]是[33(·)]過去[53(·)]先[23(-)]所積集[12(|),25(·)]善根[45(·)]所成[12(|),21(·|)?]
B: 世尊[ㅈ]所現[ㆆㄱ,ㅌ]如是[ㅌㅌ]莊嚴[ㄱ]皆[ㅌ]是[ㄱ]過去[十]先[ㅈ]所積集[ㆆㄱ,ㅌ]善根[ㅡ]所成[ㆆㄱ,X]
C: 世尊ㅈ 現(ㅅ)ㆆㄱ 所ㅌ 是 如(ㅎㅅ)ㅌㅌ 莊嚴ㄱ 皆ㅌ 是ㄱ 過去十 先ㅈ 積集(ㅅ)ㆆㄱ 所ㅌ 善根ㅡ 成ㆆㄱ 所X
D: 世尊의 나타내신 바의 이 같은 莊嚴은 모두 이는 過去에 먼저 積集하신 바의 善根으로 이루신 바이거늘
E: 세존의 나타내시는 이러한 장엄은 모두 과거세에 모아 쌓은 선근으로 이룬 것이며,

<주본화엄22, 18:23>
A: 爲欲調伏諸[33(·)]衆生[41(·),32(-),14(··),45(··)]故[51(·)?]
B: 爲欲調伏諸[ㄱ]衆生[乙,ㅅ,ㆆ尸,入ㅡ]故[ケ]
C: 諸ㄱ 衆生乙 調伏(ㅅ){爲欲}ㅅ(ㅅ)ㆆ尸入ㅡ{故}(ㅣ)ケ

---

144) 이때 'ㅁ(ㅌ)ㅌ'은 언해 자료에 보이는 [원망]을 나타내는 '곳'과 관련 있는 듯하다(다음 예문 참조).
나는 信티 아니호리라 傳에 잇느니 닐오디 吉훈 사ᄅᆞ문 善을 호디 날올 不足히 너겨 ᄒᆞ거든 凶훈 사ᄅᆞ문 不善을 호디 ᄯᅩ 날올 不足히 너겨 ᄒᆞᄂᆞ다 ᄒᆞ니 너희들훈 吉훈 사ᄅᆞ미 ᄃᆞ외옷 ᄒᆞ녀 凶훈 사ᄅᆞ미 ᄃᆞ외옷 ᄒᆞ녀 <內訓1:23a>

D: 모든 衆生을 調伏하고자 하시는 까닭이며,
E: 모든 중생을 조복하기 위하는 연고였다.

<주본화엄22, 18:24>
A: 開示如來[44(·)]大威德[41(·),33(\),14(··),45(··)]故[51(·)?]
B: 開示如來[尸]大威德[乙,彳,ㆆ尸,入灬]故[分]
C: 如來尸 大威德乙 開示(∨七)彳(∨)ㆆ尸入灬{故}(刂)分
D: 如來의 大威德을 開示하고자 하시는 까닭이며,
E: 여래의 큰 위덕을 보이려는 연고며,

<주본화엄22, 18:24>
A: 照明無礙智慧藏[=53(·),33(\)?,14(··),45(··)#45(-)]故[51(·)]
B: 照明無礙智慧藏[十,彳,ㆆ尸,入灬]故[分]
C: 無礙 智慧 藏十 照明(∨七)彳(∨)ㆆ尸入灬{故}(刂)分
D: 無礙 智慧 藏에 照明하고자 하시는 까닭이며,
E: 걸림없는 지혜의 장을 비추려는 연고며,

<주본화엄22, 18:24-19:01>
A: 示現如來[44(·)]無邊[33(·)]勝德[24(|)]極[23(\)]{42(|)}熾然[41(-),25(·),33(\),14(··)#14(.·)#14(··)#14(··),45(··)#45(·)?]¹⁴⁵⁾故[51(·)]
B: 示現如來[尸]無邊[ㄱ]勝德[刂]極[ㅈ]熾然[x入乙,七,彳,ㆆ尸,入灬]故[分]
C: 如來尸 邊(尸) 無ㄱ 勝德刂 極ㅈ 熾然x入乙 示現(∨)七彳(∨)ㆆ尸入灬{故}(刂)分
D: 如來의 끝없는 훌륭한 덕이 극히 熾然함을 示現하고자 하시는 까닭이며,
E: 여래의 끝이 없는 훌륭한 덕이 극히 치성함을 나타내려는 연고며,

<주본화엄22, 19:01-02>
A: 顯示如來[44(·)]不可思議[25(·)]大神變[41(·),25(·),33(\),14(··),45(··)]¹⁴⁶⁾故[51(·)]

---

145) '熾然' 두 글자를 연결하는 선이 있는 듯하다. '然'자에는 32에서 55까지 각필로 그은 듯한 선이 있다.

B: 顯示如來[尸]不可思議[セ]大神變[乙,セ,彳,ㅎ尸,入灬]故[分]
C: 如來尸 不可思議セ 大神變乙 顯示(ㅄ)セ彳(ㅄ)ㅎ尸入灬{故}(ㅣ)分
D: 如來의 不可思議의 大神變을 보이고자 하시는 까닭이며,
E: 여래의 부사의한 큰 신통 변화를 보이려는 연고며,

<주본화엄22, 19:02-03>
A: 以神通[25(·)]力[41(·),34(丨)]於一切趣[53(·)]現佛身[41(·),24(\),33(\),14(··),45(··)]故
B: 以神通[セ]力[乙,ろ]於一切趣[十]現佛身[乙,ᅌ,彳,ㅎ尸,入灬]故
C: 神通セ 力乙 以ろ {於}一切 趣十 佛身乙 現ᅌ(セ)彳(ㅄ)ㅎ尸入灬{故}(ㅣ分)
D: 神通의 힘으로써 一切 趣에 부처의 몸을 나타내고자 하시는 까닭이며,
E: 신통한 힘으로 모든 갈래에 부처님의 몸을 나타내려는 연고며,

<주본화엄22, 19:03>
A: 示現如來[44(·)]神通變化[24(丨)]{32(/)}無邊際[41(··)?,33(\),14(··),45(··)]故
B: 示現如來[尸]神通變化[ㅣ]無邊際[入乙,彳,ㅎ尸,入灬]故
C: 如來尸 神通 變化ㅣ 邊際 無(ㄱ)入乙 示現(ㅄセ)彳(ㅄ)ㅎ尸入灬{故}(ㅣ分)
D: 如來의 神通 變化가 끝이 없음을 示現하고자 하시는 까닭이며,
E: 여래의 신통 변화가 끝이 없음을 보이려는 연고며,

<주본화엄22, 19:03-04>
A: 本[23(-)]所志願[12(丨),41(·)]悉[34(丨)]成滿[33(\),14(··),45(··)]故
B: 本[ᄼ]所志願[ㅎㄱ,乙]悉[ろ]成滿[彳,ㅎ尸,入灬]故
C: 本ᄼ 志願(ㅄ)ㅎㄱ 所乙 悉ろ 成滿(ㅄセ)彳(ㅄ)ㅎ尸入灬{故}(ㅣ分)
D: 본래 志願하신 바를 다 成滿하고자 하시는 까닭이며,
E: 본래의 원하던 뜻을 모두 성취하려는 연고며,

---

146) 15 위치에 형체를 분간하기 힘든 자국이 있다.

<주본화엄22, 19:04>

A: 顯示如來[44(·)]勇猛智慧[45(·)?]能[24(·)]徧往[41(|)#41(|·),33(\),=14(··),45(··)]故
B: 顯示如來[尸]勇猛智慧[灬]能[支]徧往[x入乙,彳,丶尸,入灬]故
C: 如來尸 勇猛智慧灬 能支 徧往x入乙 顯示(ソ七)彳(ソ)丶尸入灬{故}(リ彡)
D: 여래의[147] 勇猛智慧로 능히 두루 가는 것을 나타내 보이고자 하시는 까닭이며,
E: 여래의 용맹한 지혜로 두루 가는 것을 나타내려는 연고며,

<주본화엄22, 19:04-05>

A: 於法[53(·)]自在[43(|)]成法王[24(|),25(·),33(\),14(··),45(··)]故
B: 於法[十]自在[彡 尒]成法王[リ,七,彳,丶尸,入灬]故
C: {於}法十 自在(ソ)彡 尒 法王リ 成七彳(ソ)丶尸入灬{故}(リ彡)[148]
D: 法에 自在하여서 法王이 되고자 하시는 까닭이며,
E: 법에 자재하여 법왕을 이루려는 연고며,

<주본화엄22, 19:05>

A: 出生一切智慧門[41(·),33(\),14(··),45(··)#45(-)]故{22(·)}
B: 出生一切智慧門[乙,彳,丶尸,入灬]故
C: 一切 智慧門乙 出生(ソ七)彳(ソ)丶尸入灬{故}(リ彡)
D: 一切 智慧의 門을 내고자 하시는 까닭이며,
E: 일체 지혜의 문을 내려는 연고며,

<주본화엄22, 19:05-06>

A: 示現如來[44(·)]身{52~53(\)}淸淨[41(-),33(\),14(··),45(··)]故
B: 示現如來[尸]身淸淨[x入乙,彳,丶尸,入灬]故

---

147) 주어적 속격("여래가")으로도 해석 가능하다.
148) 다음 예문을 참조할 수 있다.
　　即彡 百億種色七 花乙 散ソロハニ1 變ソ彡尒 百億寶帳リ 成ナ彡 諸1 大衆乙 蓋ソロヒ l <구인上, 03:20-21>
　　그러나 '法王 成リ七彳'로 해독할 가능성도 있다.

C: 如來尸 身 淸淨x入乙 示現(ᄼ七)彳(ᄼ)ᅙ尸入ᄆ{故}(ㅣ亇)
D: 如來의 몸이 淸淨함을 보이고자 하시는 까닭이며,
E: 여래의 몸이 청정함을 보이려는 연고며,

<주본화엄22, 19:06>
A: 又[33(·)]現其身最[24(·)?]殊妙[41(-),24(\),33(\),14(··)#14(·),45(··)]故
B: 又[ㄱ]現其身最[支]殊妙[x入乙,ᄀ,彳,ᅙ尸,入ᄆ]故
C: 又(ᄼ)ㄱ 其 身 最支 殊妙x入乙 現ᄼ(七)彳(ᄼ)ᅙ尸入ᄆ{故}(ㅣ亇)
D: 또한 그 몸이 가장 殊妙함을 나타내고자 하시는 까닭이며,
E: 또 그 몸이 가장 특수함을 나타내는 연고며,

<주본화엄22, 19:06-07>
A: 顯示證得三世[25(·)]諸[33(·)]佛[35(·)]平等法[41(·),41(-),33(\),=14(··),45(··)]故
B: 顯示證得三世[七]諸[ㄱ]佛[ᄂ]平等法[乙,x入,彳,ᅙ尸,入ᄆ]故
C: 三世七 諸ᄀ 佛ᄂ 平等法乙 證得x入乙 顯示(ᄼ七)彳(ᄼ)ᅙ尸入ᄆ{故}(ㅣ亇)
D: 三世의 모든 부처의 平等法을 證得함을 나타내 보이고자 하시는 까닭이며,
E: 삼세의 부처님들의 평등한 법을 나타내어 보이려는 연고며,

<주본화엄22, 19:07>
A: 開示善根淸淨藏[41(·),33(\),14(··),45(··)]{54(·)}故
B: 開示善根淸淨藏[乙,彳,ᅙ尸,入ᄆ]故
C: 善根 淸淨藏乙 開示(ᄼ七)彳(ᄼ)ᅙ尸入ᄆ{故}(ㅣ亇)
D: 善根 淸淨藏을 열어 보이고자 하시는 까닭이며,
E: 선근의 청정한 장을 열어 보이는 연고며,

<주본화엄22, 19:08>
A: 顯示世間[53(·)]無能[35(·)]爲諭[43(·),34(|),14(·.)#14(··),33(·),25(··),경계선]上妙色[41(·),33(\),14(··),45(··)]故
B: 顯示世間[十]無能[矢]爲諭[彳,ᅙ,x尸,ᄀ,ㅌ七]上妙色[乙,彳,ᅙ尸,入ᄆ]故

C: 世間十 能矢 諭 {爲}氵㇣x尸 無丁ヒセ 上妙色乙 顯示(ソセ)斤(ソ)ぅ尸入灬{故}(‖ㄔ)
D: 世間에 능히 비유로 삼을 것이 없는 上妙色을 나타내 보이고자 하시는 까닭이며,
E: 세간에 비유할 수 없는 가장 미묘한 빛을 보이려는 연고며,

<주본화엄22, 19:08-09>
A: 顯示具足十力[25(·)]之相[41(·),43(|)]令其見[15(/)]者無厭足[44(·),24(|),42(·),41(|)#41(·|),33(\)]故
B: 顯示具足十力[セ]之相[乙,ㄔホ]令其見[X]者無厭足[尸,‖,(厶)‖,x入乙,斤]故
C: 十力セ{之} 相乙 具足(ソ)ㄔホ 其 見X{者} 厭足尸 無‖ 令‖x入乙 顯示(ソセ)斤(ソ)ぅ尸入灬{故}(‖ㄔ)
D: 十力의 모습을 다 갖추어서 그 보는 이로 하여금 싫증냄이 없게 함을 나타내 보이고자 하시는 까닭이며,
E: 십력을 구족한 모습을 나타내어 보는 이로 하여금 만족함이 없게 하려는 연고며,

<주본화엄22, 19:09-10>
A: 爲世間[25(·)]日[14(!),41(··),23(|)]照三世[41(·),24(|),33(\),14(··),45(··)]故[24(·),42(/),11(·)]
B: 爲世間[ㄔセ]日[‖尸,入乙,ソㄔ]照三世[乙,‖,斤,ぅ尸,入灬]故[攴,‖丁,㇣]
C: 世間ㄔセ 日‖尸{爲}入乙ソㄔ 三世乙 照‖(セ)斤(ソ)ぅ尸入灬 故攴‖丁㇣
D: 世間에 있는 해가 되어 三世를 비추고자 하시는 까닭이니
E: 세간의 해가 되어 삼세를 비추려는 연고며,

<주본화엄22, 19:10-11>
A: 自在法王[23(-)]一切功德[33(·)]皆從往昔[25(·)]善根[41(·),25(·)]所現[24(\),12(|),24(|),33(-)]一切菩薩[24(|)]於一切劫[53(·)]俳揚讚說[53(-)]{52(·)}不可窮盡[23(|),24(/),42(|),25(·)?,45(-),42(-),55(·)]{24(\)}
B: 自在法王[ぅ]一切功德[丁]皆從往昔[セ]善根[乙,セ]所現[ㅁㄱ,ぅㄱ,‖,X]一切菩薩[‖]於一切劫[十]俳揚讚說[xㄉ]不可窮盡[ソㄔ,ㅗ,亦,セ,X,X,ナ丨]
C: 自在法王ぅ 一切 功德丁 皆 往昔セ 善根乙 從セ 現ㅁㄱぅㄱ 所‖X 一切 菩薩‖ {於}一切 劫十 俳揚 讚說xㄉ 窮盡ソㄔㅗ亦{可}セ(ソヒ) 不XXナ丨
D: 自在法王의 모든 功德은 다 옛적의 善根으로부터 나타내신 바이니, 一切 菩薩이 一切 劫

에 稱揚 讚說하나 다할 수 없었다.

E: 자재하신 법왕의 일체 공덕이 다 지난 세상의 선근으로 나타나는 것이니, 모든 보살이 일체 겁 동안에 찬탄하여도 다할 수 없었다.

<주본화엄22, 19:12-14>

A: 爾時[53(·)]兜率陀天王[33(·)]奉[24(\)]爲如來[44(·),43(·)]嚴辨如是[33(·)]諸[33(·)]供具[41(·),44(·)]已[43(·),34(·)#34(|)?,12(:)]與百[33(·)]千[33(·)]億那由他阿僧祇[25(·)]兜率天子[41(·),25(·)]向佛[41(·),34(-),43(|)]合掌[23(|)]白佛[35(·),53(|),34(|)]言[34(-),21(|)]

B: 爾時[十]兜率陀天王[ㄱ]奉[㇌]爲如來[尸,氵]嚴辨如是[ㄱ]諸[ㄱ]供具[乙,尸]已[氵,ロ,ㄴㄱ]與百[ㄱ]千[ㄱ]億那由他阿僧祇[七]兜率天子[乙,七]向佛[乙,白,氵ホ]合掌[ㄴㆍ]白佛[ㅌ,ㆄ十,氵]言[白,ナ尸丁]

C: 爾 時 十 兜率陀天王ㄱ 奉㇌ 如來尸 {爲}氵 是 如(支ㄴ)ㄴ 諸ㄱ 供具乙 嚴辨(ㄴ)尸 已氵(ㄴ) ロㄴㄱ 百ㄱ 千ㄱ 億 那由他 阿僧祇七 兜率天子乙 與七 佛乙 向(ㄴ)白ホ 合掌ㄴㆍ 佛ㅌ ㆄ十 白氵 言白ナ尸丁

D: 그때에 兜率陀天王은 받들어 如來를 위하여 이 같은 모든 供具를 嚴辨하고 나서는 百千億 那由他 阿僧祇의 兜率天子와 더불어 부처를 향하여서 合掌하여 부처께 사뢰어 말씀드리기를,

E: 이 때 도솔타천왕이 여래를 받들어 이러한 공양거리를 마련하고, 백천억 나유타 아승기 도솔타 천자들과 더불어 부처님을 향하여 합장하고 부처님께 여쭈었다,

<주본화엄22, 19:14-15>

A: 善[24(·)]來[12(!),33(\)]世尊[11(·)]善[24(·)]來[12(!),33(\)]善逝[11(·)]善來如來[14(··)]應正等覺[11(·)]唯[24(·)]見哀愍[41(·|),34(|)?#34(·)?,43(|)]處此宮殿[53(·),34(·),23(/),53(|·),54(··)]

B: 善[支]來[x ㄱ,氵]世尊[氵]善[支]來[x ㄱ,氵]善逝[氵]善來如來[ㆆ尸]應正等覺[氵]唯[支]見哀愍[㇌尸入乙,氵,氵ホ]處此宮殿[十,ロ,ロハ,ㆆ立,x |]

C: 善支 來xㄱ氵 世尊氵 善支 來xㄱ氵 善逝氵 善(支) 來(xㄱ氵) 如來(丨)ㆆ尸 應正等覺氵 唯支 哀愍丿尸入乙 見氵氵ホ 此 宮殿十 處(ㄴ)ロロハㆆ立x |

D: "잘 오셨습니다, 世尊이여. 잘 오셨습니다, 善逝여. 잘 오셨습니다, 如來이신 應正等覺이여. 오직 哀愍함을 보여서 이 궁전에 머무르십시오." 하였다.

E: "잘 오시나이다. 세존이시여. 잘 오시나이다, 선서시여. 잘 오시나이다, 여래·응공·정등각이시여. 저희를 가엾이 여기사 이 궁전에 계시옵소서."

<주본화엄22, 19:16>
A: 爾時[53(·)]世尊[33(·)?]以佛莊嚴[41(·),34(|)]而[45(·)?]自[23(-)]莊嚴[13(|)]具大威德[41(·),24(\),22(/)#12(/),11(·)#11(`\)]
B: 爾時[十]世尊[ㄱ]以佛莊嚴[乙, 氵]而[灬]自[亽]莊嚴[xム]具大威德[乙,ㄷ,X, 氵]
C: 爾 時十 世尊ㄱ 佛 莊嚴乙 以氵 而灬 自亽 莊嚴xム 大威德乙 具ㄷX 氵
D: 그때에 世尊은 佛 莊嚴으로써 스스로 莊嚴하되 大威德을 갖추어 하시니
E: 그 때 세존께서는 부처의 장엄으로 스스로 장엄하시고 큰 위덕을 갖추시니,

<주본화엄22, 19:16-17>
A: 爲令一切衆生[41(·)]生大歡喜[41(·),24(|),32(-),45(|)]故[51(·)]
B: 爲令一切衆生[乙]生大歡喜[乙,ㅣ,ㅅ,x入灬]故[分]
C: 一切 衆生乙 大歡喜乙 生ㅣ 令(ㅣ){爲}ㅅx入灬{故}(ㅣ)分
D: 一切 衆生으로 하여금 大歡喜를 내게 하고자 하시는 까닭이며,
E: 일체 중생으로 하여금 크게 환희함을 내게 하려는 연고며,

<주본화엄22, 19:17-18>
A: 一切菩薩[41(·)]發深悟解[41(·),34(·),25(··),14(··),45(··)]故[51(·)]
B: 一切菩薩[乙]發深悟解[乙,口,ㅌ七,ㆁ尸,入灬]故[分]
C: 一切 菩薩乙 深悟解乙 發(ソ)口ㅌ七(ソ)ㆁ尸入灬{故}(ㅣ)分
D: 모든 보살로 하여금 깊은 깨달음을 내게 하고자 하시는 까닭이며,
E: 일체 보살이 깊이 깨달음을 내게 하려는 연고며,

<주본화엄22, 19:18>
A: 一切兜率陀天子[41(·)?]增益欲樂[41(·),34(·),25(··),14(··),45(··)]故[51(·)]
B: 一切兜率陀天子[乙]增益欲樂[乙,口,ㅌ七,ㆁ尸,入灬]故[分]
C: 一切 兜率陀天子乙 欲樂乙 增益(ソ)口ㅌ七(ソ)ㆁ尸入灬{故}(ㅣ)分

D: 一切 兜率陀天子로 하여금 欲樂을 增益케 하고자 하시는 까닭이며,
E: 일체 도솔타 천자의 욕망을 증장케 하려는 연고며,

<주본화엄22, 19:18-19>
A: 兜率陀天王[41(·)]供養承事[13(··)]無厭足[44(·),24(|),34(·),25(··)?,14(··),45(··)]故
B: 兜率陀天王[乙]供養承事[x厶]無厭足[尸,リ,ロ,ㅌ七,ぁ尸,入灬]故
C: 兜率陀天王乙 供養 承事x厶 厭足尸 無リ(ソ)ロㅌ七(ソ)ぁ尸入灬{故}(リ分)
D: 兜率陀天王로 하여금 供養 承事하되 싫증냄이 없게 하고자 하시는 까닭이며,
E: 도솔타천왕이 공양하고 섬기는 데 만족함이 없게 하려는 연고며,

<주본화엄22, 19:19-20>
A: 無量[33(·)]衆生[41(·)]緣念於佛[41(·),34(-),43(|)]{22(·)}而[45(·)]發心[34(·),25(··),14(··),45(··)]故
B: 無量[ㄱ]衆生[乙]緣念於佛[乙,白,ぅ示]而[灬]發心[ロ,ㅌ七,ぁ尸,入灬]故
C: 量 無ㄱ 衆生乙 {於}佛乙 緣念(ソ)白ぅ示 而灬 發心(ソ)ロㅌ七(ソ)ぁ尸入灬{故}(リ分)
D: 한량없는 중생으로 하여금 부처를 緣念하여서 發心하게 하고자 하시는 까닭이며,
E: 무량 중생들이 부처님을 반연하여 발심케 하려는 연고며,

<주본화엄22, 19:20-21>
A: 無量[33(·)]衆生[41(·)]種{51(·)}見佛[41(·)?,34(-),24(\),25(|)]善根[41(·),43(|)]福德無盡[34(·),25(··),45(|·)]故
B: 無量[ㄱ]衆生[乙]種見佛[乙,白,ロ,亽七]善根[乙,ぅ示]福德無盡[ロ,ㅌ七,x入灬]故
C: 量 無ㄱ 衆生乙 佛乙 見白ロ亽七 善根乙 種(ソ)ぅ示 福德 盡(尸) 無ロㅌ七x入灬{故}(リ分)
D: 한량없는 衆生으로 하여금 부처를 보는 善根을 심어서 福德이 다함 없게 하고사 하시는 까닭이며,
E: 무량 중생들이 부처님 뵈옵는 선근을 심어 복덕이 다함 없게 하려는 연고며,

<주본화엄22, 19:21>
A: 常[24(|)?]能[24(·)]發起淸淨信[41(·),34(·),25(··),14(··),45(··)]故
B: 常[ㅣ]能[攴]發起淸淨信[乙,ロ,ㅌ七,ぁ尸,入灬]故

C: 常ᅵ 能支 淸淨信乙 發起(ᄉ)ロヒ七(ᄉ)ホ尸入ᄽ{故}(ᅵㆁ)
D: 항상 능히 淸淨한 믿음을 내게 하고자 하시는 까닭이며,
E: 청정한 신심을 항상 내게 하려는 연고며,

<주본화엄22, 19:21-22>
A: 見佛[41(·),34(-),43(ᅵ)]供養[13(··)]無所求[14(·),34(·),25(··),45(ᅵ·)]故
B: 見佛[乙,白,ㅎ㢱]供養[xㅿ]無所求[尸,ロ,ヒ七,x入ᄽ]故
C: 佛乙 見白ㅎ㢱 供養xㅿ 求(ノ)尸 所 無ロヒ七x入ᄽ{故}(ᅵㆁ)
D: 부처를 뵙고서 供養하되 구하는 바가 없게 하고자 하시는 까닭이며,
E: 부처님을 뵈옵고 공양하되 구하는 일이 없게 하려는 연고며,

<주본화엄22, 19:22>
A: 所有[33(·),25(·)]志願[41(·)]皆[25(·)]淸淨[34(·),25(··),45(ᅵ·)]故
B: 所有[ㄱ,七]志願[乙]皆[七]淸淨[ロ,ヒ七,x入ᄽ]故
C: 有ㄱ 所七 志願乙 皆七 淸淨(ᄉ)ロヒ七x入ᄽ{故}(ᅵㆁ)
D: 있는 바의 志願을 모두 淸淨하게 하고자 하시는 까닭이며,
E: 가진 바 서원을 모두 청정케 하려는 연고며,

<주본화엄22, 19:22>
A: 勤[25(·)]集善根[41(·),13(··)]無懈息[44(·),24(ᅵ),34(·),25(··),45(ᅵ·)]故
B: 勤[七]集善根[乙,xㅿ]無懈息[尸,ᅵᅵ,ロ,ヒ七,x入ᄽ]故
C: 勤七 善根乙 集xㅿ 懈息尸 無ᅵᅵ(ᄉ)ロヒ七x入ᄽ{故}(ᅵㆁ)
D: 부지런히 善根을 모으되 게으름 없이 하게 하고자 하시는 까닭이며,
E: 선근을 모아 쌓기에 게으름이 없게 하려는 연고며,

<주본화엄22, 19:23>
A: 發大誓願[41(·),43(ᅵ)]求一切智[41(·),34(·),25(··),14(··),45(··)]故[24(·)]
B: 發大誓願[乙,ㅎ㢱]求一切智[乙,ロ,ヒ七,ㅎ尸,入ᄽ]故[支]
C: 大誓願乙 發(ᄉ)ㅎ㢱 一切 智乙 求(ノ)ロヒ七(ᄉ)ホ尸入ᄽ{故}支

D: 大誓願을 내어서 一切 智를 구하게 하고자 하시는 까닭으로

E: 큰 서원을 내어 온갖 지혜를 구하게 하려는 연고로,

<주본화엄22, 19:23-24>

A: 受天王[23(-)]請[41(·),34(|)?]入一切寶莊嚴殿[53(·),45(-),51(··)]

B: 受天王[ㅋ]請[乙, ㆍ]入一切寶莊嚴殿[十,X,x亽]

C: 天王ㅋ 請乙 受ㆍ 一切 寶莊嚴殿十 入Xx亽

D: 天王의 請을 받아 一切 寶莊嚴殿에 드시며,

E: 천왕의 청을 받고 일체보장엄전(一切寶莊嚴殿)에 들어가시니,

<주본화엄22, 19:24-20:01>

A: 如此世界[53(·),12(ㅗ)]十方[53(·)]所有[33(·),25(·)]一切世界[42(\)]悉[34(|)]亦[42(\)]如是[45(-),55(··)]

B: 如此世界[十,X]十方[十]所有[ㄱ,ㄴ]一切世界[刀]悉[ㆍ]亦[刀]如是[X,x丨]

C: 此 世界十X 如(攴) 十方十 有ㄱ 所ㄴ 一切 世界刀 悉ㆍ {亦}刀 是 如Xx丨

D: 이 세계에서 함과 같이 十方에 있는 바의 一切 世界도 다 또 이 같이 하시었다.[149]

E: 이 세계에서와 같이 시방의 일체 세계에서도 모두 그러하였다.

<주본화엄22, 20:02>

A: 爾時[53(·)]一切寶莊嚴殿[53(·)?]自然[=23(\)][150]而[45(·)]有妙好莊嚴[25(·),12(\),11(·)]{33(·)}

B: 爾時[十]一切寶莊嚴殿[十]自然[ㅭ]而[灬]有妙好莊嚴[ㄴ,xㄱ,ㆍ]

C: 爾 時十 一切 寶莊嚴殿十 自然ㅭ 而灬 妙好 莊嚴 有ㄴxㄱ ㆍ[151]

D: 그때에 一切 寶莊嚴殿에 自然히 妙好한 莊嚴이 있으니,

E: 그때 일체보장엄전에 자연으로 훌륭한 장엄이 있는네

---

149) 이는 "이 세계와 같이 十方에 있는 바의 一切 世界도 다 또 이 같으셨다."와 같이 해석할 수도 있다.

150) '自然'에 현토된 '23(\)'이 높게 기입된 예는 <주본화엄22, 05:13>에도 보인다. 그러나 이 자료에는 '極[23(\)]'<03:05>과 '善能[23(\)]'<14:05>과 같이 정상적인 위치의 '23(\)'도 있다.

151) 1차 강독 때에는 '有妙好莊嚴[12(\),25(·),33(·),11(·)]'으로 파악하여 '妙好莊嚴xㄱ 有ㄴㄱ ㆍ'으로 보았으나, 이점본에는 '33(·)'이 없고, '12(\), 11(·)'의 연결 구성이 점토석독구결에서 자연스러우며, 자토석독구결에서 '-ㄱ 有ㄴ-'이 '유가사지론'에만(4개의 용례) 나타난다는 점을 참조하여 이와 같이 판독 및 해독하였다.

<주본화엄22, 20:02-03>[152]

A: 出過諸[33(·)]天[25(·)]莊嚴[25(·)]之上[41(·),13(:)]

B: 出過諸[ㄱ]天[ㄴ]莊嚴[ㄴ]之上[乙,xㅁ]

C: 諸ㄱ 天ㄴ 莊嚴ㄴ {之} 上乙 出過xㅁ

D: 모든 하늘의 莊嚴의 위를 넘어서는 데 있어서,

E: 모든 하늘의 장엄보다 지나가는 것이며,

<주본화엄22, 20:03>

A: 一切寶網[24(|)]周帀彌覆[52(·)]

B: 一切寶網[ㅣㅣ]周帀彌覆[ㅅ]

C: 一切 寶網ㅣㅣ 周帀彌覆(ㅅㅅ)ㅅ

D: 一切 寶網이 두루 둘러 덮었으며,

E: 모든 보배그물이 두루 덮었고

<주본화엄22, 20:03-04>

A: 普[24(|)]雨一切上妙寶雲[41(·),51(/·)?]

B: 普[ㅣㅣ]雨一切上妙寶雲[乙,ㅣㅣㅅ]

C: 普ㅣㅣ 一切 上妙寶雲乙 雨ㅣㅣㅅ

D: 널리 一切 上妙寶雲을 내리며,

E: 일체 가장 묘한 보배구름을 두루 비내리고,

<주본화엄22, 20:04>

A: 普[24(|)]雨一切莊[153]嚴具雲[41(·),51(/·)]

B: 普[ㅣㅣ]雨一切莊嚴具雲[乙,ㅣㅣㅅ]

C: 普ㅣㅣ 一切 莊嚴具雲乙 雨ㅣㅣㅅ

---

152) 2행과 3행 사이에 紺色 不審紙가 있다. 不審紙의 모양이 정사각형에서 오른쪽 아래 부분에 종이가 더 붙어 있는 듯이 보이는데, 혹 그 부분이 잘 접착되지 않아서 사진상의 그림자일 가능성도 있는 듯이 보인다. 원본 확인이 필요하다.

153) 44 정도에서 시작해서 아래쪽으로 'ㄱ' 모양의 선이 있다.

D: 널리 一切 莊嚴具雲을 내리며,

E: 일체 장엄거리구름을 두루 비내리고

<주본화엄22, 20:04-05>

A: 普雨一切寶衣雲

B: 普雨一切寶衣雲

C: 普(ㅣ) 一切 寶衣雲(乙) 雨(ㅣ 分)

D: 널리 一切 寶衣雲을 내리며,

E: 일체 보배옷구름을 두루 비내리고,

<주본화엄22, 20:05>

A: 普雨一切栴檀香雲

B: 普雨一切栴檀香雲

C: 普(ㅣ) 一切 栴檀香雲(乙) 雨(ㅣ 分)

D: 널리 一切 栴檀香雲을 내리며,

E: 일체 전단향구름을 두루 비내리고,

<주본화엄22, 20:05-06>

A: 普雨一切堅固香雲

B: 普雨一切堅固香雲

C: 普(ㅣ) 一切 堅固香雲(乙) 雨(ㅣ 分)

D: 널리 一切 堅固香雲을 내리며,

E: 일체 견고향구름을 두루 비내리고,

<주본화엄22, 20:06>

A: 普雨一切寶莊嚴蓋雲

B: 普雨一切寶莊嚴蓋雲

C: 普(ㅣ) 一切 寶莊嚴蓋雲(乙) 雨(ㅣ 分)

D: 널리 一切 寶莊嚴蓋雲을 내리며,

E: 일체 보배로 장엄한 일산구름을 두루 비내리고,

<주본화엄22, 20:06-07>
A: 普[24(|)]雨不可思議[25(·)]華聚雲[41(·),51(/·)]
B: 普[ㅣ]雨不可思議[ㄷ]華聚雲[乙,ㅣㅜ]
C: 普ㅣ 不可思議ㄷ 華聚雲乙 雨ㅣㅜ
D: 널리 不可思議의 華聚雲을 내리며,
E: 불가사의한 꽃무더기구름을 두루 비내리었으며,

<주본화엄22, 20:07>
A: 普[24(|)]出不可思議[25(·)]妓樂音聲[41(·),24(|),34(|)?]
B: 普[ㅣ]出不可思議[ㄷ]妓樂音聲[乙,ㅣ,ㅈ]
C: 普ㅣ 不可思議ㄷ 妓樂音聲乙 出ㅣㅈ
D: 널리 不可思議의 妓樂音聲을 내어
E: 부사의한 풍류와 음성을 내어

<주본화엄22, 20:07-08>[154]
A: 讚揚如來[44(·)]一切種智[24(|)]悉[34(|)]與妙法[25(·)?]而[45(·)]共[25(·)]相應[41(-)#41(ㅗ),12(\),11(·)]
B: 讚揚如來[尸]一切種智[ㅣ]悉[ㅈ]與妙法[ㄷ]而[ㅡ]共[ㄷ]相應[xㅅ乙,xㄱ,ㅣ]
C: 如來尸 一切 種智ㅣ 悉ㅈ 妙法(乙) 與ㄷ 而ㅡ 共ㄷ 相應xㅅ乙 讚揚xㄱㅣ
D: 如來의 一切 種智가 다 妙法과 더불어 함께 相應한 것을 讚揚하니
E: 여래의 여러 가지 지혜를 찬탄하는데 모두 묘한 법과 서로 맞으며

<주본화엄22, 20:08-09>
A: 如是[33(·)]{34~44(·.)}一切諸[33(·)]供養具[33(·)]悉[34(|)]過諸[33(·)]天[25(·)]供養[25(..)#25(:)]之上[41(·),55(..)]

---

154) 수직 방향의 짧은 직사각형 紺色 不審紙가 있다.

B: 如是[ㄱ]一切諸[ㄱ]供養具[ㄱ]悉[3]過諸[ㄱ]天[ㄷ]供養[xㄷ]之上[乙,ㅏㅣ]
C: 是 如(ㅎ)ㄱ 一切 諸ㄱ 供養具ㄱ 悉 3 諸ㄱ 天ㄷ 供養xㄷ{之} 上乙 過ㅏㅣ
D: 이 같은 一切 모든 供養具는 다 모든 하늘의 供養의 위를 넘었다.
E: 이와 같은 일체 공양거리가 다른 하늘의 공양보다 훨씬 더하였다.

<주본화엄22, 20:09-10>
A: 時[53(·)]兜率宮[25(·)]中[25(··)]妓樂[11(·)]歌讚[11(·),13(/),33(·)]熾然不息[12(\),41(·)]
B: 時[+]兜率宮[ㄷ]中[3 ㄷ]妓樂[3]歌讚[3 ,ㅁㅅ,ㄱ]熾然不息[xㄱ,乙]
C: 時+ 兜率宮ㄷ 中 3 ㄷ 妓樂 3 歌讚 3 ノㅅㄱ 熾然 不息xㄱ乙
D: 그때에 兜率宮의 中의 妓樂이니 歌讚이니 하는 것은 熾然히 그치지 않거늘
E: 그때에 도솔타천궁의 풍류와 노래와 찬탄함이 치성하여 쉬지 아니하며

<주본화엄22, 20:10-11>
A: 以佛[35(·)?]神力[41(·),43(·),34(|)]令兜率[25(·)]王[41(·)]{11(·)#11(··)}心[42(|)]無動亂[44(·),51(·)]
B: 以佛[ㄷ]神力[乙, 3 , 3]令兜率[ㄷ]王[乙]心[ㆆ]無動亂[尸,分]
C: 佛ㄷ 神力乙 以 3 3 兜率ㄷ 王乙 心ㆆ 動亂尸 無分
D: 부처의 神力을 말미암아 兜率天의 王으로 하여금 마음이 動亂함 없으며,[155]
E: 부처님의 신력으로써 도솔타천왕의 마음이 동요하지 않으며,

<주본화엄22, 20:11>
A: 往昔[25(·)]善根[41(·)]皆[25(·)]得[43(|)]圓滿[52(·)]
B: 往昔[ㄷ]善根[乙]皆[ㄷ]得[3 ㅺ]圓滿[分]
C: 往昔ㄷ 善根乙 皆ㄷ 得 3 ㅺ 圓滿(ㅎ)分
D: 옛날의 善根을 모두 능히 圓滿히 하며,
E: 옛날의 선근이 모두 원만하여지고,

---

155) '令'자는 20쪽 13행에서 해석된다.

<주본화엄22, 20:11-12>

A: 無量[33(·)]善法[41(·)]益[24(\)]加[24(\)]堅固[52(\)]

B: 無量[ㄱ]善法[乙]益[ᄼ]加[ᄼ]堅固[xᄉ]

C: 量 無ㄱ 善法乙 益ᄼ 加ᄼ 堅固xᄉ

D: 한량없는 善法을 더욱 더 堅固히 하며,

E: 한량없는 선한 법이 더욱 견고하고,

<주본화엄22, 20:12>

A: 增長淨信[41(·),52(·)]

B: 增長淨信[乙,ᄉ]

C: 淨信乙 增長(丷)ᄉ

D: 淨信을 增長하며,

E: 깨끗한 신심이 증장하여

<주본화엄22, 20:12>

A: 起大精進[41(·),52(·)]

B: 起大精進[乙,ᄉ]

C: 大精進乙 起(丷)ᄉ

D: 大精進을 일으키며,

E: 크게 정진함을 일으키고

<주본화엄22, 20:12>

A: 生大歡喜[41(·),51(/·)#52(/·)]

B: 生大歡喜[乙,ㅣᄉ]

C: 大歡喜乙 生ㅣᄉ

D: 大歡喜를 내며,

E: 환희한 마음을 내었으며,

<주본화엄22, 20:12-13>[156]

A: 淨深志樂[41(·),52(·)]

B: 淨深志樂[乙,㢱]

C: 深志樂乙 淨(ㅅ)㢱

D: 深志樂을 깨끗이 하며,

E: 좋아하는 뜻을 깨끗이 하여

<주본화엄22, 20:13>

A: 發菩提心[41(·),52(·)]

B: 發菩提心[乙,㢱]

C: 菩提心乙 發(ㅅ)㢱

D: 菩提心을 내며,

E: 보리심을 내었고,

<주본화엄22, 20:13>

A: 念法[41(·),13(··)]無斷[44(·),51(·)]

B: 念法[乙,xㅿ]無斷[尸,㢱]

C: 法乙 念xㅿ 斷尸 無㢱

D: 法을 念하되 그치지 않으며,

E: 법을 생각하기 끊임없어

<주본화엄22, 20:13>

A: 摠[157]持[43(|)]不忘[52(·),24(|),55(·)̸#ㄅㄅ(·)̸]

B: 摠持[ㅎ㕞]不忘[㢱,ㅣㅣ,xㅣ]

C: 摠持(ㅅ)ㅎ㕞 忘(尸) 不(ㅅ)㢱 令[158]ㅣㅣxㅣ

D: 摠持하여 잊지 않으며 하게 하였다.

---

156) 13행 欄上에 정사각형의 紺色 不審紙가 있다.
157) 오른쪽 윗부분의 실제 모양은 匆인 모양으로 '扌+怱'이 조합된 이체자이다.
158) 20폭 10행에 있는 字이다.

354 第二部 判讀과 解讀 및 翻譯

E: 모두 지니고 잊지 아니하였다.

<주본화엄22, 20:13-15>

A: 爾時[53(·)]兜率陀天王[33(·)]承佛[35(·)]威力[41(·),53(i)]卽[24(·)]自[45(·)]憶念過去佛所[53(·)]所種[12(·)].25(·)]善根[41(·),=34(·)]而[45(·)]說頌[41(·),34(|)]言[34(-),14(-)]

B: 爾時[十]兜率陀天王[ㄱ]承佛[ㄴ]威力[乙,X]卽[攴]自[ᄡ]憶念過去佛所[十]所種[ㄱ,七]善根[乙,ㅁ]而[ᄡ]說頌[乙,ㅎ]言[白,xア]

C: 爾 時十 兜率陀天王ㄱ 佛ㄴ 威力乙 承X 卽攴 自ᄡ 過去佛所十 種ㄱ 所七 善根乙 憶念(ᆞ) ㅁ 而ᄡ 頌乙 說ㅎ 言白xア

D: 그때에 兜率陀天王은 부처의 威力을 받들어 즉시 스스로 過去佛所에서 심은 바의 善根을 憶念하고 偈頌을 說하여 말하기를,

E: 그때에 도솔타천왕이 부처님의 위신력을 받들어 지난 세상에 부처님께 심은 선근을 스스로 기억하고 게송으로 말하였다.

<주본화엄22, 20:16-17>

A: 昔[44(·)]{25(·)}有如來[54(:)#54(··)#54(·\),55(··)]無礙月[11(·)-중복선,32(··),31(|·)]諸[33(·)]吉祥[25(·)]中[53(·)]最[24(·)]殊勝[12(!),11(·)]{54(·)}彼[24(|)]曾[24(·)]入此莊嚴殿[53(·),45(!)]是[24(|)]故[45(·)]此處[24(|)]最[24(·)]吉祥[52(|)]{24(|),45(·)}

B: 昔[ア]有如來[X,ナㅣ]無礙月[ᔆ,중복,X,X]諸[ㄱ]吉祥[七]中[十]最[攴]殊勝[xㄱ,ᔆ]彼[ㅐ]曾[攴]入此莊嚴殿[十,ㆆㄱ,入,ᄡ]是[ㅐ]故[ᄡ]此處[ㅐ]最[攴]吉祥[x分]

C: 昔ア 如來 有Xナㅣ 無礙月ᔆ XXᔆ¹⁵⁹⁾ 諸ㄱ 吉祥七 中十 最攴 殊勝xㄱᔆ 彼ㅐ 曾攴 此莊嚴殿十 入(ᆞ)ㆆㄱ 入ᄡ {是}ㅐ 故ᄡ 此 處ㅐ 最攴 吉祥x分

D: "예전에 如來가 계셨다, 無礙月이라 하는 분이. 모든 吉祥 중에 가장 殊勝하신 분이니 그가 일찍이 이 莊嚴殿에 드셨으므로 이런 까닭으로 이곳이 가장 吉祥하며,

E: 지난 옛적 무애월 여래 계시었으매 여러 가지 길상중에 가장 수승하며 그 부처님 장엄전에 일찍 드시니 그러므로 이 곳이 가장 길상하도다

---

159) 이는 다음 예문을 참조할 수 있다.
　　妙三昧 {有}ㄴナㅣ 名ㄱ 隨樂ᔆノチᔆ <주본화엄14, 17:20>

<주본화엄22, 20:18-19>

A: 昔有如來名廣智諸吉祥中最殊勝彼曾入此金色殿是故此處最吉祥

B: 昔有如來名廣智諸吉祥中最殊勝彼曾入此金色殿是故此處最吉祥

C: 昔(尸) 如來 有(Xナ丨) 名(ㄱ) 廣智(ㆍXXㆍ) 諸(ㄱ) 吉祥(セ) 中(十) 最(攴) 殊勝(xㄱㆍ) 彼(丨) 曾(攴) 此 金色殿(十) 入(ㆍㅎㄱ入ㅡ) {是}(丨) 故(ㅡ) 此 處(丨) 最(攴) 吉祥(x兮)

D: 예전에 如來가 계셨다, 이름은 廣智이라 하는 분이. 모든 吉祥 중에 가장 殊勝하신 분이니 그가 일찍이 이 金色殿에 드셨으므로 이런 까닭으로 이곳이 가장 吉祥하며,

E: 옛날에 광지 여래 계시었으매 여러 가지 길상중에 가장 수승하며 그 부처님 이 금색전에 일찍 드시니 그러므로 이 곳이 가장 길상하도다

<주본화엄22, 20:20-21>

A: 昔有如來名普眼諸吉祥中最殊勝彼曾入此蓮華殿是故此處最吉祥

B: 昔有如來名普眼諸吉祥中最殊勝彼曾入此蓮華殿是故此處最吉祥

C: 昔(尸) 如來 有(Xナ丨) 名(ㄱ) 普眼(ㆍXXㆍ) 諸(ㄱ) 吉祥(セ) 中(十) 最(攴) 殊勝(xㄱㆍ) 彼(丨) 曾(攴) 此 蓮華殿(十) 入(ㆍㅎㄱ入ㅡ) {是}(丨) 故(ㅡ) 此 處(丨) 最(攴) 吉祥(x兮)

D: 예전에 如來가 계셨다, 이름은 普眼이라 하는 분이. 모든 吉祥 중에 가장 殊勝하신 분이니 그가 일찍이 이 蓮華殿에 드셨으므로 이런 까닭으로 이곳이 가장 吉祥하며,

E: 옛날에 보안 여래 계시었으매 여러 가지 길상중에 가장 수승하며 그 부처님 이 연화전에 일찍 드시니 그러므로 이 곳이 가장 길상하도다

<주본화엄22, 20:22-23>

A: 昔有如來号珊瑚諸吉祥中最殊勝彼曾入此寶藏殿是故此處最吉祥

B: 昔有如來号珊瑚諸吉祥中最殊勝彼曾入此寶藏殿是故此處最吉祥

C: 昔(尸) 如來 有(Xナ丨) 号(ㄱ) 珊瑚(ㆍXXㆍ) 諸(ㄱ) 吉祥(セ) 中(十) 最(攴) 殊勝(xㄱㆍ) 彼(丨) 曾(攴) 此 寶藏殿(十) 入(ㆍㅎㄱ入ㅡ) {是}(丨) 故(ㅡ) 此 處(丨) 最(攴) 吉祥(x兮)

D: 예전에 如來가 계셨다, 号는 珊瑚라 하는 분이. 모든 吉祥 중에 가장 殊勝하신 분이니 그가 일찍이 이 寶藏殿에 드셨으므로 이런 까닭으로 이곳이 가장 吉祥하며,

E: 옛날에 산호 여래 계시었으매 여러 가지 길상중에 가장 수승하며 그 부처님이 보장전에 일찍 드시니 그러므로 이 곳이 가장 길상하도다

<주본화엄22, 20:24-21:01>

A: 昔有如來論師子諸吉祥中最殊勝彼曾入此山王殿是故此處最吉祥

B: 昔有如來論師子諸吉祥中最殊勝彼曾入此山王殿是故此處最吉祥

C: 昔(尸) 如來 有(Xナㅣ) 論師子(ㅅXXㅅ) 諸(ㄱ) 吉祥(七) 中(十) 最(攴) 殊勝(xㄱㅅ) 彼(ㅣㅣ) 曾(攴) 此 山王殿(十) 入(ㅅㅎㄱ入ㅅ) {是}(ㅣㅣ) 故(ㅅ) 此 處(ㅣㅣ) 最(攴) 吉祥(x㑛)

D: 예전에 如來가 계셨다, 論師子라 하는 분이. 모든 吉祥 중에 가장 殊勝하신 분이니 그가 일찍이 이 山王殿에 드셨으므로 이런 까닭으로 이곳이 가장 吉祥하며,

E: 옛날에 논사자 여래 계시었으매 여러 가지 길상중에 가장 수승하며 그 부처님 이 산왕전에 일찍 드시니 그러므로 이 곳이 가장 길상하도다

<주본화엄22, 21:02-03>

A: 昔有如來名日照諸吉祥中最殊勝彼曾入此衆華殿是故此處最吉祥

B: 昔有如來名日照諸吉祥中最殊勝彼曾入此衆華殿是故此處最吉祥

C: 昔(尸) 如來 有(Xナㅣ) 名(ㄱ) 日照(ㅅXXㅅ) 諸(ㄱ) 吉祥(七) 中(十) 最(攴) 殊勝(xㄱㅅ) 彼(ㅣㅣ) 曾(攴) 此 衆華殿(十) 入(ㅅㅎㄱ入ㅅ) {是}(ㅣㅣ) 故(ㅅ) 此 處(ㅣㅣ) 最(攴) 吉祥(x㑛)

D: 예전에 如來가 계셨다, 이름은 日照라 하는 분이. 모든 吉祥 중에 가장 殊勝하신 분이니 그가 일찍이 이 衆華殿에 드셨으므로 이런 까닭으로 이곳이 가장 吉祥하며,

E: 옛날에 일조 여래 계시었으매 여러 가지 길상 중에 가장 수승하며 그 부처님 이 중화전에 일찍 드시니 그러므로 이 곳이 가장 길상하도다

<주본화엄22, 21:04-05>

A: 昔有佛号無邊光諸吉祥中最殊勝彼曾入此樹嚴殿是故此處最吉祥

B: 昔有佛号無邊光諸吉祥中最殊勝彼曾入此樹嚴殿是故此處最吉祥

C: 昔(尸) 佛 有(Xナㅣ) 号(ㄱ) 無邊光(ㅅXXㅅ) 諸(ㄱ) 吉祥(七) 中(十) 最(攴) 殊勝(xㄱㅅ) 彼(ㅣㅣ) 曾(攴) 此 樹嚴殿(十) 入(ㅅㅎㄱ入ㅅ) {是}(ㅣㅣ) 故(ㅅ) 此 處(ㅣㅣ) 最(攴) 吉祥(x㑛)

D: 예전에 如來가 계셨다, 号는 無邊光이라 하는 분이. 모든 吉祥 중에 가장 殊勝하신 분이니 그가 일찍이 이 樹嚴殿에 드셨으므로 이런 까닭으로 이곳이 가장 吉祥하며,

E: 옛날에 무변광 여래 계시었으매 여러 가지 길상 중에 가장 수승하며 그 부처님 이 수엄전에 일찍 드시니 그러므로 이 곳이 가장 길상하도다

<주본화엄22, 21:06-07>

A: 昔有如來名法幢諸吉祥中最殊勝彼曾入此寶宮殿是故此處最吉祥

B: 昔有如來名法幢諸吉祥中最殊勝彼曾入此寶宮殿是故此處最吉祥

C: 昔(尸) 如來 有(Xナㅣ) 名(ㄱ) 法幢(ㆍXXㆍ) 諸(ㄱ) 吉祥(ㄷ) 中(十) 最(攴) 殊勝(xㄱㆍ) 彼(ㅣ) 曾(攴) 此 寶宮殿(十) 入(ㅄㆆㄱ入㆗) {是}(ㅣ) 故(ㅅ) 此 處(ㅣ) 最(攴) 吉祥(x分)

D: 예전에 如來가 계셨다, 이름은 法幢이라 하는 분이. 모든 吉祥 중에 가장 殊勝하신 분이니 그가 일찍이 이 寶宮殿에 드셨으므로 이런 까닭으로 이곳이 가장 吉祥하며,

E: 옛날에 법당 여래 계시었으매 여러 가지 길상 중에 가장 수승하며 그 부처님 이 보궁전에 일찍 드시니 그러므로 이 곳이 가장 길상하도다

<주본화엄22, 21:08-09>

A: 昔有如來名智燈諸吉祥中最殊勝彼曾入此香山殿是故此處最吉祥

B: 昔有如來名智燈諸吉祥中最殊勝彼曾入此香山殿是故此處最吉祥

C: 昔(尸) 如來 有(Xナㅣ) 名(ㄱ) 智燈(ㆍXXㆍ) 諸(ㄱ) 吉祥(ㄷ) 中(十) 最(攴) 殊勝(xㄱㆍ) 彼(ㅣ) 曾(攴) 此 香山殿(十) 入(ㅄㆆㄱ入㆗) {是}(ㅣ) 故(ㅅ) 此 處(ㅣ) 最(攴) 吉祥(x分)

D: 예전에 如來가 계셨다, 이름은 智燈이라 하는 분이. 모든 吉祥 중에 가장 殊勝하신 분이니 그가 일찍이 이 香山殿에 드셨으므로 이런 까닭으로 이곳이 가장 吉祥하며,

E: 옛날에 지등 여래 계시었으매 여러 가지 길상 중에 가장 수승하며 그 부처님 이 향산전에 일찍 드시니 그러므로 이 곳이 가장 길상하도다

<주본화엄22, 21:10-11>

A: 昔有佛号功德光諸吉祥中最殊勝彼曾入此摩尼殿是故此處最吉祥[52(|)?,34(·),54(·)]

B: 昔有佛号功德光諸吉祥中最殊勝彼曾入此摩尼殿是故此處最吉祥[x分,ㅁ,xㅣ]

C: 昔(尸) 佛 有(Xナㅣ) 号(ㄱ) 功德光(ㆍXXㆍ) 諸(ㄱ) 吉祥(ㄷ) 中(十) 最(攴) 殊勝(xㄱㆍ) 彼(ㅣ) 曾(攴) 此 摩尼殿(十) 入(ㅄㆆㄱ入㆗) {是}(ㅣ) 故(ㅅ) 此 處(ㅣ) 最(攴) 吉祥x分ㅁxㅣ

D: 예전에 如來가 계셨다, 이름이 功德光이라 하는 분이. 모든 吉祥 중에 가장 殊勝하신 분이니 그가 일찍이 이 摩尼殿에 드셨으므로 이런 까닭으로 이곳이 가장 吉祥하며" 하였다.

E: 옛날에 공덕광 여래 계시었으매 여러 가지 길상 중에 가장 수승하며 그 부첫님 이 마니전에 일찍 드시니 그러므로 이 곳이 가장 길상하도다.

<주본화엄22, 21:12-13>

A: 如此[24(|)]世界[25(··)]兜率天王[24(|)]承佛神力[41(·)?,53(i)]以頌[41(·),34(|)]讚歎過去[25(·)]諸[33(·)]佛[41(·),34(-),34(\)#34~35(\)?,24(·)]

B: 如此[ㅣ]世界[ㆁㄴ]兜率天王[ㅣ]承佛神力[乙,X]以頌[乙,ㆍ]讚歎過去[ㄴ]諸[ㄱ]佛[乙,白,X,ㅈ]

C: {此}ㅣ 世界ㆁㄴ 兜率天王ㅣ 佛神力乙 承X 頌乙 以ㆍ 過去ㄴ 諸ㄱ 佛乙 讚歎(ㅅ)白X 如ㅈ

D: 이 世界의 兜率天王이 佛神力을 받들어 偈頌으로써 過去의 모든 부처를 讚歎하신 것과 같이

E: 이 세계의 도솔타천왕이 부처님의 위신력을 받들어 지나간 부처님들을 게송으로 찬탄한 것과 같이,

<주본화엄22, 21:13-14>.

A: 十方[25(·)]一切諸[33(·)]世界[25(·)]中[25(··)]兜率天王[42(\)]悉[34(|)]亦[33(·)]如是[23(|)]歎佛功德[41(·),34(-)#34(·),23(/)?,54(··)#54(·)#54(\)]

B: 十方[ㄴ]一切諸[ㄱ]世界[ㄴ]中[ㆁㄴ]兜率天王[刀]悉[ㆍ]亦[ㄱ]如是[ㅅㆍ]歎佛功德[乙,白,ㅁㅅ,xㅣ]

C: 十方ㄴ 一切 諸ㄱ 世界ㄴ 中ㆁㄴ 兜率天王刀 悉ㆍ 亦(ㅅ)ㄱ 是 如(ㅈ)ㅅㆍ 佛 功德乙 歎(ㅅ)白ㅁㅅxㅣ

D: 十方의 一切 모든 세계 가운데의 兜率天王도 다 또한 이같이 부처의 功德을 찬탄하셨다.

E: 시방 일체 세계의 도솔타천왕들도 모두 그렇게 부처님의 공덕을 찬탄하였다.

<주본화엄22, 21:15-16>

A: 爾時[53(·)]世尊[33(·)]於一切寶莊嚴殿[25(··)]摩尼寶藏師子座上[53(·),23(|)]結跏趺坐[13(|)?]

B: 爾時[+]世尊[ㄱ]於一切寶莊嚴殿[ㆁㄴ]摩尼寶藏師子座上[+,ㅅㆍ]結跏趺坐[xㅿ]

C: 爾 時+ 世尊ㄱ {於}一切 寶莊嚴殿ㆁㄴ 摩尼寶藏 師子座 上+ㆍ 結跏趺坐xㅿ

D: 그때에 世尊은 一切 寶莊嚴殿의 摩尼寶藏 師子座의 위에서 結跏趺坐하시되

E: 그 때 세존이 일체 마니보장엄전의 마니보장 사자좌에서 결가부좌하시니,

<주본화엄22, 21:16-17>

A: 法身清淨[51(··)]妙用自在[51(··)#51(/)]與三世[25(·)]佛[41(·),25(·)]同一[33(·)]境界[53(·),51(··)]

B: 法身淸淨[x分]妙用自在[x分]與三世[七]佛[乙,七]同一[ㄱ]境界[十,x分]
C: 法身 淸淨x分 妙用 自在x分 三世七 佛乙 與七 同一(∨)ㄱ 境界十x分
D: 法身이 淸淨하시며 妙用이 自在하시며, 三世의 부처와 더불어 동일한 境界에 계시며,
E: 법신이 청정하고 묘한 작용이 자재하사 삼세의 부처님들과 경계가 같으시며,

<주본화엄22, 21:17>
A: 住一切智[53(·),51(··)]與一切佛[41(·)?,25(·)]同[24(|)]入一性[53(·),51(··)]
B: 住一切智[十,x分]與一切佛[乙,七]同[ㅣ]入一性[十,x分]
C: 一切 智十 住x分 一切 佛乙 與七 同ㅣ 一性十 入x分
D: 一切 智에 머무르시며, 一切 부처와 더불어 함께 一性에 드시며,
E: 온갖 지혜에 머무사 일체 부처님과 더불어 한 성품에 같이 들었으며,

<주본화엄22, 21:18>
A: 佛眼明了[23(|)]見一切法[41(·),13(-)]皆[25(·)?]無障礙[44(·),24(|)?]
B: 佛眼明了[∨ 3]見一切法[乙,xム]皆[七]無障礙[尸,ㅣ]
C: 佛眼 明了∨ 3 一切 法乙 見xム 皆七 障礙尸 無ㅣ(x分)
D: 佛眼이 明了하여 一切 법을 보되 모두 막힘이 없이 하시며,
E: 부처님 눈이 밝으사 일체 법을 보시되 장애가 없으며,

<주본화엄22, 21:18-19>
A: 有大威力[41(·),33(/),34(|)?]{45(·)}普[24(|)]遊法界[53(·),13(-)]未嘗[42(\)]休息[44(·),51(··)]
B: 有大威力[乙,ㄐ, 3]普[ㅣ]遊法界[十,xム]未嘗[ㄲ]休息[尸,x分]
C: 大威力乙 {有}ㄐ 3 普ㅣ 法界十 遊xム 嘗ㄲ 休息尸 未x分
D: 大威力을 두어 널리 法界에 遊하되 잠깐도 쉬지 않으시며,
E: 큰 위력이 있어 법계에 노니시어 쉬지 않으시며,

<주본화엄22, 21:19-20>
A: 具大神通[41(·),24(\),51(··)]隨有可化[44(|),25(·),12(:)]衆生[12(··)#12(:),25(··)]之處[41(·),24(\)]悉[34(|)]能[24(·)]徧[55(·)]往[51(··)]

B: 具大神通[乙,ᄀ,x分]隨有可化[X,ㄴ,ᄂᄀ]衆生[xᄀ,ㅌㄴ]之處[乙,ᄀ]悉[ᄒ]能支徧[丨]往[x分]

C: 大神通乙 具ᄀx分 化X{可}ㄴᄂᄀ 衆生 有xᄀ ㅌㄴ{之} 處乙 隨ᄀ 悉ᄒ 能支 {徧}(ᄀ)丨 往 x分

D: 大神通을 갖추시며, 敎化할 만한 衆生 있는 곳을 따라 다 능히 두루 가시며,

E: 큰 신통을 갖추시고 교화할 중생이 있는 데는 모두 나아가시며,

<주본화엄22, 21:20-21>

A: 以一切諸[33(·)]佛[35(·)]無礙莊嚴[41(·),34(|)]而[45(·)]嚴其身[41(·),51(·)]

B: 以一切諸[ᄀ]佛[ㅉ]無礙莊嚴[乙,ᄒ]而[ᄶ]嚴其身[乙,x分]

C: 一切 諸ᄀ 佛ㅉ 無礙 莊嚴乙 以ᄒ 而ᄶ 其 身乙 嚴x分

D: 一切 모든 부처의 無礙 莊嚴으로써 그 몸을 莊嚴하시며,

E: 모든 부처님의 걸림없는 장엄으로 몸을 장엄하고

<주본화엄22, 21:21>

A: 善[24(·)?]知其時[41(·),43(|)]爲衆[23(-),43(·)]說法[51(/)]

B: 善[支]知其時[乙,ᄒᄉ]爲衆[ᄀ,ᄒ]說法[x分]

C: 善支 其 時乙 知ᄒ ᄉ 衆ᄀ {爲}ᄒ 說法x分

D: 그 時期를 잘 알아서 大衆을 위하여 說法하시며,

E: 시기를 잘 아시며, 대중에게 법을 말씀하시었다.

<주본화엄22, 21:21-22>

A: 不可說[25(·)]諸[33(·)]菩薩衆[33(·)]各[43(|)]從他方[25(·)]種種[25(·)]國土[41(·),25(·)]而[45(·)]共[25(·)?]來集[13(:)]

B: 不可說[ㄷ]諸[ᄀ]菩薩衆[ᄀ]各[ᄉ]從他方[ㄷ]種種[ㄷ]國土[乙,ㄷ]而[ᆢ]共[ㄷ]來集[xᆢ]

C: 不可說ㄷ 諸ᄀ 菩薩衆ᄀ 各ᄉ 他方ㄷ 種種ㄷ 國土乙 從ㄷ 而ᆢ 共ㄷ 來集xᆢ

D: 不可說의 모든 菩薩衆은 각각 他方의 갖가지 국토로부터 함께 와서 모이되

E: 말할 수 없는 보살 대중이 다른 지방의 여러 가지 국토로부터 함께 와서 모이니

<주본화엄22, 21:22-23>

A: 衆會淸淨[52(·)]法身無二[44(·),34(|)]無所依止[14(·),11(\)]而[33(·)]能[24(·)]自在[23(\)]起佛身[25(·)]行[41(·),52(..)#52(·)]

B: 衆會淸淨[ㄣ]法身無二[尸,ㅎ]無所依止[尸,xː]而[ㄱ]能ㅊ自在[ㅎ]起佛身[ㄴ]行[乙,xㅎ]

C: 衆會 淸淨(ㅅ)ㄣ 法身 二尸 無ㅎ 依止(ノ)尸 所 無xː 而ㄱ 能ㅊ 自在ㅎ 佛身ㄴ 行乙 起xㄣ

D: 會衆이 淸淨하며 法身이 둘이 없어 依止할 바가 없으나 능히 自在히 佛身의 行을 일으키시며,

E: 모인 대중이 청정하고 법신이 둘이 아니며 의지한 데 없지만, 능히 자재하게 부처님 몸의 행을 일으키었다.

<주본화엄22, 21:23-22:01>

A: 坐此座[53(·),44(·)]已[43(·),12(··),53(··)]於其殿[25(·)]中[53(·)]自然[=23(\)]而[45(·)]有無量無數[25(··)]殊特妙好[23(|)]出過諸[33(·)]天[25(·.)#25(:),33(|)#34(|),41(·),12(:)]供養[25(·)]之具[25(·),54(·.)]

B: 坐此座[十,尸]已[ㅎ,ㅎㄱ,|十]於其殿[ㄴ]中[十]自然[ㅎ]而[ᄃ]有無量無數[ㅂㄴ]殊特妙好[ㅅㅎ]出過諸[ㄱ]天[ㄴ,X,乙,ㅅㅎ]供養[ㄴ]之具[ㄴ,x|]

C: 此 座十 坐尸 已ㅎ(ㅅ)ㅎㄱ|十 {於}其 殿ㄴ 中十 自然ㅎ 而ᄃ 無量無數(ㅅ)ㅂㄴ 殊特妙好ㅅㅎ 諸ㄱ 天ㅎ乙Xㄹ 出過ㅅㄱ 供養ㄴ{之} 具 有ㄴx|

D: 이 자리에 이미 앉으시고 난 때에, 그 宮殿 안에 自然히 한량없고 수없는, 殊特妙好하여 모든 하늘에 있는 것을 뛰어넘은 供養의 道具가 있었다.

E: 이 자리에 앉으시매. 그 궁전에 자연으로 특별히 훌륭하고 기묘하여 하늘의 공양보다 뛰어나는 무량 무수한 공양거리가 있었으니,

<주본화엄22, 22:01-03>

A: 所謂[12(·),33(·)]華[11(·)]鬘[11(·)?]衣服[11(·)?]塗香[11(·)?]末香[11(·)]寶蓋[11(·)]幢幡[11(·)?]妓樂[=11(·)]歌讚[14(·)]如是等事——[33(·)]皆[25(·)]悉[34(|)]不可稱數[23(|),24(\),12(:),35(·),33(·),41(·)]

B: 所謂[ㄱ,ㄱ]華[ㅎ]鬘[ㅎ]衣服[ㅎ]塗香[ㅎ]末香[ㅎ]寶蓋[ㅎ]幢幡[ㅎ]妓樂[ㅎ]歌讚[尸]如是等事——[ㄱ]皆[ㄴ]悉[ㅎ]不可稱數[ㅅㅎ,ㄷ,ㅅㄱ,矢,ㄱ,乙]

362 第二部 判讀과 解讀 및 飜譯

C: 謂(ノ)ㄱ 所ㄱ 華ᴗ 鬘ᴗ 衣服ᴗ 塗香ᴗ 末香ᴗ 寶蓋ᴗ 幢幡ᴗ 妓樂ᴗ 歌讚(ᴗノ)尸 是 如
   (攴) 等(ᴗㄱ) 事 一一ㄱ 皆ㄴ 悉ƺ 稱數ᴗƺㅈ(ㅁ){可}(ㄴ)ᴗㄱ 不矢ㄱ乙

D: 즉, 華이니 鬘이니 의복이니 塗香이니 末香이니 寶蓋니 幢幡이니 妓樂이니 歌讚이니 하
   는, 이와 같은 등의 事 하나하나는 모두 다 헤아릴 수 없거늘

E: 이른바 화만·의복·바르는 향·가루향·보배 일산·당기·깃발·풍류·노래들이다.
   이런 것들을 낱낱이 셀 수 없거늘,

<주본화엄22, 22:03>

A: 以廣大心[41(·),34(|)]恭敬[22(·)]尊重[22(·)]¹⁶⁰⁾供養於佛[41(·),52(·)]

B: 以廣大心[乙,ƺ]恭敬[ᇂ]尊重[ᇂ]供養於佛[乙,xᅀ]

C: 廣大心乙 以ƺ 恭敬(ᴗ)ᇂ 尊重(ᴗ)ᇂ(ᴗƺ) {於}佛乙 供養xᅀ¹⁶¹⁾

D: 廣大心으로써 恭敬하고 尊重하고 하여 부처를 供養하시며,

E: 광대한 마음으로 공경하며 존중하여 부처님께 공양하였다.

<주본화엄22, 22:04>

A: 十方[25(·)]一切兜率陀天[42(\)]悉[34(|)]亦[42(\)]如是

B: 十方[ㄴ]一切兜率陀天[刀]悉[ƺ]亦[刀]如是

C: 十方ㄴ 一切 兜率陀天刀 悉ƺ {亦}刀 是 如(攴x|)

D: 十方의 一切 兜率陀天도 다 또 이와 같았다.

E: 시방의 일체 도솔타천에서도 모두 이와 같았다.

---

160) 23(|) 또는 34(|)이 있는 듯도 하다.
161) 이와 달리 '恭敬', '尊重', '供養於佛' 3개의 동사구가 대등 접속된 것으로 볼 가능성도 있다.

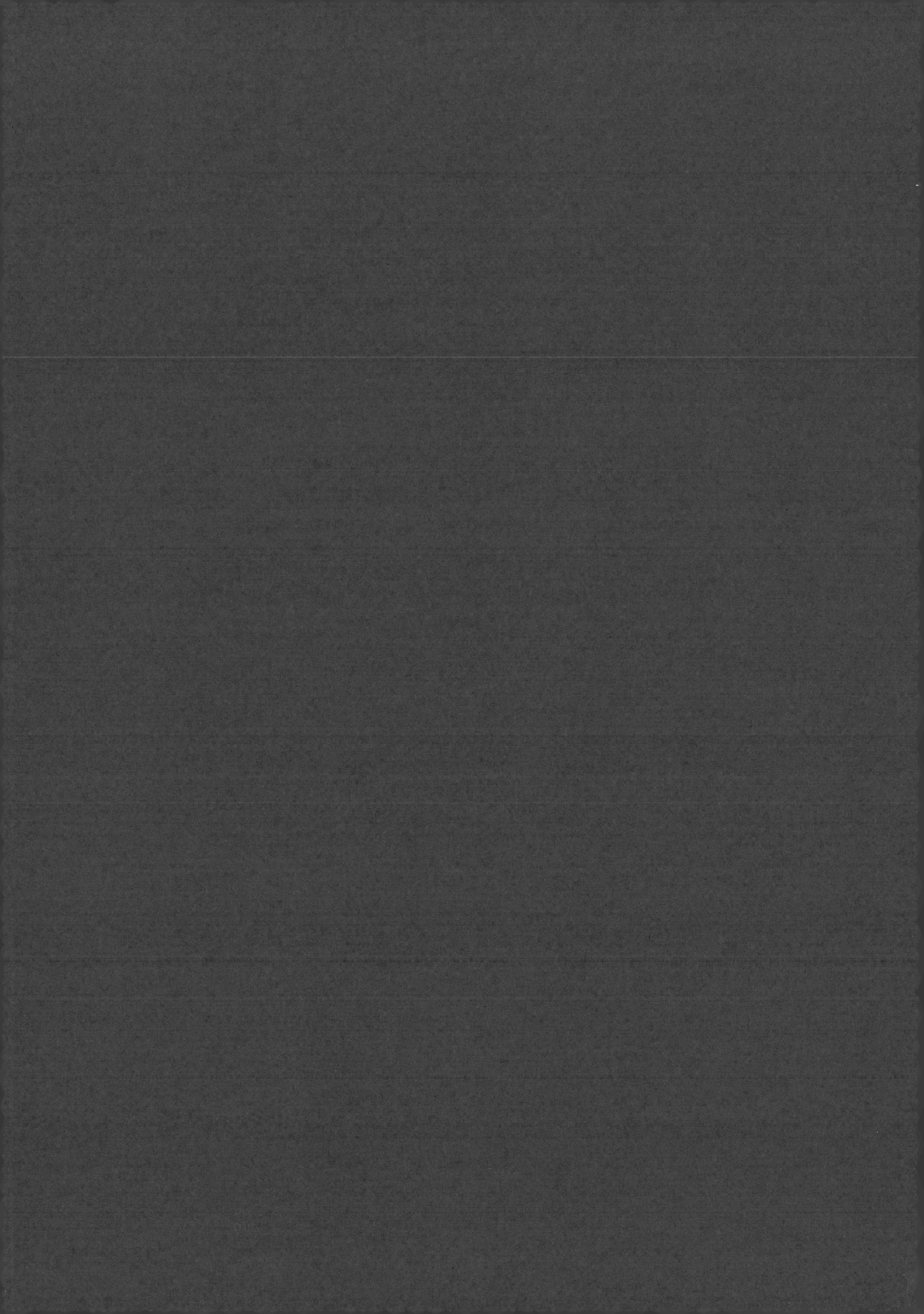